文史哲學集成

魏美月著

清乾隆時期查抄案件研究

文史哲出版社印行

國家圖書館出版品預行編目資料

清乾隆時期查抄案件研究 / 魏美月著. -- 初版 --
臺北市：文史哲出版社, 民 85
面； 公分 --（文史哲學集成；370）
ISBN 978-957-547-035-5（平裝）

1.法制史－中國－清（1644-1912）2.沒收（刑法）

585.67 85009480

文史哲學集成 370

清乾隆時期查抄案件研究

著者：魏美月
出版者：文史哲出版社
http:// www.lapen.com.tw
e-mail：lapen@ms74.hinet.net
登記證字號：行政院新聞局版臺業字五三三七號
發行人：彭正雄
發行所：文史哲出版社
印刷者：文史哲出版社
臺北市羅斯福路一段七十二巷四號
郵政劃撥帳號：一六一八〇一七五
電話886-2-23511028・傳真886-2-23965656
實價新臺幣六二〇元
一九九六年（民八十五）十月初版

ISBN 978-957-547-035-5 00370

清乾隆時期查抄案件研究　目次

圖版目錄

查抄物品估價清單（局部）　軍機處檔第31527號附件

圖版五、留變物清單（冊）（局部）　軍機處檔第7210號附件

留變物估價清單（冊）（局部）　軍機處檔第7444號

以上國立故宮博物院藏

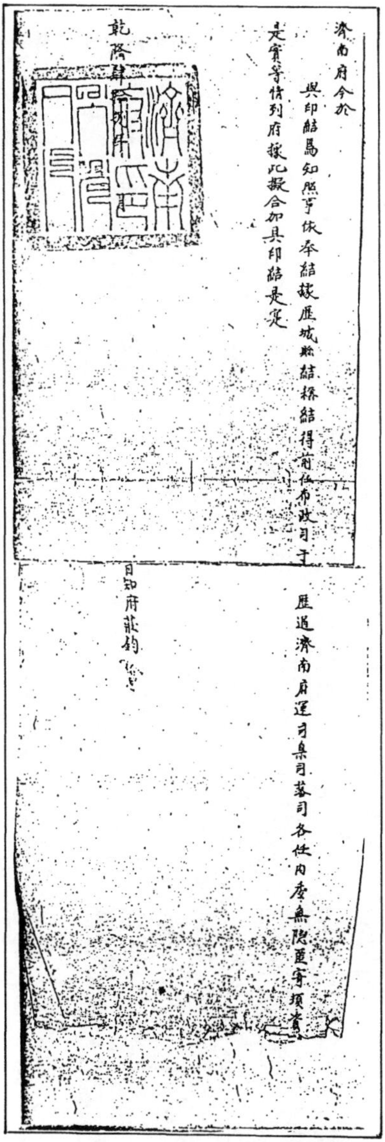

濟南府今於
與印結爲知照事依奉結該歷城縣結稱結得前任布政司于
歷道濟南府運司臬司藩司各任內委無隱匿寄頓資
是實等情到府據此擬合加具印結是實
乾隆肆拾
日知府莊鈞

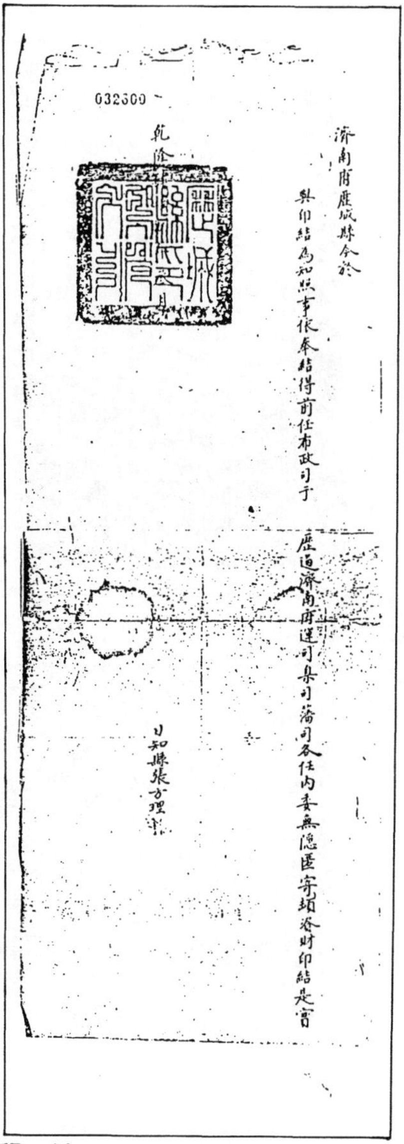

032600
濟南府歷城縣今於
與印結爲知照事依奉結得前任布政司于
歷道濟南府運司臬司藩司各任內委無隱匿寄頓資財印結是實
乾隆
日知縣張方理

圖版一　印　結

知府具無隱匿寄頓印結
軍機處檔第32601號
國立故宮博物院藏

知縣具無隱匿寄頓印結
軍機處檔第32600號
國立故宮博物院藏

圖版二　總清冊與留變物清冊

上：留變物清冊封面

下：留變物清冊底頁、布按兩司印

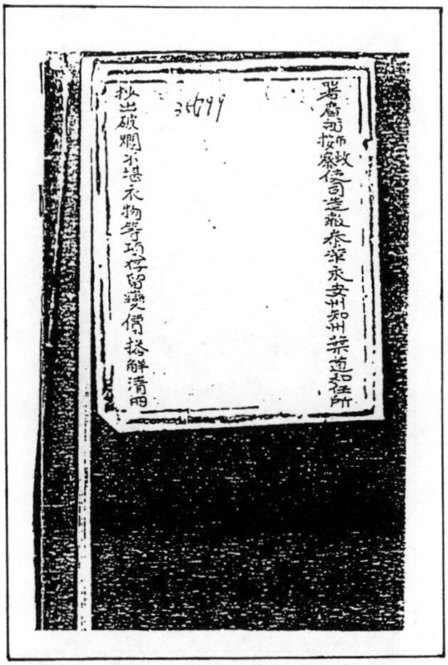

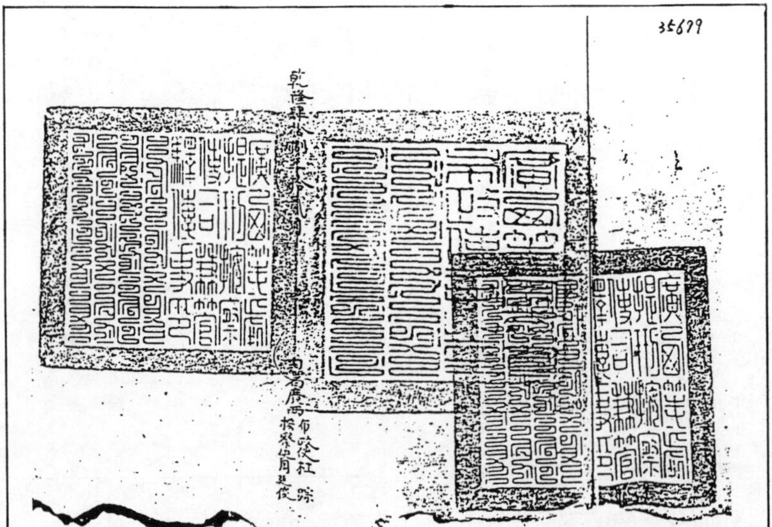

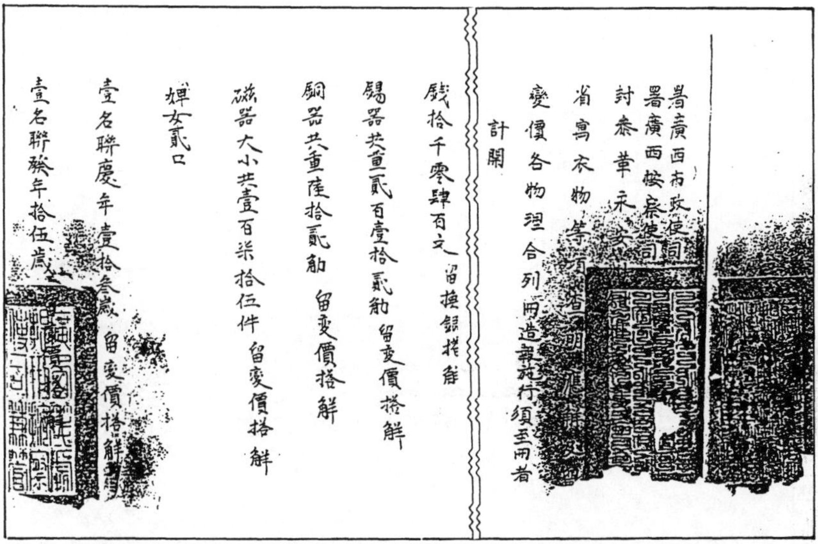

署廣西布政使司
署廣西按察使司
封泰華永安州
省寫衣物等有留者明應解之
變價各物理合列冊造報施行須至冊者
計開
錢拾千零肆百文 留換銀搭解
錫器共重貳百壹拾貳觔 留变價搭解
銅器共重陸拾貳觔 留变價搭解
磁器大小共壹百柒拾伍件 留變價搭解
婢女貳口
壹名聯慶年壹拾叁歲 留變價搭解
壹名聯發年拾伍歲

總清冊：含應解與應變各物（局部）　軍機處檔第35700號

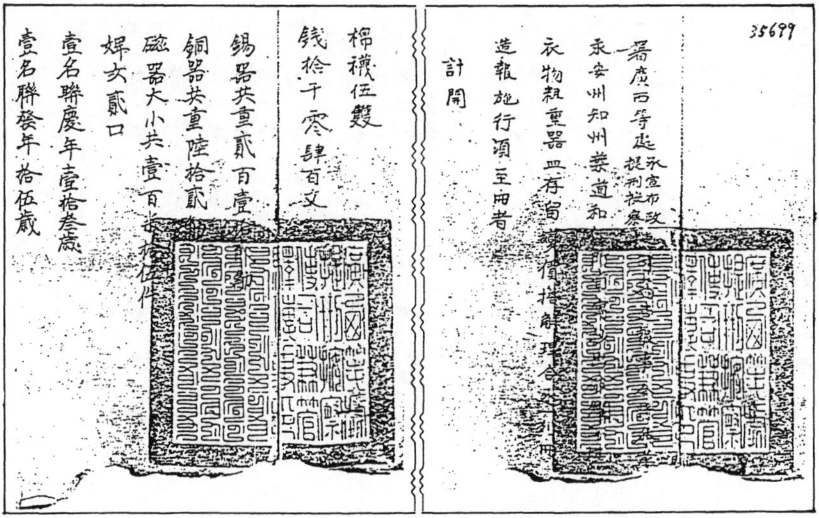

35699
署廣西等處提刑按察承宣布政
永安州知州姜道和
衣物粗重器皿存留變價搭解理合
造報施行須至冊者
計開
棉襖伍雙
錢拾千零肆百文
錫器共重貳百壹拾貳觔
銅器共重陸拾貳觔
磁器大小共壹百柒拾伍件
婢女貳口
壹名聯慶年壹拾叁歲
壹名聯發年拾伍歲

留變物清冊內容（局部）　軍機處檔第35699號

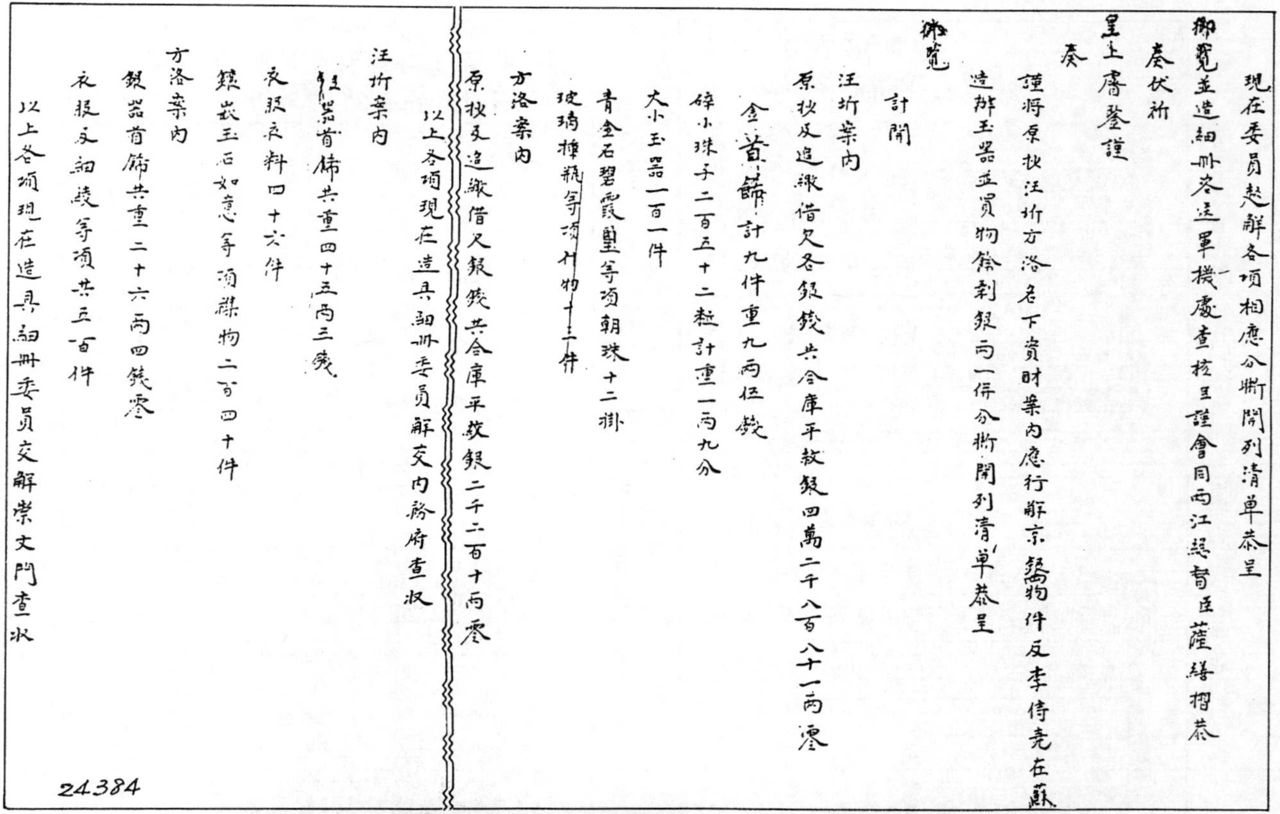

現在委員起解各項相應分晰開列清單恭呈
御覽並造細冊咨送軍機處查核且謹會同兩江總督臣薩載摺恭
奏伏祈
皇上睿鑒謹
奏
謹將原抄汪圻方洛名下資財案內應行解京[illegible]物件及李侍堯在蘇
造辦玉器並買物餘剩銀兩一併分晰開列清單恭呈
御覽
計開
汪圻案內
原抄及追繳借欠各銀錢共合庫平紋銀四萬二千八百八十一兩零
金首飾計九件重九兩伍錢
碎小珠子二百五十二粒計重一兩九分
大小玉器一百一件
青金石碧霞璽等項朝珠十二掛
玻璃樺瓶等項什物十三件
方洛案內
原抄及追繳借欠銀錢共合庫平紋銀二千二百十兩零
以上各項現在造具細冊委員解交內務府查收
汪圻案內
銀器首飾共重四十五兩三錢
衣服衣料四十六件
鑲嵌玉石如意等項雜物二百四十件
方洛案內
銀器首飾共重二十六兩四錢零
衣服及細緞等項共五百件
以上各項現在造具細冊委員交解崇文門查收
24384

圖版三之(一)　咨軍機處文所附解物清單（局部）　軍機處檔第24384號

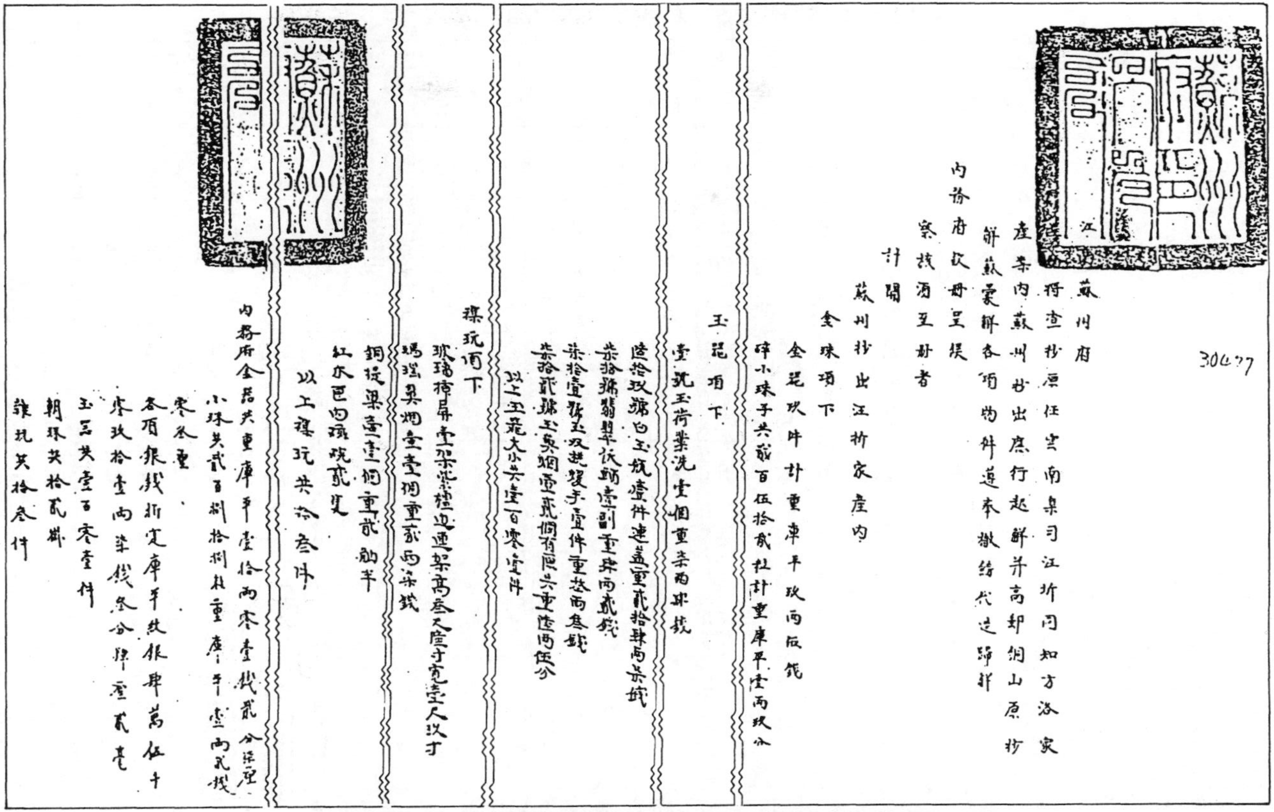

圖版三之(二)　解內務府清冊（局部）　軍機處檔第30477號

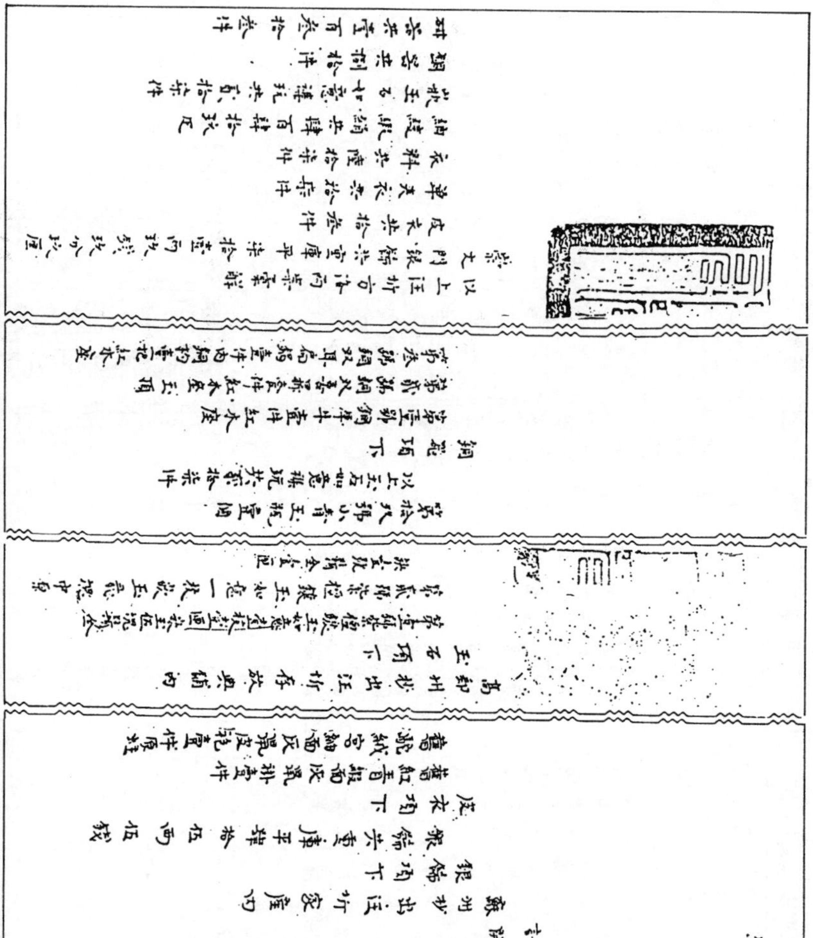

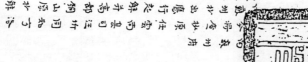

圖版三之(三)　解崇文門清冊（局部）　軍機處檔第30476號

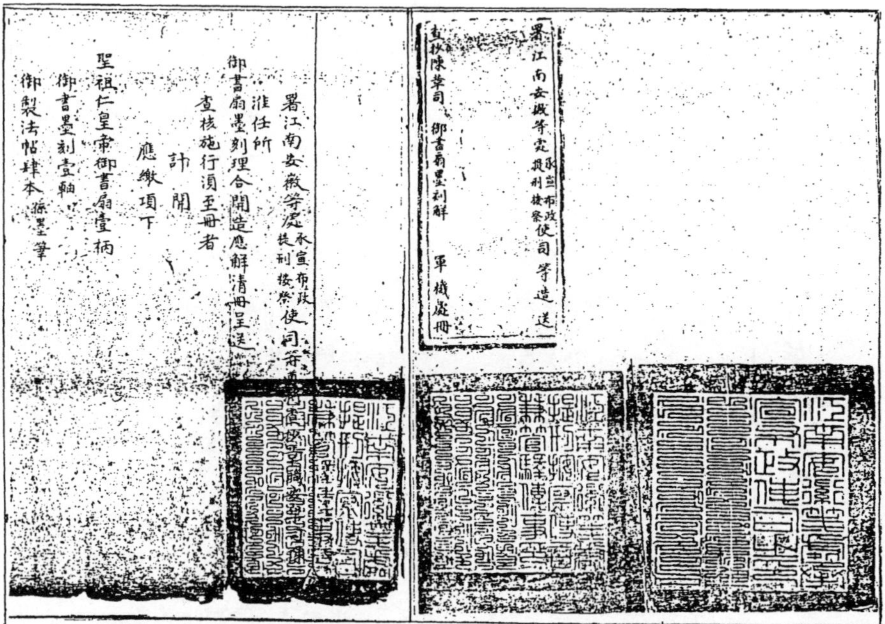

署江南安徽等處承宣布政使司提刑按察使司等造送

查核陳筆司 御書扇墨刻解 軍機處冊

署江南安徽等處承宣布政使司提刑按察使司等

准任所

御書扇墨刻理合開造應解清冊呈送

查核施行須至冊者

計開

應繳項下

聖祖仁皇帝御書扇壹柄

御書墨刻壹軸

御製法帖肆本

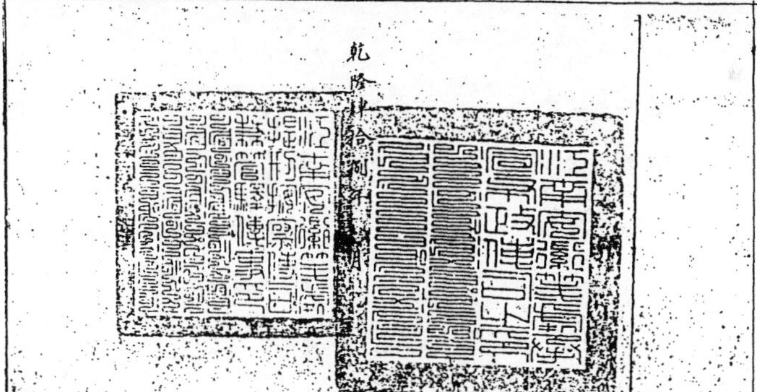

乾隆

日署安徽布政使

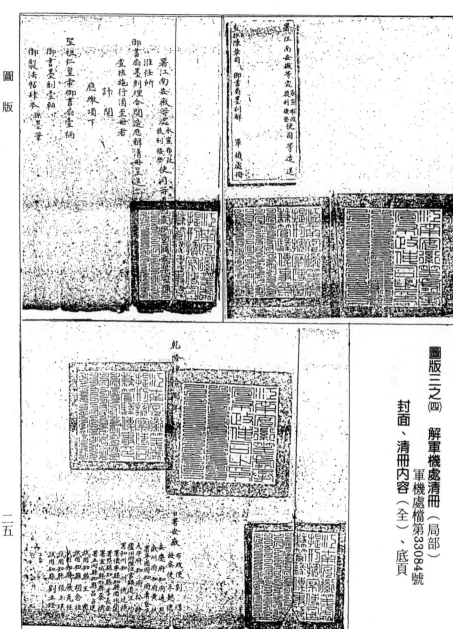

圖版三之㈣ 解軍機處清冊（局部）

軍機處檔第33084號

封面、清冊內容（全）、底頁

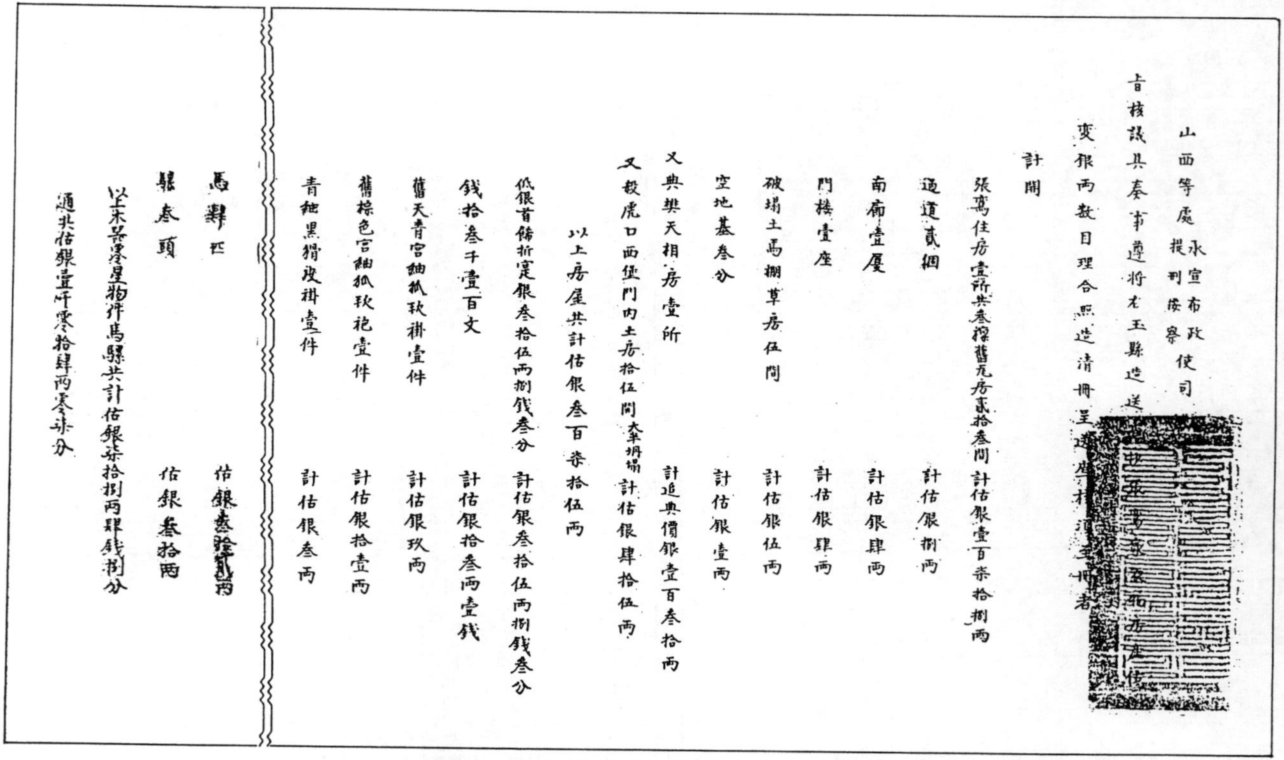

山西等處承宣布政使司
提刑按察使司
謹將右玉縣造送
旨核議具奏事遵
變價銀兩數目理合照造清冊呈送
計開
張萬住房壹所共叁檁舊瓦房貳拾叁間　計估銀壹百柒拾捌兩
通道貳個　計估銀捌兩
南廊壹厦　計估銀肆兩
門樓壹座　計估銀肆兩
破塌土馬棚草房伍間　計估銀伍兩
空地基叁分　計估銀壹兩
又典樊天相房壹所　計追典價銀壹百叁拾兩
又殺虎口西堡門內土房拾伍間大半坍塌　計估銀肆拾伍兩
以上房屋共計估銀叁百柒拾伍兩
低銀首飾折足銀叁拾伍兩捌錢叁分　計估銀叁拾伍兩捌錢叁分
錢拾叁千壹百文　計估銀拾叁兩壹錢
舊天青宮紬狐肷褂壹件　計估銀玖兩
舊棕色宮紬狐肷袍壹件　計估銀拾壹兩
青紬黑猸皮褂壹件　計估銀叁兩

馬貳匹　估銀叁拾貳兩
騾叁頭　估銀叁拾兩
以上米麥等物件馬騾共計估銀柒拾捌兩肆錢捌分
通共估銀壹仟零拾肆兩零柒分

圖版四、查抄物品估價清冊（局部）　軍機處檔第31528號

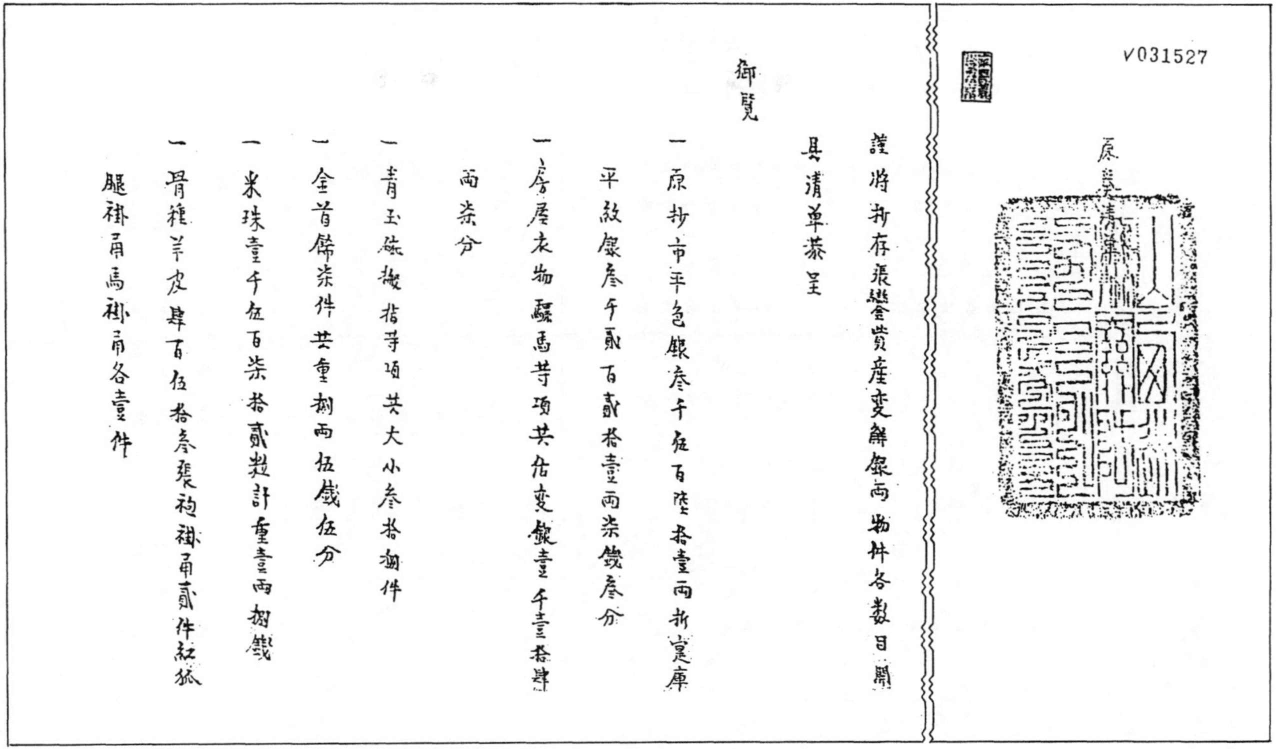

謹將抄存張繼鑫貲產變解銀兩物件各數目開

具清單恭呈

御覽

一原抄市平色銀叁千伍百陸拾壹兩折寔庫

平紋銀叁千貳百貳拾壹兩柒錢叁分

一房屋衣物騾馬等項共估變銀壹千壹拾肆

兩柒分

一青玉碗搬指等項共大小叁拾捌件

一金首飾柒件共重捌兩伍錢伍分

一米珠壹千伍百柒拾貳粒計重壹兩捌錢

一骨種羊皮肆百伍拾叁張袍褂甬貳件紅狐

腿褂甬馬褂甬各壹件

查抄物品估價清單（局部）　軍機處檔第31527號

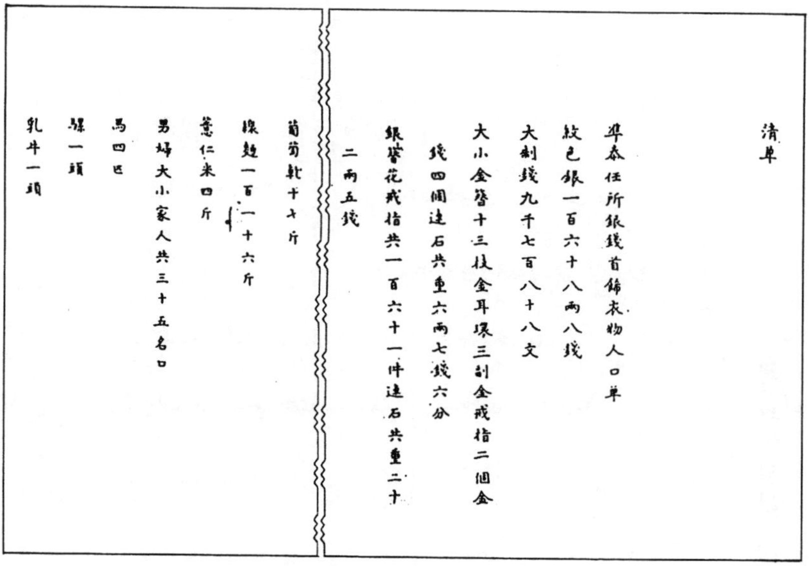

清單

準泰任所銀錢首飾衣物人口單
紋色銀一百六十八兩八錢
大制錢九千七百八十八文
大小金簪十三枝金耳環三副金戒指二個金
錢四個連石共重六兩七錢六分
銀簪花戒指共一百六十一件連石共重二十
二兩五錢
葡萄乾十七斤
線麪一百一十六斤
薏仁米四斤
男婦大小家人共三十五名口
馬四匹
騾一頭
乳牛一頭

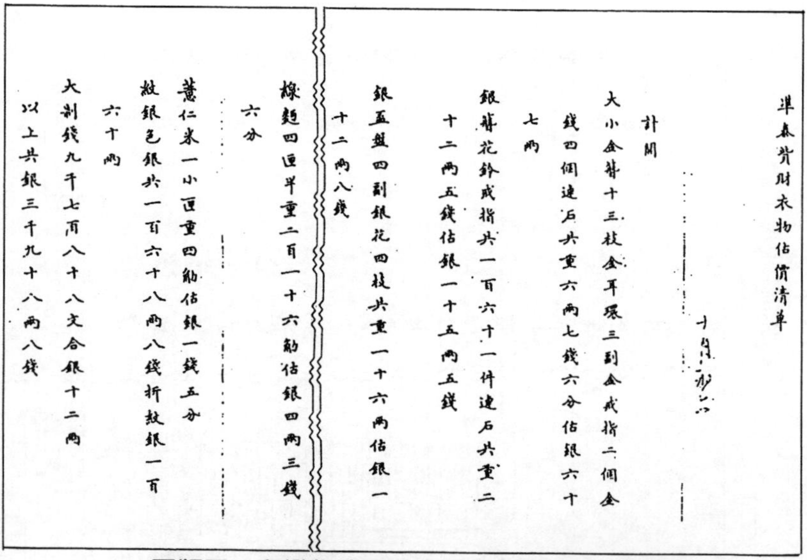

準泰貲財衣物估價清單

計開
大小金簪十三枝金耳環三副金戒指二個金
錢四個連石共重六兩七錢六分估銀六十
七兩
銀簪花鈴戒指共一百六十一件連石共重二
十二兩五錢估銀一十五兩五錢
銀盃盤四副銀花四枝共重一十六兩估銀一
十二兩八錢
線麪四匣半重二百一十六觔估銀四兩三錢
六分
薏仁米一小匣重四觔估銀一錢五分
紋銀色銀共一百六十八兩八錢折紋銀一百
六十兩
大制錢九千七百八十八文合銀十二兩
以上共銀三千九十八兩八錢

圖版五　留變物清單（冊）與留變物估價清單（冊）

上：留變物清單（冊）　軍機處檔第7210號

下：留變物估價清單（冊）　軍機處檔第7444號

國立故宮博物院藏

前言

一

清代經康熙雍正時期的經營，到了乾隆時代國勢如日中天，版圖擴大，國庫充實，社會當是一片榮景。尤其在乾隆二十四年新疆歸入版圖以後，交通網路擴大，商機大增，商人西入新疆，再折回往東經由陝甘、山西到北京，南下揚州、蘇杭，並達廣州。蘇州是當時商品集散中心，（註一）商人從新疆私帶大批玉石到雕玉重鎮蘇州，再由蘇州換購玉雕成品及絲綢乃至景德鎮瓷器及其他百貨，或轉往廣東購入洋貨，轉售各地，促進百貨流通，豐富民間物資色彩，增加大筆財富。不少官吏也乘機一邊競相或以高利貸或合夥，或由家人、親友代為營運的方式，以圖增加財富；一邊則忙於貪污納賄，並爭藏貴重物品如玉器、金飾等。

官吏為累積財富不擇手段，到了乾隆中期以後官場腐敗日甚，乾隆四十年代甘省折捐冒賑案爆發，全案被奪官抄家的人，含總督布政使等大員在內共達一百五十七人。（註二）整個乾隆六十年間因案被抄家的不下二百人，其中不乏總督、巡撫、藩臬二司等地方大員在內，大半都是貪贓所致。可見當時官吏簠簋不飭者眾，吏治敗壞到極點。

查抄工作的執行最大目標在將犯人財產沒收入官，是對犯人人身懲罰之外的最重要懲罰。究竟抄了些什麼財物，不但是當時朝廷及一般人所關心，也是今日研究人員所想知道的。本文研究的目的，當初只是單純的想瞭解國力充沛的乾隆時代，皇帝與一般人的價值觀各是如何？想藉由抄出的財物內容及選入宮中的入官物來瞭解其實況。可是卻發現另外有些問題必須同時解決才能得到答案。

首先，查抄必有原因，要先知道犯人（或犯官）是因何罪名被抄？是由何人決定查抄？其次是如何執行查抄？最後，抄出財物內容如何？結果如何處理？入官物選入宮中的標準是什麼？爲求得這些問題的解答，本書的研究重點可歸納爲三部分：一、帝權如何干預查抄工作之執行；二、乾隆時代查抄制度如何？三、乾隆時代抄物內容如何？其中選入宮中的標準是什麼？其餘如何處理？整個入官物對國家及皇室財政有何助益？

正史對查抄案件的記載，往往僅錄被抄之人名及查抄原因，至於所抄財物內容則很少提及，或僅以數語帶過。只因查抄案是偶發事件，事涉犯案人員的財產入官，皇帝難免忌諱人言，以乾隆皇帝爲例，在查抄大員時爲顧慮輿論說他貪財而抄，因此還要確實公布該犯官的罪狀，是咎由自取。皇帝既有顧忌，自不便預設處罰辦法，以免引來有企望人民犯過以圖謀其財物之譏。畢竟自漢以來中國歷朝皇帝都標榜發揮儒家仁本主義的精神以爲治國理念，既是如此，是不該有期待臣民犯過的心態存在的，查抄案之處理雖有制度存在，也就不便明載於官方編修的書上。至於私人筆記也不敢公然記載皇帝迹近霸占的行爲。（註三）於是在官私記載都缺少之下，對於當時如何執行查抄，查抄案之處理有沒有制度化，都無法詳知。其實清代查抄事件頻生，應該有一套辦法存在才能順利執行。既然官私記載都不易找到資料，本書在撰寫時也就只好將現有奏摺等資料加以拼湊排比而成。對於乾隆時代的查抄實況雖然談不上完全復原，相信已經勾出了大致的輪廓，當有助瞭解大概的情況。

從資料看，乾隆時代的查抄案處理有一個大原則，即分爲非經皇帝決定不可的，以及執行人員可據以處理的舊例，由這兩部分相配合。乾隆皇帝擁有的是政策性的權力，包括一、查抄與否的決定權；二、查抄範圍，含抄不抄親戚的決定權；三、大案、重案之查抄時指派執行負責人員之權；四、指定處理速度，含使用驛遞程速之權；五、抄物處理，含入官物之分配，與是否給還之決定權。以上各項，皇帝都有絕對的權力可以左右。都是不可能完全制度化的項目。因爲查抄案屬偶發事件，不能預期必然發生，且案情、財物都隨個案而異，處理的方法自然不會完全一樣，何況皇帝個人的喜怒感情也會受犯官及案情的影響，凡此都不是刻板的條文所能完全規範。因此皇帝自然須要擁有這些決策性的權力。一方面爲給自己留得更大的空間，以便隨時發揮帝權，也就不可能讓查抄案的處理辦法完全條文化，制度化。

既是如此，那麼處理抄案的相關制度又是那些呢？依資料，有關查抄制度僅限於事務性、技術性的執行面的規定而已。這些規定包括：一、臨場查抄時的注意事項：含犯人任所、住家周圍的監視；家屬與財物的分別處理，抄錄清冊人員的分配，財物的分類登錄，抄物的查封與保管；二、製造清冊與清單：含底冊、總清冊、分類冊、估價清冊、解冊，及上述各清冊之簡明清單；三、貴重物解省城，由督撫查核，以便解京。四、估價清冊須咨戶、工二部審核；五、留變物在地方估變後的處理手續；六、解京物的解京手續。以上都有一定的辦法，且已具制度規模。

由上可知，清乾隆時代的查抄案處理是兼用帝權與制度兩相配合，由皇帝掌握處理原則，輔以事務性、技術性的制度，由負責人員執行，以完成工作。因此即使事務性的制度已具規模，且有先例可循，乾隆皇帝仍可隨時干預查抄工作之進行。帝權與制度配合的方式是，臣工隨時請旨，皇帝也可以隨意批示。可以說在處理查抄案上，帝權的作用超過了制度。帝權的發揮，主要見於族產的查抄範圍及抄物的處理上，尤其重要的是見於大案、重案的查抄決定上。至於小官小民的抄案，則大部分都依既有的一般標準處理。好在制度的完成是漸進的，且並非一成不變，而乾隆皇帝也並不濫用權力。在決定查抄某人時，皇帝總會先弄清楚這個人的罪狀，並公之於世，是咎由自取，絕非皇帝任意查抄臣民，強調皇帝是大公無私的。（註四）到了乾隆四十年代後，乾隆皇帝放棄了部分權力。一是將審核入官物估價之權完全交給戶、工二部並尊重戶、工二部的決定；一是以例文規定查抄時未分家兄弟之產，按兄弟人數均分後，只抄犯人一股，其餘退還。這樣的變化，當是乾隆皇帝在位已久，對朝政日趨熟練，對有些事情認識到有制度化的必要之故。加上年事漸長，也就漸漸減少干預的動作。

二

查抄工作之執行，皇帝雖然有決定權，但並非可隨私意決定，而是有一套頗具制度規摸的辦法供做處理的標準。其內容如前文所述，含皇帝決定的部分及執行查抄人員所依循的舊例。既有舊例，可知並非乾隆一代所首創。本書資料主要是依據乾隆朝的軍機處及宮中兩檔而來，然而反映於當時抄物資料內容的是清人漢化已深。

清朝到了乾隆時期，入關已過百年，旗人擁有的財富已由遊牧社會形態改變爲農業社會形態。據舊滿洲檔，對入關前的滿洲人來說，牲畜才是他們最重要的財富。滿洲當權者對部下的處罰，採取的方式大半都是罰取馬、羊若干隻，或再加上鞍轡、甲冑爲主。（註五）但是入關後的處罰所得，以乾隆朝來說，其抄產內容中含金、玉、田房已是很普遍的財物。乾隆時代抄案頻見，然而包含旗人在內，抄出內容鮮少列有馬、牛、羊隻等牲畜，及鞍轡、甲冑等遊牧民族的財物。可說滿洲人的物質生活，差不多已漢化。既然財物內容與入關前不同，查抄方式當隨之而異，已不再是入關前清人的祖法。入關後，皇帝必然受漢人價值觀影響，重視的已不是罰取若干馬匹羊隻就可滿足。就乾隆皇帝說，除一般重視的金銀珠寶外，他更重視玉玩、字畫等原屬於漢人文化的藝術品。因此，乾隆朝的查抄財產的辦法應該是關內的制度，雖是繼承康雍時代而來，實際上當追溯到前代明朝及其以前的制度。

明代及其以前的中國，不乏抄產實例，然而史書卻很少有制度面的記載。即使明代最大抄案，嚴嵩家產的查抄，今日也止流傳其抄物目錄，明人所撰〈天水冰山錄〉僅言其查抄手續云：「嚴世蕃所有袁州南昌等府，分宜等縣地方，田地金銀珍寶財貨家私責行守巡該道親詣盡數查出，一面開造各項的確細數送部查核，一面先將金銀珍寶奇貨細軟之物差官解赴戶部，其房屋田地并家私器用等件即行變賣，價銀一體解部，」「造冊呈繳」。（註六）文中並不見有詳細的查抄辦法。前明規模既不得見，或許本文研究結果反可用來推測當時的辦法。當然清代與明代自有不同之處，如執行人員方面，不可否認，明代應該有錦衣衛及東西廠參與。清代無廠衛之制，執行查抄的負責人員是督撫爲首的地方官。以州縣爲基本的執行人員，府道監視，藩臬造報呈覽冊籍，並由中央戶、工二部審核留變物估價之權，分工合作，頗有制度。

此外乾隆時代的查抄辦法雖然來自前朝，然而繼承的並非就是完整不變的制度。從有關雍正時代的部分資料看，乾隆時代已有若干修改。雍正時代處理抄物的辦法散漫，地方官對入官房的估價不行詳查，不夠切實以致變賣不易。例如雍正四年入官之原山西大同府知府欒廷芳屋估價浮開銀一萬一千一百七十兩，以致無法脫售。到乾隆十八年，爲變賣以便結案，只得改估出售，結果加上折舊，竟以比原估低七千四百一十一兩之價變賣。其間共拖延二十六年。（註七）當時幾乎對入官房的估變都不夠積極。例如湖南省已故山東平度州知州張瓚房屋於雍正七年入官，到乾隆十三年仍未變賣。（註八）乾隆初期受此影響，情形亦未改變。（註九）不過乾隆十三年以後，查抄入官的田房，其變賣很少有拖到十年以上的。此外，雍正皇帝時，查抄入官物中的貴重物都交戶部公用。（註一〇）乾隆初受此影響，直到十三、四年時貴重物均解崇文門變賣以爲公用，但後來則貴重物一律解內務府，成爲皇帝私有之物。

至於乾隆時代，其前後期的查抄辦法也不盡相同，可說逐步在做調整。大致說，早期較簡單，後期趨繁複。這種變化可從多方面看出。

第一是清冊，估冊的製造，這是乾隆時期查抄手續必有的工作。但是也許是雍正時代制度不備所致，乾隆初期也有地方官或許因無例可循，並不一定製造清冊。例如乾隆十一年常州府知府董怡曾以收存鹽規案被題參、革職究審，直到乾隆十六年援赦免罪。江蘇巡撫莊有恭接到部覆後，爲了結案，要處理時才發現，原署撫臣安寧在董怡曾被參後，隨將其任所貲物查封，但上下衙門均無案卷，所封貲物並未估價，亦未開細賬，只查點出共存銀三百九十兩，其衣服等物存貯五年之久，從未開封，江南地土潮濕，大半霉爛敗壞。以巡撫衙門原無留存案據，因此莊有恭只好請旨處理。結果奉旨「於地方不拘何項公用處用之，亦不必報部。」由此可知，乾隆初期查封財物，竟有連查封清冊，估冊都不製造的。（註一一）這在乾隆中期以後是絕對不可能發生的事。此外，初期清冊止咨內務府，刑部、戶部等，後來加了工部及軍機處、崇文門等機構，於是冊數增多，地方工作加重。

第二，入官物之處理分解京物與留變物。貴重物品必須解京，粗重及破舊物和田房等一起留變。其中留變物由地方官執行估變。在乾隆初期雖有先經請旨然後估變的，但也可由督撫逕自審核估價，即行變賣，然後奏聞。例如乾隆十三年安徽省查封四川同知鮑成龍家產時，以日用品如衣飾貨物皆不耐久貯，乃由巡撫決定先行變價貯庫，同時奏聞。（註一二）可是到了乾隆三十年代以後，留變物估價都須先經戶部或工部核可才能變賣，公文往返難免費時，但因增加查核單位，目的在加強監視，以免高價低估，不得不而。制度雖然趨向完整，手續卻由簡變繁。（註一三）

第三是入官物的解京手續。解京物都是較貴重之物，乾隆早期只要解內務府或崇文門之一就可。例如乾隆十三年查抄周學健原籍家產時，即將古玩，書畫、緞疋衣服等整個解崇文門。（註一四）乾隆十六年查抄革職湖北巡撫唐綏祖時，則除御賜物解內務府外，其餘古玩器皿衣飾均解崇文門變價。（註一五）乾隆三十四年兩江總督高晉抄顧蓼懷財產時，即將解京物整個解內務府。（註一六）到了乾隆後半期，解京物大半都再細分為解內務府（如金珠、玉玩、字畫、銀兩等貴重物）與解崇文門（完整衣物及較值錢之物）兩種，有時還另加解軍機處（如御賜物、違禁書籍等）等。可說制度隨時間往後漸具規模，手續由簡趨繁，分工愈細，分別負責處理機構愈多。

第四、解京銀兩之處理，在乾隆早期，無論抄出之現銀及留變物變賣後之銀兩都解內務府，但後來有解戶部的。到了四十年代後，諭旨多令將入官銀留爲地方公用，不一定解京。

第五、查財產範圍方面，也以四十年代爲分界，前後有些不同。在乾隆四十九年以前，原則上，凡已分家之財物只抄犯人本人一股即可，至於兄弟未分析之家產，除非皇帝特恩，否則須全部入官，這種情況含叔姪未分產在內。到了乾隆四十七年廣西省永安知州葉道和科場舞弊案發生後，乾隆皇帝決定兄弟未分析家產，依兄弟人數均分，止抄犯人本人一股財產即可，並於乾隆四十九年著爲例。於是查抄不及於兄弟之產，至此確定。不過制度雖確立，難免有督撫依舊隨時請旨處理，帝權仍舊有機會干預查抄範圍的決定。（註一七）

由上可知，乾隆時代的查抄辦法仍不夠完備，隨時在做調整。其制度化的趨向是規定越詳，各參與單位間之分工越細，手續則由簡趨繁。相對的，隨著制度的漸形確立，帝權則漸少干預。其變化期間主要見於乾隆三、四十年代，此時乾隆皇帝治國已趨成熟，各種制度多上軌道，皇帝也漸能尊重專家意見。因此他能授權部議處理事情。當然此時乾隆皇帝年紀已進入六、七十，對瑣碎政事，說不定已覺厭煩，不過仍可說乾隆帝對自己的地位更具信心，才能放手授權。像入官物之估價交由戶、工二部專家審核，比起早期可由地方督撫自行負責估變，然後奏聞，僅向皇帝負責要公平些，因此不能不說是一種進步。雖然在後期，督撫仍有不顧例文的存在，隨時請旨處理，而皇帝也難免仍舊批示已見，不過大部分情況，皇帝會在請旨奏摺上只批一個「覽」字，由督撫自行揣度處理。光憑這樣一個字來處理工作，這中間表示必然已有制度或先例可遵循才能辦到。

三

本書內容共分六章。

第一章是「乾隆時代之查抄案」：以國立故宮博物院現藏之軍機處檔與宮中檔兩檔案資料所見抄案爲對象，介紹當時查抄案的大致情況，並不包含乾隆朝發生的所有查抄案。其查抄原因則多以貪贓爲主。軍機處與宮中兩檔現有資料是以小官爲主，大員的不多。如乾隆四十年代發生之最大案件，甘省折捐冒賑案共抄一百五十七人，但現存幾乎很少有總督勒爾謹，前後布政使王亶望（在升任浙江巡撫時被抄）、王廷贊的財物資料，不過其餘小官資料保存不少，本章主要由這些小官資料構成。此外，所謂查抄並非所有財物都要入官，視罪狀輕重，獲得特恩，也可退還部分或全部財產。本章最後即將查抄的各種原因及抄產可以給還的條件等一併加以說明。

第二章是「清帝權力結構在抄家制度上之運用」：抄家是封建時代常有的處罰形態之一。究竟皇帝憑什麼力量，坐在京中寶座就可下令查抄臣民家產，並順利將其籍沒入官？在乾隆時代，要達到這樣的目的，至少有兩個條件。一是上諭與奏摺的縱向往來與各省間咨文的橫向往返構成的公文網路密布；一是利用驛遞程速的限制迅速傳遞公文。首先，爲達到犯人（或犯官）財產確實入官，其執行方式之一是動員所有相關各省督撫通力合作。各督撫除彼此隨時連絡相關事項外，還須將彼此間往來咨文內容、辦理狀況，一件不漏隨時奏聞，以便皇帝掌握全局，適時發出旨意，指揮查抄方向，遙控工作之執行。這些上諭、奏摺、咨文等有關查抄之往來公文，編織成一面縱橫密布的網路，使被抄之家無從隱匿財物，能確實、迅速完成入官工作。其次，公文遞送網路密布，還須正確迅速的傳達，才能發揮效果，這就要靠驛遞。乾隆時有關查抄的公文屬重要事件之文件，可利用驛遞，甚至可用較快速之日行六百里加緊速度。但乾隆皇帝並不濫用驛遞程速，究竟地方要以日行三百、四百或六百里速度傳遞公文，往往由皇帝指定。以上傳遞公文縱橫網路密布與驛遞的靈活運用，兩者都是乾隆皇帝權力結構的重要支柱，乾隆皇帝就是靠這兩個支柱，促使查抄工作相關公文得以迅速傳達，避免洩密與隱匿財物，操縱整個查抄工作，順利執行完成。本章即說明這兩者在查抄案處理過程中的運用實況。

第三章是「查抄工作之執行」。本章及後文第四、五、六章多屬查抄手續上所必須的事務性、技術性的內容，是查抄工作較具制度規模的部分。首先，執行查抄工作的負責人分兩種情況來決定。一是重大案件都由皇帝指派欽差大臣前往處理；至於小官或小案子則依例由督撫中之一指派，或督撫親率藩臬以下之官前往處理。臨場查抄時必須注意的是防範隱匿與執行工作的吏員偷盜入官物。本章除說明派往執行查抄的負責人的資格外，並及臨場防匿的工作，包含造冊與入官物之保管等工作的注意事項等。

第四章是「乾隆時代查抄家產之範圍」，查抄財產的範圍可以從三方面來說，即一、地點、二、族產、三、查抄標的物。地點包含犯官（或犯人）的任所、居所、原籍、寄籍的財產在內。族產：除本身名下的財產必抄之外，子孫及子媳、孫媳的嫁妝也必抄。至於查抄標的物，則除田房、金銀飾品、日常生活用品、銀錢之外，也包含文契類，但是也有不抄之物如墳地、祠堂、祭祀用田產等。最重要的是與犯人同居或共產之兄弟、叔姪等財產抄與否，其決定權幾乎都操在皇帝手上。直到乾隆四十九年才決定未分析之財產依兄弟人數均分，只抄犯人一股，其餘各兄弟之產給還。這是一個比較複雜的問題，關鍵在於查抄範圍在制度上未能確立所致。本章特別舉實例加以說明，以供參考。

第五章是「抄物處理」，抄物的處理屬技術性、事務性的工作，其執行有一定辦法。一般是由地方督撫率藩臬府道州縣分層負責，但如何處理所抄之入官物，卻由皇帝決定。處理的第一步就是分類。究竟入官後的財物如何分類？分給那一個機構？做何用途？其大原則都由皇帝決定。首先要分為解京物與留變物兩類。好的，貴重的要解京；粗重破舊的以及田、房不動產留在地方估變。解京物一般又須分為兩類，金、銀、玉玩、書畫及其他特別貴重之物大部分解內務府；其餘值錢的，含新舊但不一定珍貴之物，都可解崇文門變賣。無論崇文門或地方變賣入官物所得銀兩都須請旨處理。在地方估變之手續較複雜。先由州、縣請牙商估價，藩臬二司核估，督撫做最後審核後將估冊咨請戶部，如有房屋估冊則須另以一分咨請工部分別審核，戶、工二部認為沒有問題才可變賣。至於入官財物情況將殊的，比如與不相干之第三者利害有關的借貸、當物等，處理時須要特別技術，本章即就這些處理情況做詳細說明。

第六章是「查抄清冊」，查抄最重要的工作在沒收犯人家產入官，其間經過很多人手，參與查抄及相關人員對抄物內容都很關心，為免偷盜或隱匿，必須正確製造抄物目錄，這就是清冊。製造時無論大小、好壞、貴賤之物，一律要登錄。初步登錄的是底冊，底冊加以謄清就是總冊，將抄物據底冊加以分類，分別造成解京物的解冊與留在地方估變用的留變物清冊。解冊則又分別為解內務府，解崇文門，或解軍機處等清冊。留變物須經估價後另造估價清冊，估變後所得銀兩亦須另造清冊。以上清冊各須製造若干冊分別由督撫咨送戶部及軍機處、內務府，有時還須咨送刑、工二部。清冊除做爲入官物憑證外，萬一將來因無罪或皇常特恩要賞還所抄財物時必須做爲退還的依據。以上任何清冊造好後，還須據之爲日理萬機的皇帝各造簡明清單一分呈覽。本章即以實例介紹這些清冊與清單之種類及內容和製造手續。

四

本書以乾隆時代爲研究對象，主要原因在於乾隆時期清人入關已有百年，典章制度已具規模，故比起康雍時代更適合做制度面的考察。其次，本書資料主要來自國立故宮博物院收藏的宮中與軍機處及上諭檔。研究對象捨清代早期的康熙、雍正朝而採乾隆朝的主要原因在於這些檔案中以乾隆朝的最豐富之故。尤其本書第六章所介紹的清冊、清單等實際查抄記錄幾乎只見於乾隆朝軍機處檔。最後一因則在於乾隆朝正值清代最強盛時期，各種文物豐富，六十年間查抄案頻生，抄物內容豐富，除了採樣容易以外，這些也是瞭解當時皇帝及臣民間各種價值觀的最好資料。不過乾隆朝的故宮檔案並不完整。有關當時的大案如乾隆四十五年查抄雲貴總督李侍堯；乾隆三十九年抄雲南布政使錢度；乾隆四十六年查抄陝甘總督勒爾謹、甘肅布政使王廷贊、浙江巡撫王亶望；乾隆四十七年抄閩浙總督陳輝祖；乾隆五十一年抄兩廣總督富勒渾等地方大員的抄物清冊、清單等資料差不多都不見於現藏國立故宮博物院檔案中。因此用來分析，排比的都是小犯官的抄家資料，其結果雖具普遍適用性，畢竟不全。之外，宮中與軍機處檔案，多為督撫奏摺或其錄副，內容多屬地方之事，據此研究結果也多限於地方的查抄工作。因此為瞭解抄出之入官物處理全貌，對抄物解京後，收受機構如內務府、崇文門，以及審核入官物及房屋估價之戶、工二部等中央機構對其各自負責的工作，究竟如何處理，都有待來日這些機構的檔案出現，才能做補充。

資料之完整與否，影響研究進度與成果。本書之資料搜集，始自十餘年前，並曾發表過「清代乾隆時期軍機處檔有關抄家檔案之史料及其價值」一文。（註一一）本書是就其資料加以整理的後續之作。十數年來資料搜集由抄寫到可以複印，到宮中檔乾隆朝奏摺的陸續出版，取得更為方便。不過檔案並不齊全。其不全之主要原因之一在於有些重大事件或與大員相關之資料為當日編史者提出未歸檔，以致不能和文物一起南遷所致。本書付梓之際，承莊吉發教授告知大陸中國第一歷史檔案館最近出版〈乾隆朝懲辦貪污檔案選編〉全四冊。（註一八）其所錄資料有不少正是前文提到，國立故宮博物院收藏檔案中所缺的大吏的資料，含李侍堯、錢度、王亶望、陳輝祖等在內。其內容正可彌補此地資料之不足，本書乃據此書，就校稿作若干補充。希望今後藉此可以有後續之作。

本書在出版之際，關於資料出處，宮中檔部分完全使用國立故宮博物院所出版宮中檔書上之頁碼，並不用故宮早期編目的檔案號碼。至於軍機處檔則仍使用故宮檔案編號標示。

民國五十七年，筆者曾參加佐伯富老師在京都大學人文科學研究所主持的雍正硃批諭旨研讀會。那是源始於一九四九年，由太老師宮崎市定、安部健夫教授等中國史學教授所發起的。成員含京都大學為主的日本關西學者，間有港台留學生加入。每週研讀一次，約二小時，每次總有十數人參加。他們以集體研究，積少成多，成果頗爲豐碩，早已在京都大學刊行的〈東洋史研究〉期刊上陸續以單篇或專集特刊發表研究成果。研讀會累積約三十年時光，終於完成了已出版的雍正硃批諭旨的研讀工作，對雍正皇帝及雍正那個時代也做了一定的評價。（註一九）

比起雍正時代，乾隆時代的史料數量當有數倍之多。一方面宮中檔乾隆朝奏摺的出版相當晚。國立故宮博物院出版院藏宮中檔乾隆朝奏摺七十四輯，不過是近十年的事。學界對乾隆皇帝及其時代的有計畫且大規模研究，可說尙未開始。雖然乾隆皇帝用在硃批的精力遠不如雍正皇帝，但六十年的硃批生涯中，我們不能否認乾隆帝自有他獨特的精彩文字，可供我們一窺乾隆帝其人的個性、價値觀，包括他的思想，治國理念和他的愛好。加上長壽，他的這些特點，都確實地影響了清朝當時以及後來的政經與文化。筆者力有未逮，尙無暇對乾隆皇帝查抄各犯官時的心態做深入的分析研究，只於本書書末，以「乾隆皇帝在查抄案處理中所扮演的角色」爲主題，將乾隆皇帝在處理各查抄案中所表現的方式與態度以及影響他處理抄案的因素做粗略的介紹，以爲本書的結束。

五

由本書整理所得可知，乾隆時期查抄案的處理是由事務性的制度與皇帝表現在決策方面的權力，兩相配合來完成的。在此之外，還有若干部分須待來日繼續研究加以補充。今即列舉於後。

首先，本書當初研究的目標之一，在試圖從抄物內容瞭解清代人的價値觀。一般資金的運用，關係著社會經濟發展的方向。本書採用的入官財物資料，所呈現的雖然只是民間財富的一小部分，可是這是目前我們所能看到的當時民間財富最具體且大量集中的資料。由這些資料，我們可以大略知悉，清代中國無法走向經濟近代化的原因實與當時民間對資金的運用習慣，及他們的價值觀與他們的營運重點等有關。

價值觀影響個人的行爲。對一個皇帝來說，除言行外，還會影響到他的治國理念；對整個社會來說，大多數人共同的價值觀不免影響到整個社會的經濟發展。無疑的，查抄清冊內容，反映當時民間經濟力實況。現有查抄案的犯官，大半屬社會中上層，是社會的中堅分子，從他們運用財富的情況可以看出整個社會經濟發展的趨勢。從資料看，清人的營運項目很少生產性產業。當時人的財物，除衣服與日常生活必需品外，不動產有田房、山、塘、墓地等。但是稍有資產人家則藏有金銀、珠寶，並搜集玉玩、字畫，書籍、銅器等貴重物品或藝術品。又有不少人家，除本人外還爲子姪捐監或捐官。至於貲財豐厚的人家則多方參與營運，即使官吏亦不免。其營運形態最普通的除購置田地房產外，便是放高利貸，其次是由親友或家人代爲營運，或與人合夥營運。其營運內容包含當鋪、雜貨鋪、帽鋪、古衣鋪、油鋪等，行商辦貨內容則有玉器，紬緞、茶葉、顧繡、磁器及洋貨等，包含從西北新疆到運河沿岸、蘇杭等地，並伸展到廣州等地的特產。此外，更殷實的人家則購買鹽引。以上可說很少有積極性、生產性的營運。加上不少人還有藏鏹習慣，把銀兩或黃金藏在夾牆或埋在地下。如此把大筆財富用在不事生產之地，以這樣保守的理財作風，要期待他們的財富對社會經濟的發展有大助益，實在不容易。他們的財富由來，有祖遺，也有自賺的。有不少人變賣祖遺產業捐官，也有做官以後置產的，更有賣掉祖產捐官，做官後再重新置產的。他們之中有人利用權勢與財力從事營運，累積更多財富，也有舉債捐官，因不善經營，債台高築，乃至生活困苦挺而走險的，結果一樣是貪污需索，敗蹟而遭查抄。不過可以得到一個結論，追求高官與厚祿是多數人的目標。

至於乾隆皇帝在查抄財物時，他的第一個要求總是叫負責查抄的督撫把「應解京的解京」，「其餘留變」。這裡所指應解京之物，除銀兩外便是金珠玉玩、字畫、銅、磁、綢緞等之佳者。這些貴重之物，解京後，大部分留在官中，只有其中稍差的由崇文門變賣，所得款另行請旨處理。可知抄物中的現銀歸皇室，成爲內府帑銀的一部分，其他最值錢之金珠、玉玩、書畫等則留在宮中成爲皇室私人所享用的藝術品，既成宮中藏品，對國民便失去了用途。其積極意義要到推翻滿清以後才突顯出來，因爲民國十四年就原有的清宮成立了故宮博物院，這些乾隆時期的查抄入官物自然豐富了博物院的院藏文物內容，此後得以爲全民所共享。

以上無論是民間的財物內容，或是乾隆皇帝所重視的珠寶或字畫等藝術品，所表示的當時人的財富觀及價值觀之與政治文化社會經濟等發展的關係，及其意義所在，都有待進一步將現有資料做量的統計與分析，才能得到具體的結果，也才能做進一步的說明。這樣的工作還待今後的努力，此其一。

其次，每當抄案發生時，無論決定抄產與否；及抄不抄及犯官（或犯人）的父兄財產；抄出物如何處理等，雖然有相當規模的制度存在，可做爲執行的依據，但大部分督撫等執行人員還是會先請旨，然後才敢處理，而大半案例也都可看到乾隆皇帝強而有力的干預。此外，在與查抄案有關的奏摺硃批上，常可看到乾隆皇帝對各個案件的各別的處理心態。這些可供瞭解乾隆皇帝的個性、他的喜好，以及他的政治理念。這一部分也有待今後加強資料分析，做深入探討。此其二。

此外在查抄案發生時，往往可看到各犯的家人、奴僕等牽涉案中，這些家人、奴僕，平日寄居官宦之家，卻暗中參與腐蝕官場的勾當。他們在抄案中所扮演的角色，也有研究的必要。此其三。抄案處理時有須由律例解決的部分，以資料不足，本書未能做完整的說明，這方面仍須加強資料收集。此其四。

查抄時，乾隆時代大致還能尊重族產制度的習俗，只要是已分析的家產，只抄犯人一股。但是家產的分析有時不能做得很徹底，難免名義雖分家，事實上仍舊有同居共爨，或同居分爨等之例。此時查抄範圍難以確定，地方官爲恐被認爲查抄不力，一般都從嚴，一律充公入官，然後請旨。對此，皇帝有時批「不用波及」，有時則只批「覽」，而任由督撫處理。可說族產在查抄範圍方面的處理標準並不嚴謹。這一方面還須多方搜集各查抄案所見分產形式，做計量的分析，或許能得到較爲具體的答案。其結果也可反過來用以瞭解清代族產制度的家產分析形態。此其五。

最後，每一件查抄案從發生到結案，都須由地方與中央各相關官員共同參與執行工作。地方官負責執行查抄，並將抄物分別解京與留變。留變物之估價則須由戶、工二部審核；解京物解京後，交內務府或崇文門處理，才算定案。如同前文「四」所述，本書所解決的只限於地方官執行的部分，至於在京之內務府，崇文門及戶工二部所負責的部分，則有待這些機構的檔案出現才能做續後研究與補充，屆時這項研究工作才有完成的機會。

【附註】

註一　宮崎市定「明清時代の蘇州と輕工業」（〔アジア史研究・第四〕收，第三〇九頁。京都大學・東洋史研究會，一九六四年第一版）

註二　參見拙文「清代乾隆時期軍機處檔有關抄家檔案之史料及其價值」第四頁。（〔故宮季刊〕第十五卷第一期收）

註三　莊嚴〔山堂清話〕第八十二頁。（故宮博物院，中華民國六十九年八月初版）

註四　例如乾隆四十一年廣西巡撫吳虎柄奏，以有盜賣軍糧之嫌請將四川平武縣知縣蔣振閶及其姪經管倉糧之蔣泰家產嚴密查封。結果查證實無盜賣軍糧之事，於經管糧務亦並無虧短，即使有其他挾嫌滋釁情由等過，亦不致查封家產。於是皇帝命令將所查封財產給還。並諭軍機大臣曰：「朕辦理庶務，無論事之大小，悉惟鑑空衡平，各視其人之自取。若糧員等果有盜賣軍糧之事，實爲法所難寬，必當籍沒家財，從重治罪。此案既無侵盜官糧情弊，其家產雖經該撫查封估值，亦必仍行給還，以昭平允，斷不肯稍爲過當也。將此由四百里傳諭吳虎柄、並劉秉恬（前川督）、文綬（川督）等知之。」（高宗純皇帝實錄卷一千二十三，四十一年十二月壬戌條。）又乾隆十六年原湖北巡撫唐綏祖以藩司嚴瑞龍誣其婪贓被參、免職並查封家產。結果審無得贓分肥事。乾隆皇帝乃下諭旨加恩給還封產。並云：「唐綏祖婪索屬虛…………所有原封家產著查明給還，來京候旨，酌量加恩錄用。朕辦理庶務，一秉大公，有罪者法在必行，無罪者自當昭雪，從無絲毫成見於其間也。將此曉諭中外知之。」（見清高宗實錄卷三八八，乾隆十六年五月庚子、戊申條。）在此，乾隆皇帝特表心態，云，給還貲產是「加恩」，爲無罪者昭雪是「大公」，還要軍機大臣將他無絲毫成見的大公精神曉諭中外知之。

註　五　據舊滿洲檔，清太宗時處罰罪犯，沒收或贖罪用的財物都以良馬、鞍轡、甲冑以及牛羊、駝隻等家畜爲主，這些都是遊牧民族的重要財物。提到金、玉的很少，見〈舊滿洲檔·清太宗㈠〉天聰元年十一月初八日，第一九七頁；天聰二年二月二十九日，第二一二頁；同年十二月初一日，第二三二頁；〈舊滿洲檔·清太宗㈡〉天聰四年六月初七日，第一九八頁；天聰五年四月十二日，第二一六～二一八頁；同年五月初四日，第二二〇頁；同年六月二十日，第二二一頁。（〈舊滿洲檔譯註·清太宗㈠㈡〉國立故宮博物院印行，民國六十六年、六十九年出版）

註　六　嚴嵩財產帳冊見明代文嘉著〈鈐山堂書畫記〉（筆記小說大觀十編第四冊收）及撰人不詳之〈天水冰山錄〉（筆記小說大觀第六編第六冊收）

註　七　宮中檔乾隆朝奏摺第六輯、第七八八頁，十八年十一月二十日直隸總督方觀承奏。

註　八　乾隆軍機處檔第二六三八號，乾隆十三年六月二十日湖南巡撫楊錫紱奏。

註　九　乾隆軍機處檔第五一〇六號，乾隆十四年十月十日，四川總督策楞奏，有關岳鐘琪入官產事。

註一〇　宮中檔雍正朝奏摺第九輯第八八二頁，六年二月二十五日巡視長蘆等處鹽課監察御史仍兼內務府郎中鄭禪寶奏。

註一一　乾隆軍機處檔第七四七七號，乾隆十六年十月二十四日江蘇巡撫莊有恭奏。又見第八〇三三號，乾隆十七年三月初四日河南巡撫陳弘謀奏。

註一二　乾隆軍機處檔第三六四六號，十三年十一月十六日安徽巡撫納敏奏。又如乾隆十四年以雲南永昌府知府劉樵承修古州城垣未滿三年坍塌損裂，而查辦其原籍湖南武陵縣家產以便解黔還項。湖南巡撫開泰即將

所有田房服飾器皿等項共估値銀五千餘兩，令武陵知縣速即變價，同時奏聞。（軍機處檔第四五一六號，十四年六月十六日開泰奏）

註一三　乾隆軍機處檔第一四四九六號，乾隆三十六年七月十四日山東巡撫周元理奏，估變盧見曾房屋。

註一四　乾隆軍機處檔第三一六二號，十三年八月十六日江南河道總督高斌奏。

註一五　乾隆軍機處檔第六七二四號，十六年五月二十六日湖廣總督阿里袞奏。

註一六　乾隆軍機處檔第一〇三八四之一號，三十四年八月二十日高晉奏。

註一七　見本書第四章第四節「查抄親屬家產之實例」。

註一八　中國第一歷史檔案館編纂〈乾隆朝懲辦貪污檔案選編〉全四冊，一九九四年八月中華書局出版，北京第一版。

註一九　參見宮崎市定「雍正硃批諭旨解題——その史料價值」（收錄於〈東洋史研究〉第十五卷第四號，一九五七年三月；〈アジァ史論考・下卷近世編〉第二八八～三三二頁，朝日新聞社刊，一九七六年）；安部健夫〈清代史の研究〉收錄，宮崎市定「はしがき」（創文社刊，一九八一年第二刷）；〈雍正時代の研究〉東洋史研究會編，同朋舍，一九八六年。

第一章　乾隆時代之查抄案

第一節　現有資料所見之查抄案

乾隆時代是清代國勢最盛時期，但中期以後，官吏累積財富，設法營運，導致綱紀紊亂，加上後二十年寵信和珅，官場日益腐敗，至四十年代後，資料上所見抄家案件之數也隨之直線上升。本文有關當時之抄案，資料主要來自國立故宮博物院收藏之宮中檔與軍機處檔。因爲多屬地方官之奏摺與其附件，及奏摺之錄副，所以涉及犯案被抄之員也多屬地方職官。這些被抄之員，其官職涵蓋督撫、藩臬兩司、道府、州縣到吏員，乃至學政等所有各級地方官在內，此外還有軍職人員以及士紳等。

這些抄案，以同一案中，人數最多的來說，莫過於乾隆四十六年發生的甘肅省折捐捏災冒振侵蝕監銀案，本文簡稱「甘省折捐冒賑案」或「甘省冒賑案」。全案遭查抄者共一百五十七人。（註一）至於其餘各案人數都不多。

查抄工作的最大目的在將犯人財產入官，爲對犯人人身懲罰之外的最重要懲罰。查抄時必須製造所有抄物的清冊。究竟抄了些什麼財物，不但是當時朝廷所關心，也是今日研究者不能忽視的問題。

清代各抄案中入官財物最多的是和珅抄產。據〈史料旬刊〉、〈仁宗實錄〉、〈清史列傳〉、薛福成〈庸盦筆記〉及蕭一山〈清代通史㈡〉等記載，和珅的家產在查抄時共編號一百零九號，內有八十三號尚未估價，而已估者二十六號，合算共計銀二萬二千三百八十九萬五千一百六十兩，以比例推算之，殆不下八萬萬兩，當時政府歲入七千萬，而和珅以二十年之閣臣，其所蓄當一國二十年歲入之半。（註二）和珅這筆龐大的財物內容，對於研究清代抄產內容的人說，實爲不可忽略的資料。可惜目前和珅抄案的相關資料都不見於國立故宮博物院所收藏第一手資料的宮中檔和軍機處檔兩檔案中。

就國立故宮博物院現藏的資料說，同樣情形也見於清代其他重大抄案。例如乾隆時代長期擔任陝西、河南、山東等省巡撫及湖廣總督等職的畢沅，與和珅一樣都在嘉慶四年抄家。但畢沅的資料也一樣，不見於宮中與軍機處兩檔案中。（註三）這種情形也存在於乾隆年間發生的案子。尤其是地方大員如督撫的抄家資料幾乎都不全，甚至完全不見於宮中、軍機處檔中。例如乾隆十二年因婪索鹽政承差而抄家的浙江巡撫常安（註四）；十三年因皇后去世百日內剃頭案又發覺有河南虧帑事而抄家的原湖北巡撫周學健及滿洲大臣湖廣總督塞楞額也因同案被抄，其中周學健抄家資料雖散見軍機處與宮中檔中，但都未見有抄產清冊（註五）；乾隆二十年甘肅巡撫鄂昌，因與詩詞悖逆之胡中藻倡和，事覺，革職籍其家，然今日亦無法看到其抄產清冊（註六）；乾隆二十二年原江蘇布政使彭家屏，因病乞罷後家居，卻以家藏明季野史數種，並族譜號「大彭統記」，且其中御名皆直書不闕筆，因而賜自盡，並籍其家，然而今亦不見其抄產清冊（註七）。這樣的情形也見於其他督撫等大員的抄案。例如乾隆二十八年因湖北縱盜寬良案而查抄的湖廣總督愛必達（註八）；同年查抄的河南巡撫周琬（註九）；乾隆三十二年因對緬甸軍事失利而遭查抄的雲貴總督楊應琚（註一〇）；乾隆三十四年貴州省因運鉛不如額等事而爆發前後任巡撫良卿、方世儁及威寧州知州劉標、糧道永泰與按察使高積等貪黷案。結果全員抄家，其中除方世儁及高積、劉標等人部分抄家清冊現存軍機處檔外，其餘資料多不見於宮中軍機處兩檔中（註一一）；乾隆三十七年原廣西巡撫，後左授雲南布政使之錢度，因貪婪勒屬吏市金玉案被抄家，其查抄財產清冊亦不見（註一二）；乾隆四十三年派往葉爾羌辦事之侍郎高樸因役回民三千採玉，婪索金玉，並盜鬻官玉罪而抄家。結果在家查出寄還金玉，另葉爾羌亦查出存銀一萬六千餘兩、金五百餘兩。但宮中、軍機處檔都缺其查抄資料（註一三）；乾隆四十五年雲貴總督李侍堯因貪縱營私，得道府以下餽賂而抄產（註一四）但故宮檔案中亦不見其資料；乾隆四十六年甘肅省爆發折捐冒賑案，從布政使以下到各州縣等共百餘人，以侵蝕監銀及賑糧之銀而抄產，同時陝甘總督勒爾謹先以回蘇四十三之亂，引軍還城，失進攻機宜被逮下獄，再加上甘省折捐冒賑案亦有參與通同舞弊之嫌也一併查抄。但本案被抄百餘犯人中，高級官員除總督勒爾謹留有一件解京貲財物件清單外，前後任布政使王亶望與王廷贊、蘭州知府蔣全迪等人的財物清冊，幾乎都不見於現存宮中檔與軍機處檔中，然而其餘職位較低之州縣以下各犯之查抄資料則頗多保存於宮中與軍機處檔中（註一五）；乾隆四十七年閩浙總督陳輝祖因負責查抄革職浙江巡撫王亶望財物時，竟抽換王亶望入官物之玉器、書畫，並以銀兩兌換王亶望入官產內之金子，事覺因而抄家，其事雖散見宮中與軍機處兩檔中，卻獨缺入官財物之目錄——清冊（註一六）；乾隆四十七年山東巡撫國泰及布政使于易簡等人也因貪縱營私，婪索諸屬吏至千萬，而全省倉庫則虧糧二百萬有奇，因而抄家。宮中檔中雖有奏摺提及其事，然亦缺入官財物之清冊（註一七）；乾隆四十九年江西巡撫郝碩，因兩江總督薩載劾其將朝京師，以行李不具，徵屬吏納賕因而抄家，在宮中檔中雖零星見有其抄家資料，卻不見有財物清冊（註一八）；乾隆五十年特成額由湖廣總督移爲雲南總督，以李侍堯代督湖廣。李侍堯一到任即疏發上年旱饑，民無食，掠富家儲穀，諸生與抗，生瘞二十三人，於是帝命逮特成額籍其家。宮中檔中雖見有其抄家消息，但並無財物清冊留存（註一九）；乾隆五十年粵海關監督穆騰額入覲時，帝問兩廣總督富勒渾之操守。穆騰額答以未敢深信，帝乃命軍機大臣詰之，遂發富勒渾縱僕殷士俊等納賕狀。廣東巡撫孫士毅奉命按治富勒渾，發其與士俊等關通納賄事，於是抄家，並下刑部獄。此案情節散見宮中檔奏摺，但並未見有財物清冊等資料（註二〇）；乾隆五十三年福康安劾臺灣總兵柴大紀貪婪，並須對林爽文之亂負責，柴大紀終於棄市抄家。其抄家事及部分財物內容雖散見宮中檔，但財物清冊之類還是不見於檔案中（註二一）；乾隆六十年福州將軍魁倫疏言，漳泉被水，饑民乞賑，而閩浙總督覺羅伍拉納未以聞，巡撫浦霖亦不爲之所，致饑民多入海爲盜，結果二人皆奪官並籍其家。但此案資料目前並不見於宮中檔及軍機處檔中（註二二）。

以上各督撫之抄案散見於清史稿、實錄、宮中檔及軍機處等資料中。有些案情記錄詳細，有些則甚爲簡單。但是有關查抄地方大員財產記錄的清冊或清單，目前除了乾隆四十五年查封的原任雲南巡撫裴宗錫原籍財產清冊尙齊全（註二三）外，幾乎都不見。查抄清冊原本大半保存於軍機處檔中，其不見於現存軍機處檔，最主要的原因是，大員資料爲史書所必用，故當是被史官取出未還檔所致。此點可從新近大陸出版中國第一歷史檔案館編〔乾隆朝懲辦貪污檔案選編〕全四冊內容看出。其中收錄例如高樸私玉案、甘省折捐冒賑案、李侍堯案、陳輝祖案、富勒渾、伍拉納等案，每案資料都超過百件以上。可見資料並未完全遺失，而是經史家提出整理，並已使用過。此從前述乾隆四十三年高樸私玉案及四十六年甘肅省折捐冒賑案在國立故宮博物院目前收藏的資料保存情況也可進一步加以證明。高樸案相關資料散見於宮中檔乾隆朝奏摺第四十五—四十七輯，乾隆四十三—四十四年間的奏摺中。其中不見有高樸的抄物記錄，但同案相關的私玉犯資料卻留存不少，且在軍機處檔中亦保存有部分這些私玉犯抄出之財物清冊。可證高樸的資料係被取出做爲編史參考用，其餘私玉犯資料之能夠保存下來，只因爲這些人並非編史的對象之故。

同樣，乾隆四十六年發生的甘省折捐冒賑案中，官位高的重犯如陝甘總督勒爾謹、前甘肅布政使，後升任浙江巡撫的王亶望及後任布政使王廷贊等人的查抄資料不但不多，其查抄財物清冊及清單幾乎都不見於現存軍機處檔中。但是同案其餘約百名的小官員，其抄產資料不但現存甚豐，可在宮中檔乾隆朝奏摺第四十八—五十三各輯（乾隆四十六—四十八年間）中看到之外，在軍機處檔中也保存有不少被抄各員的財物清冊。由此也可證大員抄物資料不全，主要是被修史者取出參考，小官則因不是修史對象，他們的資料才得以保存下來。

大員之查抄財物清冊與清單，目前多不見於軍機處檔的另一個原因是皇帝特別關心大員的財物內容之故。在宮中檔的奏摺硃批中，我們偶而可以看到皇帝批字是「冊留覽」，這種「冊」有時是抄物清冊。這些清冊以及專供皇帝閱覽的「清單」平時都隨奏摺以附件形式呈覽，平常多不退還各原奏者。皇帝把這些文件留在手邊，看畢後有的會移到軍機處與奏摺的錄副並存，但有的則一直保留在皇帝手邊，因既不退還原提奏官，也不交給軍機處，自然就無法在宮中與軍機處兩檔中看到。（註二四）檔案資料缺失之其他原因，可考慮的是：一、軍機處檔在未移交故宮博物院前，即有不少被竊或遭丟棄。二、戰禍影響檔案缺落散失，且文物南遷之際，難免遺漏不及搬出，如前文所提，此點可從前引大陸出版之《乾隆朝懲辦貪污檔案選編》所錄資料函蓋宮中、軍機處兩檔內容，加以證明；三、可能在清代時即被相關官吏有意湮滅。（註二五）

由上可知，現存國立故宮博物院軍機處及宮中檔中，有關抄家檔案並不全。尤其所缺大吏資料，多為修史者移出利用，既未能將全部資料載入史冊，而不用之資料復未能歸檔，致本文無法採入，尚待來日加以補充。雖然如此，所餘資料，仍極具價值。即使止是小官吏的小案子，積少成多，仍有補於大案所缺之消息，依然有助於本文架構，可使之更趨完整。且現存這些資料所見，家遭抄沒的人，大半居社會中上層，其財力正可反映當時中上層大部分人家的生活水準。因此其資料可說較具普遍適用性。其史料價值也就不遜於大吏之資料。本文即據此資料加以整理，用以說明乾隆時期的抄家制度。雖不可能完整地復元，相信仍可從中看到當時制度的大概輪廓。期望仍能提供有興趣人士參考。

第二節　乾隆時代查抄財產之條件

乾隆時代的查抄案，依資料看，查抄對象以官吏居多。當時抄案之所以發生，原因大致可分兩類。一是純屬財政因素；另一則是屬刑法上因罪而查抄。因為查抄原因不同，故其抄物之處理也隨之而有兩種不同的結果。茲分述於後。

一、查封備抵虧項，有餘退還，有罪則抄產入官

財政因素的查抄，主因在於庫貯（含銀兩與糧石等）發現有虧空，必須彌補。虧空發生的原因不外侵貪與挪移。侵貪皆係入己贓私，罪無可逭。至於挪移之項，或因公事緊急，不得不爲通融，或移此就彼，也就是挪補，爲一時權宜之計。不過錢糧各有款項，原不容任意挪移。只是挪移之人，雖法無可貸，而較侵貪之人稍有不同，情尚可原。（註二六）何況挪補仍歸官項，與蠹公肥橐者有間。（註二七）因此查明實係因公，確有憑據者，則其處理自與侵貪入己的人不同。在乾隆時期對於因公挪移的官吏依例都是採「查封備抵」的方式，也就是先查封財產，抵項有餘則可退還。但是乾隆早期也有不採查封備抵方式，而是當發現有挪移虧空時即將有問題的官吏先行參革，令其補完虧項便可請旨處理，幸運者可以免罪開復，不必革職。不過到後來幾乎都採「查封備抵」。原因是清代有一個規定，凡是虧空之員，家產盡絕，力不能完者可以豁免，而改由上司分賠。如此則難免有人會設法隱匿寄頓，故必先查封其家產防其隱匿與拖累上司。在這種爲防隱匿而先行查封的財產，其處理方式又分成兩種，一是由參革之員自行設法籌款或自行變賣家產繳清虧項；另一方法是由地方有司將其查封之產代爲估變以補缺項，彌補有餘則可退還。因此這種查封財產與抄產入官有別。

屬刑法上因罪而抄家，則財產須入官。職官得罪不外因於侵蝕錢糧、軍事失利、或是違制、或是犯欺飾罪名，或是叛亂等罪狀嚴重。在這類情況之下，無論是否與帑項虧空有關，一律要抄產入官。

並且在罪證確定之同時，還須進行調查經手錢糧有無虧缺，有無任何賠項，如果有這類財政事項須要彌補，則必須將查抄財產估變，補完虧項或賠項後，再將所餘全數沒收入官。例如乾隆三十七年查抄革職雲南布政使錢度時，即先完賠項，其餘入官解內務府。（註二八）這和前述純屬因公挪移，在查封財產抵項有餘時，可退還的情形不同。

二、乾隆時代彌補虧缺之方式

由上可知乾隆時期之執行抄產原因有二，一是爲彌補虧項，一是因犯罪，須抄產入官。資料上常見有關這類查抄手續有「查封」與「查抄」二辭。這兩個辭彙有時可通用，不過有時仍有些區別。如前文所述，當官員有虧項待補或犯罪，爲備將來彌補虧項或犯罪定案時須抄產入官，往往將財物先行查記封存，以免事先隱匿，以備將來查抄入官時能保有完整的財物，此時多用「查封」。至於已確定有罪，財物必須入官時的抄產手續則多用「查抄入官」或「查抄」。可說「查封」一辭，除用於彌補虧項時的必須手續外，也用於疑似有罪者「抄產入官」時的先行手續。而「查抄」一辭則多用於有罪須抄產入官時。

因爲無論是查封備抵虧項，或是因罪抄產入官，兩者之執行手續同樣都是先行查封財產。所以本書在討論查抄制度時，將查封備抵與查抄入官合併整理。不過即使犯官是因刑法問題須查抄入官，其查抄之產仍須先用來彌補虧項。因此本節擬先就乾隆時代抄產與彌補虧項之方式作一說明。其方式共有三，今舉例於後。

㈠**設限期追繳補項**：平常都是限期一年監追。限內全完者請旨處理，運氣好的可以免罪開復，或免死再減等發落，限內不完則請旨正法。這種方式見於乾隆早期資料。如乾隆十八年參革叙永廳照磨沈國實因虧空私收秤頭銅斤，並侵扣買銅平餘各項，共計入已贓銀五千餘兩銀，乃命其子回籍變產，一年內全完，例應免死，再減一等發落。（註二九）較大規模虧欠，設限期令自行籌繳完項的例子，見於乾隆十九年南河河員虧帑悞公案發生時，乾隆皇帝特別下諭旨，不查抄，但勒限催追完項。事見乾隆十九年二月二十一日江蘇巡撫莊有恭奏。（註三〇）其內容云：南河河員虧帑悞公，先將外河同知陳克濬等查參拏問。復經查出未完核減銀兩之廳員涂士炳等十四員續行參奏，請旨革職。結果奉上諭云：「河員積年虧空數盈鉅萬，今又續據查出核減未完辦料未交，多至十餘萬兩。向例應于任所原籍查抄貲產。朕見近年人心日壞，平昔糜帑縱欲，自知無所逃罪，輒先期密爲運寄，甚或所虧雖自無多，而因力難彌補，知必敗露，遂肆意侵欺，別爲寄頓，是以此番概不必抄查貲產，惟以奉旨之日爲始，勒限一年全完者，據實請旨，限內未能全完者，該督撫于限將滿之前，請旨即于該處正法。虧項著落上司分賠。」在此，乾隆皇帝以向例之查抄任所、原籍資產的方式不用，而改以命令勒限一年自行完項。據諭旨，是因爲查抄時難免發生寄頓之故。這種給予限期措繳的方式，因不是立置重典，莊有恭的同一奏摺認爲是寬厚的恩典。從表面看來，自己措繳完項，是要比查封或查抄的處罰要輕，聲名也比較好聽。不過就實際的處罰效果看，自己措繳並不容易。因爲措繳來源不外三種：一是繳出家有現存貲財；二是變賣田房財產；三是求親友幫助。但並非每個人都能有這三種條件，即使有，也未必都能有足夠的數目可以賠完。尤其田房並不易變賣，如果遇到偏僻地方，要在限期內變賣更不容易，而限期內不能完項，只有正法一途。所以有些犯官在接到上諭，須自己籌款完項時，反而自動繳出田房，並開出他人借欠有據銀兩，希圖以此代替銀兩完項。例見莊有恭前引奏摺之後文云：

「據各員開出現業房產及他人借欠有據銀兩，并辦交各衙門之料價作抵各項，逐一核算，查于鰲應追一萬八千八百餘兩，金世越應追六千二百餘兩，數目尚可相抵。王林應追八千二百餘兩，足抵七分；宋應麟應追四千五百餘兩，足抵六分；王湛應追四千餘兩，足抵四分；施大成應追一萬七千一百餘兩，涂士炳應追一萬二千五百餘兩，均足抵三分。惟是臣自履撫任以來，清釐積年入官田房之案，見有延至多年尚不變價完項，更有歷年既久，續估價值較之原估大減，雖將減估之數，著落承追之員分賠，究之徒滋案牘，帑項終致虛懸。」可見田房變賣不易。至於開出之有據借欠，其處理也有問題。莊有恭的前奏續云：「至於借項，若惟向欠戶是追，彼反得脫然事外。」為此，莊有恭概不准用田房或借項作抵，止令其自行變價清理，勒限繳現銀。

同案又見四川總督黃廷桂奏，原任宿虹同知，調任四川巴州知州佟世表，須補河工虧空核減銀四千餘兩，勒限一年全完。乃供出在江省現有田房船隻，且曾經山陽縣估價二千兩。但黃廷桂認為奉旨不必查抄，因此未便率混抵算，只得遣家人前往變價賠抵。（註三二）

可見勒限自行籌款補項，雖然不查抄家產，但也並不輕鬆。這個辦法之執行原則完全繫於「勒限完項，限內不完，請旨正法」上。唯有嚴定限期，方能避免拖延，也才能獲得執行效果。不過據乾隆十二年的規定，對吏役侵蝕錢糧的，則定自首減免之條，凡應追銀犯該徒罪以上者概行監追，勒限一年，全完免罪，逾限不完即照原擬治罪，未完銀搜查家產變抵，再有不敷，著落的屬嚴追完項。故最後仍難免訴之查封家產變抵之途。（註三二）據前引莊有恭之奏，對前述南河虧帑案之已故河員崔龍雲等四員之處理，即是分別咨行各旗籍查封家產，著落各該家屬嚴行勒追，限期仍爲一年，如逾限未完虧項銀兩，即照部議照例分別著落各該管上司分賠。（註三三）

㈡**查封備抵官項**：凡發現虧空，須先奏請將當事人革職，然後一邊追繳補項，一邊查封家產備抵。清代規定，虧缺錢糧，必須補完，如果本官家產盡絕將由上司分賠，如此，本人反脫然事外。故爲防其隱匿資產，累及他人，須先查封。因此防隱匿與避免累及他人，可說是查封家產備抵官項的兩個主要原因。如果當事人只是單純的因公挪移，並非侵貪入己，則補完虧空之額，其餘封產都可退還。在資料中，表達這種查封情況，以「查封備抵」一辭最爲常見。此外有「查封」、「抄封」、「查賠」、「封產變抵」、「查產賠抵」、「先將家產查封，以待審明賠補」、「嚴查原籍家產估報變抵」、「查出田產估變抵補」、「查明任所貲財變抵應賠各項」、「查明家產備抵」、「查封本籍家產備抵」、「確查田房產業估變抵補」、「應行查抄家產以抵官項」、「有應賠鹽課，奉諭查封原籍家產」、「查封家產以備變抵」等，不勝枚舉。其手續即是查明財產，登記後，封存備抵。（註三四）

導致查封的原因大半是虧空錢糧。之外尚有各種不同的原因。例如：「因有未完軍需核減銀，須要查產賠抵」（註三五）；「革職總兵以妄用軍需，奉旨查封本籍家產備抵」（註三六）；「偷漏草料，致承餧軍需馬匹疲瘦，顯有侵肥情弊，須密速查封家產」（註三七）；「題參藩司侵扣穀價，恐家人乘機藏匿署中貲財衣物，即令臬司即日檢點登記封固，以待定案歸結」（註三八）；「鹽運使王檠於署糧道任內浮收倉米勒令鋪戶折收銀一萬餘兩，並查出潮屬各埠虧空缺餉銀兩各款，請將其家產嚴行查封，以便追繳贓項。」「已降旨查辦任所貲財，並嚴行查封原籍家產。」此處查辦與查封當為同義。（註三九）；「素章阿經管關務，恣意貪饕，估贓已有一千九百餘兩，又審出藉名私扣稅銀，除飛咨該旂查明在京財產徑奏外，其任所貲財即密委糧道及贛州鎮臣公同查封會辦。」（註四〇）；「特參虧空庫銀之署府，共虧缺存備貯銀等計九千九百五十六兩銀，顯係侵欺入己，即委員摘印，並咨行旗籍任所查封家產以備變抵。」（註四一）「違制濫放京銅運腳銀，又不即時賠補，請將前署府事謝洪恩革職嚴審，並查封原籍安徽及遷居之湖北、浙江各省家產一體備抵。」「該員遷徙無定，因有侵蝕官項，恐預為隱匿，不可不從嚴查辦。著傳諭將該員任所貲財嚴密查封外，並著於該員原籍、寄籍處所家產一體查封備抵。」（註四二）；「盛京銀庫庫項虧短銀一萬二百餘兩，必須嚴辦，一面先將現任庫官彝倫在此處家產派人查封。」（註四三）；「鹽官暫行借公項銀在外趕運鹽斤，以丁憂守制，竟延挨不完絡項，故請革職，並查有無未清餉價，移咨旗籍封產變抵。」（註四四）；「已故原任文縣知縣湯傳業查明任內有虧空倉糧三千九百餘石，應行查抄家產以抵官項。」（註四五）等。

至於查封備賠抵的家產，其賠抵則隨地點而有先後之別。乾隆十八年時，以陳弘謀奏及清釐虧空事，於是皇帝下旨，要各督撫上奏各該省如何立法清釐虧空。各省督撫乃紛紛上奏。從這些奏摺可知，原則上如果是官員遇查封備抵時，任所、原籍財產都須一併查封。但是賠項時卻有先後處理順序。即先處理任所貲財，賠抵不足時才進一步處理原籍財產。今舉一例，乾隆十八年，兩廣總督班第、廣東巡撫蘇昌同奏云：

「兩廣虧空案，重大如贓數成千累百者，一面題參，一面即查封任所資財，并咨原籍查封家產，以備賠抵。尋常之案，實止將任所財物封貯，其原籍于審明後再辦。但仍決定嗣後凡遇侵貪之案，題參之時，即一體搜查任所，原籍財產封貯估變，用杜冒免懸宕之弊。」（註四六）

(三)**分賠、攤賠與代賠**：以上所列，都是本人有虧空或其他須要賠補時所採取的查封備抵官項的例子。此外還有因他人欠項受累，而遭查封的。本節第一項「設限期追繳補項」一文中提及，當本人自行籌款不足補項時，就要查封家產變抵，又不足完項時，就要由有關上司分賠或攤賠。（參見註三六、四〇）分賠與攤賠二辭似乎無嚴格區別。凡由相關各級上司分攤賠補欠項都可稱爲分賠或攤賠。上司可因案而包含督撫、兩司、道府、州縣等。清代對參革虧空之職官，如所虧之項非侵貪所致，有時也並不苛求，當查出任所衣物及本房田產估變抵補後，尚有不敷時，則由失察各上司分賠。（註四七）清代在處理這類分賠或攤賠，甚或其他賠補案時，對現任官都較爲寬待，不一定要求馬上賠清。何況有些上司受累分賠不止一案，一時無法同時賠清，因此在不能立即賠完之下，可專案奏請分年由廉俸扣繳，或分年定額措繳。這種分年賠繳之法，常用「分年攤賠」表示。其攤賠期限可達三年以上，視款數及官員收入而定。不過當分賠款數太多，非短期可賠清，或須分賠的職官因另案革職查辦，或去任、或病故，不再有廉俸可扣時，就不再享有分年攤賠的優待。這時，乾隆皇帝會毫不憐惜的下令查封其財產抵項。這種受累查封的案子也很多。今舉例於後。

一見乾隆四十三年江蘇巡撫楊魁奏：「（參革知州，原任貴州威寧州知州）王葆元有分賠劉標預放爐戶工本案內另追爐欠銀兩，應賠銀二萬三千四百餘兩，前請自四十三年起分作五年完納。誠恐該參員因有家產全無（註四八）再行公攤完項之例，將家資預先寄頓，致賠項懸宕無完，催追有名無實。

查王葆元係江蘇新陽縣人，應將該員所有田房產業確查估變抵補前項追賠銀兩，毋任稍有隱匿寄頓。……奉旨依議。」（註四九）

另一例見乾隆四十五年上諭云：「原任雲南巡撫裴宗錫、孫士毅於該省查辦案內俱有應賠之項。著傳諭三寶、雅德將該二員原籍家產即嚴密查封，毋任隱匿寄頓，俟滇省查辦虧空完結後再降諭旨，自當令二人分賠。」（此時裴宗錫已故）（註五〇）

另有一種攤賠，屬連帶分攤虧欠的性質，主要是對商人採取的辦法。清代商人欠課過多時，例應查封家產。常見的是鹽商與銅商，他們借帑行鹽或運銅，依規定拖欠官帑一多，且久不納課就須嚴催。但如果地方官發現本籍並無家產，便可申報家產盡絕，將所欠帑項攤入通綱，該商即可脫身事外。因此為防隱匿寄頓，必先嚴密查封，以便催繳完課。例見乾隆三十二年七月十四日高誠奏，查封鹽商王德滋（註五一）；乾隆四十八年五月十五日江西巡撫郝碩奏，查封銅商兼鹽商范清濟（註五二）；乾隆五十二年六月二十八日穆騰額奏，查封長蘆商人牛繩祖（註五三）；乾隆五十二年八月二十五日兩廣總督孫士毅奏，查封鹽商賴尙友（註五四）等。這些查封之產如果不足以賠補所欠帑項及帑息，則須由保商分賠，如保商年遠無著，則須由同一省之其他鹽商或如係運銅則須由銅商共同分攤欠項，並代為負責其原本之行鹽或運銅之事。

至於「代賠」，則有兩種情況：一是親友代賠（有的出於自動，有的則是由地方官半強迫性的授意）；一是因案受罰，皇帝命令代他人賠補而遭查封備抵的。在此僅舉後一例，見乾隆四十一年查封革職廣東巡撫熊學鵬家產一案。原來廣西革職道員秦廷基以祖護屬員，授意改供，因而擬斬監候，應解部監禁，是後廣西臬司卻任聽安住省城寓所，未收監杻鎖，以致秦廷基得在寓投繯，而署臬司黃邦寧又於秦廷基死後，連夜抬入司監，捏稱在監病故，移屍獄中，希圖掩飾。熊學鵬以當時原任廣西巡撫，未能查出，乾隆皇帝認為有徇情曲庇、違例寬縱之嫌，係屬私罪，難以曲為原宥，諭令革職發往川省，辦理軍需奏銷事務，並令將軍營各員所有虧短官項，若有力不能完者，都著熊學鵬賠補，以示懲儆。於是乾隆皇帝又命以六百里傳諭兩江總督高晉及兩廣總督李侍堯，分別迅速親往熊學鵬在江寧住家及廣東之任所，嚴密查封其產業與貲財以抵應行代賠之項，勿任其稍有寄頓隱匿。這正是懲罰性代賠的最明顯例子。（註五五）

查封財產備抵欠項的目的在防隱匿以免拖累他人之外，另一個重點在於備抵有餘之產可以退還本人。依乾隆皇帝旨諭，當疑有侵肥情弊而查封之案，如審明是挪非侵，則抵補之外，概可無庸查辦，（註五六）因此查封備抵的財產，俟審明案情結果，都要分別賠抵或給還。（註五七）抵補有餘之產退還之例見於乾隆十八年查封福建按察使來謙鳴原籍浙省家產的變抵銀。來謙鳴前曾為雲南知府，廣東運使，後陞任福建按察使。以陞見面奏時反覆無常，乾隆皇帝以為是挾詐面欺，居心僉邪，乃降旨革職，並諭閩浙總督喀爾吉善等，以來謙鳴在雲南知府任內有未完之項須著追，故命將伊任所貲財、原籍家產查封抵補。結果除了閩省任所衣物估變銀移解滇省之外，並將浙省原籍家產變抵銀存庫待補。這中間來謙鳴又自行於滇省繳銀，待全數完繳歸款後，浙省存貯庫銀尚餘五百七十餘兩，乃令領回。（註五八）

三、抄產入官之條件

抄產入官，也就是查抄入官。與此同性質的辭彙也很多，常見的除「查抄」兩個字外，有「查抄財產入官」、「抄產充公」、「籍沒」、「抄沒」等。這種查抄的初步手續，其實與前項提及之「查封備抵」並無兩樣。平常只要懷疑有罪，主事者即可請旨執行查抄。待查明案情，確定有罪，財產就要入官；如果查明無罪，便可歸還。不過即使明知有罪，查抄結果必然是充公，但是乾隆皇帝在下令查抄時，其上諭仍多假借「查封其家產以抵欠項」爲名，以便查抄行爲可以正當化，以免人民說他貪財。有時上諭措詞是命令先行「查封，如審明定案，應行入官，即一面辦理，一面奏聞。」（註五九）不過，無論前項「查封備抵」或本項的「查抄入官」的案子，上諭下令查抄的遣辭不外是：「將其（犯官）財產嚴密查封以備抵項」或「以抵欠項」，「以抵補官項」等。所以見於這兩項的初步執行手續都是一樣的「查明家產，登記，封存」。

至於查抄入官的原因，如前述，有侵貪、征戰不力、違制、犯欺飾罪、叛亂等，今舉例於後。

㈠**侵貪**：侵貪種類很多，常見有侵蝕庫銀錢糧、冒領賑銀，多扣稅銀入己，之外還有婪索所部銀兩，派累商人，在所部舉放錢債網利營私等。如乾隆五十一年十一月臺灣林爽文滋事，平定頗費時日，後來發現臺灣府庫貯劃扣兵餉等項銀一十萬餘兩被前故守孫景燧墊用無存，致兵餉不敷支放。於是乾隆皇帝認爲孫景燧在臺灣知府任內對地方事務漫無整頓，致釀成林爽文之變，而於庫貯銀兩又復任意虧缺，是其侵漁歛怨，激成事端，因此，雖然人已被賊害死，其罪則不可寬，遂下令嚴密查抄入官，以抵官項。（註六〇）又乾隆四十五年時以雲貴總督李侍堯貪黷營私而下令將其置買田產什物概行查明入官。（註六一）又乾隆二十二年雲貴總督恒文以進獻爲名，短價令屬員購金，並受屬員餽送，私飽己橐，查出任所貲財至數萬餘兩，且巡閱營伍，沿途縱容家人收受屬員門禮等款，終於賜令自盡，家產查封入官。（註六二）又乾隆二十二年，原山西布政使蔣洲於任內虧帑至二萬餘金，陞任時勒派通省屬員彌補，尚有不敷，又於壽陽縣方山木植賣銀補項等，因而革職，查明任所字蹟貲財呈覽。最後以蔣洲係大學士蔣廷錫之子，貪黷狼籍、玷辱家門，罪無可寬，即依擬正法。同省山西巡撫明德亦以不能察吏，加上晉省州縣中侵虧庫項有至盈千累萬者，遂以一任屬員侵帑營私之過革職拏問，並查封任所貲財。（註六三）冒領賑務公費銀兩私用之例見於乾隆四十二年，霍邱縣知縣琨玉在署安徽滁州任辦理移交後，竟用空白印文假揑後任李秉義之名，連銜冒領賑務公費銀兩三千餘兩携帶進京私用，終於查抄。（註六四）地方官派累商人短發價值，收受贄儀門包致查抄之例，見乾隆三十三年正月河東鹽政達色置買器物，勒派各商賠墊，同時催提各正商赴運城辦事，進見則需贄儀，如欲免到亦有餽銀，因此查抄。（註六五）此外如地方官在所部舉放錢債圖利，以低物勒當多銀，即當革職查抄財產入官。例見乾隆四十二年四月，原任湖南岳常澧道彭理，以陞授廣西臬司進京陛見，皇帝看他年力已衰不勝臬司之任，乃降旨以京堂補用。結果彭理即於該旗佐領處具呈，請將伊原典買價銀四千四百餘兩之房產繳抵分賠、代賠銀二萬六千餘兩，并稱此外別無房產，實係盡絕，並無絲毫隱匿，餘俟補官日將俸銀扣繳等情。對此，乾隆皇帝認爲取巧。因此下令查明彭理歷官各省及其所屬漢軍所在之直隸近京有無私置產業。最後查出彭理雖無隱寄財產，但在任所舉放錢債圖利，並以低價之物勒當多銀，

已屬網利營私，終於抄產入官。（註六六）

㈡**軍事失利，領兵無方，籌畫失宜，臨陣逃脫**：以上都是構成查抄的原因。例如乾隆十九年以準噶爾篡奪相仍，人心離散，實有可乘之機，特命兵部尚書舒赫德協同定邊左副將軍策楞赴北路軍營經營。結果七月輝特台吉阿睦爾撒納來歸，舒赫德等疏奏，將阿睦爾撒納等大台吉留軍候旨，眷屬移住蘇尼特。乾隆皇帝斥其辦理舛謬，諭將阿睦爾撒納等妻子撤回令會集一處，在烏里雅蘇台附近游牧居住，並以舒赫德、策楞等二人畏葸猜疑，毫無籌畫、凡所部署、事事不合機宜，因而下令革職並抄沒所有家產，以爲大員負恩者戒。（註六七）到了乾隆二十年九月阿睦爾撒納叛，擾伊犂，定西將軍永常自木壘退回巴里坤，協辦陝甘總督事務劉統勳輕信浮言，張皇附和，奏請棄巴里坤退守哈密。乾隆皇帝認爲軍營所恃，全在領兵大臣，今一將軍一總督無端自相恐怖，致衆心無所恃，故兩人皆革職，並查抄任所貲財及原籍家資財產爲補償軍需馬匹之用。（註六八）乾隆三十三年緬甸入寇雲南，軍官臨陣退縮、逃跑，甚至被俘，都抄家。這些人包含看守參贊大臣印信之同知陳元震及支放糧石之大理府知府郭鵬翀，二人以遇敵逃跑，凌遲處死並查封任所寓所貲財；總兵索柱、參將王棟以遇賊退卻，委棄橋梁，畏葸貽悞，大干軍律，查封任所原籍家產；原副都統額爾登額、大理提督譚五格以領兵因循推諉，軍紀攸關，查抄任所及眷屬寓所。（註六九）原江蘇按察使楊重英奉命前往探視其父雲貴總督楊應琚之病，楊應琚得罪賜自盡後，楊重英奉命在將軍明瑞下以道府銜聽差，隨軍進剿緬甸，明瑞戰歿，重英被執。乾隆皇帝乃諭曰：被賊拘執、不能捐軀致命，覥顏視息，遂命與同被緬甸所俘之守備程徹、盧懷亮、馬子健、王呈瑞等一併查抄家產。（註七〇）又乾隆五十一年十一月臺灣林爽文之亂發生，直到五十二年十二月始平定。檢討結果福康安劾總兵柴大紀人本詭詐，甚染綠營習氣，不可倚信。於是柴大紀革職拏問，交福康安嚴審定擬具奏。五十三年三月福康安奏，柴大紀於賊匪滋事之始，觀望逗遛，釀成巨案，失陷城池，並奏其武職陞補俱送番銀等婪索得賄情弊，且巡查各營並不認眞操演，折收夫價等，四月復劾以平日不能實力整頓，網利廢弛，肆行無忌等。乾隆皇帝終於下令處斬，查抄柴大紀家產。（註七一）

㈢**叛逆**：叛逆禍首須查抄。林爽文與其同夥莊大田便是以肆爲不法，罪大惡極，將田產入官，歸於叛產內處理。（註七二）此外書寫悖亂逆詞或譏訕詩文，或收藏明末野史，乃至傳教惑衆、強盜被捕者（註七三）也都要查抄。如乾隆二十年內閣學士胡中藻著堅磨生集，文辭險怪，乾隆皇帝指詩中語訕上，坐悖逆誅。胡中藻是鄂爾泰門人，甘肅巡撫鄂昌係鄂爾泰從子，與中藻唱和，兩人皆因此籍沒。（註七四）又乾隆二十二年，前江蘇布政使因病乞罷之夏邑人彭家屏，奉諭與河南巡撫圖爾炳阿同往查災，有夏邑民劉元德訴縣吏施賑不實，經查係諸生段昌緒指使。知縣前往昌緒家查得傳鈔吳三桂檄以聞，乾隆皇帝召家屏詣京師問其家有無三桂傳鈔檄及他禁書，家屏親筆開出家藏明末野史潞河紀聞、日本乞師、豫變紀略、酌中志、南遷錄、并鈔本小字書，係天啓崇禎年間政事等書，雖據其子供稱已概行燒燬，仍以此遭譴，抄產，分田予貧民。後又查出其所刻族譜取名大彭統紀，以大彭得姓之始本於黃帝，乾隆皇帝認爲如此命名，幾與累朝國號同一稱謂，且於乾隆御名皆不闕筆，終以犯御諱罪賜自盡。（註七五）又乾隆四十七年四川縣民廖景泮以僞造榜文及佛諭經卷，傳教惑衆，查明財產入官。（註七六）又乾隆五十四年回人蘇貴才等以入邪教滋事，財產籍沒入官。（註七七）

㈣**違制**：以違制而籍沒之例，見於乾隆十三年孝賢皇后崩時。清代規定，遇國恤，諸臣當於百日後薙髮，這一年江南河道總督周學健坐百日內違制薙髮奪官，命江西巡撫開泰籍其家。時湖廣總督塞楞額亦薙髮。乾隆皇帝諭：豈知滿洲大臣中有塞楞額，又無怪於學健，因而寬學健，發直隸修城自贖。對塞楞額則除抄產之外，以違蔑祖宗定制及君臣大義而賜自盡。但開泰抄學健後，發其往來私書中有丁憂袞沂曹道吳同仁許以兩千行賕學健乞舉以自代事。皇帝乃下兩江總督策楞覆勘，得學健營私受贓縱戚屬奴僕骫法狀。乾隆皇帝乃說：學健違制罪已貫，然婪贓鬻官破薦舉事嚴重，終於賜自盡。（註七八）

㈤**現任職官於鄉試闈中舞弊**：鄉試舞弊致查抄之例，見於乾隆四十八年廣西鄉試。據當時廣西巡撫孫士毅奏：當年鄉試中試第一名舉人岑照，因闈藝與平日文理不符，引起懷疑，經奏聞革去舉人嚴審。據供，有舊識長隨曾興現跟永安州知州葉道和，知葉道和此次在闈辦理供給，於是該犯於未經入場之前，許以銀兩囑曾興照應。乃由葉道和商同在闈之幕友，即湖北舉人曹文藻，暗中說合，三場文字均係曹文藻代倩，由曾興於三場散給飯食時將文稿轉遞岑照等語。最後定擬：葉道和係現任職官，膽敢目無法紀，指使長隨曾興與岑照講定銀數，暗帶幕友入場代作三場文字，傳遞中式。以辦理闈中供給爲詐欺網利之藪，藐法圖賄希冀肥贍身家，因而決定查抄任所資財以及原籍家產財物入官。（註七九）

四、抄產之歸還

由前文可知，清代查抄家產原因很多，只要有違法嫌疑或庫貯有虧空情事，都須先行查封任所，並咨其原籍及寄籍等，一併查封財產。其目的在防隱匿，以便萬一查有確實罪情，可立將封產變價，以抵虧項或沒入。但是在查無罪情時，就要解除查封，所抄之產必須給還。不過給還抄產還是有各種不同因素，今分別舉例於後。

㈠罪不致籍沒，則從封產中先扣抵欠項，餘產退還。「籍沒」又稱「抄沒」，有兩個意義，其一指對犯十惡之罪者，籍沒其家，包括財產充公，妻子爲奴，非本文討論範圍。另一意義是本文要討論的，指單純的「抄沒家產」而言。如在查訊結果罪狀不重，不致籍沒，仍須先查看是否有其他欠項，如果有，就得乘此時從封產中扣抵，餘產退還。例見乾隆二十年處理雲南布政使宮爾勸被抄家產時。同年四月癸酉乾隆上諭云：「碩色等奏，宮爾勸名下應追銀數，原籍及任所貲財足敷抵補，其餘銀兩及東省現存貲產，請令變價解交內務府查收等語。碩色等所見甚小，宮爾勸久任藩司大員，辦理銅廠侵隱滋弊，是以查產抵扣以爲營私不職者戒。今經審明追賠之項俱已扣清歸款，此外所餘，若查無可惡情罪，自應給還本人。即使情罪可惡，不應給還，亦止當留充地方公用……該督等何得……不論輕重，一例率請變價交內務府，殊屬錯謬，著嚴行申飭。」（註八〇）其中所云「可惡情罪」究竟如何規範，並無明確規定，由此可知，抄產之給還條件，在當時仍無嚴謹標準。而地方官在處理抄產時，似乎總想將抄產估變後解內府以討好皇帝。至於皇帝能否關心到所有被抄的人是否都得到公平合理的待遇，仍是個問題。因爲就資料看，乾隆皇帝在查抄大員時，特別會強調他的公平性。宮爾勸是布政使，他的抄案必然是衆所注目，乾隆皇帝向來頗爲重視輿論對大員抄案的反應，因此也就格外小心處理大員或大案的抄產，以免被懷疑他貪財。此種顧慮在查抄宮爾勸之初，乾隆皇帝就表明過。事見高宗實錄卷三九一，乾隆十六年閏五月戊子，上諭曰：「碩色等奏到辦理宮爾勸一案，甚屬舛謬，前此傳諭令其嚴行查辦者，因該督等奏宮爾勸先於出署之日，暗行寄頓，夫藩臬大員，而懷狹詐鬼蜮伎倆，則其侵欺屬實矣，是以有即加刑訊亦不足惜之諭，並非無論實與不實，即當夾訊也。宮爾勸如果在廠多收銅觔婪索肥己，則有廠內歲入可以徹底清查，而其囊篋亦必甚豐，……今據供只收歸公養廉，路耗、銅觔俱已報解充公，而其任所原籍貲產僅止此數，已大概可知，何用加之夾訊乎。且奏內稱嚴加刑訊，又稱刑訊再三，茹刑不承，徒辦成刻酷之形……轉使無知之輩，謂將布政使用刑嚴訊，乃因查追家產，滋傳聞竊議之端。碩色等如此辦理，甚屬不知輕重，著嚴行申飭。」總之，查封之產，其給還標準既不嚴謹，地方官自不敢隨便提議給還，所以與查抄一樣，都要等待皇帝下諭旨才能執行。這在其他給還的例子仍可看到。可說皇帝在這方面有絕大的權力，這也是查抄案中常見專制帝權的特色之一。不過由此可說，給還封產的辦法尚未確立，這方面的制度尚未完備。

㈡**抄產後查明無罪，即可給還抄產**。其例見於乾隆十六年查抄原湖北巡撫唐綏祖時。唐綏祖以藩司嚴瑞龍誣揑其婪贓巨萬而被參、免職並查封家產。結果審無得贓分肥情事，乾隆皇帝乃於五月初四日下諭旨云：「唐綏祖贓款屬虛，伊從前所有查封貲產自可加恩降旨給還。」同月十二日再降諭云：「唐綏祖婪索屬虛……所有原封家產著查明給還，來京候旨，酌量加恩錄用。朕辦理庶務，一秉大公，有罪者法在必行，無罪者自當昭雪，從無絲毫成見於其間也，將此曉諭中外知之。」（註八一）在此乾隆皇帝特別表明心態，給還貲產是「加恩」，為無罪者昭雪是「大公」，還要軍機大臣等將他「無絲毫成見」的「大公」精神「曉諭中外知之」。依此則給還抄產似乎與制度無關，而是皇帝的特權，生殺與奪皆逃不出他的手掌心。也因爲如此，地方大員在處理抄產時，多從嚴以入官辦理。本案，湖廣總督阿里袞或許如前所述，爲了討好皇帝，竟在接到乾隆皇帝命令給還唐綏祖抄產的第一道諭旨之後，未經奏聞並奉旨，仍急急將唐綏祖抄產解京，結果得來一道訓責。同年閏五月十二日，乾隆皇帝降諭云：「（湖廣總督）阿里袞奏，唐綏祖任所貲財什物，分別解交內府崇文門一摺係五月二十六日封發，其五月十二日所降給還諭旨，按期尙未奉到，但同日所奏，接奉寄信諭旨中，已有唐綏祖贓款屬虛，伊從前查封貲產自可加恩降旨給還之諭。阿里袞承辦此案，業經審無實據，其爲贓款屬虛，已無疑義，豈不知其應行給還。即未奉有明發諭旨，亦當留楚稍待，乃復委員解京，多此一番往還，辦理殊謬，已令軍機處傳諭委員，仍行帶回，可即查明給還，將此傳諭阿里袞知之。」（註八二）依此知道，審無實據，並無贓款，則抄產必須給還。只是負責查抄工作的地方大員未必都能主動執行歸還工作，甚至有皇帝命令給還，亦未必遵行的。

無罪給還抄產的又一例，見乾隆四十七年閩浙總督陳輝祖抽換原浙江巡撫王亶望入官產中的玉玩、書畫等之案發生時。查出查抄王亶望浙江任所貲財時，是由糧道王站柱（住）造冊，而王站柱所造原底冊內容又與後來解內務府進呈冊內容不符。於是乾隆皇帝及辦理此案的人都認爲王站柱有問題，上諭命將王站柱（當時已陞任河南臬司）解任質訊，並查封其任所貲財。（註八三）後來訊出，王站柱在底冊造成後，即離開浙江赴河南新任，因此解內務府進呈冊並非他所造，陳輝祖抽換玉器、畫作等事他並不知情。於是河南巡撫富勒渾奉上諭，「王站柱家產毋庸查辦」，富勒渾也就「轉飭原委各官一

體欽遵」，解除王站杜封產。（註八四）

㈢**雖然有罪，因某些特殊因素，皇帝特別開恩給還封產**。這種罪狀尙存，仍給還財產之例常見於軍事問題上。例之一是因軍事失利抄產，以事後表現佳，乃給還抄產。事見乾隆三十三年初，緬甸入寇雲南，守備程徹與楊重英同被俘，乾隆皇帝認爲被賊拘執，不能捐軀致命，靦顏視息，因而命令抄產。（參見本節第三項㈡及註七〇）於同年十月據雲貴總督阿里袞奏稱，程徹乘夷民張文連潛回內地之便，密呈軍營大臣，將賊匪情形路徑，詳悉稟聞，於是乾隆皇帝下諭旨云：「是程轍天良尙未盡泯，其罪自當量從末減，著加恩將伊子釋放回籍，其家產並著給還。」（註八五）以陷敵之身，自動做諜報工作，確屬難能可貴。因此本例也可說是將功抵罪，抄產得以給還。

另一例則是當初的罪情並未消滅，只因皇帝想再利用犯人的才幹，遂命令給還抄產。此例參見本節第三項之㈡及註六八提到的陝甘總督劉統勳案。原來，乾隆十九年九月阿睦爾撒納叛，定西將軍永常自木壘退回巴里坤，劉統勳張皇附合浮言，奏請棄巴里坤退守哈密。乾隆皇帝認爲將軍與總督無端自相恐怖，致衆心無所恃，於是兩人皆革職，並抄產。但是到了乾隆二十年，皇帝即原諒劉統勳，給還財產。事見乾隆二十年十月二十九日方觀承、吳達善奏云：「十月二十五日承准廷寄，乾隆二十年十月十七日奉上諭，前因劉統勳獲罪，令該撫拿解來京，並諭將任所資財查封，嗣經加恩免其治罪，發往軍營交班第等令其在司員內効力贖罪，所有任所一應人口什物，俱著加恩給還，將此諭令吳達善知之。」同時釋放其子劉墉，並加恩在編修上行走自効。到了二十一年六月補劉統勳爲刑部尙書，七月給還本籍家產。（註八六）

由上知道，在查抄之後，如果查無罪據，就可退還抄產。之外，「無可惡情罪」，或因功抵罪，罪狀減輕，或出於皇帝個人的理由都可退還抄產。只是除「查無罪據」之外，其餘情況都沒有具體規範，其輕重標準完全出於乾隆皇帝自己的解釋。或許因爲如此，負責執行查抄工作的地方大員，在遇到可退還抄產的條件之下，甚至如前所述，已有明發上諭命令退還抄產，都仍舊不敢隨便退還，一律要等待確實奉到上諭才敢執行。可見抄產的退還與查抄的執行一樣，都繫於皇帝一念之間。當時查抄案中，有關財產的與奪之權，實掌握在乾隆皇帝手中。

【附　註】

註　一　見拙文「清代乾隆時期軍機處檔有關抄家檔案之史料及其價值」第四頁。（故宮季刊第十五卷第一期，民國六十九年秋季號，第三、四頁）

註　二　見〈史料旬刊〉第六期上諭三，仁宗實錄卷三十七，嘉慶四年正月庚午，薛福成〈庸盦筆記〉卷三，蕭一山〈清代通史㈡〉第二六七頁。又參見註一引拙文「清代乾隆時期軍機處檔有關抄家檔案之史料及其價值」第五—七頁。

註　三　畢沅抄家見〈清史稿〉列傳一一九。

註　四　常安案見〈清史稿〉列傳一二五。

註　五　見〈清史稿〉列傳一二五；周學健抄案又見〈清史列傳〉（蔡冠洛編纂，啓明書局，民國五十四年初版）高斌傳。

註　六　〔清史稿〕列傳一二五。胡中藻事又見宮中檔第十輯第八二八頁。乾隆二十年三月一日范時綬奏。

註　七　〔清史稿〕列傳一二五。

註　八　愛必達案除宮中檔，軍機處檔外，又見〔國史列傳〕十一及〔清史稿〕一〇三。

註　九　周琬案見宮中檔第十八輯第一三八頁及第十九輯第一六六、七一九頁，乾隆二十八年六月十日，九月二十六日；十一月輔德等奏。

註一〇　楊應琚案見〔清史稿〕列傳一一五；〔清史列傳〕軍事類二一一頁。

註一一　見〔清史稿〕列傳一二六。據近日出版之〔乾隆朝懲辦貪污檔案選編1〕（北京中華書局一九九四年八月一版）收錄「貴州巡撫良卿等骫法婪贓侵虧帑項案」中載相關資料共六十七件。知史料並未完全遺失。當是當日編史者提出未歸檔，致無法與其他檔案一起南遷。

註一二　錢度案除見於〔清史稿〕列傳一二六外，又散見於清高宗實錄卷九百五、九百六、九百七，乾隆三十七年三月辛亥、夏四月己卯、丁亥各條。本案據〔乾隆朝懲辦貪污檔案選編1〕收錄「雲南布政使錢度貪婪骫法案」載有相關資料一百件。參見註一一。

註一三　高樸案除見〔清史稿〕列傳一二六外，又見佐伯富「清代新疆における玉石問題」（東洋史研究會發行〔中國史研究〕第二收）及故宮季刊十三—三、四期傅樂治「清高樸盜賣官玉案考實」（上、下）。本案據〔乾隆朝懲辦貪污檔案選編1〕收錄「葉爾羌辦事大臣高樸私賣玉石案」載有相關資料共達四百四十八件。可見已經編史者整理過。參見註一一。

註一四　〔清史稿〕列傳一一〇。李侍堯事又見軍機處檔第二七〇二三、二七六一〇號奏摺錄副及二七七八一號軍機處咨文。本案據「乾隆朝懲辦貪污案選編1」收錄「雲貴總督李侍堯貪縱營私案」載相關資料達一百六十五件。參見註一一。

註一五　有關乾隆四十六年發生之甘省折捐冒賑案參見（註一一）引拙稿「清代乾隆時期軍機處檔有關抄家檔案之史料及其價值」一文，第三、四頁。本案收錄於〔乾隆朝懲辦貪污檔案選編2〕整本，共達六百六十四件資料。「勒爾謹解京貲財物件清單」見乾隆軍機處檔第三一五四〇號。

註一六　〔清史稿〕列傳一二六。有關陳輝祖之查抄資料散見宮中檔乾隆四十七年間之奏摺。本案據〔乾隆朝懲辦貪污檔案選編3〕收錄「閩浙總督陳輝祖侵盜王亶望入官財物案」載有相關資料共達二百零七件。參見註一一。

註一七　〔清史稿〕列傳一二六。本案據〔乾隆朝懲辦貪污檔案選編3〕收錄「山東巡撫國泰貪婪營私案」收錄相關資料達八十四件。

註一八　〔清史稿〕列傳一二六。又參見宮中檔乾隆朝奏摺第六十輯第四五七、五六五頁，四十九年五月二十及二十八日兩江總督薩載奏。

註一九　〔清史稿〕列傳一〇一。又參見宮中檔乾隆朝奏摺第六十二輯第八八、三三一頁，五十一年十月二十五日、十一月二十二日湖南巡撫浦霖奏，第七十四輯第五六九頁，缺年月日與提奏人之附片，查封特成額雲南任所資財。

註二〇　富勒渾案見〔清史稿〕列傳一一九。又見宮中檔乾隆朝奏摺第六十輯第七一一、七一四、七九八、八〇二頁五十一年六月十二、二十日兩廣總督兼署廣東巡撫孫士毅奏；第七二八、七三二、七五二、七六九各頁，同月十四—十八日，常青、覺羅伍拉納、何裕城、阿桂、曹文埴、伊齡阿等奏；第六十一輯第一九、九五、九九、一四〇、一九四、一九六、二八七各頁，同年六月二十七日；七月八、二十二各日；閏七月十日穆騰額、阿桂、曹文埴、舒常、伊齡阿、常青、李侍堯、李封、徐嗣曾等奏。第六十二輯第五頁，同年十月十八日伊齡阿奏。據〔乾隆朝懲辦貪污檔案選編4〕收錄「富勒渾貪婪不法案」相關資料達一百三十五件。

註二一　柴大紀事見〔清史稿〕列傳一一六。並散見於宮中檔乾隆朝奏摺第六十六輯第八五〇頁，乾隆五十三年正月三日浙江巡撫覺羅琅玕奏；第六十七輯二四四、三七〇、三八九、八五六頁，同年二月初七、十九、二十一日；四月十八日，福康安、覺羅琅玕諸奏。

註二二　伍拉納及浦霖案見〔清史稿〕列傳一二六。據〔乾隆朝懲辦貪污檔案選編4〕收錄「閩浙總督伍拉納等婪贓受賄案」相關資料達一百零玖件。

註二三　裴宗錫財物清冊見軍機處檔第二六九〇六、二六九〇七、二六九〇八、二六九〇九號。裴案並參見註五〇。

註二四　有關軍機處檔案及奏摺錄副，奏摺附件等，參見莊吉發〔故宮檔案述要〕第三、四章。

註二五　見〔清代史料彙編下〕收，卷一「搜羅史料」（民國六十六年香港益漢樓版）並見（註一）引拙稿「清代乾隆時期軍機處檔有關抄家檔案之史料及其價值」第九頁。

註二六　清高宗純皇帝實錄（後文簡稱〔高宗實錄〕）第四十四卷八頁，乾隆二年七月癸巳上諭。

註二七　清高宗實錄第八三四卷，乾隆三十四年五月乙酉。

註二八　清高宗實錄第九〇七卷，二六頁，乾隆三十七年四月丁亥。

註二九　宮中檔乾隆朝奏摺第六輯三一四頁，乾隆十八年十月初一日署理四川總督黃廷桂奏。

註三〇　宮中檔乾隆朝奏摺第七輯六三三頁，莊有恭奏；清高宗實錄第四四五卷乾隆十八年八月庚子條上諭，及第四六八卷乾隆十九年七月上諭。此即江南河工水利案。詳見清史列傳第三編水利，劉統勳傳。乾隆十八年七月命劉統勳偕署尙書策楞往勘江南河工。八月疏言，江南河工歷年虧欠至九萬兩之多，現在又查出外河同知陳克濬虧空二萬五千二百餘兩，海防同知王德宣虧空一萬八百餘兩。本年高郵州二閘因湖河異漲被衝，聞未衝之前，文武員弁咸謂有料尙可堵塞，而該管下河通判周冕並無物料，致束手任其衝決，河臣高斌祇以誤事掣回，委員另辦，請澈底清查。乃詔革高斌及協辦河務安慶巡撫張師載職，留工効力。其侵帑各員革職拏問，勒限一年完繳。周冕革職鎖押，二閘漫口虧空物料勒限半年完項。

註三一　宮中檔乾隆朝奏摺第八輯八二二頁，乾隆十九年六月十六日四川總督黃廷桂奏。

註三二　〔清高宗實錄〕第二八八卷，乾隆十二年四月丁卯，大學士等議奏。

註三三　又見宮中檔乾隆朝奏摺第七輯五三五頁，乾隆十九年二月初六日安徽巡撫衛哲治奏：「（已故運河通判崔龍雲）部議勒限一年催追……恐視爲緩項不無隱匿寄頓之弊，而抵交田產召變無期，必致虛懸帑項，隨飭布政使高晉遴委和州知州前往查辦。」

註三四　散見宮中檔乾隆朝奏摺第二輯第三七一頁，策楞奏；第五輯第七八三頁楊應琚奏；第六輯第四二頁莊有恭奏。

註三五　宮中檔乾隆朝奏摺第二輯三七一頁，乾隆十七年三月初四日四川總督策楞奏。

註三六　全註三五。又見第二十七輯五四一頁，乾隆三十二年閏七月十三日，兩廣總督李侍堯奏。

註三七　全註三五。又見第十一輯七七八頁，乾隆二十六年六月二十日，陝甘總督劉統勳奏。

註三八　全註三五。又見第十五輯五八七頁，乾隆二十一年閏九月二十一日，湖南巡撫陳弘謀奏。

註三九　宮中檔乾隆朝奏摺第二十二輯七九頁，乾隆二十九年七月初一日山東巡撫崔應階奏。

註四〇　宮中檔乾隆朝奏摺第二十三輯六八四頁，乾隆三十年正月十二日輔德奏。

註四一　宮中檔乾隆朝奏摺第二十九輯一一三頁，乾隆三十二年十二月二十一日，署貴州巡撫良卿奏。

註四二　宮中檔乾隆朝奏摺第七十四輯七〇頁，乾隆五十四年十一月初九日，湖北巡撫惠齡奏；二六三頁，同月二十六日浙江巡撫覺羅琅玕奏。

註四三　宮中檔乾隆朝奏摺第四十五輯四五三頁，乾隆四十三年十一月初十日，（內務府大臣）金簡、弘晌奏。

註四四　宮中檔乾隆朝奏摺第六十三輯一九四頁，乾隆五十二年正月二十八日，兩廣總督兼署廣東巡撫孫士毅奏。

註四五　宮中檔乾隆朝奏摺第五十二輯六三八頁，乾隆四十七年八月十一日江蘇巡撫閔鶚元奏。

註四六　宮中檔乾隆朝奏摺第六輯一三一頁，乾隆十八年八月十三日奉天府尹鄂寶奏；同輯一四一頁，同月十六日兩廣總督班第、廣東巡撫蘇昌同奏。

註四七　宮中檔乾隆朝奏摺第七輯六一九頁，乾隆十九年二月二十日，閩浙總督哈爾吉善奏。

註四八　「家產全無」一詞，早期資料都稱「家產盡絕」，但究竟「盡絕」是「絕」到那一種程度實很難定義，因此乾隆皇帝遂下諭禁止使用「家產禁絕」四個字。據〔清高宗實錄〕第四十七卷，乾隆二年七月丁未條云：「豁免虧空，禁用家產盡絕字樣。諭王大臣等，……題奏虧空案件，動云家產盡絕，夫所謂家產盡絕者，必上無片瓦，下無立錐，飢不得食，寒不得衣，有不可終日之勢。若今所謂家產盡絕之人，衣食未嘗虧缺，家口仍得支持，不過無力完帑，遂過甚其辭，以邀恩免，而實非至於此極也。夫國家享億萬年無疆之休，惟冀大小臣工永沐恩膏於勿替，若至於家產盡絕，豈厚待臣工之意，況本無實事，而徒存此虛名，又何爲者。嗣後一切虧空案件，仍照舊辦理，如有實在不能完納者，但當云無力完帑，出具保結，不得用家產盡絕字樣，著將此旨傳諭內外臣工知之。」依此則楊魁奏用「家產全無」似乎仍近於「家產盡絕」之意，並未遵照高宗諭旨改用意義較輕之「無力完帑」。事實上，乾隆皇帝這一諭旨並未貫徹執行，例如清高宗實錄卷三百五十乾隆十四年十月乙酉上諭云：「向來外省各官於查追案件全不實心查辦，又復遷延歲月，祗據屬員呈報，借家產盡絕之名，草率完結，積習相仍，即此可見。」不但皇帝親頒諭旨不守，連臣工奏摺亦然。例如乾隆五十二年八月二十五日兩廣總督孫士毅奏云：「商人欠課多者例應查封家產，其（商人賴尙友）潛逃本籍或竟爲隱匿寄頓之計，以便地方官申報家產盡絕，將所欠帑項攤入通綱，該商即可脫身事外。」（宮中檔乾隆朝奏摺第六十五輯三七三頁）

註四九　宮中檔乾隆朝奏摺第四十三輯六九〇頁，乾隆四十三年閏六月初七日江蘇巡撫楊魁奏。

註五〇　清高宗實錄第一一〇三卷四十五年三月戊戌；一一二二卷四十六年正月丙戌；一一二三卷四十六年正月戊戌條；宮中檔乾隆朝奏摺第四十九輯四七頁，乾隆四十六年九月二十五日山西巡撫雅德奏。又見乾隆軍機處檔第二七二三八及一九〇〇五號。

註五一　宮中檔乾隆朝奏摺第二十七輯二八四頁。

註五二　宮中檔乾隆朝奏摺第五十六輯一五三頁。

註五三　宮中檔乾隆朝奏摺第六十四輯七五〇頁。

註五四　宮中檔乾隆朝奏摺第六十五輯三七三頁；又見註四八。

註五五　清高宗實錄第一千五卷，乾隆四十一年三月丁酉、戊戌各條。

註五六　宮中檔乾隆朝奏摺第十一輯七七八頁，乾隆二十年六月二十日，陝甘總督劉統勳奏。

註五七　宮中檔乾隆朝奏摺第十九輯四一五頁，乾隆二十八年十月二十二日四川總督阿爾泰奏。

註五八　宮中檔乾隆朝奏摺第五輯八五七、八五八頁，乾隆十八年七月二十日，第九輯六五五頁，乾隆十九年九月二十八日閩浙總督喀爾吉善、福建將軍新柱、福建巡撫陳弘謀等奏；第七輯六〇九頁，乾隆十九年二月十九日雲南巡撫愛必達奏；清高宗實錄第四四一卷乾隆十八年六月丁未條上諭。

註五九　清高宗實錄第九九一卷乾隆四十年九月辛酉條，袁守侗查封貴州鎭遠府知府蘇墧任所貲財。

註六〇　宮中檔乾隆朝奏摺第六十五輯二七〇頁，乾隆五十二年八月初十日；三七〇頁，同月二十四日浙江巡撫覺羅琅玕奏；第六十七輯五五九頁，乾隆五十三年三月十九日湖南巡撫浦霖奏。

註六一　清高宗實錄第一一〇六卷，乾隆四十五年五月庚寅條；第一一一六卷。

註六二　清高宗實錄第五四〇卷乾隆二十二年六月辛酉、壬戌條；第五四四卷同年八月癸亥條；第五四六卷同年九月辛丑條。

註六三　清高宗實錄第五四八卷乾隆二十二年十月甲子條；第五四九卷同月丙戌條；第五五〇卷同年十一月癸巳條；第五八二卷乾隆二十四年三月辛巳條。

註六四　宮中檔乾隆朝奏摺第三十七輯七八三—七八四頁，乾隆四十二年二月十八日，護理山東巡撫布政使國泰奏；同輯七八八—七九〇頁，同月十九及二十日阿揚阿鄂瀾等奏；同輯八五二—八五六頁，同月三十日阿揚阿、高晉等奏。第三十八輯九七—九九頁，乾隆四十二年三月十二日安徽巡撫閔鶚元奏；一〇八—一〇九頁，同月十三日署安徽布政使事按察使農起奏；二二八—二二九頁，三月二十八日兩江總督高晉奏；三八〇—三八一頁，同年四月十八日高晉奏。

註六五　宮中檔乾隆朝奏摺第二十九輯二八〇—二八二頁，乾隆三十三年正月初八日四達、彰寶奏；四六三—四六四頁，同月二十四日調任山東巡撫山西巡撫彰寶奏；五〇六—五〇九頁，同月二十九日四達、彰寶奏。

註六六　宮中檔乾隆朝奏摺第三十八輯二七七—二七八頁，乾隆四十二年四月初五日直隸總督周元理奏；四〇〇—四〇一頁，同月十八日署湖南巡撫覺羅敦福奏；四〇九頁，同月二十日湖南巡撫顏希深奏；四七四—四七六頁同月二十九日，湖北巡撫陳輝祖奏，第三十九輯一四—二〇頁，同年六月初八日倉場侍郎覺羅敦福、湖南巡撫顏希深奏；三〇—三一頁，同月初十日雲貴總督李侍堯、雲南巡撫裴宗錫奏。

註六七　清高宗實錄第四六九卷乾隆十九年七月丙午條；清史列傳第二編舒赫德傳。

註六八　宮中檔乾隆朝奏摺第十二輯六二一頁，乾隆二十年十月初九日河東河道總督兼署山東巡撫白鍾山奏；六二六頁同日及六八二頁同月十三日，七三一頁同月二十日暫署陝甘總督印務甘肅巡撫吳達善諸奏；清史列傳第三編劉統勳傳。後來從寬免劉統勳罪，乾隆二十一年七月壬申諭，給還本籍家產（又見高宗實錄第五一六卷）

註六九　宮中檔乾隆朝奏摺第二十九輯六六七頁乾隆三十三年二月十六日四川總督阿爾泰奏；同輯七二八—七二九頁同年二月二十一日及八六三頁，三月初五日署貴州巡撫良卿奏；同輯七四二—七四五頁，同年二月二十二日湖南巡撫方世儁奏；第三十輯一〇一—一〇二頁同年三月十六日浙江巡撫覺羅永德奏；同輯一〇五—一〇八頁同月十七日暫管雲貴總督事阿里袞、雲貴總督暫管巡撫事鄂寧同奏；清高宗實錄第八〇三卷乾隆三十三年正月乙卯條。

註七〇　宮中檔乾隆朝奏摺第三十一輯一四頁，乾隆三十三年六月十二日、一〇一頁，同月二十日直隸總督方觀承奏；三七九頁，同年七月二十一日四川總督阿爾泰奏；清史列傳第二編楊應琚傳。

註七一　宮中檔乾隆朝奏摺第六十七輯二四四頁，乾隆五十三年二月七日，三七〇頁同月十九日福康安奏；三八九頁同月二十一日浙江巡撫覺羅琅玕奏；第六十八輯一頁，同年四月十八日福康安、魁麟、徐嗣曾奏；清史列傳第二編柴大紀傳。

註七二　宮中檔乾隆朝奏摺第六十七輯六四頁，乾隆五十三年正月十三日福康安奏。

註七三　強盜拿獲到官，要查封家產，見宮中檔乾隆朝奏摺第七輯四八頁，乾隆十八年十二月初三日西安按察使武忱奏。

註七四　清高宗實錄第四八四卷，乾隆二十年丙戌辛卯條；第四八六卷，同年四月乙卯條上諭；宮中檔乾隆朝奏摺第十一輯一四〇頁，乾隆二十年四月初六日江西布政使王興吾奏。

清史稿列傳一二五胡中藻傳。

註七五　清高宗實錄第五三八卷，乾隆二十二年五月戊戌條；第五四二卷，同年七月乙未條上諭；清史稿列傳一二五，彭家屏傳。

註七六　宮中檔乾隆朝奏摺第五十一輯三八〇頁，乾隆四十七年四月初六日護理江西巡撫印務布政使馮應榴奏。

註七七　宮中檔乾隆朝奏摺第七十二輯六〇八頁，乾隆五十四年六月十九日陝甘總督勒保奏。

註七八　乾隆軍機處檔第二八九九八號乾隆十三年八月二十六日，三五六六號同年十月二十九日江南河道總督高斌、署兩江總督策楞奏；三五八〇號同年十一月十一日閩浙總督喀爾吉善、福建巡撫潘思榘奏；三四四三號同年十月十九日江西巡撫開泰奏；三三五五號同年九月十九日署湖廣總督新柱奏；清史稿列傳一二五塞楞額、周學健傳。又宮中檔乾隆朝奏摺第三十八輯二六八頁乾隆四十二年四月初四日及四二七頁同月二十一日富察善、銘通奏；皇太后賓天，據會典內開，百日內不得剃頭，違者立即處斬。

註七九　宮中檔乾隆朝奏摺第五十八輯一九〇、二三〇、三一二、三一四、四八四頁，乾隆四十八年十一月十一、十三、十八各日，及十二月初二日廣西巡撫孫士毅諸奏；同輯四七六頁同年十二月初一日湖北巡撫姚成烈奏；七六七頁同月二十日廣西巡撫郝碩奏；第五十九輯一三九頁乾隆四十九年二月初二日姚成烈奏。

註八〇　清高宗實錄第四八七卷，乾隆二十年四月癸酉。

註八一　清高宗實錄第三八八卷，乾隆十六年五月庚子條及戊申條。

註八二　清高宗實錄第三九〇卷，乾隆十六年閏五月丁丑。

註八三　宮中檔乾隆朝奏摺第五十三輯九〇頁，乾隆四十七年九月十九日河南巡撫富勒渾奏；同輯八八—八九頁，同年九月十八日署理兩江總督暫署安徽巡撫薩載奏。

註八四　宮中檔乾隆朝奏摺第五十三輯二六八頁，乾隆四十七年十月初六日河南巡撫富勒渾奏。

註八五　清高宗實錄第八二一卷乾隆三十三年十月己卯條。

註八六　乾隆朝軍機處檔第一〇六五七號乾隆二十年十月二十九日方觀承、吳達善奏；清史列傳劉統勳傳。宮中檔乾隆朝奏摺第十二輯七三二頁，乾隆二十年十月二十日暫署陝甘總督印務甘肅巡撫吳達善奏。

第二章　清帝權力結構在抄家制度上之運用

第一節　抄家相關公文之傳遞與清代帝權之運用

查抄家產之執行，須強有力的政權始能辦到。乾隆時代查抄案件發生頻繁，且被抄之人不乏督撫等地方大員。究竟當時憑藉什麼樣的力量，才能順利完成這些查抄工作？追究其原因，當可提供我們對乾隆皇帝的權力結構一些瞭解。從有關資料上可以發現，當時上諭、奏摺及咨文等公文的遞送方式，對查抄工作之執行能夠順利完成，有決定性的影響力。因此本文擬從考察這些公文的運用來探討這個因素。

清代查抄案件，在地方執行查抄工作的最高負責人是督撫。但是督撫要執行查抄工作時仍須有依據。雖然當督撫等發現屬下有虧空錢糧或其他有玷官箴之行爲時，可逕自決定先將其財產查記或加以封貯，監視其家人之出入，以防隱匿，以便將來查明時需要彌補虧項之用。不過其財產是否查抄入官，最後決定權在皇帝手上。即使督撫有把握其案情最後必定要抄產入官，而逕行處理，最後仍須奏聞。

一方面無論上諭指定查抄某人，或督撫等奏請查抄某人，這些上下往返之縱向公文都必須迅速，並在保密中進行。且有時爲了犯人財產分布多省，以犯官爲例，可能遍及任所、原籍，就必須兩地同時進行查抄。或有些犯官還有寄籍之地及歷任各地，也都須要查訪，這樣就要動員兩地以上的督撫投入執行查抄的工作。在查抄過程中，除須審訊革職的犯官之外，也須訊及其家屬及管家以下的家人，並及於親戚及左右鄰居，以看是否另有財產、營運、出借或寄頓隱匿等情事。同時還須問明犯官原籍、寄籍、親屬所在及有否在外辦事的家人等，如有以上情況，都須一一發出咨文，要求有關省分之督撫協助。因此在這一方面，也一樣的須要動員多省的督撫。同時這些督撫之間的聯繫也須迅速，且須防止消息洩露，以免犯人得訊，事先隱匿財產。這種督撫間的聯絡成了橫的聯繫，配合前述與皇帝之間的上下公文往返的縱向關係，構成了一面縱橫密布的查抄網路。這樣的網路可以布滿全國，正可看出清代各省地方官之間的聯繫嚴密。可說清代的查抄工作之得以迅速執行，主要得力於有皇帝與各督撫之間及各省督撫彼此之間嚴密的聯繫合作所造成的網路密布之故。

其次，雖然公文網路縱橫密布，爲有效執行查抄工作，以免洩露消息致犯人事先隱匿家產，還須講求速度。速度的推進，在當時就是依靠驛遞。從資料看，清代的公文，驛遞可日行三百里到六百里。當時規定驛遞必軍國大事才可使用。最快可達日行六百里，或更快的六百里加緊又加緊以上。有關抄案的上諭往往以六百里加緊傳達。可見查抄案件有時可比同軍國大事，也算重要事件。

以上兩項，也就是縱橫密布的公文傳遞網路之存在及快速的驛遞公文，正是查抄工作所以能夠順利推行的因素。而其所以能夠順利推行，正表示乾隆皇帝的權力結構之結實。乾隆皇帝治國超過六十年。這段期間，在清代乃至整個中國史上都占有重要的一席之地。包含政治、經濟、社會、文化、國防在內，無論當時在各方面所表現的是積極的利國利民，或無意間腐蝕社會元氣，乾隆皇帝本人都有一定的影響。因此要研究當時的歷史，不能忽略乾隆皇帝所扮的角色，而要瞭解乾隆皇帝本人則須從多方面著手。

本文目的在利用國立故宮博物院收藏之上諭檔、軍機處檔及宮中檔中有關查抄案件之公文以研究其執行手續以瞭解清代查抄制度之一端外；並從上諭、奏摺與咨文等公文之往來及驛遞之運用兩方面，考察乾隆皇帝如何運用他的權力於治國之上。對瞭解乾隆皇帝本人乃至其權力結構當可資參考。

第二節　查抄工作之執行依據

查抄的執行建立在一個非常嚴密的網路之上。當要查抄一個人時，必循一定步驟。不過不管規定如何，顯然的每件抄案都有帝權的干預，也就是說要不要將財產查抄入官，都必須有上諭命令，或奏請同意才能執行。不過依案情的重要性，及查抄對象官位的高低之不同，其執行查抄的依據也略有不同。茲分別說明於後。

一、查抄大員與查抄小官其執行手續有別

小官可由上司先行查抄後奏聞；大員則須先有上諭才能執行。前文提到，一個官吏一旦有不法行爲，或掌管庫貯發現有挪移、虧空等情，就可構成解任的條件。他的上司可一面將實情奏聞，劾參，

一面將之解任，查封任所及住所貲財，並飛咨原籍查辦家產，以備抵庫缺。（註一）但是對於地方大員之解任、革職，及查封貲產都必須要有上諭。地方上的大員莫如督撫，要查抄巡撫可在奉諭後，由總督負責執行，但是要查抄一個總督就不簡單。平時都是皇帝先風聞或懷疑有問題，然後指派其他總督就近辦理，或命附近的將軍，不然就是欽差大臣前往處理。以乾隆四十七年查抄閩浙總督陳輝祖爲例，陳輝祖因於乾隆四十六年間負責查抄革職浙江巡撫王亶望時，抽換王亶望入官產中的玉玩及畫作，並以銀換取金子而革職抄產。案發之初，乾隆皇帝還不能確定是何人抽換的，只是於四十七年九月十一日先派阿桂及侍郞喀寧阿、福長安等前往徹底根究。（註二）阿桂到浙後查出，製作查抄王亶望入官物底冊的糧道王站柱無過，但據王站柱供，陳輝祖曾調取王亶望入官物件閱看。乾隆皇帝認爲陳輝祖即使無抽換入己之事，已有嫌疑，乃於九月十七日傳諭杭州將軍王進泰傳旨將陳輝祖革職。（註三）並命王進泰與浙江布政使盛住兩人，在欽差未到浙江之前，先將陳輝祖及同案之知府楊仁譽、王士澣、高模及其他經手之委員吏役等一併解任根究詳晰、迅速具奏。結果因爲各人「供詞閃爍，總不吐露眞情」，所以王進泰、盛住上奏云：「該員等倚恃僅止解任，尙有頂戴，不肯實供，非革職嚴審斷難水落石出。」遂將本案始終經手檢查抄物，並造冊之知府王士澣、楊仁譽、同知楊先儀，知縣張翥諸人參奏、請旨一併革職，即行捉拏監禁，以便隔別嚴訊、務得實情，迅速馳奏。並奏云：「該員等任所貲財，現在委員密速查封。其原籍家產一面飛咨各該督撫一體查封。至陳輝祖，現經奉旨革職質訊，已派文武大員看守，並將伊任所貲財派委員弁嚴密巡防。統俟審明，分別辦理。」（註四）在此，王進泰與盛住主動將知府王士澣等人，一面參奏革職，一面即查封他們的任所貲財，還飛咨他們原籍的各相關之督撫，將這些參革人員的家產一體查封。但是對已經奉命革職的陳輝祖的家產則不馬上查封，只是「將伊任所貲財，派委員弁嚴密巡防，俟審明，分別辦理」。由此可知，對知府等普通地方官，可由承辦之官一面查封財產，一面奏聞，但是對已經革職的總督，卻只能派員弁嚴密巡防其貲財，而不敢查封。爲的是，查抄總督這樣的大員，必須先有上諭。王進泰等這一奏摺於九月二十六日馳遞，同一日王進泰等才收到福隆安等由京寄來的字，知道早在九月二十一日皇帝已有諭旨查抄陳輝祖，這才敢將陳輝祖在杭州的任所貲財查抄。（註五）

二、犯案官員須先革職後才查抄

前項提到，爲了審問犯官，必先將犯官革職，才不致倚恃尚有頂戴，不肯實供。只是要革職也必須先有上諭。惟皇帝特准的不在此限。在特准的情況之下，當有上諭查抄某人時，承辦之官便可傳旨將當事人革職、拏問。一般這種革職某人的權責，在外之官只有欽差可以先執行、後上奏。不過皇帝也會特准在查辦重大案件時，爲爭取時效，不一定要等上諭或欽差來到才著手。例如乾隆四十七年九月查辦前浙江巡撫王亶望入官產之遭抽換抵兌案時，乾隆皇帝便傳諭承辦之浙江布政使盛柱「先行提集在事人證，悉心查辦，將……如何抽抵之處，逐一根究，務令水落石出。其應行解任革職聽審者，亦即一面奏聞，一面辦理，毋庸俟欽差到浙，致滋耽擱」（註六）可見不管是皇帝下旨諭，或欽差執行，或皇帝賦予承辦人特權可逕將疑犯先行革職，在查抄案中革職犯官之權都操在皇帝手上。

三、一般查抄的執行依據

雖然依上述兩項說明可知，不管執行查抄或審問之前，革職犯官之權都操在皇帝手上，不過查抄犯人家產之執行依據仍可以有三個來源如后：

㈠**由地方大員，如督撫等決定查抄**。平常查抄對象是小官或小民，且必須犯蹟確鑿，督撫才可逕行查抄。這種情況都是一邊抄，一邊奏聞。

㈡**上諭經由軍機處或內閣廷寄傳達各省執行查抄**。查抄對象包含督撫、將軍、鹽政、河道總督等大員到州、縣、佐貳等官吏在內。這是最典型的查抄依據。原則上，查抄財產必須要有上諭爲依據，此如前文所述。命令執行查抄的上諭採用的形式往往是命軍機處「傳諭（犯官之）任所、原籍所在之巡撫一體查抄，無令絲毫隱匿寄頓。將此由五百里傳諭知之。」如果皇帝認爲事情嚴重，此處的里數也有用「六百里加緊傳諭」的，如果近在直隸省的也有只用四百里傳諭的。（註七）督撫等接奉上諭後，有時親率屬官前往查抄，有時則命令省城所在地之高級官如藩、臬等率同道員，知府等前往並督同犯官財產所在地之州縣一起盡速前往嚴密查抄。不過查抄對象是督撫等大員的話，那麼奉到諭旨的督撫便須親自前往執行，並迅速覆奏執行情況。

㈢**戶部或各省督撫及將軍、河督等擁有具奏權之方面大員彼此咨會協助執行查抄**。在此情況下，查抄對象一般是藩臬以下到州縣佐貳等官吏。至於督撫等大員，則必須罪證確鑿，已奉諭旨革職查抄的，才可由各省間彼此咨會協助查抄。但接到來咨的督撫等，雖爲爭取機先，可迅速前往查抄，仍須將辦理情況及接到來咨原由等另行奏聞。所以雖然是督撫與督撫之間彼此聯繫執行，仍不能忽略將辦理情況奏聞，表示在這一項目，皇帝仍擁有其搖控各督撫之權，隨時掌握查抄之進度。

由上知道，執行查抄工作可以有三個依據，但由前述各項之說明，也可知道這三項並非個別獨立執行。因爲要完成一件查抄工作，往往是前述三項互有關連，環環相扣，其上諭、奏文、咨文等公文往返，結成一個縱橫密布的查抄網路，由相關之各地方同時進行查抄工作。關於此，將於後文第三節另作研討。

四、確定參員或犯官財產所在

地方督撫等雖然奉諭執行查抄某人，但是如果不知道犯官之財產所在，也就無法執行，因此還須先確定其財產所在，才能據以查抄。當上諭經由軍機處或廷寄等傳達地方督撫，一定是指名查抄。如果查抄的是現任官的任所、寓所等都沒有問題，但有時是指名查抄原籍，問題是有些官吏，早已寄籍他省，或一生未曾回過原籍，原籍既無財產，甚至連祖墳也沒有。在此情況之下就必須調查清楚，對照祖譜，檢查該縣糧戶冊之外，還須取得族人、鄰右及地方官各結，確定原籍並無財產，才能結案。

例如乾隆四十六年查抄甘省折捐冒賑案各員家產以抵公項時，原籍浙江省的就有三人早已入籍他省，原籍並無財產可抄的。其一是厲學沂，在伊祖時原住山陰縣安昌地方，遷居蕭山縣，後又遷居高郵界首地方，厲學沂生於江省，從未回籍，每年只寄交銀四兩轉給族人代祭祖墳，原籍並無財產。其二是錢成均，伊父於康熙年間進京寓居大興縣，後入籍順天大興縣，原籍浙江省並無家產。其三是謝桓，係由順天大興縣出結赴選，原籍係浙江上虞縣，現並無在籍居住，委員到上虞縣查辦其財產時，雖有謝姓數家，均不知謝桓其人，訊據當地謝姓族長供稱，謝桓原是一族，伊祖上有三四代就不住在上虞，原籍並無伊祖父墳墓親屬房產，於是調查謝姓族譜，及該縣糧戶冊，逐一檢查，均無謝桓名字糧稅，才證明謝桓在浙並無家產，最後還取具各結，才告一段落。（註八）

又有些離任官，既不回原籍，也不知現住何處的，則須先尋找本人去處才能執行查抄。遇到這種情形，必須尋訪其親戚，包含本族、妻族在內，如果再無行蹤，還得查歷年搢紳冊，據其歷官處所飛咨各省協助查訪。例見乾隆四十六年九月二日和隆武、奇臣二人接奉廷寄諭旨，由尚書額駙公福隆安具奏，請查抄甘肅折捐冒賑案各員一案，單開奉天原籍應行查抄之前任莊浪縣丞閔焜，查係吉林民籍。結果發現閔焜在吉林並無財產，而親戚等自乾隆三十五年以來未曾見面，目前不知去向，只好查歷年搢紳冊，據其歷任處所，飛咨各省詳查。（註九）有時傳諭指名查抄原籍，卻不列原籍縣名，這時就要費一番工夫去訪查，甚至爲免往來遞送，易致洩漏消息，有先將擬派往執行查抄的人員檄調到省，等到查明該參員籍貫後，立即派往查抄，俾該參員無從知覺，以杜隱匿的。（註一〇）

由上知道，查抄原籍財產，要確定其有無財產，事先的調查工作相當重要，在確定財產所在之後，才能據以查抄。

第三節　有關查抄公文往來之縱橫網路

前文第二節「查抄工作之執行依據」三，曾提及一般執行查抄之依據，有三個來源，結合成一個縱橫密佈的查抄網路。今再加以分析說明。所謂「縱」，一方面是指上對下，也就是上諭經由軍機處大臣或內閣大學士等下達給督撫等，命令他們執行查抄工作。另一方面則是下對上，包含三種情況：一是督撫等奉上諭查抄某人後，將其執行結果奏聞；二是各督撫等地方大員，根據彼此咨文，執行查抄某人後，將其結果奏聞；三是各督撫等將其屬下有侵冒帑項或朘削民膏等行爲的官吏先行查抄，然後奏聞。至於「橫」的方面則是指各省督撫彼此之間，在查抄某人時，發現在別省另有產業或營運，或有兒子在別省任職時，便須爭取時效，迅行發去咨文給該省之督撫要求協助查抄。但是這種「橫」的聯繫，在發出咨文之同時，還得將其進行情況奏聞。至於接到他省咨文的督撫，除了須要按照對方督撫的要求，協助追蹤、進行查抄工作之外，同時還得將結果寫成兩分文字，一是給來咨的對方，答覆他，根據來咨執行查抄的情況；另一是將同一內容奏聞。同時在查抄工作告一段落後，必須將抄物內容造成檔冊，訊問的供詞也要作成筆錄，而這些檔冊和供詞，至少要各作成三分，一分咨會來咨的對方，一分奏呈皇帝，另一分留作備查。（註一一）因此，各省督撫間，每有橫的聯繫咨文往返之同時，還要與皇帝之間保持相關事件之縱向聯繫。皇帝藉此密布的網路，得以隨時掌握各省執行查抄工作的進行狀況。因爲傳達消息的網路縱橫密布，不但可以看到各省督撫等合作無間，就是皇帝與各省之間亦能維繫傳達消息的管道暢通無阻，這正是當時查抄工作執行的縱橫關係的寫照。而這種聯繫網路之所以能夠維持，則有賴於驛遞組織的完備。可以說當時傳遞消息的縱橫密布的網路，及暢通無阻的管道之能有效應用在執行查抄工作上，都是乾隆皇帝維持其權力結構於不墜的衆多因素之一。

有關這種查抄時的公文往來網路之密布情況，例子很多。今以乾隆四十六年甘省折捐冒賑案，查抄前任蘭州府知府蔣全迪時，參與查抄之各省督撫奏摺內容說明於後。爲方便瞭解起見在此舉出兩件奏摺爲例，並將各奏文分爲前後兩半說明。前半係接到來文，據以查抄的過程，其來文含諭旨及其他各省督撫來咨；後半爲前往查抄後，除將查抄時發生的問題，咨行相關之其他各省督撫等協助辦理外，並將進行情況奏聞。茲引二例之文於後：

例⑴之一：乾隆四十六年八月初七日署兩江總督薩載、安徽巡撫農起合奏①（見圖㈠）其前半云：「本年七月二十二日准兵部火票遞到尚書額駙公福隆安字寄，內開乾隆四十六年七月十七日奉上諭②，前據阿桂等查參甘肅捐監私收折色揑災冒賑之前任蘭州府知府蔣全迪、皐蘭縣知縣程棟，現經降旨革職拏問審訊。伊等資產皆係侵冒官帑朘削民膏所積。所有蔣全迪原籍安徽及寄居蘇州並浙江任所資財，著傳諭薩載、農起、閔鶚元、陳輝祖②即行嚴密查抄，毋任隱匿寄頓，將此由五百里傳諭知之。」文後續云：「查此案先准閩浙總督臣陳輝祖咨會③，蔣全迪原籍歙縣及太平縣房屋均應查封等因。臣薩載當即密委安徽道福保，臣農起密委安徽布政使劉峩假以他事爲名，馳赴該屬督率府縣等嚴密查抄，毋使少有隱匿寄頓。」（註一二）在此縱的即乾隆皇帝的諭旨傳達給兩江總督薩載及安徽巡撫農起，閩浙總督陳輝祖等（引文標號②）；橫的即閩浙總督陳輝祖咨會兩江總督薩載及安徽巡撫農起（引文標號③）。而橫的咨會先於皇帝的諭旨到達薩載及農起手上，除表示閩浙總督在此之前，或另接諭旨，已先行辦過此案，之外，由此也可知地方官斟酌需要，可先行發出咨文給另一省的督撫等，要求協助查抄在對方境內的犯官財產。（註一三）

例⑵之一：乾隆四十六年八月初一日江西巡撫郝碩奏①（見圖㈡），其前半云：

「竊臣於乾隆四十六年七月二十一日接准閩浙總督臣陳輝祖咨②開遵旨將寧紹道蔣全迪拏解，因蔣全迪在蘭州府任內既有收捐折色浮冒侵蝕情弊，應查封財產。查明江西景德鎮有蔣全迪祖先祭祀公產，蔣全迪名下應得四分之一，具摺奏明③抄單咨臣查辦等因；并准署兩江總督臣薩載據咨轉咨④前來。續又准薩載咨⑤稱本年七月二十一日（註一四）准兵部火票遞到尙書額駙公福隆安字寄，內開乾隆四十六年七月十七日奉上諭⑥，前據阿桂等查奏甘省捐監私收折色捏災冒賑之前任蘭州府知府蔣全迪、皐蘭縣知縣程棟，現經降旨革職拏問審訊。伊等資產皆係侵冒官帑朘削民膏所積。所有蔣全迪原籍安徽及寄居蘇州並浙江任所資財著傳諭薩載、農起、閔鶚元、陳輝祖即行嚴密查抄，毋任隱匿寄頓等因，欽此，欽遵。札會到臣。」這裡郝碩所引薩載咨文（引文標號⑤）中有關七月十七日的上諭內容（即引文標號⑥）與前引薩載奏摺中所提七月十七日所奉上諭（引文標號②）內容一樣。郝碩在文後接著又奏云：「臣先於接到陳輝祖咨文時，隨即飛飭饒州府知府姚棨馳赴景德鎮查封。」（註一五）

於此先將兩件奏摺上提到有關查抄蔣全迪所依據的縱橫文字析出如後，先說薩載的奏摺。縱向有二，其一是薩載與農起本奏（引文標號①）；其二是上諭經由尙書額駙公福隆安字寄到薩載與農起（引文標號②），要他們查抄蔣全迪安徽原籍。橫向有一，是閩浙總督陳輝祖在前述福隆安字寄到薩載等手上之前，先已來咨（引文標號③），要薩載和農起查封蔣全迪原籍歙縣及太平縣房屋。

其次說郝碩的奏摺。縱向有三，其一是郝碩本件奏摺（引文標號①）；其二是陳輝祖來咨（引文標號②）中提及將查明蔣全迪景德鎮祖產數，已具摺奏明（引文標號③）；其三是郝碩轉述由薩載寄來奉到七月十七日的上諭內容（引文標號⑥）。至於橫向也有三，都是郝碩接到的外省咨文。其一是閩浙總督陳輝祖來咨（引文標號②），提及江西景德鎮有蔣全迪祖先祭祀公產，蔣全迪名下應得四分之一，除具摺奏明外，並抄單咨行郝碩查辦。本件咨文如同前文縱向部分提到，含有縱橫兩個作用，即除表示陳輝祖以咨文和郝碩做橫的聯繫之外，陳輝祖還告訴郝碩，他已就此事具摺奏明，向皇帝做了縱向報告；其二是署兩江總督薩載把陳輝祖的咨文轉咨給郝碩（引文標號④），表示一件咨文以橫的方向聯繫了三個督撫；其三是前面已提到的縱向的諭旨，也就是薩載將奉到福隆安字寄要查抄蔣全迪的諭旨札會給郝碩（引文標號⑤），這是將縱向的命令轉告友撫做橫向的聯繫。

今以具奏人為中心，將兩件奏摺所見查抄蔣全迪所依據的文件，以每一條線代表一道上諭或一件奏摺，或一件咨文，作成縱橫網路圖，如㈠、㈡圖。（實線表示縱向關係，含上諭與奏文；虛線表示橫向關係，即咨文；折線代表轉咨、札會。）

圖㈠　薩載農起奏之一

實線表縱向往來

虛線表橫向聯繫

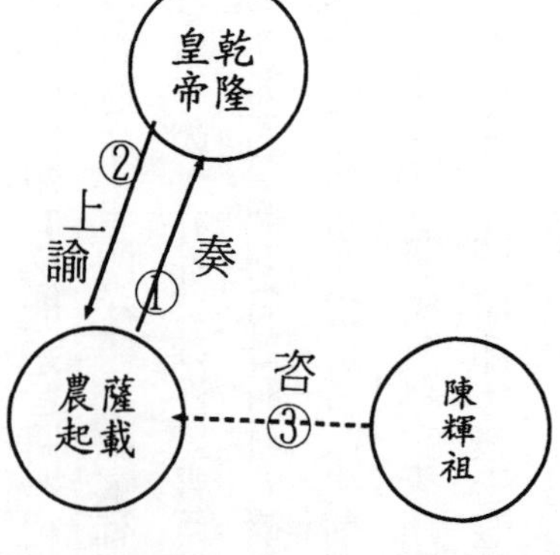

圖(二)郝碩奏之一

折線代表
轉咨或札會

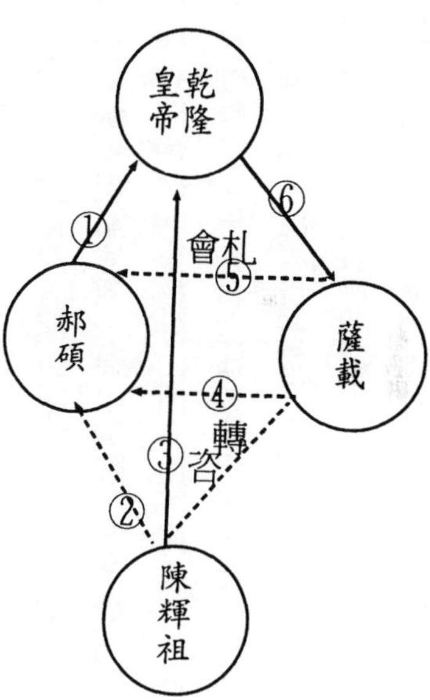

以上二奏是薩載、農起和郝碩奉到諭旨及接到他省來咨後，做爲查抄蔣全迪財產的依據，準備前往查抄時的情況。在根據這些諭旨或咨文前往查抄某人之後，仍須將結果奏聞，並咨覆原先來咨的其他各省督撫。之外，如果在查抄過程中發現另有財產等在別的省分，仍得另發咨文給這些相關各省的督撫等。今再據前引薩載、農起與郝碩兩件奏摺之後半爲例，說明執行查抄後的奏聞與覆咨，以及另行咨會他省，要求協助查抄工作的各種公文所構成的縱橫網路於後。

例(1)之二：續前文薩載、農起奏摺之後半文字，係將查抄蔣全迪原籍歙縣及太平縣房產結果所發現的問題奏聞（註一二）如後：

「蔣全迪堂兄蔣全聰供稱，……蔣全迪……乾隆……四十四年回來即在蘇州居住，……其妻舅汪錦元亦在蘇州，有無寄頓，伊等實不知情。……訊據蔣全迪堂姪蔣廷模等供稱，四十五六兩年三月內曾見有蔣全迪妾兄江寧人顧姓帶族人蔣瑞如作夥，約携銀二千兩到徽州購買茶葉，赴京販賣，此項銀兩不知現歸何處。至蔣全迪田產租息，歷係蔣全迪胞姪蔣廷桂經管，蔣廷桂于四十五年二月赴伊子蔣大光四川仁壽縣任所，現交堂姪蔣廷模經管，每年所收租息，因蔣全迪……有信來囑分族中貧苦之人，是以逐年分散，現有族衆可問等情。」奏摺內所提這些實情如何都待查明。同時本籍歙縣查出之家產與浙省來咨中提及蔣全迪所供之數，及寄居之地蘇州查問結果是否一致，也都要比對。因此，奏摺後段又云：「今據查出本籍歙縣止有樓房三所，田五十六畝零係蔣全迪己業，又公田共三百五十九畝零，及存貯粗重什物外，並無另有隱匿寄頓，查與浙省來咨③及續准江蘇撫臣閔鶚元移咨④內查出各數尙屬有餘，似無捏飾情弊。除咨江西撫臣⑤將景德鎭田房查明封辦；並咨江蘇撫臣⑥暨九門提督⑦順天府尹⑧查緝蔣全迪妾兄顧姓等所帶貿易貨物銀兩現歸何處，追出繳貯；及飭徽州府歙縣查明蔣全迪本籍田房所收租息有無被人侵蝕，分別辦理咨明戶部⑨查核外，所有臣等遵旨查抄蔣全迪原籍房產及什物緣由理合恭摺奏覆①，並另開清單恭呈御覽①；再查蔣全迪本籍親房子姪，惟蔣廷桂一人代伊經管田房租息等事，從前有無交存銀物代伊行運之事，臣等現在飛咨四川督臣⑩查訊辦理，合並陳明。」

在這段文字中有關爲解明查抄蔣全迪家產問題而收發的縱橫文字如後。一是縱的，將所有處理經過奏覆（引文標號①）；並將查抄之物開單呈覽。二是橫的，包含收到的兩件咨文，及要發出的六件咨文。收到的兩件，一是浙省來咨（引文標號③）；一是江蘇撫臣閔鶚元移咨，（引文標號④）內容都是有關查出蔣全迪原籍貲產之數。其中閔鶚元的咨文是「移咨」，當係閔鶚元先接到浙省的咨文，再把它轉移給兩江總督薩載等。至於「浙省來咨」，指的就是前引閩浙總督陳輝祖的咨會同一件咨文。再說要發出的六件，一是咨江西撫臣將蔣全迪景德鎮田房查明封辦（引文標號⑤）；二、三、四是分咨江蘇撫臣暨九門提督、順天府尹（引文標號⑥⑦⑧），這三件咨文同爲要求查緝蔣全迪妾兄顧姓等所帶貿易貨物銀兩現歸何處，要追出繳貯；另又飭令徽州府歙縣查明蔣全迪本籍田房所收租息，有無被人侵蝕；五就是將以上各項在分別辦理後，咨明戶部查核（引文標號⑨）。其中飭令徽州府歙縣查明田房所收租息一事係安徽本省管轄下的工作，屬縱向，以屬於地方省內之事，非本文討論範圍，可不提；六是飛咨四川督臣（引文標號⑩）查訊當時居住四川之蔣全迪胞姪蔣廷桂有無收受蔣全迪銀物，代爲行運之事。今將這一部分與圖㈠所表示內容合併作成整件奏摺（註一二）中所包含往來文件的縱橫網路圖如圖㈢。

圖㈢ 薩載/農起 奏之二（後半奏文）

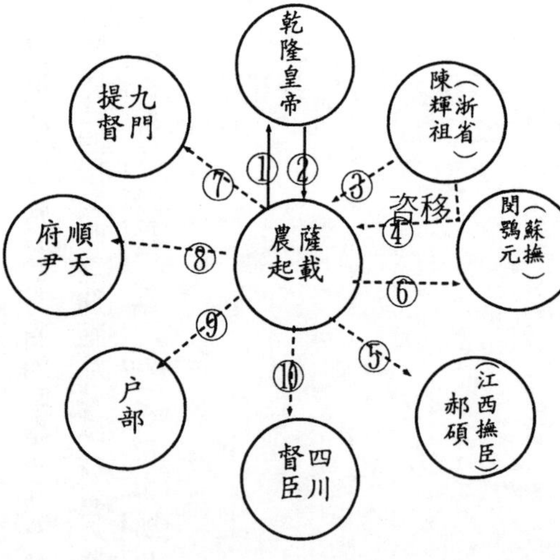

但是這個縱橫網路圖並非本案的完成圖，因為本件查抄案還待繼續查辦中。將來包括地方的江蘇巡撫，江西巡撫，四川督臣及京城的九門提督、順天府尹與戶部等收到薩載與農起的咨文進行查辦後，還會將結果咨覆薩載等，同時他們也都會個別另行將辦理情況上奏給皇帝。之外，薩載、農起對浙省來咨（引文標號③）也須另作答覆，如此一來這個網路圖至少還要加上因這件奏摺所提，發出的咨文而衍生出來的十三道線。以圖㈢所表示的縱橫關係線為主線，加上即將衍生出的十三道線為副線，則至少光是本件奏摺提到，爲查抄蔣全迪而往來的公文，在結案時將構成如圖㈣所表示的緊密網路。也就是含京城各相關機構及地方各督撫，總共發出的公文至少將達二十三件。

圖㈣ 薩載農起奏摺全件所含公文縱橫網路圖

粗線表主線
細線表副線
實線表縱向往來
虛線表橫向聯繫

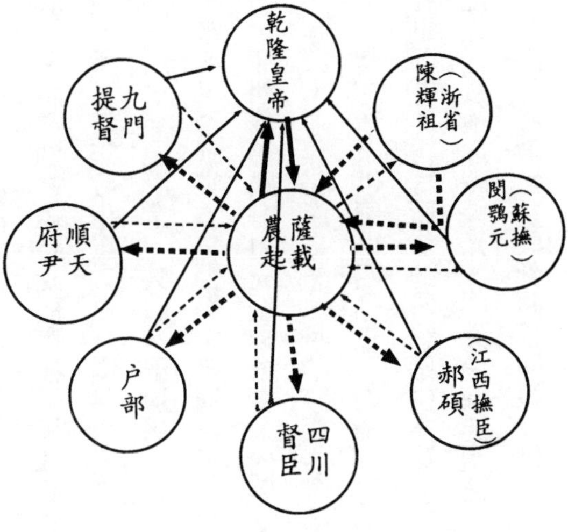

例⑵之二：續前文例⑵之一，郝碩奏摺之後半文字。此後半段內容，係說明根據陳輝祖等咨文，前往查封景德鎮蔣全迪家產，並將其結果奏聞（註一五）如後：

「據蔣廷棨供稱，伊係蔣全迪共曾祖服姪。蔣全迪之祖蔣光宸舊在景德鎮置有田六百零三畝，地六十八畝，山十二畝，塘四畝，……又房屋十所，每年收租銀二百餘兩。……蔣全迪之父立朝，叔立翰、立幹兄弟三人，立幹分得饒州府城典舖一所，久已歇業，其前項田房係立朝、立翰二房分受等情前來。除飭令……查明饒州府城蔣立幹分受當典果否歇業，是否與蔣全迪無干，並再行嚴密訪查此外有無隱匿寄頓另報⑦外，臣查陳輝祖來咨②，江西景德鎮有祖先祭祀公產，內蔣全迪名下應得四分之一，田畝數目未能記憶清楚字樣。茲據訊蔣廷棨，並無祭產之語，且稱該鎮產業係蔣全迪之父暨叔立翰二人分受，是此項田房，蔣全迪應有其半，其在浙所供應得四分之一之語，已屬不確，顯係有心掩飾，希圖以多報少。除備錄供情，咨明行在刑部⑧，再提蔣全迪研訊確供，並咨安徽撫臣⑨（農起）飭訊蔣全迪房族，起出契約分關核對，並提先在景鎮之蔣大光、蔣大湧確究明白，暨咨浙省⑩再訊蔣全迪家屬咨覆來江⑪⑫⑬辦理外，所有現在查出資產數目并取到蔣廷棨等口供，謹先錄單恭呈御覽相應繕摺由驛馳奏。①」

在這段文字中，有關爲解決蔣全迪在景德鎮祖遺市房田產問題而收發的縱橫文件如後。一是縱向的，共兩件。其一即本件奏文（引文標號①），將查明景德鎮蔣全迪祖遺市房田產內容及處理經過奏聞，並將蔣全迪族姪口供錄單呈覽；其二是準備在查明饒州府城蔣立幹分受當典是否歇業，是否與蔣全迪無干，及此外有無隱匿寄頓後，將另行奏聞（引文標號⑦）。二是橫向的，共四件，其一是收到咨文一件，其他是將要發出的咨文三件。收到的一件是浙省陳輝祖來咨，也就是與本奏摺例(2)之一引文②提到的閩浙總督來咨同一件（引文標號②），已見圖(二)。至於要發出的三件，其一是要咨明行在刑部（引文標號⑧），再提蔣全迪研訊確供有關其在景德鎮祖產數，其二是要咨安徽撫臣（引文標號⑨），飭訊蔣全迪房族核對起出契約分關以究明其應得祖產數；其三是咨行浙省（引文標號⑩）再訊蔣全迪家屬，有關蔣全迪應得江西景德鎮族產數。以上係郝碩收到及已經發出或正要發出之公文數目。今將這段文字與圖(二)所表示內容，合併作成郝碩整件奏摺中提到郝碩所收到及發出的公文的縱橫網路圖如圖(五)。

圖(五)郝碩奏之二

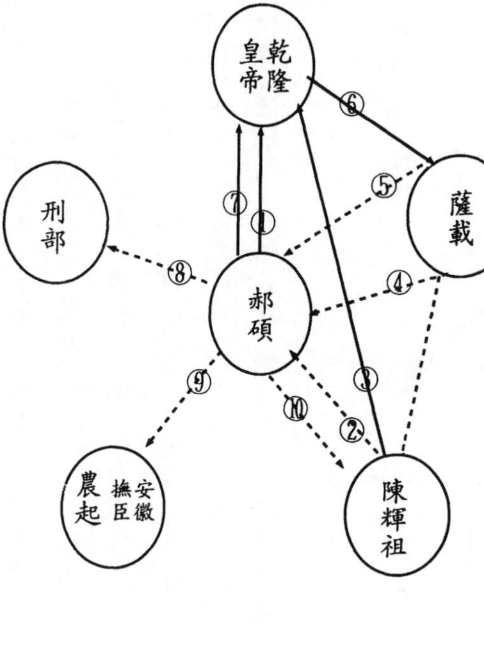

但是這個縱橫網路圖仍非本件奏摺所含案件的完成圖，因爲郝碩奏摺的文末還提到另要咨行刑部及皖浙兩省查明蔣全迪財產實況，並要求將結果咨覆。依此知道郝碩將來還可收到三件咨覆，即引文標號⑪⑫⑬，同時刑部和皖浙兩省，將來除各給郝碩咨覆之外，還須各自將辦理情況奏聞，如此一來，還會再增加三件奏摺。也就是說，因郝碩發出的三件咨文，將來至少還會衍生出六道公文線。今以圖㈤所表示的縱橫線爲主線，加上即將衍生出的六道線爲副線，則至少本件奏文所提查抄蔣全迪財產的公文往來，在結案時將構成如圖㈥所表示的網路。其所有公文數目，含京城各相關機構及地方各督撫，總共發出的公文至少將達十六件。

圖㈥　郝碩奏摺全件所含公文縱橫網路圖

粗線表主線
細線表副線
實線表縱向往來
虛線表橫向聯繫

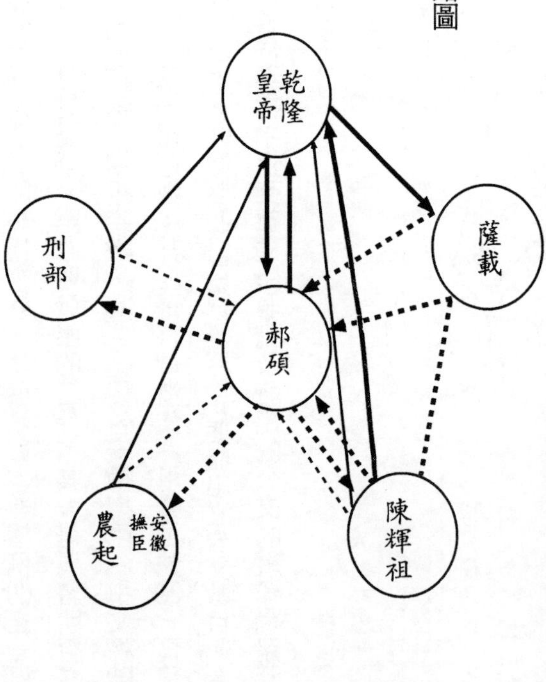

以上，圖㈣所示是薩載與農起兩人在查抄蔣全迪原籍安徽歙縣及太平縣房產時，所接到的以及發出的公文數目所構成的網路圖。這些公文包含上諭、奏文及與相關各省間的往來咨文，最後共可達二十三道。同樣，圖㈥所示爲郝碩在查抄蔣全迪在江西景德鎮祖產時，收發的公文數目所構成的網路圖，所有往來的公文含上諭、奏文及咨文，總共爲十六道。總計兩件奏摺所提及之公文數最後可達三十九件之多。

光是合併這兩件奏摺內容所提，當時爲查抄蔣全迪家產而聯繫的地方，遍及任所浙江省、住所江蘇省、原籍安徽、祖產所在地江西、幫忙管理產業的胞姪所住的四川，以及代爲營運的妻舅前往的順天府，和皇帝與戶部、刑部所在地的京城。

依乾隆時代的抄家資料看，蔣全迪的家產可算是中等以上，當時境況貧乏的官吏固然不少，不過貲產豐厚的亦有相當人數。有些人貲產散布多省，營運遍及各地，則查抄時所要動員的省分自然增多，京城和各省之間，以及各省彼此間往來的公文數目也就難以計數，由這些公文所構成的縱橫網路圖上的線將更爲繁密。以如此嚴密的網路，多方面同時進行查訪包含兄弟子姪在內的相關任所、住所、原籍、寄籍等地，可想而知，在這樣的情況之下，要隱匿財產，誠非易事。由此也不難看出，所以須要動員多數督撫，並發出如此多的公文，且每一督撫在執行工作時都須個別對皇帝負責，每事必奏，完全爲的是講求執行工作的速度，以防消息走漏，致犯人家屬預先隱匿家產。因此在各省的財產須由各省負責查抄之外，其目的也在皇帝可藉此掌握全局，表示帝權無遠弗屆。

但在另一方面，雖然在本省之產由本省督撫派人查抄，這是一定的道理，不過偶而也有例外。當執行查抄的官員到了目的地，卻發現犯人已遷往鄰省，此時消息可能已經傳出，所謂箭已在弦不得不發，爲恐犯人獲悉，隱匿財物，在緊急情況之下，不得已，有越省查抄的。不過爲免侵犯他省權責，事後引起爭議，也須緊急發出咨文給相關省之督撫求得諒解與合作，並同時奏聞。例見乾隆四十六年查抄甘省折捐冒賑案的已革涼州府知府汪皐鶴河南原籍時。據乾隆四十六年八月十二日河南巡撫富勒渾奏云：「臣於八月初八日工次，恭奉諭旨，令將甘省捏災冒賑之涼州府知府汪皐鶴原籍貲財嚴密查抄。欽此。臣查汪皐鶴係夏邑縣人，密委署臬司赫爾敬阿督同歸德府知府吳元祺往查抄。八月十一日據赫爾敬阿等稟稱，汪皐鶴久經移居江蘇碭山縣，該署司等因碭山縣與夏邑縣接壤，恐致洩漏風聲，即行馳往，會同徐州府查辦；一面委員仍在夏邑縣嚴查有無財產，不使稍有隱寄等語到臣。除飛咨江蘇撫臣遵旨辦理外，理合恭摺奏聞。」（註一六）由這一奏摺內容知道，一、赫爾敬阿等雖然越省由河南前往江蘇查抄，但仍須會同江蘇省碭山縣所隸屬之徐州府一同查辦；二、富勒渾在接到赫爾敬阿稟告越省處理情況後，立刻做兩種處理，一是飛咨江蘇巡撫遵旨辦理，一是恭摺奏聞。由這一例子看，可以說在乾隆時期，就查抄案說，無論中央與地方之間，或是省與省之間的聯繫都非常緊密，執行查抄動作既迅速，防止洩露消息之舉頗爲周到。可知乾隆時代，對於查抄案是用盡各種方法在防止隱匿，而最重要的是乾隆皇帝本身是利用臣工個別的奏摺來掌握全盤局勢。

因此只要帝權強而有力，這些縱橫網路暢通無阻，則查抄工作必能有效推行。而乾隆時代的查抄案件，確實都是以如此密布的網路執行下來的，如果帝權不張，是做不到的事，因此由這樣的查抄制度也可看到乾隆皇帝權力架構的穩固了。

第四節　有關查抄案件之公文往來與驛遞之運用

前文提及乾隆皇帝權力結構之主要支撐因素之一，在於傳遞公文之網路密布。而這個密布網路之能通行無阻，則有賴驛遞組織之健全。對於查抄工作之執行來說，當驛遞組織健全，公文傳遞網路便能暢通無阻，這是查抄工作能順利完成的主要條件之一。查抄工作能順利完成，正是帝權強有力的證明。換言之查抄工作能順利完成，表示驛遞制度健全，運用靈活，也是清代皇帝權力結構得以穩固的另一個重要環節。

於後討論抄案相關之公文，在傳遞時如何運用驛遞及速度限制。

一、有關查抄案公文之傳遞與驛遞之應用

查抄之案，在清代屬重要事件。地方官有關查抄之文件，不但在奏聞時可使用驛遞，就是在各省間行文時也可利用驛遞，而且還可運用驛遞較快速程限之六百里馳遞，及更進一步的「六百里加緊馳遞」。

清代地方官傳遞公文之法，一是驛遞，一是派員弁家人等賫送。驛遞速度快，非差弁能比，（註一七）因此地方緊急公文必用驛遞。但爲免驛馬過勞，使用驛遞自有限制。據會典，驛遞之使用規定頗爲嚴格。驛站之設，原爲馳遞軍報，後來規定地方要件亦須由驛馳奏。但又定，凡官文書之遞送，

必須量事件之輕重，使緩急得宜，因此除非緊要事件，不得濫行馳驛。尋常陳奏之摺，在平日即不得逐案馳遞。（註一八）至於可使用驛遞之重要事件，據大清會典事例卷七百零二載，乾隆十四年議准，驛遞之運用，在京則奉旨速行，或軍機處關繫緊要事件，交兵部馬上飛遞外，早在康熙十五年即議准地方督撫提鎮可以利用驛遞的事項，含特參貪官巨憝、具題、大計、軍政、薦舉、奏銷錢糧等事；乾隆四十年諭各督撫轉行例得具摺之各衙門，有關地方緊要事件，應即請旨速辦，及詢問晴雨情形，並交查新舊賑借種等事，諭令由驛覆奏者，可酌量輕重緩急，由幾百里馳遞；乾隆五十九年又諭各省有倡教惑衆之案，及事關緊要者自應由驛迅速奏聞。至尋常事件之文書，則只能差員弁家人雇贏齎進。

據以上所提，可以由驛馳奏之地方重要事件中，並不見有查抄案件之字。但是據現有資料看，地方上有關查抄之案，其奏聞或督撫間之行文，幾乎都使用驛遞。由此可見查抄之事，屬地方之重要事件。

二、有關查抄案公文利用驛遞之程速限制

至於使用馳驛，則另有速度之限制。平常公文利用馳驛之速度用「馬上飛遞」來表示。馬上飛遞的最起碼速度是日行三百里，然後是四百里、五百里及六百里。又有更快速度的「六百里加緊又加緊」，要求盡可能跑出六百里以上之速度。那是非常緊急的事才能使用。平常即規定四百、五百、六百里不能隨便使用，尤其六百里奏摺，非軍報自不輕用。（註一九）不過驛遞之使用，雖然有程速之限，但在何種情況下可用幾百里，其事之輕重緩急，卻可由督撫等地方官衡量實際情況作主決定。

於此先介紹會典事例等書對使用驛遞程限之規定。

清代驛遞按事件的性質及行路難易酌定一日間的行程。據會典，自一日三百里至六百里為程限。在此所云一日，係指不分晝夜馳馬而言。清代時間以干支之子、丑、寅等表示，日為十二小時，日行三百里，即是一小時須行二十五里。平時以「三百里馬上飛」來表示，但這種行程卻是用於較尋常的事件及行路較為不便之處，在行路較方便之處當可達日行四百里以上之程限。如果緊急事件時即使行路艱難處仍得急馳四百里至更快速之「六百里加緊又加緊」。不過各省地形不同，如果交通不便之山路及無驛馬設備之處未必能完全照上諭指定速度，而只能以特例日行二百四十里，或如廣東以驛路險惡，其經兩江入湖北及至廣西者都以二百里為程限。因此雖然上諭指定為日行六百里者也止能依當地路況及驛站設備，以最快速度盡其所能馳遞而已。（註二〇）

雍正九年議准，文武各員來往公文，有事關軍機及緊要刻難遲緩者，一面由馬上飛遞，一面將飛遞緣由知會驛道備案。（註二一）

乾隆十五年諭，「向來軍機處交出公文，籤出馬上飛遞者，定限日三百里，遇有最緊要事件，始以日行六百里字樣加籤。」「同時諭，軍機處交遞公文，原係酌量事件，以定限期，嗣後非遇最緊要事件，亦不得以六百里發。」（註二二）

乾隆十八年奏准，各省督撫將軍提鎮等，如遇緊要事件，及奉旨由驛遞奏者，仍准其由驛限行六百里馳奏。但不得以尋常雨水糧價等事，一併附入。如係地方案件，恐差員齎送遲緩者，則許馬上飛遞，或於日行三百里之外，酌量加限里數，不得概由六百里馳奏。即奉旨係六百里發往之件，該督撫於奉到後，酌量情形，分別緩急，亦不必概用六百里奏覆。其餘奏報一切尋常事件，概遵舊例，差員弁家人雇覔齎進。儻以尋常事件，及並未奉旨由驛遞奏，竟行由驛遞奏者，軍機處查出，將擅行遞發之督撫，嚴行參奏，交部議處。（註二三）

乾隆四十年議准，各省移行公文，應用馬遞三百里至六百里者，必皆關繫緊要，應先用堅紙包護，釘封鈐印，再行裝入封筒，以杜私拆偷閱之弊。（註二四）

嘉慶五年，也就是乾隆皇帝過世的第二年，下諭旨云：非用兵省分，遇有地方要件，自應由驛馳奏，但必須權其輕重，不能率意行用。尤其六百里奏報，非軍報自不得輕用。即用四百里奏報，由驛站經過，並不查所奏何事，但因沿途皆知其爲某省所發之報，反引人妄行擬度，徒駭聽聞。以此，應由驛馳遞者，其里數亦應斟酌事之緩急，毋得濫用，違者交部嚴議，決不稍貸。並爲防驛馬疲勞，將至正項緊要文報，轉多延閣，有礙郵政之正常運用。因而一再申令，嚴飭各衙門，除實係緊要之事，仍用五、六百里遞送外，其餘尋常公文，應由馬上飛遞者，不得濫填五六百里。（註二五）

由上知道，清代規定重要公文可利用驛遞，但是須相當重要軍報之重大事件，才得利用六百里驛遞馳奏。今再看乾隆時代查抄資料，利用「馬上飛遞」或四百、五百里馳遞之公文，固然比比皆是，然而利用六百里馳遞之有關查抄之上諭及地方督撫之奏聞，或督撫間之咨文也不少。可見這些查抄案件在乾隆皇帝心目中的重要程度。至於在何種情況下當用幾百里傳遞公文，並無一定規則，不過從現有資料看，也並非毫無蛛絲馬跡可尋。那就是越是重要的案子，越是乾隆皇帝所關心，比如查抄督撫大員時，必然常用五、六百里，甚至「六百里加緊」傳諭或奏聞。茲舉例於後。

驛遞程速可分日行三百里、四百里、五百里到最快速的六百里。除距京遙遠之省分，緊急時須用六百里外，在同一省內，遇緊急事件也須使用五、六百里。以五百里爲例，如乾隆四十六年查抄甘省折捐冒賑案之革職布政使王廷贊時，以王廷贊鋪夥何萬有在與其他夥計商量將王廷贊之金子六十條與人參二觔四兩隱寄後自殺。其中金子已被人首出，但人參查無下落。於是乾隆皇帝命以五百里傳諭盛京將軍索諾穆策凌及直隸總督袁守侗等，迅速查拏夥同隱寄之王誨之，並查抄何萬有家。（註二六）接到諭旨後，袁守侗又以限行五百里抄送諭旨，要山海關副都統塔章阿查封何萬有家。（註二七）將查抄結果以驛遞五百里奏聞的例子，見於乾隆四十七年查抄嘉興府知府楊仁譽原籍家財時。楊仁譽因隨同閩浙總督陳輝祖查抄原任甘肅布政使，當時任浙江巡撫的王亶望資財時，與陳輝祖有共同將王亶望入官物，抵換隱匿之嫌，而遭查抄。當時負責查抄楊仁譽江蘇原籍之巡撫閔鶚元在將抄物中有抵換嫌疑之朝珠玉器等解往浙江比對之前，先行開列清單呈覽，即以五百里將查訊緣由馳奏。（註二八）因爲這件事乾隆皇帝非常關心，因此雖然已經查抄過，閔鶚元仍不敢怠慢，而以五百里之速馳遞奏摺。

以六百里諭令查抄的例子很多。如乾隆四十六年發生的甘肅省折捐冒賑案中，查抄揑災冒賑通同作弊之各道府時，即命尚書福隆安以六百里火票傳諭各相關之督撫執行。（註二九）又如乾隆四十七年山東巡撫國泰因婪索屬員銀八萬兩，乾隆皇帝認爲藩司于易簡明知巡撫勒派，竟隱忍不舉，顯有扶同婪索情事，因而命以六百里諭令兩江總督薩載前往查抄于易簡原籍財產，並欽差和珅查抄于易簡山東任所貲財。（註三〇）

再如乾隆四十七年，發現迪化買糧有任意冒銷侵蝕之事。除各員侵蝕有一萬兩到數百兩不等之外，都統索諾穆策凌曾接受屬員銀兩。於是皇帝下令以六百里傳諭各督撫，將有關各犯旗籍、任所財產嚴密查抄。其中正藍旗滿人豐紳一員當時於雲南知州緣事參革，雖明知豐紳因貧病不能回旗，但雲南巡撫劉秉恬仍以六百里馳檄該參員歷過之新興、賓川、宜良等三州縣任所嚴查有無隱寄財物。（註三一）

為查抄而利用六百里驛遞行文於轄區之例，見於乾隆二十八年查抄革職原湖廣總督愛必達任所貲財時。於同年六月二十八日兩江總督尹繼善奏，於六月二十一日接署湖廣督臣陳弘謀咨開，准欽差刑部侍郎阿永阿、河南巡撫葉存仁咨，奉旨查抄愛必達任所貲財。但因愛必達眷屬已於六月初三日自武昌由水路回旗，因此移咨江省沿路挨查愛必達家屬船隻，並委湖廣黃州協副將明喜趕來會同搜查等因。尹繼善在接到這件陳弘謀咨文後，查問愛必達家屬船隻，由長江北上已經過江寧多日，順風行走甚速，當即遴委幹員星夜馳追，又恐追之不及，「一面由驛六百里飛行常鎮、淮揚、淮徐各道府挨查愛必達家屬船隻到境，沿途阻截」，查抄各船貲財什物等。結果於六月二十四日於清江浦地方將愛必達家屬船七隻截住，嚴行查封。尹繼善將此結果奏聞時，並在本奏摺末尾聲明：「此摺因事關緊要，由驛四百里馳遞」。（註三二）可見督撫等地方大員在辦事時，斟酌情況，可彈性使用六百里或四百里驛遞公文或奏摺，但須將使用驛遞程速奏聞才算手續周全。

抄案中以較快速之「六百里加緊傳諭」的例子也不少。例之一是乾隆四十七年查抄革職閩浙總督陳輝祖時，除頻用五百里、六百里上諭外，也多次使用「六百里加緊傳諭」，同時並令地方督撫等覆奏時或用五百里，或用六百里。而督撫之間為查辦本案，彼此間行文則多使用「飛咨」二字。「飛咨」雖未標明里數，但至少當是利用驛遞三百里「馬上飛」的行文。如前文所述，（註三三）陳輝祖因乾隆四十六年查抄革職浙江巡撫王亶望時，曾以銀調換王亶望入官產中的金子，及抽換玉器，並竊取字畫。當初乾隆皇帝還不能確定陳輝祖是否舞弊，尚在打聽並收集情報階段時，多使用五、六百里之諭。如四十七年九月，命原浙江督糧道，當時陞任安徽按察使的陳淮將所知有關陳輝祖如何抽換王亶望入官物情事奏聞時，即要軍機大臣以五百里傳諭，並命陳淮迅速以五百里驛覆奏。（註三四）不久乾隆皇帝獲知浙江藩司收存之查抄底冊與解繳內務府進呈冊記載不符，因此確定原浙江藩司，當時改任安徽藩司國棟有應得之罪，即於九月十七日以六百里加緊諭令兩江總督薩載將國棟解任查辦，並以同一六百里傳諭浙江布政使盛住留心查訪陳輝祖舞弊情況。（註三五）其有關國棟之上諭文字爲「前因國棟在浙江藩司任內於查抄王亶望貲財抽換抵兌一案扶同徇隱，傳旨令薩載將伊解任，解往浙江質訊，今據陳輝祖覆奏，查抄時據布政使國棟面稟商換，並言及金色低潮，恐解京轉難適用，不如照十五換半發交首縣易換銀兩等語，是此以銀易金之事竟係陳輝祖國棟二人首先起意，必有分肥入橐之事，現已明降諭旨，將國棟革職拏問，交阿桂等審辦矣。所有國棟任所貲財自應嚴密查抄，著傳諭薩載，即速親赴安徽任所嚴密查抄，毋任絲毫隱匿寄頓，至國棟係由關差用至藩司，其在各任多年，家產自必豐厚，務須悉心查察，以防抽抵挪掩之弊，陳輝祖等之前車可鑑，薩載不可不引以爲戒也，將此由六百里加緊諭令知之。」（註三六）到了九月二十一日，確定陳輝祖有抽換抵兌王亶望入官財物諸弊，於是除以六百里諭令欽差阿桂、福長安往浙江查辦本案，並令以五百里覆外，復以「六百里加緊傳諭」兩淮鹽政伊齡阿將陳輝祖在蘇州房產嚴密查抄，並迅速由驛覆奏。（註三七）伊齡阿於九月二十五日收到本件上諭後，立刻要蘇州布政使伊星阿去辦理，到了十月二日，伊齡阿、伊星阿兩人連名將查抄陳輝祖在蘇州房產的結果，以六百里驛馳奏。（註三八）差不多同時，乾隆皇帝又以「六百里加緊傳諭」杭州將軍王進泰會同浙江布政使盛住，先將陳輝祖並此案內通同舞弊之知府楊仁譽、王士澣、高模及其他經手人一併解任，根究抽換事。（註三九）在此之前的九月二十六日，乾隆皇帝已接到陳輝祖覆奏與國棟串通分肥情況，於是又以「六百里加緊傳諭」王進泰、盛住、德克進布等將陳輝祖任所貲財嚴密查抄。王進泰等在執行查抄後，即將結果開出清單，由驛馳遞供覽。（註四〇）乾隆皇帝並令傳諭湖廣總督「舒常於前往兼署湖南巡撫之便，親赴陳輝祖原籍嚴密查抄，毋任隱漏，……將此由六百里加緊諭令知之。」（註四一）在浙江查訊告一段落的十一月，命福長安押帶陳輝祖及同案相關之國棟及案內經手抽換王亶望抄物之各犯迅速來京審辦，並降旨云：「其王站柱認出之玉、銅、磁各件及劉大呂供出陳輝祖抽換各物件，又陳輝祖自行供出，抽換玉器字畫等件俱著一併即交福長安帶京以便就物當面質訊，將此由六百里加緊諭令知之。」（註四二）

每當查抄案子發生時，皇帝差不多都是在京指揮遙控。除以五、六百里傳諭嚴密查抄之外，往往對承辦查抄之臣工表現不力，不能稱旨時也會降諭旨嚴行申飭。這種「嚴行申飭」的諭旨，有時還兼用來指示辦案的方向，因此也須爭取時間，往往也以六百里加緊的速度傳達，叫「嚴飭諭旨」，常見於有關抄案的上諭中。陳輝祖案也有此一例：乾隆四十七年十月二十四日，乾隆皇帝即以「嚴飭諭旨」責備阿桂與福長安所辦不妥。認為阿桂與福長安所奏連日審訊陳輝祖等犯官，皆是枝葉邊事，並未得此案緊要肯綮。因為陳輝祖舞弊之行為甚多，首先是查抄王亶望家產時，將抄出皮衣十六件給王亶望家人領去，對此事乾隆皇帝認為罪犯斷無令其裸身之理，自應酌給敝舊衣服數件遮體，而不當把已經抄出之皮衣聽情給與，因爲入官皮衣是應該解京的，此一節，傳旨要阿桂等向陳輝祖嚴切根究；其次據犯官之一王士瀚供稱，陳輝祖曾將金子五百兩取進，又說在估變物件內要留幾樣，隨將大呢雜錦等件送進督署後又發還，又王士瀚、楊仁譽各侵用烏雲豹袍褂各件等語，此等查抄物件豈宜染指，必係總督先有侵換，屬員因而效尤，陳輝祖此種行爲明係有心侵用，後知事露復行發還，阿桂等何未一語問及，況向來查抄物件，原止應將粗重器皿及黹舊衣服留外估變，若細毛皮張及呢錦等件，俱應行解京呈覽，乃陳輝祖竟俱歸入估變項下，非係預爲存留侵用而何，且其解交內務府冊內此等皮張呢錦甚多，何以此內又有存留之件，豈非上下通同舞弊之一證，阿桂等何不向陳輝祖層層詰問乎；第三是陳輝祖以銀易換王亶望入官之金，以十五換抵算，而現在金價大率須十七換，則陳輝祖等於此內業已私侵二換，伊復何所抵賴。因此乾隆皇帝責以「以上各情節阿桂等並不逐細詰問，令其水落石出，僅以委員侵用估變衣物敷衍入奏，看來竟係阿桂福長安，平日與陳輝祖交好，瞻徇情面，意存開脫，欲推在屬員身上，將來不過入於失查完案。況從前節次發出嚴飭諭旨，十二日所發計十六日即應到浙，十三日所發計十七日即應到浙，阿桂等此摺係十七日拜發，看來，或竟係阿桂等已經接奉前旨，計無所出，因倒提年月，先將此奏支吾，豈能逃朕洞鑒耶，阿桂、福長安著再傳旨嚴行申飭。仍即遵照諭旨嚴訊陳輝祖務得確供，迅速覆奏，將此由六百里加緊諭令知之。」（註四三）由此一上諭可知，乾隆皇帝深知查抄的手續及查抄執行人員可能做的舞弊；甚至也深知當時物價，金銀兌換比率。也因此工作人員執行不力，不能稱他意旨時，即以較快速度之「六百里加緊」傳諭依旨加緊辦理。

從以上查抄陳輝祖的例子，可以發現，當案情尚未明朗時，不一定用六百里傳達諭旨。但是由乾隆皇帝開始懷疑到確定陳輝祖實有偷換抵兌玉器、金子等行為後，隨著案情的升高，查辦陳輝祖財產的上諭傳達速度，也就由五百里而六百里加到更快速的「六百里加緊傳諭」。可見六百里也並不濫用。

以「六百里加緊」傳諭查抄的另一例子見於乾隆五十一年查抄革職兩廣總督富勒渾案時。乾隆皇帝即頻用「六百里加緊傳諭」。原因很顯然，一是查抄對象是革職總督，案情重大，二是富勒渾原任閩浙總督，後改任兩廣總督，其罪狀之發生跨及閩浙與兩廣，範圍廣，須要多處查證，三是閩浙與兩廣距京程途皆遙遠，必須緊速傳達諭旨，才能爭取時效。富勒渾由原任閩浙總督改任兩廣總督時，除被發現有縱容家人婪索勒派驛站等行為之外，他本身亦有攤派各口岸書役等銀一萬九千餘兩，既經家人交進督署，於發覺後始交監督衙門解京，明係知事已敗露，難以掩飾，有先侵後吐之迹；又在離開閩省半年有餘後，私派弁員往閩省道員衙門支取銀二萬兩，繞道解赴河南司庫兌交；並有收取泉州府通判鄭一桂所送金葉五十兩之嫌。於是乾隆皇帝先後發出數道「六百里加緊傳諭」分別命令兩廣總督孫士毅及在浙江之欽差大學士阿桂及曹文植、伊齡阿與福州將軍署閩浙總督常青等速辦審問工作及查抄事宜，同時要求孫士毅等將審得確情迅速由六百里加緊覆奏。而孫士毅也確實將辦理結果由六百里迅速覆奏。（註四四）

以六百里加緊傳諭的另一例見於乾隆五十三年查抄革職臺灣總兵柴大紀時。乾隆皇帝以林爽文之變是柴大紀貪劣所釀成，遂命浙江巡撫覺羅琅玕查抄柴大紀原籍房產，以賠軍需之用，並命將此道上諭「隨六百里加緊軍報之便諭令知之」（註四五）在此可見乾隆皇帝雖然頻用「六百里加緊傳諭」於重大查抄案上，但也並不濫用，只要有機會，仍可以搭「六百里加緊軍報」之便傳達諭旨。

有時使用六百里傳諭倒非全爲爭取時效，而是皇帝心中非常重視其事。例如乾隆皇帝喜好字畫珍玩，平時也很關心臣下收藏的字畫，當王亶望的入官物陸續解京後，他發現少了一樣米帖刻石，於是他降旨「王亶望平日收藏古玩字畫等物最爲留心，其從前呈進各件未經賞收者尙較他人爲優，乃昨歲查抄王亶望家產內多係不堪入目之物，現經盛柱查奏，顯有抽換隱匿情弊，自應嚴切徹底根究。即如從前查抄高樸家產內，有王亶望所刻米帖墨榻一種，內廷諸臣皆所共見，此種墨榻必有石刻留存，或在任所，或在本籍，乃節次解到及發交崇文門物件內，並無此項，其爲私行藏匿顯而易見，著傳諭阿桂等查訊此案。即從此逐細推究，所有米帖石刻，現在何處收藏，務得實在下落，則其他抽換隱匿各情弊自無難根訊而得。將此由六百里諭令知之。仍著將訊得實情，迅速覆奏。」（註四六）

第五節　查抄工作之執行與乾隆皇帝權力結構之關係

查抄財產的目的一在懲罰，一在賠補虧項。在執行之際，最須防範被抄之家隱匿財產，尤其查抄犯人之家，以抄產入官爲目的，必須做到儘數抄沒，更不可給予任何隱匿的機會。乾隆時期，爲達到犯人之產確實入官的效果，其執行方式之一是動員所有相關各省的督撫通力合作。因此各督撫可以隨時判斷情勢，逕行發出咨文，聯絡相關省分之督撫協助。但督撫間每有咨文往來，也必同時將相當之內容奏聞，以示對皇帝負責。皇帝就是依靠各省奏摺，掌握查抄進度，適時發出旨意，指揮查抄方向，遙控工作之執行。這些咨文、奏摺、再加上由皇帝指示查抄的上諭等有關查抄的公文構成一面縱橫密布的網路，使得被抄之家無從隱匿財產，確實發揮抄產入官的效果，順利完成查抄工作。不可否認，這樣的結果正是帝權強而有力的證明。因此公文遞送網路之縱橫密布，可說是清代皇帝權力結構的重要支柱之一。這個支柱也成了查抄工作得以順利執行的因素之一。

其次，公文遞送網路雖然密布，還須講求速度，正確而迅速的傳達，才能發揮效果，這就須要靠驛遞。清代會典明定地方重要之事可利用驛遞，授權督撫得以衡量事之輕重緩急，必要時甚至可運用六百里驛遞迅速馳遞公文。從乾隆時代查抄案件之公文得以利用驛遞，完成查抄工作，可以看出查抄案在乾隆皇帝心目中的重要性。至於驛遞傳諭以及相關公文之速度，大致與案子是否重大，及皇帝對案情重視之程度有關。畢竟須至抄產的都是令專制君主生氣的事。因此指定傳諭之速度當與皇帝的發怒程度以及關心程度成正比，之外也要看時間是否緊迫，遲了恐致隱匿，則須用最快速驛遞，此外則乾隆皇帝也並不濫用六百里驛遞。如前所說，查抄工作之能順利執行，必須依賴強有力的政權爲後盾。在此所看到乾隆皇帝之權力結構是以驛遞爲其支柱之一。查抄工作即直接利用此驛遞迅速傳達公文，得以避免洩密與隱匿，順利完成。因此在研究清代查抄制度，乃至皇帝的權力結構時，實不可忽略驛遞的功用。驛遞的靈活運用與公文網路的密布這兩者都是清代皇帝權力結構不可或缺的重要支柱，同時也是清代完成執行查抄工作必備的兩個先決條件。

【附　註】

註　一　宮中檔乾隆朝奏摺第五輯七八三頁，乾隆十八年七月十五日楊應琚奏；同輯八四〇頁，同月十九日張師載奏。

註　二　宮中檔乾隆朝奏摺第五十三輯七七頁，乾隆四十七年九月十七日安徽巡撫陳淮奏；同輯一一四—一一六頁同年九月二十二日署兩江總督薩載奏。

註　三　宮中檔乾隆朝奏摺第五十三輯一五〇頁，乾隆四十七年九月二十六日王進泰奏。

註　四　宮中檔乾隆朝奏摺第五十三輯一五〇—一五三頁，乾隆四十七年九月二十六日王進泰、盛住奏。

註　五　宮中檔乾隆朝奏摺第五十三輯二〇二—二〇三頁，乾隆四十七年九月二十九日王進泰、盛住、德克進布奏。

註　六　乾隆上諭檔四十七年秋第五七〇頁。

註　七　乾隆上諭檔四十九年冬第二三五頁。這種傳諭的例子幾乎見於所有查抄案件，一般有關查抄的奏摺上，督撫等提奏人都會在奏摺之前複述這種命令查抄的上諭內容。

註　八　宮中檔乾隆朝奏摺第四十八輯五六八—五六九頁，乾隆四十六年八月二十四日閩浙總督兼浙江巡撫陳輝祖奏。

註　九　宮中檔乾隆朝奏摺第四十八輯六四七—六四八頁，乾隆四十六年九月二日和隆武、奇臣奏。

註一〇　宮中檔乾隆朝奏摺第四十八輯四六六—四六七頁，乾隆四十六年八月十四日山東巡撫國泰奏。

註一一　宮中檔乾隆朝奏摺第六十七輯六〇六頁，乾隆五十三年三月二十二日覺羅琅玕奏。（查抄程峻財產，咨會皖撫陳用敷。）

註一二　宮中檔乾隆朝奏摺第四十八輯三七五—三七七頁，署兩江總督薩載、安徽巡撫農起奏。

註一三　在此，閩浙總督的咨文先於七月十七日的上諭到達兩江總督薩載處，表示在七月十七日諭旨傳達之前，閩浙總督陳輝祖已在進行查抄蔣全迪的工作。

註一四　此處，薩載接到福隆安字寄的日期爲七月二十一日，當與前引薩載奏摺提及的接到福隆安字寄的日期七月二十二日同一天才對，因爲內容同屬一件事，兩者相差一天，必有一是筆誤。

註一五　宮中檔乾隆朝奏摺第四十八輯三二一—三二三頁，江西巡撫郝碩奏。

註一六　宮中檔乾隆朝奏摺第四十八輯四四五—四四六頁，乾隆四十六年八月十二日河南巡撫富勒渾奏。

註一七　宮中檔乾隆朝奏摺第四十七輯三四七頁，乾隆四十四年四月三日勒爾謹奏。

註一八　大清會典事例卷百十八，嘉慶五年諭；清國行政法第三卷，三五五—三五六頁，有關驛遞之禁令。

註一九　大清會典事例卷七百零二，二〇—二一頁，嘉慶五年諭。

註二〇　清國行政法第三卷三四五—三四六頁；三五四頁。

註二一　大清會典事例卷六百二十六，四頁；卷七百零二，第三頁。

註二二　大清會典事例卷百十八，二九頁。

註二三　大清會典事例卷七百零二，驛遞，八—九頁。

註二四　大清會典事例卷六百八十四，郵政（郵符）第一〇頁。

註二五　大清會典事例卷百十八，二〇—二九頁；卷七百零二，二〇—二一頁。

註二六　宮中檔乾隆朝奏摺第四十八輯三一七頁，乾隆四十六年八月一日直隸總督袁守侗奏。

註二七　宮中檔乾隆朝奏摺第四十八輯四二三頁，乾隆四十六年八月十日索諾穆策凌奏。

註二八　宮中檔乾隆朝奏摺第五十三輯二九二—二九三頁，乾隆四十七年十月七日江蘇巡撫閔鶚元奏。

註二九　宮中檔乾隆朝奏摺第四十八輯四二六頁，乾隆四十六年八月初十日江蘇巡撫閔鶚元奏；五一八頁，同年八月十九日廣西巡撫姚成烈奏。

註三〇　宮中檔乾隆朝奏摺第五十一輯五二三頁，乾隆四十七年四月二十三日署兩江總督薩載奏。

註三一　宮中檔乾隆朝奏摺第五十一輯七六五頁，乾隆四十七年五月二十日署雲南巡撫劉秉恬奏，又見同輯六三三頁，乾隆四十七年五月五日安徽巡撫譚尚忠奏；六四八頁同月八日李侍堯奏。

註三二　宮中檔乾隆朝奏摺第十八輯三一九—三二〇頁，乾隆二十八年六月二十八日兩江總督尹繼善奏。

註三三　參見本節「查抄工作之執行依據」—「查抄大員與查抄小官，其執行手續有別」一文。

註三四　宮中檔乾隆朝奏摺第五十三輯七七—七九頁，乾隆四十七年九月十七日陳淮奏。

註三五　宮中檔乾隆朝奏摺第五十三輯一一四頁，乾隆四十七年九月二十二日，署兩江總督薩載奏。

註三六　上諭檔乾隆四十七年秋，第七四四頁。

註三七　宮中檔乾隆朝奏摺第五十三輯一四二頁，乾隆四十七年九月二十五日伊齡阿奏。

註三八　宮中檔乾隆朝奏摺第五十三輯二二七頁，乾隆四十七年十月二日，伊齡阿、伊星阿奏。

註三九　宮中檔乾隆朝奏摺第五十三輯一五〇頁，乾隆四十七年九月二十六日王進泰奏。

註四〇　宮中檔乾隆朝奏摺第五十三輯二〇二—二〇三頁，乾隆四十七年九月二十九日，王進泰、盛住、德克進布奏。

註四一　上諭檔乾隆四十七年秋第六九八頁。

註四二　上諭檔乾隆四十七年冬上，第三三八—三四〇頁，十一月初一日。

註四三　上諭檔乾隆四十七年冬季上第二二一頁—二二五頁，乾隆四十七年十月二十四日。

註四四　宮中檔乾隆朝奏摺第六十輯七一一—七一八頁，乾隆五十一年六月十二日；七五四—七五五頁，同月十七日；七九八—八〇二頁，同月二十日兩廣總督兼署廣東巡撫孫士毅奏；同輯七五二—七五四頁，同月十七日阿桂、曹文植、伊齡阿奏；同輯七二八頁，同月十四日及七六九頁，同月十八日，福州將軍署閩浙總督常青及福建巡撫覺羅伍拉納奏；乾隆上諭檔五十一年夏第四六四—四七八頁；上諭檔五十一年秋第一百頁。

註四五　宮中檔乾隆朝奏摺第六十七輯三三〇頁；乾隆五十三年二月二日浙江巡撫覺羅琅玕奏。

註四六　上諭檔乾隆四十七年秋第六七四—六七五頁。

第三章　查抄工作之執行

第一節　查抄工作之執行人

查抄財物的工作可以分爲前後兩階段。一是進行查抄財物；二是處理查抄之入官財物。雖然有前後階段之分，但工作的進行卻是一貫的作業，執行人員也多是同一批人，只是前後兩段工作性質不同。無論那一階段，在地方負責執行的官員都以督撫爲主。偶而遇到重大案件，皇帝會另派中央大員參與，則欽差大臣便與督撫成爲共同的負責人。於此分爲兩階段說明。

一、執行查抄工作之負責人

執行查抄工作由督撫負責。有時是親自前往指揮，有時則指派藩臬兩司或其中之一，或道員，再督同相關地方之知府、州縣佐雜等辦理。道府以下較高層之執行人都可稱之爲委員。佐雜吏役等除陪同執行查抄外，也要監視查抄現場，以免偷匿。被抄之家之人口及其房屋周圍之監視工作則另派兵弁協助執行。（註一）

一般執行查抄的人，其官位都較被抄的人高。比如抄知縣，可由道府負責執行，但相關州縣仍須跟隨前往。若臨時無法派遣較高職位的人，才委由其他州縣前往查抄。至於查抄小官吏、小民等，則由州縣前往執行便可。由於查抄貴神速，以免走漏消息，致有隱匿，因此臨時找不到職位較高的人，則須儘快以較低職位的人往抄。如乾隆四十六年山東省查抄糧道觀祿時，即派兗州府王祿朋就近將印信摘取署理，並將其隨行貲財衣物查抄。（註二）這是以知府抄道員，例子不多。如果案情嚴重，又是欽案，皇帝特別下諭查抄的案子，即使查抄對象是小民，也須由奉諭的地方督撫等大員親往查抄。查抄大員時，皇帝也會特差大臣前往執行。例如乾隆四十七年江蘇、浙江等省查抄革職閩浙總督陳輝祖時，即指定兩淮鹽政伊齡阿與江蘇布政使查抄在江蘇省內之財產，並指派杭州將軍王進泰主持查辦浙江省內財產及整個案情之外，另又由中央派大學士阿桂與戶部侍郎福長安前往杭州審訊陳輝祖，並查對抄物內容。（註三）又乾隆四十六年查抄甘肅省折捐冒賑案中革職甘肅布政使王廷贊時，發現王廷贊經營之帽鋪夥計何萬有曾隱匿金子與人參，於是乾隆皇帝命奉天將軍兼內務府總管索諾穆策凌親往查抄何萬有家內財物。（註四）

如果同一省，同時查抄兩個犯人財產時，必須由地方高級官員分執查抄工作。例如乾隆三十四年貴州革職威寧州知州劉標遣人赴部控告各上司索取銀物。於是案情升高，須查抄革職巡撫方世儁及革職按察使高積任所及原籍貲產。方世儁原籍上江桐城，寄居下江江寧省城；高積原籍福建，寄居江蘇，都在兩江總督高晉轄區內。於是高晉除派遣臬司、道員之外，他也親自率領屬員前往查抄。按理說，方世儁是巡撫，職位高，當由總督親往查抄，高積是按察使，職位較低，可由藩臬兩司中之任何一人前往執行查抄。但實際上則要看犯官在本省有無確知的財產而定。如果兩個犯官中，一人已知有房產在本省，而另一人尙須查訪，則不管犯官之職位孰高孰低，督撫必先親往已知有財產之一家查抄，另一方則派藩臬以下之官先去訪查即可。此案方世儁在蘇皖有多少財產，尙未確知，因此兩江總督高晉乃派遣江安糧道馳赴江寧與江寧府知府率同上元、江寧二縣查辦江寧省城，查出莊田契紙，移江核估辦理，另命安徽布政使率同安慶府知府馳赴桐城嚴密查辦方世儁家產。至另一官犯高積，已知在江蘇寄居地有房地產，並有什物寄放閩客公建之三山會館，於是高晉乃親率藩臬、道員等前往三山會館查抄高積寄存之物，並查訊高積房產之出租情況等。（註五）

二、處理抄物工作之負責人

抄出之物須要處理，其處理之負責人與執行查抄一樣，都是督撫。處理抄物的工作可分四個步驟。即一、登錄底冊；二、將抄物分類成解京與留變兩部分；三、解京的部分要派解員儘早解京；四、留變之物須就地估價，並製造估冊咨行戶部及相關之工部等，取得同意照估變價後，即就地變賣，將所得之款解京或留在地方公用。以上各個步驟都須派人負責執行。委派的人並無一定職位的限制，不過依慣例，都與查抄對象成正比。也就是說，犯官原有的官位高，或案情重大或財物特多，且值錢，則委派處理的職官之官位也會隨之調高。茲分別說明於後：

㈠**登錄抄物並製造底冊之人**：底冊之製造須與查抄之執行同時進行。即一邊查抄一邊登冊，因此製造底冊仍由負責執行之官擔任，一般案子是由知州或知縣承辦製造，如果是重大案子，或查抄對象官位高如督撫等，則有由道員負責的。一般抄物一人負責即可。但抄物多時須增加人手分別負責。例如乾隆四十六年查抄革職浙江巡撫王亶望任所貲財時，即由道員王站柱一人負責，到了四十七年杭州將軍王進泰查抄革職閩浙總督陳輝祖時，以抄物零星繁多，為爭取時效乃分類依類分派查驗。並為慎重起見，負責人除道、府以外，還加派藩臬兩司，即將金銀器皿首飾等項由布政使盛住查驗登記；玉器、古玩、書畫由前署按察使德克進布查驗登記；皮棉單夾衣服由按察使王杲查驗登記；綢緞、尺頭、絹布等由糧道王廷燮查記；下剩各色皮張、皮箱以及粗重零星銅錫器皿雜項等由湖州府知府查驗登記。由以上之分派又知分派各官之職位之高低與其負責登記之物類貴賤成正比，即布政使負責查記最貴重之金銀首飾等，依次到知府所負責的是粗重較不值錢的雜項物件。在以上各人負責各自工作之登錄完畢後，須各造印冊一本，交布政使盛住核明，彙造總冊，便完成製造底冊的工作，將底冊交給督撫，在此是交給杭州將軍王進泰，再據以繕寫黃冊呈給皇帝。（註六）

㈡**抄物之分類工作與執行之人**：查抄之物，本來必須都解京，但以有些物件粗重或破爛，解京費時、費力又費運費，不如留在地方估變，再將估變所得之款解京，如此處理較為易辦。因此抄出之物，必須先做分類，即分別解京之物與留變之物。「留變」即是留在地方估價變賣之意。分類的標準是：好的、值錢的、輕便的要解京；粗重及破舊之物和田地、房屋等不動產要留在地方變賣。負責分類的人必須懂得分別佳物與否，才能做好工作，否則分得不對，將來清冊咨送戶部時，仍會被駁回重行分類。因此執行分類的人官位都比較高，一般是道府以上，有時督撫也親自參與，即使是由知縣執行的，仍須經道府藩臬複查。金銀玉器類及書畫古董和衣服之佳者必須解京，一般都是先提到省城由藩臬二司分類，決定解京或留變，然後再由督撫做最後核定，其餘破舊、粗重物就留在各縣等待估變。

從奏摺行文看，執行查抄工作的負責人，都頗慎重、負責。但實際上難免居心不正、操守不堅，見抄出之物竟爲之迷惑而行舞弊的。其中有將抄出之物調包竊取的，也有分類不按新舊好壞原則，而在留變物中預留佳物，並以不實之物件名稱與不實之估價報部，圖謀易於變價或自己購買的。前者如乾隆四十六年閩浙總督陳輝祖查抄革職浙江巡撫王亶望任所貲財時，即將王亶望入官物之玉器、畫軸之佳者抽換；後者也是同案，浙省參與查抄王亶望抄產工作之其他官員看到陳輝祖舞弊，他們也效法起來，將抄物做不實分類，預留舞弊圖利地步，事見乾隆四十七年十一月二十五日閩浙總督富勒渾奏云：「欽奉上諭，據戶工二部奏，陳輝祖查抄王亶望貲財一案，留浙估變物件底冊，并房屋一項估報不實，請將石刻書籍解京，其餘另行分別解京留變，房屋再加估報等語，已依議行矣。浙省估變物件多寡不符，應行解京者尚多，房屋一項籠統造報，亦屬弊混。著傳諭阿桂等即核對原冊，將米帖石刻及應解之物，派員妥速解京。其房屋留變物件一併確估報部查核。戶工二部原摺並著發交阿桂等遵照辦理。欽此。當經大學士公阿桂等飭司分別提驗辦理去後，嗣阿桂等奉命進京，交臣查辦。茲督飭藩司盛住、糧道王廷燮將王亶望留浙估變物件逐一查驗，將應行解京者，均行提出分別造冊，逐一封固。內有烏雲豹等件，因王士瀚等舞弊抽匿，於報部冊內將名色改易，今俱查照原物，於冊內更正、分晰註明，現在委員同王士瀚等什物一併起解。」（註七）在此，因爲依規定無論解京或留在地方估變之物都必須造冊咨戶工二部查核，結果戶工二部發覺留浙估變物件底冊并房屋一項估報不實，且留變之物中，還有很多應行解京。於是乾隆皇帝才命欽差大臣阿桂等分別提驗存留浙江之查抄物品重新辦理，不久阿桂等奉命進京，改交新任總督富勒渾接辦。富勒渾則督飭藩司盛住及糧道王廷燮將王亶望留浙待估變之抄物逐一查驗，將應行解京者，均另行提出分別造冊，並於冊上分晰註明。

執行查抄之王士澣是衢州府知府，由此知道，即使查抄巡撫這樣的大官，決定其抄物之解京或留變工作，仍可由知府執行。不過不管知縣或知府完成分類後，仍須將抄出衣飾等物提省，交由藩臬兩司或其中之一核明，再由督撫做最後核定。（註八）在地方將這一切決定後，該解京之物便須儘早解京，同時須解京之物要製造清冊（即解冊）和留變物之估價冊（又稱估冊）咨送戶部及相關之工部。戶部等接到這兩種清冊後，還要把關做最後的篩檢工作，查看是否有該解京之物卻留在地方準備變賣的，如果有，仍要請旨命令該省重行挑選解京。由上知道，參與抄物的分類工作之執行人，包含地方基層之縣、府，往上經兩司、督撫，再到中央之戶部、工部等，也是層層負責，制度不可謂不嚴密。

㈢**解員**：查抄物件分類完畢後，應當解京的，最好儘快解京。不過普通案件的入官物也有等待機會搭便解京的。至於重大案件之入官物，尤其是欽案及皇帝特別關心其抄物內容的都須專人負責，專程儘速解京。此時解員之職位，其高低與案件重輕成正比。一般常見的有知縣、同知等，但重大案件則有委派知府等高級地方官負責解京的。同時解員人數也隨抄物數量之多寡而增減。少者一人即可，多者可超過十人。以乾隆四十七年查抄革職閩浙總督陳輝祖爲例，因陳輝祖杭州任所抄出之物，其玉、銅、磁器及朝珠、如意、皮張衣服等項爲數繁多，負責處理之王進泰、富勒渾除將銀兩飭司存庫造冊候撥外，其應行解京各項，派委金華府知府張思振等十二員分起領解，先以船自杭州出發北上，之外另委糧道王廷燮馳赴清江浦督率該府張思振等妥協辦理，由陸路分起送京。（註九）

四**留變物之估價，覆估與估冊之製造人**：留變物包含粗重家具、破舊衣服及房屋地畝。這些留變物之估價有一定手續，其中房屋、田畝大半有契價可循，於此略去不提，今止介紹粗重及破舊衣物之估變。因爲是留在當地估變，必須依當地行情變賣，所以須召來熟習當地物價之牙商估價。首先由督撫飭藩臬二司轉飭州縣估價。州縣必先造好抄物清冊，然後會同牙人，或稱牙儈或經紀人，依時價一一將抄物對照清冊後將價錢登錄在清冊上所列各物之名稱下，完成一完整之估價清冊，簡稱估冊。因此可知留變物之估冊其製造人是州縣。州縣將估冊造好後，經道府驗明有無以高報低短估現象，然後詳報藩臬二司之一，再轉報督撫。這轉呈過程中，藩臬或督撫都須駁飭重估，以免估價過低。重估後，必須取具經紀甘結，聲明無以高報低等事，並由州縣道府等各加具印結詳送督撫，督撫再悉心確核，價值相符，然後才另謄估冊咨會戶部，要求照所估允許變價。例如乾隆四十六年查抄革職浙江巡撫王亶望山西原籍貲財時，負責查抄之山西巡撫譚尚忠即上奏略云：「除將金珠玉玩等物解送內務府外，將房地、呢羽綢緞衣飾器具即於晉省就近估變。即將解省之衣飾等項飭委陽曲縣知縣周鴻基會同委員逐一估計，將房屋地畝什物等項飭臨汾縣知縣李早榮據實估報後，據藩臬兩司詳據臨汾縣詳稱，王亶望各項銀兩地畝房屋鋪面並一切器具奴婢牲畜逐一查明估計，共估：銀七萬三千一百三十四兩六錢零。又據陽曲縣會同委員詳稱，王亶望家衣物等分晰據實確估，共估銀二萬五千四百一十三兩九錢各等情，造冊詳報前來。」結果巡撫譚尚忠恐該縣等有值多報少情弊復經嚴切飭查，並飭兩司道府等逐細覆加確估。最後兩司道覆稱：實係該道府等親身驗明據實估計，陽曲、臨汾二縣通共估銀九萬八千五百四十八兩五錢零，並無絲毫揑飾短少，造具清冊，並取具經紀甘結，加具印結詳送前來。最後譚尚忠再悉心確核價值，均屬相符，才請旨請悉如所估速即分別折變將銀兩解貯司庫，遵諭旨留為本省工程及公項使費之用，並另將估冊送部。（註一〇）

由上可知，留變物之估價與估冊之製造係由州縣等基層官員承辦，但道府、藩臬到督撫則一律參與層層核估，並須具「無以高報低」之印結，以負連帶之責。可說在地方，上自督撫，下至州縣都參加留變物估價之工作。

第二節　查抄之執行與防匿工作

一、執行人員必具防匿意識

查抄工作最主要目的在把犯案人家的貲產沒官，因此必須防止隱匿，儘數沒入。至於被抄之家則難免為往後日子即將無貲以渡而設法隱匿財產。在清代這種隱匿財產的人也確實不在少數，其中包括嘉慶初查抄的和珅；乾隆六十年查抄的福建巡撫浦霖；三十七年查抄的原雲南布政使錢度；五十二年查抄的原臺灣總兵柴大紀，這些人都曾在家中夾牆或地下抄出隱藏之銀兩。因此為防止被抄之家隱匿財產，官方便想出種種防匿措施。首先是上諭指示要查抄某人時總會加上一句「即行嚴密查抄，毋任隱匿寄頓」。例如乾隆四十六年上諭查抄甘省折捐冒賑案之前任蘭州府知府蔣全迪原籍安徽及寄居蘇州並浙江任所資財時，便由尚書額駙公福隆安字寄傳諭兩江總督薩載、安徽巡撫農起、江蘇巡撫閔鶚元、閩浙總督陳輝祖等「即行嚴密查抄，毋任隱匿寄頓」。（註一一）

上諭叮嚀如此，奉命查抄的人當然不敢大意。甚至只要抄出銀兩太少，便須小心究追以免隱匿。如乾隆四十六年安徽巡撫農起查抄甘省折捐冒賑案內已故原任河州知州葉中家時，因現存之銀止有色銀四兩七錢，又錢二千七百六十五文，認爲「恐有隱匿別情，現在究追」。（註十二）這種情形在遇到犯官身分特殊時，更須小心，否則皇帝不免懷疑查抄不力。例見同一甘省折捐冒賑案查抄江蘇巡撫閔鶚元之弟閔鵷元時。閔鵷元在甘肅侵蝕捐監銀達一萬九千八百兩之多，然而查抄閔鵷元烏程原籍時，止抄出銀三兩。乾隆皇帝便懷疑負責查抄的閩浙總督陳輝祖爲討好鵷元之兄閔鶚元而故意任其欺隱，隨意開報。因而責備陳輝祖未能實心執行，並責及閔鶚元，認爲此事若非陳輝祖有意徇隱，便是閔鶚元未曾接濟，任其弟窮困到止有抄出的三兩銀，更懷疑閔鵷元將應抄財物混入伊兄閔鶚元名下以爲隱匿寄頓之地，認爲如此則只有加速閔鵷元之死，因而以五百里諭要陳輝祖、閔鶚元明白迴奏。（註一三）又如乾隆四十年四川查抄侵蝕軍需運腳案之冀國勳時，以其侵蝕錢糧太多而任所、原籍抄出之財寥寥無幾，因此乾隆皇帝命令還要訪查有無掩飾隱匿。（註一四）

除抄出貲財太少，須繼續追究外，手續上，在查抄時，還須將家人隔開，個別訊問財產情況，追究有無隱匿及在外營運，並問及保鄰人等，以對照供詞是否一致，如有矛盾，便要進一步追查，並取具各人供詞及無隱匿寄頓甘結，以對上司保證確實盡力辦理。（註一五）查訊之同時還須貼出招告，要求代爲寄頓營運之人自首。田房方面則要查出契紙、分單，並調查縣城保管的各完糧戶名等糧冊一起比對，無誤，才斷定無隱漏。然後由縣製造查抄各物之冊籍，經由藩司轉呈督撫奏聞。（註一六）茲將查抄時發現之隱匿事實及防匿措施分述於後。

二、隱匿入官產實例及其處理

防匿措施是執行查抄時必講求的工作。事實上抄產時確常遇到遭抄之家有隱匿寄頓之事。爲此，地方官在執行查抄時必須隱密迅速，以防洩露消息。不過，不少人家卻是平時即爲防萬一，如防盜、防戰火，或者有些官吏因平日婪索多金，躭心事敗被抄，而預先隱匿寄頓財物的。封建時代，隱匿寄頓之法，不外是一、寄存親友家；二、置產他省，只要臨時不供出，即不易被查到；三、藏在夾壁間；四、埋在地下。今舉實例於後。

㈠乾隆時代隱匿入官產之實例：

1.和珅案：隨著乾隆皇帝駕崩，嘉慶皇帝即命查抄和珅家產。結果發現「夾墻藏金二萬六千餘兩，地窖內並有埋藏銀兩百餘萬」（註一七）。雖然如此，當時薩彬圖仍懷疑和珅家產不止查出之數，必還有埋藏寄頓等弊，而請密派大臣研究，終於引起嘉慶皇帝的不滿。據仁宗實錄卷四十三嘉慶四年四月癸丑上諭云：「自辦理此案（和珅案）後，軍機大臣及大臣中如朱珪等，從未於朕前奏及和珅財產隱寄，乃薩彬圖屢以爲言，竟似利其私蓄者然。豈薩彬圖視朕爲好貨之主，敢於嘗試乎。……和珅之宅，已賞給慶郡王永璘居住，和珅之園已賞給成親王永瑆居住，以慶郡王府第，成親王寓園，令番役多人遍行掘視，斷無此事。」（註一八）不過不管和珅還有多少金銀隱匿在夾壁或地下，既是抄家，房與地都要入官，則這些隱匿之物也都隨之歸公，隱藏再多，再隱密都不可能利用到了。因此，這樣的隱匿法在當時可能爲防盜、防災或許比較有用。和珅之隱匿金銀，可能也是爲此。其查抄雖是在嘉慶之初，然而其隱匿財產卻是早在乾隆年間便已進行，有可能是乾隆後期的事。至於乾隆中葉較有名的隱匿例是錢度案。是在案未發之先即設法隱匿，以爲永久之計。

2.錢度案：錢度是乾隆元年進士，三十三年爲廣東巡撫，後移廣西巡撫，不久因故左授雲南布政使。三十七年監銅廠。此時宜良知縣朱一深揭戶部，告錢度貪婪，勒屬吏市金玉。乾隆帝命刑部侍郎袁守侗如雲南會總督彰寶、巡撫李湖按治。貴州巡撫圖思德奏獲度僕持金玉諸器，自京師將往雲南，値銀五千以上；一方面，江西巡撫海明也奏獲度僕携銀二萬九千有奇，自雲南將往江南，並得錢度寄子酆書，令爲地窖或夾壁藏金爲永久計。於是乾隆皇帝以六百里傳諭兩江總督高晉及薩載等籍錢度江寧原籍，得書房地窖藏銀二萬七千兩，又寄頓金二千兩。袁守侗等又訊得錢度刻扣銅本平餘，及勒屬吏市金玉，婪索重價，具服，因而逮送京師。乾隆皇帝命軍機大臣會刑部覆讞，以錢度侵欺勒索贓私具實，罪當斬，命即行法。子酆亦論絞，後遇赦，仍不令應試出仕。嘉慶五年才弛其禁。（註一九）在此，錢酆所以論絞，處罰頗重，主要原因還是在於隱匿寄頓銀兩。

3.柴大紀案：寄信要家人預爲防備設法藏匿家產之例又見於乾隆五十三年查抄原臺灣總兵柴大紀時。因在柴大紀原籍屋後地平之下起出金葉金錠二百四兩二錢，銀七九七兩。據柴大紀長子柴際盛云，上年（五十二年）接到伊父家信以臺灣屢次滋事，伊父係該處總兵，恐有牽涉，囑令防備等語。伊接信後恐奉查抄，一時糊塗將金銀預爲埋藏。……並將伊父寄銀家信全行燒燬。爲此，柴際盛乃因隱匿之罪，革去武舉，並照隱匿財產一千兩以上滿流例，從重發往伊犁充當苦差。（註二〇）

4.王廷贊案：事發後查抄之前，設法隱匿之例，見於甘肅折捐冒賑案中查抄原陝西布政使王廷贊時。乾隆四十六年甘案發生時，王廷贊原有許多營運。當他被捕後，供出曾交給何姓金子六十條，人參二觔四兩。負責查抄的工作人員在訪聞有無隱匿過程中，又有人供出王廷贊帽鋪夥計何萬有隱匿金子。於是京中飭拏何姓。不久薊州報，該州潵溜客店縊死一人，查其遺字內稱係臨榆縣何萬有，並云六月間有與王廷贊聯宗之王誨之等交伊白布包五個甚重，白紙包五個甚輕，五包重的寄存打磨廠聯興號范處，五包輕的王誨之知去向。因此知甚重的是金條，甚輕的是人參。（註二一）於是循線調查，究出王廷贊鋪夥商議隱匿事。據乾隆四十六年八月十日盛京將軍索諾穆策凌奏云，奉諭查抄臨榆縣何萬有家，先後兩次，均無參劬。認爲所有王廷贊之鋪夥人均當知情，結果審出何萬有、王汝楫、孫士基、張益謙、曹國林等人均爲王廷贊鋪內夥計，在王廷贊被拏問後即商議隱藏瀋陽鋪子銀貨及賣參銀子。何萬有並在商量時自言京中財東家交的金子現寄在京城帽鋪，人參在京毛姓處寄放，可以隱匿。最後京城帽鋪報出寄放金子，嚴拏寄金人，俱各畏懼，未敢隱匿財物。但是索諾穆策凌派人嚴查毛姓家並無參劬。仍將代爲寄頓之何萬有、毛姓及王誨之家資抄出交臨榆縣知縣看守，俟定案後，應否入官之處聽候部議遵辦。後拏獲張益謙供出，王廷贊之姪王德懋曾說，瀋城源遠號老掌櫃王誨之曾從京寄來幾匣銀子藏於柳會地方居住的夥計王亮候家。於是索諾穆策凌派人前往王亮候家，將伊子王文遠拏獲。訊據供稱，王誨之拏來金銀埋藏在院內地下。當即起出木匣七個，小瓶一個。查驗共有金葉四封，京市平共重二百一兩二錢四分一釐，銀一百六封，京市平共重六千七百兩外，源遠等號買賣合同借票，並王德潤捐納主事執照二張。於是又將王亮候家產暫行查封，俟審明定案後遵照部議辦理。至於搜出買賣合同賬目借票等，將俟至瀋陽核對，究審寄頓確情，另行具奏。起獲之金銀皮貨等交臨榆縣解赴內務府交收。

此隱匿案，金銀是查到了，至於人參則直到乾隆四十六年九月初仍無下落，因此乾隆皇帝命令將所有各犯解京交刑部研究歸案辦理。（註二一）

從以上索諾穆策凌奏文內容知，當時查訪及處理隱匿入官產的手續如後：一、訪聞與本案有關之往來商夥，發現可疑，即須拏獲；二、將拏獲之相關人員，隔別訊問，以免串供，如各犯所供不一，即須反覆訊問並搜查；三、凡從事隱匿寄頓入官產之各犯家產，須先查封，以待定案時處理；四、如懷疑有隱匿時，必須一再查抄，以期搜出隱匿之物；五、將訊問所得，循線再去拏獲與隱匿財物相關之人，以究出實情，並起出隱匿之物；六、所起出之隱匿物，與一般入官產之處理大致相同，金銀、新皮貨等先解內務府；七、參與隱匿入官物之人，依例處罰。

5.楊賡颺案：據乾隆四十六年九月十六日江西巡撫郝碩奏，查抄甘肅折捐冒賑案中楊賡颺建昌縣原籍財產時，究出楊賡颺長媳陳氏將皮箱二隻貯衣二十九件，交貢生熊長桂之母，當即起繳一并封貯。楊陳氏寄頓一案，按例治罪。（註二二）

6.盧見曾案：案發後，查抄之諭尚未發之前，因有人洩漏消息，得於先行隱匿之例，見乾隆三十三年山東省查封原任兩淮運使盧見曾原籍山東德州貲財時。巡撫富尼漢委濟南府知府徐績前往執行。發現家中所存僅有錢數十千，並無金銀首飾，即衣物亦甚無幾，向盧見曾窮詰，堅稱別無他物，亦無外欠銀錢，其中必有隱匿寄頓之弊，隨嚴行出示招人首告免其治罪。旋據監生李容首出箱六隻、首飾匣三個；貢生封漢棠首出大小箱八隻；監生李裕後呈明代盧見曾寄存永順當店箱四隻，俱係衣飾、玩物等。復向盧見曾家人陳桐根究，始據供出直隸故城縣富室秘文存寄存箱一隻，賈曾同寄存箱四隻，德州城李姓尙有寄存箱物，錢當兩鋪亦有欠項，京中甘井衚衕內有住房一處値銀二千六百兩，江南揚州商人程永益欠銀五千兩，張瑞昌欠銀四千兩，盧輝曾寄放銀七百兩，此外實不知別有寄頓之家。質之盧見曾堅不實供。富尼漢奏云：知府徐績於六月二十七日奉委二十八日到德州會同職道海成隨到隨辦、迅速愼密、查其寄放箱物日期，李容、李裕後皆係六月十一、十八等日之事。是部文未到之前已有洩漏之處，現存銀錢久已安頓，顯而易見。因此續奏云：盧見曾「今因（兩淮）提引案內通同舞弊，欽奉聖諭查封貲財，乃敢先期探信，恣意隱寄，……且盧見曾查封家產係六月二十五日欽奉諭旨，乃於六月十一、十八等日即預知消息，……究係探自何處，不可不嚴切究追。」

於是乾隆皇帝在富尼漢奏摺上硃批：「汝先嚴審其得信並寄頓之故，審明再行鎖押揚州，併案問罪，若必不說得信之故，即夾訊亦不妨，……彼若供明則不必刑訊」。（註二三）同時命軍機處以廷寄傳諭劉統勳、託恩多、英廉等將當時赴京應試之盧見曾之子盧謨及孫盧蔭恩兩人訊問。終於究出是盧見曾之姻親學士紀昀及軍機處行走之郎中王昶，並刑部司員黃駿昌等曾提及兩淮鹽務之小葉銀兩及提引案發露，且傳說高恒已抄家，盧謨等恐難免波及，乃送信回家。而在此之前的六月初五日，盧見曾之門生候補中書徐步雲聞知揚州鹽務事發，早差人送信給盧見曾，盧家得於上諭查抄之前，先行隱匿財產。（註二四）

由上可見隱匿之事，防不勝防，除在接到查抄諭旨後，難免有洩密而隱匿之外，也有內廷密辦事件，在諭旨未發之前，即先期傳信，因而得以隱匿貲財的。

對盧見曾隱匿抄產案洩密人員的處罰，據富尼漢奏：「徐步雲身爲職官，膽敢將內廷密辦事件徇情漏洩，大干法紀，紀昀當盧謨向其探問即行實告，亦干功令，均應請旨交部嚴審究擬，以杜夤緣交通之漸」（註二五）；在此之前乾隆皇帝早諭令「所有漏洩此案情節之紀昀、王昶、黃駿昌均著革職交劉統勳等分別嚴審具奏。」當時紀昀是江南鄉試副考官，因而革職換人。（註二六）乾隆皇帝並在劉統勳、託恩多、英廉同奏云：「此案漏洩通信情事，已無疑義，臣等再加詳鞫，按其所犯罪名分別定擬具奏」之摺末硃批「按例治罪不可姑息」。（註二七）最後大學士劉統勳等奏：「審訊盧見曾寄頓貲財一案，先後究出向與盧見曾認爲師生之候補中書徐步雲，伊戚翰林院侍讀學士紀昀，并軍機處行走中書趙文哲，軍機處行走郎中王昶，漏洩通信，應照例擬徒。其刑部郎中黃駿昌，信口傳說，業經革職，應毋庸議。」得旨，「徐步雲與盧見曾認爲師生，遇此等緊要案件，敢於私通信息，以致盧見曾豫行寄頓，甚屬可惡，著發往伊犂效力贖罪。紀昀瞻顧親情，擅行通信，情罪亦重，著發往烏嚕木齊效力贖罪。餘依議。」（註二八）由此知，洩密致隱匿抄產，則洩密之人處徒刑。至於盧見曾家屬等隱匿入官產的處罰則見富尼漢二奏，初奏先將替盧見曾經管寄頓物件之堂姪生員盧延彣及胞弟布政司理問盧輝曾查明入學年分及捐納事例另詳咨革後，又奏云：「查盧謨等隱匿入官財物律應究擬治罪。……查律載，抄箚入官家產隱瞞財物者坐贓論，罪止杖一百。所隱贓重者坐贓論全科。又坐贓致罪五百兩，罪止杖一百，徒三年。又例載，隱匿侵盜案內家產，計所隱家產價值之多寡，分別定擬，一千兩以上，罪止杖一百，流三千里，罪坐隱瞞之人，各等語。盧見曾仰蒙皇上天恩至優至渥，乃于提引案內通同舞弊，欽奉諭旨，查封貲財，膽敢先期得信，恣意隱寄，數至盈千逾萬，喪良無耻，莫此爲甚。盧見曾合依隱匿侵盜案內家產一千兩以上，杖一百流三千里例，應杖一百流三千里。該參員已于預提綱引案內，解江收審，應歸江省從重問擬完結。盧謨差人通信，囑父預爲安頓，即屬授意隱寄，但子不能主使其父，應照爲從科斷。盧謨應于盧見曾流罪上減一等，杖一百徒三年。陳桐雖未自行隱寄財物，但先曾經手運送，後又明知盧見曾外欠銀錢及營運資本匿不實吐，情殊狡黠，法難寬縱。陳桐亦應照爲從律，于盧見曾流罪上減一等，杖一百徒三年。盧輝曾、盧延彣、盧麟趾，張澤知情寄頓銀兩，自五百兩至三千七百兩不等，均合依隱瞞入官財物贓重者坐贓論，五百兩，罪止杖一百徒三年律，應各杖一百徒三年。盧輝曾已咨革經歷職銜，盧謨、盧延彣、盧麟趾俱斥革生監，應毋庸議。李興即李遵三寄頓大錢二百一十四千，核計銀二百一十四兩，合依坐贓致罪，二百兩，杖七十徒一年半律，應杖七十徒一年半。家人朱亮運寄銀兩，係聽從伊主指使，到案又即據實供明，應與並未運送之家人朱大，均免置議。景州李基寧寄頓一千兩，是否知情隱寄，俟咨提到日，訊擬另結。李容、封漢崇、李裕後、秘文存、賈曾同先雖受寄箱物，旋各自行首繳，均應免其治罪。徐步雲、紀昀、盧蔭恩俱已在京審擬完結，應毋庸議。盧輝曾等寄頓借欠各銀錢并營運貲本利息分別勒限查追，同查封田產衣飾器物一併估變入官。其查出金玉各器及珠寶古玩字畫等項，應否解京估變，聽候部議。除造冊送部外，所有臣審明定擬緣由理合恭摺具奏。」對此奏文，乾隆皇帝在摺末硃批：「該部議奏」。（註二九）

目前未見有本奏文該當之部議結果，不過，部議仍須以律例爲依據，因此最後判定結果即使與富尼漢之定擬不盡相同，也必相去不遠，且大原則應該都是一樣。

㈡隱匿入官產之定罪及隱匿物之處理

據前文及其他相關資料可知隱匿入官財物之人，其定罪內容及隱匿之財物處理如後：

1.隱匿入官財物，據隱匿入官財物律究擬治罪。

2.律載抄劄入官家產隱瞞財物者坐贓論，罪止杖一百。所隱贓重者坐贓論全科。又坐贓致罪五百兩，罪止杖一百徒三年。又例載隱匿侵盜案內家產，計所隱家產價值之多寡分別定擬。一千兩以上罪止杖一百流三千里。罪坐隱瞞之人。又例載，隱匿侵盜案內家產，照坐贓律分別定擬。五百兩至一千兩滿徒例問擬，杖一百，徒三年，定驛發配。（註三〇）

3.從犯照爲從律科斷，即在主犯流罪上減一等。

4.受寄箱物者知情不報，自五百兩至三千七百兩不等，合依隱瞞入官財物贓重者坐贓論，五百兩，罪止杖一百徒三年律，應各杖一百徒三年。有經歷職銜經咨革，及生監經斥革者應毋庸議。依規定如係生監，必查明捐監事例入學年分，分別斥革、發落。（註三一）

5.寄頓二百一十四兩者，未首者合依坐贓致罪二百兩杖七十徒一年半律，應杖七十徒一年半。

6.先雖受寄箱物，旋各自行首繳者，均應免其治罪。

至於查出之隱匿物，其處理如後：

1.寄頓借欠各銀錢并營運貲本利息分別勒限查追，同查封田產衣飾器物一併估變入官。

2.查出之金玉各器及珠寶古玩字畫等項應否解京估變則聽候部議後決定。

此外，除隱匿之罪外，再加上貪縱等罪，則須處斬。例見乾隆六十年，福建巡撫浦霖隱匿金銀及貪縱案。那一年福建漳、泉被水，饑。福州將軍魁倫疏言：「漳、泉被水，米値昂，民貧，巡撫浦霖等不爲之所，多入海爲盜。虎門近在省會，亦有盜舟出沒。」加上閩浙總督伍拉納和浦霖都貪縱，婪索諸屬吏，州縣倉庫多虧缺，結果兩人皆奪官，籍沒。而籍伍拉納家得銀四十萬有奇，如意至一百餘柄；籍浦霖家，得窖藏金七百、銀二十八萬，田舍値六萬有奇。（註三二）最後兩個人都處斬。當然本案浦霖問斬，主要原因是在貪縱海盜並婪索屬吏致公庫多虧缺。

由上諸例知隱匿寄頓之家，竟包括大學士（和珅）、巡撫（如浦霖）等大員在內，隱匿風氣之盛可見一斑。

不過隱匿入官產之例雖多，卻也有認命查抄，而預先寫信要家人不必隱匿的。例見乾隆三十七年查抄原任湖南按察使法明時，在其寓所查到法明進京後寄給在湖南家人八十五的信。信中已預知必將抄家，叫家人不必隱匿寄頓。其文云：「諭八十五知悉，現在公館一應內外事體全交付與你，如有一點差錯，將來總望你算賬。一應東西開單記清，何必東塞西放。將來萬一有事，亦未必能隱藏，到要追問有無寄遁，總要聽命，安靜爲妥。倘有事故，只好全行入官，不必隱藏一件。……」不但叫家人不必隱藏，還要預先將一應東西開單記清，以備萬一有事時，追問、入官。不過這種例子可謂罕見。法明於任湖南布政使前，任職雲南，於前引錢度案發生之同時，由知縣朱一深揭報各上司中，以收受朝珠，短發價値，婪索入己一款得罪。結果奉命查抄本旗家產及任所貲財。本件家書係當時查抄湖南任所所得。（註三三）

正因爲隱匿之風盛行，查抄時便不得不特別注意防匿措施。於後敘述查抄時之防匿措施。

三、防匿措施

隱匿入官產之事，隨時有發生的可能，防不勝防，即使百般防範，仍有力所不及的地方。雖然如此，查抄時還是要盡量講求方法，以防止隱匿之事發生。防止的方法則隨查抄地點而略有不同。地點一般可分固定與流動兩方面。固定的地點含住所、任所與原籍，流動的地點則含行旅住宿的旅店及船舶。今分述各項防匿方法如後。

㈠**迅速處理，以免洩漏消息**。爭取時效，迅速查抄，是防止隱匿寄頓的首要條件。因此當督撫等奉諭或接到他省來咨，查抄某人時，必須保密、迅速，甚至半夜接到諭旨，也得立即採取行動，連夜前往查抄。（註三四）有時前往查抄，卻發現當事人已移居鄰省與本縣接壤之地，爲恐洩漏風聲，只得越省前往執行。（註三五）此外，上諭命令查抄某人原籍時，有時來文卻未開載縣名，爲免調查縣名時耽誤時間並洩漏消息，須將擬派往執行之查抄官先行檄調到省，待查明籍貫，填入單子後，可立即令往查抄。（註三六）

㈡**注意門禁，嚴防人口進出，並派兵弁在周圍巡邏**。查抄時須將家口與財產分開處理。家口須逐名查點並個別訊問；財物則要隨抄隨登錄，編列字號後加以封貯。除保密、動作要迅速外，執行人在到達目的地後，要嚴防屋外、屋裡人口進出，以免貲財他移。尤其查抄外任官吏任所時必須封署，才能完全查點署內貲財什物。福惠全書卷之二十，刑名部「籍沒家產」，其內容雖係查抄謀反之犯，但對臨場查抄時的注意事項，有簡要敘述，與一般查抄案件之步驟同，今舉於此，以便參考。其文如後：「

拿獲反叛之時，即將家屬著落鄉甲地鄰看守，不許私縱逃逸。審鞫反叛有據，即問其家口男女若干人，同居若干人，有無異姓同居，有無家屬出外，其碁親若干人，止宜問明另記，莫入口供，恐後難于抹去。」「查家口時，自宜逐名登記，如有親友探望，悞羈者，審明著伊本屬具領釋放。其應坐者，俟正犯之罪定，然後家屬造冊報解，不得一槩俱報。若家屬人多，將應坐各犯擇謹密之處，女著老成媒穩，男著地甲隣役等守護，不許閒雜混入欺辱。其餘家屬取具的保，另候發落。」「其財產于盤查時，先立印冊，務要同僚屬親至其家，將前後門著的役牢守。將金銀首飾總置一處，綢絹衣服總置一處，粗舊衣履總置一處，器皿裸物總置一處，將各項件數點明登冊。所有櫥櫃箱匣之物有鎖著，先將櫃櫥等數註冊，方開點某櫥，某某物件，某箱某某物件。仍于各櫥各箱內存一細單，須照冊比對明白，勿致遺錯，另加封鎖，聽候上行，或入官變賣，或告捕充賞，不得衙役輩暗携私竊。」「如田地房屋生意，先收其契券、帳目，以便查對。仍令本犯開報，著該圖甲隣地查明坐落間數坵畝，彙冊登記，取並無隱漏甘結。查畢之後，亦取該犯並無遺漏結狀，存案。」「至于在外知謀僕屬，訊明去向，立即關拿。別處貨物店面，移文本地有司。取具夥計口供，按資本利息，并現在貨店等件，造冊。並無隱漏甘結，一併移覆。候上文定奪。」

由上可知規定詳細嚴密。爲防隱匿，須特別小心。其小心實況可從乾隆二十八年六月二十九日江南河道總督高晉查辦革職淮關監督普福任所貲財以變抵應賠錯免豆稅等銀兩的奏摺看出。其文云：「臣查，查辦貲財首重嚴密，庶無隱漏，外任與京員家居者不同，更宜詳慎辦理。臣到關時，即委中軍副將邱若龍，並調委淮安城守營參將陳九疇，在署外督令弁兵周圍設卡防守，嚴加巡察，不使稍有走失。署內，臣率同淮安府知府姜順蛟，協辦山陽縣事縣丞梁允泰，並委佐雜等員，一面將存庫銀兩盤查，一面將普福眷口另行安置空房，並撥員嚴加看守。仍將衙署西院騰出，即將東院以及各房查出衣服什物逐一搬放西院，傳喚各行經紀公同確估，搜查點清之後，彙總移於東院收貯，封交委員看守。」（註三七）同樣的例子也見於乾隆二十九年十二月二十七日漕運總督楊錫紱，以長蘆商人朱立基虧欠帑項，奉命查封其未分居之兄弟江淮幫千總朱尌貲財，以抵其兄之欠項時。被派往查抄的江安糧道姚成烈即「帶領江寧府知府及上元縣知縣等赴朱尌住所，將前後門封鎖，並將家口安置空房，嚴加看守，一面將一切貲財衣物盡行查出封貯縣庫。」（註三八）類似的例子又見乾隆四十七年查抄原安徽臬司陳淮在商邱縣原籍家產時。（註三九）同時查抄物件多時，查抄工作所需時日必多，執行人員就須住在被抄之家逐一搜查登記。例見乾隆二十八年查抄革職湖北巡撫周琬彰德府城家產時，即令守備把守門口，兵役於牆外周圍防範，將周琬鎖拏解京，並將家口查明逐出，別處安置。由護理河南巡撫印之布政使輔德親自督同地方官，住周琬家內逐一搜查，無論粗細什物、新舊書文字跡，俱親加揀點以除弊混，俟徹底查明，備細分款，另繕清單呈覽。（註四〇）

㈢**個別訊問家口及相關人員左鄰右舍**。除抄出之物外，爲查明是否另有隱匿貲財，並防套供，必須個別訊問家口及親戚，鄰居與其他相關人員，取得口供與甘結。查問的內容，重點放在掌握財產總數，有無在外營運、貸放銀錢、或寄存在外財物。不動產如田房或店鋪等所有權有異動時，更要嚴切究追，嚴防有預爲串揑之事。（註四一）因爲查抄須徹底做到儘數入官，以犯官爲例，查抄的地區可及於任所、住所、原籍、祖產所在地及所有營運地，甚至父兄子姪的任所、寓所等在內。範圍既廣，爲做到無隱無漏，就要多方查訪。如果是原籍與任所兩處查抄，或數處同時查抄者，正可互相究詰，以核情僞。（註四二）究詰的方法就是查訊所有相關人員。包括犯官本人、家屬、家人（含任所署內管門家人、長隨等）、親戚左鄰右舍等保鄰人（註四三）、姻親及平日往來與幫同營運的人等。取得口供並如有隱瞞願受處罰的甘結，才算完成查訊手續。

除訊問相關人員之外，各種契紙及往來通訊的片紙隻字，也都必須抄出以查究內容，看有無與貲財相關文字在內，以便追出任何貲財。例如乾隆三十四年查抄貴州按察使高積時，高積供，曾在開州等廠收購水銀，計銀九千餘兩，交魏香雪等赴蘇州發售。辦理此案的吳達善將此供情移咨蘇州給高晉查辦。結果魏香雪等到案呈出高積原帳，內載水銀二萬六千二百觔共計本銀一萬四千四百一十兩。對此，乾隆皇帝認爲蘇州查出原帳較吳達善等黔省原咨多出銀五千餘兩，此乃高積供吐不實不盡所致，且此外安能保其更無狡供藏匿之事，因此乾隆皇帝要求吳達善等將高積嚴加刑訊，所供產業貲財各數，再加嚴訊，毋任絲毫遁飾。由此知道，高積有意欺隱，全賴兩地同時查辦才能發現。（註四四）

調查平日往來人家，查扣信件等，往往也可獲得意外消息。例如乾隆四十七年查抄閩浙總督陳輝祖時，除在浙江訊問陳輝祖本人外，乾隆皇帝又打聽到陳輝祖在蘇州有房產，於是命兩淮鹽政伊齡阿及江蘇布政使伊星阿等人查辦。究出陳輝祖有兒女姻親吳以鎭，是寄籍編修，當時正行淮北引鹽。加以訊問結果，吳以鎭堅供陳輝祖並未託他置買引窩，亦無絲毫寄頓，並出具如有欺隱，情愿從重治罪甘結在案。但是不久，伊齡阿等卻接獲浙江來咨，內開陳輝祖第三子山蔚係翰林吳以鎭之婿，有贈嫁傢伙奩田等項，要查照著追。於是伊齡阿等認爲陳輝祖既經奉旨查抄，則伊子財產即係應行入官之物，所有寄存傢伙奩田等項，吳以鎮當傳詢到案時，理應據實呈出方是。吳以鎮身爲翰林，更非市井狡獪可比，乃恃有護符，堅執不吐，並具有切結，希圖朦混，是其甘心代爲隱匿已屬顯然。因此請旨將編脩吳以鎮革職，嚴審有無別項營運寄頓確情，一面查追傢伙奩田等項訊供辦理。（註四五）後來據吳以鎮供，當日奩田原是岳丈蔣家贈嫁來的，吳以鎮轉給女婿陳山蔚，方單交付山蔚，田租仍是吳以鎮著人經營。且方單向來並未過戶，仍是蔣姓出名，故不曾供出。至木器傢伙，係其女隨嫁之物，後來寄在何處，實不知道。對此，乾隆皇帝並未答應伊齡阿的要求，將吳以鎮革職。乾隆皇帝有顧慮，他認爲蘇州人好妄生議論，如果有意從嚴，怕人們會以爲皇帝爲利其財產，刻意搜求。因此傳諭伊齡阿等「陳輝祖在蘇財產，官民等敢爲隱匿自應究問，若吳以鎮與陳輝祖誼涉姻親，未將奩贈之物呈出，尚非有心欺隱，伊齡阿等祇須查追原物入官，所請將吳以鎮革職之處可以不必。」（註四六）

據清代查抄田房的憑據，以契單上的名字爲準。吳以鎮這筆奩田，方單上仍是他的丈人蔣家的名字，且並未注明贈嫁給某人，因此只要不呈出，原可免查抄。現在既被查出，雖然方單上仍是原持有人的名字，即使只是口頭上給與，仍要沒收入官，可見專制體制下，專制政權可做對其本身最有利的解釋，百姓是無法逃脫其控制的。一方面，這筆奩田，吳以鎮在蘇州原未呈出，卻未料到在浙江被人供出，終不免查抄。這筆奩田如何被供出，雖不知其詳，據伊齡阿奏摺云：「蔣廷璜，素與陳輝祖往來，前經搜獲家信三紙，派員赴浙查拏去後，嗣於初五日自行投首，訊據供稱，陳輝祖原是親戚。……我家原沒有田產，這方單四十五張共田九十八畝，是我在浙江時陳山蔚託與我的，他係吳以鎮之婿，這田是吳家贈嫁的，今已呈繳到案，只求查訊就明白了。再我家中原有陳山蔚寄存木器傢伙，亦係吳以鎭嫁女粧奩，一向寄在柏朝慶家，現今纔搬來的，此外再無經手事件是實。」（註四七）據此可知，當查抄時，多方查尋，確實有利於防範抄家隱匿財產，也可見清代的查抄制度，在防匿方面頗爲嚴密有效。連平時往來親密的人家也是查訊對象，追究範圍包含往來書信及田房契紙在內。從吳以鎭這件贈女奩田及木器傢伙的案子上，可看到執行查訊人員確實有收獲。（註四六、四七）

至於訊問時，用刑自所難免。如乾隆五十三年查抄柴大紀時，福康安就奏及以刑夾研訊柴大紀兒子及弟弟。（註四八）又前節提及乾隆三十三年查抄原任兩淮運使盧見曾山東家財時，發現有因得信而隱匿財物的事實，乾隆皇帝即命山東巡撫富尼漢要「嚴審其得信並寄頓之故。……若必不說得信之故，即夾訊亦不妨。……彼若供明則不必刑訊。」（註一三）

㈣**出示招首**。在前項訊問相關人員之外，還要出示告示，要求呈首，凡有代爲隱匿或營運者，自首免罪。這種防備隱匿的出示告示，有各種名詞，除「出示招首」外有「出示招告」、「出示曉諭」、「遍行出示」等。這種告示文字，大半都是「再行出示曉諭，如有受寄財物，首告免罪，毋得代爲隱匿，自取罪戾，以期水落石出。」（註四九）又如乾隆四十七年伊齡阿、伊星阿查訪閩浙總督陳輝祖蘇州田房產業時即奏云：「陳輝祖……居心詭譎……現在雖極力搜查，仍恐有不實不盡，今於蘇州坊市通衢遍行出示，如有代爲寄頓營運之人，准其自行呈首，免其懲究，並將現辦案情，咨明浙省查對，務期水落石出，不使稍有遺漏。」（註四七）或如查抄陳輝祖同案之原浙江鹽道陳淮時則云：「查陳淮家業素豐，積蓄銀錢無幾，此外必有寄頓。隨即曉諭鋪戶居民，如有挪借陳淮銀兩，寄頓物件者，許以自首，免罪。」（註五〇）這種告示，一般並不加期限，但偶而也有加上限期，聲明限內首出無罪的。

如乾隆四十六年山西巡撫雅德查抄革職浙江巡撫王亶望原籍貲產時，即奏云：「臣因王亶望家貲饒裕，必有預爲藏頓情事。前於查抄之時，即飭司遍行曉諭，凡有寄存借貸之家，准令一月內自行首報，過期不首，一經察出從重治罪，並督該府縣嚴密訪查。」（註四九）

這種爲防隱匿寄頓而貼布告，要求「有代爲營運或寄頓之人自行呈首，可免懲究」的出示招首之舉，往往有不錯的效果。如本節第二項「隱匿入官產實例及其處理」提到乾隆三十三年查封原任兩淮運使盧見曾原籍貲財時，在出示招人首告後，就有監生李容等三人首出代爲收藏的箱隻、首飾匣，內容包括衣飾與玩物等，當然這三人最後都受免罪待遇。又如乾隆四十七年伊齡阿、伊星阿等查抄陳輝祖在蘇州貲財時，就有代陳輝祖營運典鋪的王文德、黃學虔及申兆侖及典夥陳體乾等據實供明陳輝祖的典鋪本銀數目。又有陳輝祖的親戚蔣業恒等自行呈首所欠房租銀及代爲置貨之銀共約十二萬兩。（註四六）

但是也有一種情況是，有人雖代爲營運，以未看到出示招首，因此不知要自首。地方官員等如遇到親戚中有這種人，必須親自把他交給承辦官處理。如果是獨當一面的大員，甚至要親自審訊，將結果奏聞，一切秉公處理，任何手續都不能忽略，以免以欺隱之嫌得罪受罰。例見乾隆四十七年查抄陳輝祖時，署理河東河道總督何裕城對前文提到的申兆侖的處理。原來何裕城獲山東來咨，知其妻弟申兆侖與陳輝祖有營運往來，於是親加詢問，並派人把申兆侖押解江蘇伊齡阿處歸案。事見乾隆四十七年十月初十日何裕城奏，云：「乾隆四十七年十月初九日臣在棗林工次接山東撫臣明興咨開，准兩淮鹽政伊齡阿咨稱，昨奉諭旨赴蘇查抄原任浙督陳輝祖所置房產，訪得申兆侖代爲開張典鋪，傳到該典管事人陳體乾供稱，申兆侖於去年閏五月內代陳總督開張東和典鋪本銀三萬兩，申兆侖本銀五千兩，有底簿可憑。申兆侖於七月間前赴山東總河署中未回，相應咨提核辦等情。查申兆侖係臣妻弟，捐納鹽大使，向在蘇州生理。……今於途次接閱撫臣來咨，始知伊有代陳輝祖開典之事，不勝駭異。……恐此外必另有經手物件，臣斷不敢以芥蔕親誼稍存廻護。因即刻傳申兆侖細加詢問，并將其行李逐一檢看，查出衣箱內有珠子一包，計大小珠六十粒，秤重一兩零五分。詢據申兆侖供稱，伊與陳總督係族間親戚。……」陳總督原交伊市平色銀三萬兩，開典生息，隨……在蘇州開設典鋪，用鮑東和出名。……又於十月內陳總督交出雜色金一千餘兩，作價市平色銀二萬兩，囑其易銀營運，伊陸續換過金六百餘兩，得銀一萬二千餘兩，內將五千兩添入東和典內，連前共本銀三萬五千兩。……至陳體乾在蘇所供申兆侖本銀五千兩即係陳總督金兩內所換之數，並非伊自己本銀，祇因陳總督諄囑勿向人言，是以無人知道。其餘銀兩，伊另行營運，……再未換之金尚有四百兩，前因蘇州金價平減，於上年十月內，將三百兩寄交胞兄現任泌陽縣申兆定署中，託其在河南易換，尚剩金一百兩，現在蘇州家內，情愿盡數交出，不敢隱瞞等語。臣……復加盤詰。據稱，伊在蘇時，實不知陳總督有查抄之信，其所收銀兩之外，業將金子一併說出，此外實並無他物。臣又詢問伊母及隨來之家人等亦俱稱實無別物等語。但思申兆侖在蘇多年，營運已久，此案事關重大，必應徹底查究伊現在所指情節有無不實不盡之處，自應迅即解蘇質訊，務使水落石出。除遴委員弁將申兆侖小心管押并點明所帶行李衣物及珠子一包，一併解蘇交兩淮鹽政臣伊齡阿歸案訊究，仍先錄供詞密行咨明該鹽政查辦。一面咨覆山東撫臣並咨河南撫臣將申兆侖寄託伊兄泌陽縣申兆定之金三百兩，查明曾否換去追出，解交江省外，所有臣准咨解訊及

詢出交過金兩緣由理合據實專摺由驛奏聞。」（註五一）

在此將何裕城奏摺的大部分文字錄出，除可瞭解訊問情況外，並藉他對此案絲毫不含糊的處理態度，可看出當時地方官對抄案的重視。前文提及陳輝祖姻親吳以鎮未將女兒贈嫁奩田報出，幾革去編修之職（註四六）。因此何裕城也就不敢代妻弟申兆侖隱瞞任何事。其實這種大義滅親之舉，是皇帝對臣工的最高要求，其來有自。在此不久前的乾隆四十六年發生的甘省折捐冒賑案中，閩浙總督陳輝祖與江蘇巡撫閔鶚元，只因怕各自的弟弟陳嚴祖與閔鵷元事敗被治罪，於是雖知甘省弊案，亦未曾奏聞。此事很令乾隆皇帝不滿，還特別下令通諭全國，要所有臣工認識：「五倫莫重於君父，子爲父隱，尚爲情理所有，古純臣大義滅親，父且有不能爲子隱者，況兄弟乎。若以弟婪贓不法，恐逕行舉發，罪及其弟，因而爲之隱忍，是祇知有手足之私情，而不知有君臣之大義，顛倒瞀亂，莫此爲甚。」（註五二）因此何裕城必須一切秉公處理，不敢對皇帝有任何欺隱，照樣將申兆侖及其行李一併解交伊齡阿歸案訊究之外，還先行錄供密咨伊齡阿，並飛咨有關巡撫等處理各相關問題，然後專摺由驛奏聞。他的措施完全符合乾隆皇帝的要求，於是在摺末硃批「覽」，表示皇帝完全認可他的處理方式。（註五三）

至於出示招首，如果不呈首，而在發覺後被處罰的案例並不多。前引陳輝祖姻親吳以鎮不呈出女兒奩田時，伊齡阿等人曾奏請革去吳以鎮之職以便審問，然而並未獲得乾隆皇帝同意。在乾隆四十一年查封熊學鵬家產時，發現兩淮總商江廣達曾將鹽窩賣給熊之子，並代爲經管，及至查封時，不即呈明。於是兩江總督高晉奏，議令該商追出原價，贖回鹽窩，並加倍罰銀三萬一千餘兩。處罰是「加倍罰銀」。不過對此，乾隆皇帝認爲，江廣達家計素窘，當時係賞借銀兩，助其資本營運，不可能加倍罰銀。因而諭令伊齡阿傳詢該商供詞再降諭旨。結果據覆奏，認爲江廣達賣鹽窩給熊之子復代爲營運並無不合，及至省城查封熊學鵬家產時，出示曉諭，江廣達並不即時稟首，其過自無可辭。但念伊究係商人，不足深責，所有高晉議令加倍罰銀三萬餘兩之處加恩寬免。（註五四）又乾隆十七年查抄革職山西布政使朱一蜚原籍家產時，發現有監生朱爌、魏登瀛等人受寄贓物。因此負責查抄的浙江巡撫覺羅雅爾哈善要求斥革朱爌、魏登瀛。乾隆皇帝則傳諭云：「朱爌、魏登瀛等爲朱一蜚寄頓贓物雖應治罪，但現在追出之數較之原寄已有浮多，所有朱爌、魏登瀛等俱著從寬免其分別斥革。」（註五五）以上看來不處罰的例子較多，但仍有不免要面對受罰的例子。尤其是官吏，不必等待「出示招首」的告示，只要受寄銀兩，未及時呈首，就要咨革嚴訊定擬。例見乾隆三十三年查抄革職學政梅立本任所貲財時，廣西巡撫鄂寶奏云：「誠恐有寄頓隱匿，一面嚴訊該學政親屬家人，一面密飭各員留心訪查。於七月初三日藩司淑寶面稟，據桂林府知府沈希賢等稟稱，初二日晚，據臨桂縣典史王藎稟繳，六月十七日梅學政託寄家信一封，銀二百兩等情。」「臣查同鄉託寄書信，事屬尋常，原非例禁，且梅立本……將銀信交寄在事未發之先，如該典史一見抄查即行呈繳，更無應得之罪。乃臣於六月二十八日奉旨前往查抄，該典史即隨同點驗財物，目擊搜查根究，並不將所託銀信，即日呈明，迨事隔三日始行稟首。明係先欲代爲寄頓，及見嚴審密查，慮及事難隱諱，然後首繳，其爲狡詐不職，已屬顯然，未便因其續經稟出，即置之不問。……將該典史照例咨革，再加嚴訊定擬，另結。」硃批「覽」，可見乾隆皇帝同意這樣的處理。（註五六）

由上可知不呈首之過，究竟要如何處罰，雖由大臣等議決，但罰不罰最後仍由皇帝決定，乾隆皇帝在此也發揮了他無上的權力。不過仍有跡可循，乾隆皇帝似乎對鹽商、士紳較寬，對地方小吏則較不憐惜。

又有受寄人在知悉寄物人犯案查抄，竟冀圖侵用所寄物，變賣花用，則以監守自盜論罪。例見乾隆四十七年查抄甘省折捐冒賑案中，原肅州知州康基淵時。康基淵在事發之前，曾託江西廣信等幫押運同知，將玉器、磁器、茶葉、紙張、梅蘭等物分裝各船帶往京城。結果受託之押運同知沈治安有應行質訊處，提赴江寧候訊，沈之家人陳陞看到京報，知查抄康基淵事，因此報明督撫，並赴漕運總督鄂寶處呈報。當漕運總督鄂寶咨行沿途截留沈治安存船物件時，卻發現其寄存物之磁器、茶葉為旗丁私行售賣。（註五七）於是乾隆皇帝以此等擅賣他人物之旗丁等恐有冀圖隱匿侵吞之弊，乃以四百里諭，命按名查拏，按律定擬。（註五八）結果定擬，除旗丁等所賣款項，應照數追出入官外，旗丁王梅以身為伍長，明知康基淵查封，冀圖侵用所寄物，變賣應行查抄入官之物，與尋常盜賣不同，照守掌在官財物侵欺，計贓以監守盜論，於杖流上從重改發新疆種地當差，以示懲儆。其餘諸人效尤，分頭貨賣，均屬不法，於王梅遣罪上量減一等，杖一百徒三年。（註五九）

(五)**驗明各種證件**。包含查驗房屋及田產契約，核對祖譜、分單及該縣糧冊，及店鋪營運帳目等起出外，並須查對借欠賬簿，以防房地產及貲金隱匿。同時，如果原籍、任所兩處查抄，還須互相究詰以核情偽，如在任所起獲契劵，要移送原籍核對辦理。倘兩地供情稍異，詰有隱寄，則須再行嚴格究追。（註六〇）田房店鋪產權有異動時更須嚴切究追嚴防預為串捏。（註四一）乾隆四十九年廣西永安知州葉道和科場舞弊案發生以前，查抄不動產的準則是，已分家兄弟，只抄本人一分，如果未分產，甚至大家族堂兄弟財產未分晰的，都一併查抄。（註六一）因此難免有人假捏分產，以圖規避查抄。也因爲如此，在所有上述防匿措施之後，如遇有公共田產，卻聲明已分晰時，必先驗明各自保有的分單，再調查縣衙保存之完糧清冊，以比對分單是否相符，以免倒提日期，僞造分單，託名族人，躲避查抄。待驗明分單無異，才決定查抄範圍，然後才開具田房及所存什物清單呈送核辦。（註六一）至於雇人經管田房產業，或與人合夥營運，或出借在外銀錢等，則須核對賬簿，並訊問借欠人等，以防倒提年月，僞造借據，並防減報及隱匿貸款數目，以便追繳。例見乾隆四十六年查抄甘省捏災冒賑案之原肅州州同董熙及靈台縣知縣顧汝衡在籍資財，及同案查抄原任古浪縣知縣舒玉龍家產時。（註六二）至於價買房地，州衛俱有檔案可稽，只要查對，自無從隱匿；典契之產，細密查訪，也可知悉實情。（註六三）當抄出房、地產契紙後，即據之追尋其所在地，然後執行查抄。同時還須刨挖各處牆坑，並研訊僕婢人等，以追查是否還有隱匿。（註六四）有時前往原籍查抄，族人卻云：其人自祖父時早已遷出，原籍並無祖父墳墓親屬房產時，則須調查族譜及該縣糧戶冊，確實無該當之名字糧稅，才取具各結。如此愼重，爲的也是防隱匿。（註六五）

(六)**繼續密訪詳查，如果是犯官，須咨行歷任各省查訪有無營運或置產**。在查抄之同時，除前述各項防匿措施外，還須詳查當地及咨行他省，查看是否另有隱匿寄頓或營運等。尤其當抄出之財物不多時，這種步驟更不能忽略。有時抄出之物太少，皇帝也會表懷疑，因而會諭令再行詳查，遇到這種情況，負責查抄的人更要小心。如乾隆五十二年查抄參革知縣黃梅原籍財產時，廣東巡撫圖薩布即奉諭旨再行嚴切詳查，以免隱寄。於是圖薩布乃命惠州知府及同知嚴查。二人「密帶幹役，改裝易服，於黃梅原籍遍加密訪」，最後證實，「財產業已查抄淨盡，親族人亦皆畏累，不敢受寄，現在家屬男婦借棲公祠，確屬口食不給。」並取具族鄰鄉保切結，並出示遍行曉諭」，經數月亦無呈首之人，查明委無寄頓，才奏聞結案。（註六六）

(七)查抄之步驟與抄物之保管：查抄步驟隨兩種情況而稍異。一是因犯罪，或職官有虧缺公項之疑，將來查明時可能需要賠補，爲防屆時隱匿，乃先行查封，以備須入官時方便處理，不過在這種情況之下查封之物，仍須在定案後，等待上諭指示是否入官才能處理。另一種情況是案情已大致明朗，決定沒產入官，因而查抄。此時抄物已決定入官，但仍須先逐項查明存記，然後加以分類，決定解京或留在地方變價，造好清冊後才能處理。（註六七）以上這兩種處理過程，都不是一天或短時間內在查抄現場就可立即解決。因此無論那一種情況，在查封或查抄之後，都必須先行封貯，妥爲保管，以免被人挪移、隱匿或偷盜等弊發生。可說抄物的保管也是防止隱匿或偷盜的重要工作之一。至於保管手續，則因抄出地點是任所、寓所或旅店、船上而異。

抄出之物須由布政使、按察使或督撫等高級地方官分類決定解京或留在地方變賣。好的要解京，粗重破舊的則留在地方變賣，所得銀錢與原抄出之金銀等貴重物一起解京。但在決定去留之前，龐雜的物品必先妥善保管。如果只是查封，還未決定是否查抄，則可能就地封固，派人監視，以免外移。但是如果是查封後，要變賣以賠公項，則手續與抄沒入官一樣，都要將抄出之物暫解州、縣庫收藏。有時在衙署中抄出之物，也可能就地封貯在衙署，委員看守。不過一般情況是細物提貯藩庫，粗重物

交地方官收管。（註六八）

清代地方政府之收藏庫，除直省的藩庫、按察司庫之外，道有道庫，各府州縣亦各有專屬庫房。初時查抄之物當是暫時保管在這些府州縣庫。在決定解京後，須移至省城，也不能馬上解京，仍須交直省庫房的藩庫或按察司庫保管。據〔清國行政法〕一書，藩庫爲錢糧總彙，收藏含地丁稅及其他雜稅，按察司庫則儲管內之贓罰銀錢及驛站夫馬工料銀兩。（註六九）一般暫存縣庫之抄出物品，其破舊粗重者爲免搬運費時費工，必經督撫許可後，先在當地變價，換成銀兩後，再與原抄出之銀兩及精細貴重物一同解省城。在省城究竟貯藩庫或按察司庫，當視負責執行查抄之官而定。查抄對象是總督等大員時，須督撫親自出馬，並率領藩臬、道府縣等前往，一般則或派藩司，或派臬司主持查抄。如果由布政使負責可能貯藩庫，由按察使負責，便可能暫貯按察司庫。不過依資料看，貯藩庫的較多，比如督撫親自查抄的，也以貯藩庫爲主。以乾隆四十六年雲南省查抄甘省折捐冒賑案王鳳儀、張履升各犯官原籍家產爲例，雖由知府及道員帶同各該縣前往查抄，卻將查封衣飾細物提貯藩庫，其粗重物件則飭交各該地方官收管，俟甘省審明分別處理。（註六八）

初步查抄情況，如前文「注意門禁」一項提及，乾隆二十八年查封革職淮關監督普福任所貲財以變抵應賠錯免豆稅等銀兩時，即先將衙署西院騰出，再將東院及各房查出衣服什物逐一搬放西院，傳喚各行經紀公同確估，搜查點清之後，彙總移於東院收貯，封交委員看守。這是直接封貯在淮關的衙署。（註三七）

封貯任所衙署之例見乾隆四十七年安徽省查抄革職安徽按察使呂爾昌任所貲財什物時，即先摘去犯官掌管印信，並由中軍參將巡守墻垣門戶，令在署眷屬移住空室，封閉宅門，嚴密檢查，由巡撫譚尚忠親督該司府將查出衣飾逐加查點全行封貯，然後令該司府逐一造冊封記，候旨處理。（註七〇）此例抄出之物，可能是在臬司衙署就地封貯。

封貯在府庫之例見乾隆二十八年查抄原巡撫周琬安陽縣家產時，負責執行之護理河南巡撫印布政使輔德即率同署府書明、通判吉大泰、安陽縣知縣戴清等將一應金銀銅玉衣服器皿等項逐一查清備造細冊，交府封貯，以便進一步處理。（註七一）在此交由知府封貯，主要是知府參與查抄之故。

至於由知州查抄的，也有可能封貯州庫，如乾隆四十二年查辦原任岳常澧道彭理在澧州財物時，即由署知州將查出彭理寄存萬壽宮之物逐一封固提貯州庫。（註七二）

不過一般還是以暫存縣庫的例子較多。如同本節第三項之㈡「注意門禁」一文中所提乾隆二十九年由江寧府知府帶領上元縣知縣查封江淮幫千總朱玗住所貲財，以抵其兄長蘆商人朱立基虧項時，即將朱玗住所一切貲財衣物盡行查出封貯縣庫。（註三八）

以上是查抄固定的任所或住所時，封貯抄物地點的例子。至於查抄流動行旅的隨身貲財時，則無論是在旅店或船上抄出，一般都是暫貯查抄地點所在的縣庫。如乾隆二十八年河南巡撫葉存仁查抄已革湖廣總督愛必達時，即於河南臨潁縣，將旅途中的愛必達隨身行李銀物公同查點開單，暫交臨潁縣庫看守。（註七三）至於愛必達的眷屬及家奴等則由水路進京，結果由兩江總督尹繼善及其屬下於揚州之北，清江浦截住愛必達家屬船七隻，嚴行查封。（註七四）而查出物件之保管，尹繼善僅云：「查出貲財什物等項分別封固」，並未提及封在何處。（註七五）不過據同年十二月由淮安府知府在同一清江浦閘下，抄出革職四川管理夔關之夔州府知府雯基船隻時，尹繼善即令將衣飾貲財等項逐一查封，並將查出銀錢衣飾什物契紙等項詳細檢點，飭令地方官加謹收貯，遵照諭旨俟川省審明，分別查辦。（註七六）可見愛必達家屬及雯基坐船抄出之物，當都是封貯在當地，也就是清江浦地方之縣庫，由當地地方官收貯無疑。

以上所提封貯都是暫時的，爲防久貯弊生，未來必須儘速處理。雯基案是等四川審明雯基罪狀後才決定辦理方式，而愛必達則查抄之時已定罪，因此尹繼善一到清江浦即直接依規定處理，也就是將查出各物等項開具清單呈覽，並將金銀首飾、細軟皮衣紬緞等較貴重之物，造具細冊送交崇文門變價，其餘粗重物件并破舊衣物等項，飭令地方官確估變價解部充餉。在此查抄之物都是就地妥善分別處置，須解京者，當依其他例子運往總督衙門處理，至家口則解旗辦理。

愛必達案在外查抄之物，除清江浦抄出之船上物之外，另有兩個地點也查出有貲財，一是前文提及河南巡撫葉存仁於臨潁縣查抄旅途中的愛必達本人隨身衣物，當時是將抄出之物暫貯臨潁縣庫看守，一面奏聞請旨處理。（註七三）結果乾隆皇帝經由廷寄傳旨云：「據葉存仁奏，前在臨潁縣與阿永阿遵旨將愛必達、錫占隨身行李銀物查點開單暫貯縣庫等語。此項銀物內應行解京者，著解京，其應行變價物件亦即就近變價。該撫即行分別辦理。」於是葉存仁即「欽遵飛飭臨潁縣將貯庫銀物即速解省，一面行司選委妥員，俟到省時即令悉心分別將應解京者解京，其應變價者確估變價解京。」並「覆加親查務期妥速辦理」。（註七七）由此又可看到在地方抄出暫時保管之物，當決定入官時，必須由暫貯之地，迅速解往省城，由督撫親自處理。

愛必達另一項查出之物是貢物。這批貢物原係乾隆二十八年二月間愛必達差中營馬兵王正元及蕭把總、張內使前往蘇州辦理之物，在愛必達革職進京後，由王正元於六月二十六日將這批包含綵繡與綵畫歡門旛；洋金絲與綵繡和刻絲等大小荷包共包箱八隻，另稟帖、書信等呈繳新任湖廣總督李侍堯。於是李侍堯奏：「臣查愛必達已奉旨拿解進京，所辦貢物未便存外。臣擬委員由水路解京呈繳，以免雨水浥濕，其稟帖一封，書信五件附陳御覽」此奏摺之末硃批「覽」。（註七八）可見乾隆皇帝同意李侍堯對這批貢物的處理方式。由此可知，查出的貢物必須由督撫保管，與其他抄出物品同樣，爲防意外，不能隨便存放外邊，更須迅速解京。

(八)**查抄行旅之措施**。以上所舉大都屬最常見的查抄任所或住所等固定地方的防匿措施。於後則討論查抄在外行旅的措施。關於此，前項「抄物之保管」已略爲提及，今則進一步討論其餘措施。據資料顯示，查抄行旅與居家略有不同，查抄旅途行人，須就途中迎抄隨身行李，或就旅館查抄。如果對象由水路行舟，則手續將趨繁瑣，查抄步驟也更加緊張。當行舟速度快時，則必須動用所有縱橫網路，以便迅速處理。對船隻可能到達的各省相關地點，都必須飛速利用咨文等連絡，管轄內沿途各道府也都要迅速動員，以便馳追截拿，因此即使在轄內也要運用由驛六百里速度，飛行遞送公文，以免誤事。以前文提及之乾隆二十八年六月查抄已革湖廣總督愛必達爲例，當時愛必達已離開湖北，其眷屬也早已離開湖北，由武昌水路進京。就在此時，河南巡撫葉存仁與刑部侍郎阿永阿奉命鎖拿愛必達，並抄其任所貲財。於是葉存仁等於臨潁縣將愛必達鎖拿解京之外，如同前文提及，復將其隨身行李銀物公同查點開單，暫交臨潁縣庫看守，一面飛咨湖廣督臣查辦愛必達任所家口貲財。署湖廣總督陳弘謀接到葉存仁咨文是在六月十七日，當即密委大員前往欲將愛必達在楚、在途眷屬及家奴長隨等貲物查抄，不料愛必達眷屬早於六月初三日由武昌水路進京。計期可達江南境內，乃委令黃州協副將兼程馳赴江南一帶追截，擬會同地方大員查抄。一面飛咨江西、江南、山東、直隸各督撫沿途查截，抄封，愼密辦理。在這種情況之下，如在兩府或兩省交界處所，都須會同辦理。（註七三）另一方面，兩江總督尹繼善則於六月二十一日當天接到陳弘謀咨文，立刻查問愛必達家屬船隻的行蹤。發現那些船隻已經過江北上多日，且順風行走甚速，當即遴委幹員星夜馳追，又恐追之不及，一面由驛六百里飛行常鎭、淮揚、淮徐各道府挨查，命沿途阻截，即將各船貲財什物，以及家奴行李衣物等項逐一搜查封固，并將家口人等嚴行看守，不許絲毫遺漏，隱匿，如在兩府交界處所，亦即會同辦理，不許彼此推諉。不久聞愛必達家屬船隻已過揚屬地方，於是尹繼善又飛咨兩湖、兩江、山東、直隸各省督撫之外，並星夜親往查辦。（註七四）此案追蹤船隻，費神費事，動員督撫等高級官員包含河南巡撫葉存仁、欽差刑部侍郎阿永阿，署湖廣總督陳弘謀，兩江總督尹繼善。且各督撫不必待上諭命令，都能彼此主動作橫的聯繫，聯繫範圍包含兩湖、兩江、山東、直隸各省，處理愼重且迅速，成效顯著。主要原因固然在於查抄對象是總督，但也可看出當時地方大員對抄案的重視，同時由督撫間的聯繫速度可知當時驛遞配合的周全，查抄制度頗爲嚴密。

前文「抄物之保管」提及，船載貲財抄出後，暫貯當地縣庫，由地方官收貯，（註七三—七七）在決定解京後就須由縣庫移往省城，由截抄之該省督撫核辦。（註七七）至於家口，爲節省開支及方便看守，或押赴當地公所或空廟安置，視環境而定。以前引查抄愛必達爲例，兩江總督尹繼善派遣的淮陽道等人在清江浦地方將愛必達家屬船隻截住，加以查封後，尹繼善立即親往查辦，而先前奉命追蹤之常鎮道、揚州府知府及湖廣委來之副將等也都先後趕到會辦。當時處理的方法是「將家口人等嚴加看守，查出貲財什物等項分別封固」，尹繼善逐一親加點驗外，「復親提家人船戶嚴加究訊，僉稱正在清江阻風停泊之時，忽經淮揚道等帶領官役，出其不意，當時即將家口人等押赴公所，不許頃刻停留，將船中所有貲財盡行搜查，委無預行聞信隱匿寄頓情弊。」（註七五）此案人口押赴公所安置，至於押往空廟安置之例，見於前文提及乾隆二十八年四川查封原管夔關之夔州知府雯基案，雯基於離任赴京時，被發現侵蝕關稅七千餘兩，因此革職並查封貲產以備賠項。此案兩江總督尹繼善先接川督阿爾泰來咨，復接廷寄傳諭自川至京沿途各督撫嚴查雯基所到之處即行鎖拏，隨帶衣飾貲財一併查封存貯，俟審訊明確分別查辦，其應行回京家口並著沿途督撫委員接替押送回旗，無令在途逗遛。於是尹繼善飛行沿途道府嚴密追拏。終由淮安府知府於清江浦閘下，查見雯基船隻停泊守凍，乃出其不意將雯基鎖拏，派兵役押解赴川。家口人等安置空廟，一面將在船衣飾貲財等項逐一查封，並無絲毫隱匿遺漏，再由淮徐巡道瑭琦趕來將查出之物詳細檢點，一并令地方官加緊存貯，造冊呈送。俟川省審訊明確，遵旨分別辦理。（註七六）

在外地查抄之隨身衣物及船上行李等，一般只是暫行交給當地縣官收貯，除非督撫就在當地可以相機處理，否則將來決定入官時，為瞭解抄物確實價值，仍須解往省城，以便督撫親加覆查，以期妥速辦理。此在前文「抄物之保管」一項中查抄愛必達隨身衣物之例已提及。（註六〇）

不過，大案子在外地查抄之物，也有不存州縣保管而直接解省城由督撫親自處理的。例見乾隆五十一年查抄已革兩廣總督富勒渾時。富勒渾以先任閩浙總督時，縱容家人婪索及勒派口岸書役銀兩等案發解任，並解往浙江，由大臣阿桂查辦，其家口則由廣東直接回旗。其任所貲財有富勒渾隨身帶往者，亦有家口分携者，並有隨後另派家人押送開船不遠者。當兩廣總督孫士毅奉諭查抄富勒渾任所貲財時，除富勒渾隨身行李已早入江西境內，無法追趕，只得飛咨江西并浙江兩省撫臣沿途截留查辦具奏外，其家口計程尚在甫經出境過嶺之時，於是孫士毅乃派委布政使許祖京率參將及肇慶府知府等馳赴前途將富勒渾家口原船嚴密查抄，終於在韶州府城外將其家口隨帶行李截留。至其家人隨後押送開行不遠之行李船則飭令按察使姚棻等趕赴截抄。孫士毅奏，等這兩批貲財解到省城將一併開單恭呈御覽。（註八〇）

這些從船上查出之行李財物，雯基與富勒渾二例都是案情尚待查訊，只能先封貯，等待上諭處理。但是前文「抄物之保管」所引愛必達之例卻是一開始即奉諭查抄入官，所以尹繼善在將船中所有貲財盡行查出後即開具清單恭呈御覽，並立即做分類處理。除將金銀首飾素珠帽頂銅玉等器及細軟皮衣紬緞等件造具細冊送交崇文門變價外，其餘粗重物件并破舊衣物等項飭令地方官確估變價解部充餉。至於人口，則將所有男婦家奴七十一名口又吃工食五名口解旗分別辦理，並將親丁家口委員押解歸旗。（註七五）前引雯基的家口也是一樣，即「家口人等，除沿途先經在逃家人二名，飭令各該地方官查緝補解外，現在男婦四十二名口，按站委員押送，并咨直隸山東二省督撫，遵旨委員接替，管押回旗，不令在途逗遛。」（註七六）可見外任旗人遭遇查抄時，其家口都要由執行查抄的官員負責押歸原旗辦理。同時由以上所引，也可知查抄行旅及水路行船，必須更重視時效，密切妥速與沿途相關各省取得聯繫，互相支援。至抄出之物，則除暫貯當地縣庫外，以後之處理方式，與一般抄出物之處理並無兩樣，最後都要解往省城由督撫處理。

至於屬外省咨抄之物，在製造冊檔及供單後，都要抄錄一分咨會當初來咨之省或原籍撫臣辦理。（註八一）

四、查抄官員執行任務時防匿不週之處罰

防止被查抄之家隱匿財產的工作很重要，已如上述。但乾隆時期仍難免有人躲過層層防匿措施，依然隱匿得逞。不過隱匿得手後又被查覺的例子也不少，前文也已述及。在這樣的情況之下，萬一發現隱匿是因查抄官員不力所致，則查抄官員將受處罰。例見乾隆三十五年查抄革職貴州省威寧知州劉標家產時。劉標因虧空官帑至二十九萬餘兩之多而抄家。結果在查抄工作告一段落後，才又搜出其家屬藏匿的金銀珠飾等物。因此乾隆皇帝認為從前委令查抄之王葆元、德光一任隱匿，咎無可逭，自當嚴究參處。並以總督吳達善謂其實無瞻徇情弊，巧為開脫，且僅於另摺附請交議，亦屬有意從寬，於是下諭旨將吳達善等傳旨嚴行申飭。（註八二）

【附註】

註　一　宮中檔乾隆朝奏摺第五十三輯第七八頁，八七—八八頁，乾隆四十七年九月十八日署兩江總督薩載奏。

註　二　宮中檔乾隆朝奏摺第四十八輯四六六—四六七頁，乾隆四十六年八月十四日山東巡撫國泰奏。

註三　宮中檔乾隆朝奏摺第五十三輯二三三—二三七頁，乾隆四十七年十月初三日王進泰等奏；同輯七二五頁，同年十一月初九日阿桂、福長安奏；又見上諭檔四十七年秋季檔五〇七、七〇一、七〇二頁。

註四　宮中檔乾隆朝奏摺第四十八輯三四五—三四六頁，乾隆四十六年八月初三日索諾穆策凌奏。

註五　乾隆朝軍機處檔第一一三六號乾隆三十四年十二月十六日及一一〇三九號乾隆三十四年十一月初八日兩江總督高晉奏。

註六　宮中檔乾隆朝奏摺第五十三輯二三五頁，王進泰奏。

註七　宮中檔乾隆朝奏摺第五十四輯一三四—一三五頁，富勒渾奏。

註八　宮中檔乾隆朝奏摺第四十八輯七一五、七一九頁，乾隆四十六年九月初八日河南巡撫富勒渾奏。查抄孟衍泗、賈若淋；李巨源、尤永清等二摺。

註九　宮中檔乾隆朝奏摺第五十三輯七六三頁，乾隆四十七年十一月十一日及第五十四輯一二三—一二四頁，同月二十五日王進泰、富勒渾奏。

註一〇　宮中檔乾隆朝奏摺第五十輯六三六—六三七頁，乾隆四十七年正月二十二日山西巡撫調補安徽巡撫譚尚忠奏。

註一一　宮中檔乾隆朝奏摺第四十八輯三二一—三二三頁乾隆四十六年八月初一日江西巡撫郝碩奏。又見同輯五〇八頁，同月十七日河南巡撫富勒渾奏，查抄程棟諭旨；及五七八頁同月二十五日陝西巡撫畢沅奏，上諭查抄由阿桂等查參之甘省捏災冒賑通同作弊之各道府等即云：「著傳諭各督撫即將該參員現任地方及原籍所有貲財家產一併嚴密查抄以抵官項，毋任稍有隱匿寄頓。」

註一二　宮中檔乾隆朝奏摺第四十八輯七二〇頁，乾隆四十六年九月初八日農起奏。又六七三頁，同月初四日兩廣總督巴延三等奏，查抄甘省折捐冒賑案廣東原籍七員，「現抄家產貲財不及侵欺零數，恐有隱匿寄頓，或潛行埋藏情弊，臣等現在督同兩司提訊家屬保鄰人等嚴究確情，如果實無隱寄，再行取結咨部。」

註一三　宮中檔乾隆朝奏摺第四十九輯第四六頁，乾隆四十六年九月二十五日；第五十輯第六—九頁，同年十一月二十八日江蘇巡撫閔鶚元奏。

註一四　高宗實錄卷九百九十六，乾隆四十年十一月己未條。

註一五　調查家人、雇工、保鄰人等例子幾乎見於每一件執行查抄工作的奏摺。如宮中檔乾隆朝奏摺第四十八輯七二〇—七二二頁，乾隆四十六年九月初八日安徽巡撫農起奏，查抄甘省折捐冒賑案試用布政使許士梁及已故原任河州知州葉中；同輯五七八頁，同年八月二十五日陝西巡撫畢沅奏查抄同案漢興道陳庭學；同輯三七五—三七七頁，同月初七日兩江總督薩載等奏查抄同案前任蘭州知府蔣全迪；七七一頁，九月十二日兩廣總督巴延三等奏。查訊田房產業及在外借欠等，見同輯六九七頁，同年九月初七日江蘇巡撫閔鶚元奏；八四八—八五一頁，同月十九日兩江總督薩載奏。

註一六　宮中檔乾隆朝奏摺第四十八輯三七五—三七七頁，乾隆四十六年八月初七日兩江總督薩載等奏，查抄前任蘭州府知府蔣全迪原籍歙縣、太平縣房產，即調查二縣糧冊相符，驗明分單無異，才開清單呈送核辦。又見同輯七二一頁，同年九月初八日安徽巡撫農起奏。

註一七　見〔史料旬刊〕第六期；仁宗實錄卷三十七嘉慶四年正月甲戌；〔清史列傳〕（啓明書局，中華民國五十四年版）和珅傳云：「地窖內藏埋銀兩三百餘萬」。

註一八　和珅抄產內容又見前引拙文「清代乾隆時期軍機處檔有關抄家檔案之史料及其價值」（〔故宮季刊〕第十五卷第一期，中華民國六十九年秋季號，第六一—八頁）。

註一九　清史稿卷三百三十九錢度傳；高宗純皇帝實錄卷九百五，十七頁，乾隆三十七年三月辛亥；卷九百六，同年夏四月己卯；卷九百七，同年夏四月丁亥。

註二〇　宮中檔乾隆朝奏摺第六十七輯三八九—三九二頁，乾隆五十三年二月二十一日浙江巡撫覺羅琅玕奏；同輯八五六頁同年四月十八日及六十八輯一頁，同日福康安奏。

註二一　宮中檔乾隆朝奏摺第四十八輯三四五—三四六頁，乾隆四十六年八月初三日；同輯四二一—四二三頁，同月十日；四二三—四二五頁，同月十日；五八五—五八七頁，同月二十六日；七二八—七二九頁，同年九月初九日，索諾穆策凌各奏。按有關此案隱匿人參一事，未見後續資料，其結果待考。

註二二　宮中檔乾隆朝奏摺第四十八輯八〇六—八〇八頁，四十六年九月十六日，江西巡撫郝碩奏。至於本案治罪所依據之「例」，目前尚未查到相關資料。現有資料隱匿財產一千兩以上，其處罰例為罪止杖一百，流三千里，前引柴大紀子柴際盛即依此例，從重罰往伊犁充當苦差，見註二〇，琅玕奏。

註二三　見清高宗實錄卷八百十四（十七—二十頁）乾隆三十三年七月癸巳（丙戌朔）諭富尼漢審辦盧見曾隱匿財產事；又見宮中檔乾隆朝奏摺第三十一輯二三二—二三三頁，乾隆三十三年七月初四日；四一一—四一三頁，同月二十五日山東巡撫富尼漢奏。

註二四　宮中檔乾隆朝奏摺第三十一輯二九一—二九二頁，乾隆三十三年七月初十日；同輯三一七—三一九頁同月十四日，劉統勳、託恩多、英廉奏。

註二五　宮中檔乾隆朝奏摺第三十一輯第三五一—三五四頁，乾隆三十三年七月十七日山東巡撫富尼漢奏；三二七頁，同月十三日劉統勳、託恩多、英廉奏。

註二六　清高宗實錄，卷八百十四，第二五—二六頁乾隆三十三年秋七月乙未（初十日）。

註二七　宮中檔乾隆朝奏摺第三十一輯三五四頁，乾隆三十三年七月十七日劉統勳、託恩多、英廉奏。

註二八　清高宗實錄卷八一四，四一—四二頁，乾隆三十三年七月己酉條。

註二九　宮中檔乾隆朝奏摺第三十一輯二九七頁，乾隆三十三年七月十一日及七九一—七九三頁，乾隆三十三年九月十三日山東巡撫富尼漢奏。

註三〇　見乾隆朝軍機處檔第二七九六三號，乾隆四十五年八月初十日江蘇巡撫吳壇奏，審擬于紹曾代于時和寄頓銀兩案。隱匿侵盜案內入官產一千兩例，又見軍機處檔第一六九六一、一七〇五一號，乾隆三十七年五月十七日直隸總督周元理奏審擬民人曾登雨案。

註三一　宮中檔乾隆朝奏摺第三輯六五九頁，乾隆十七年八月二十二日浙江巡撫覺羅雅爾哈善奏。不過據第四輯七二頁，同年十月三日雅爾哈善奏，因追出之數較原寄有多，所以乾隆皇帝特傳諭，受寄各監生免斥革。

註三二　〔清史稿〕卷三百四十五浦霖傳。

註三三　乾隆軍機處檔第一七九九八（法明家書）；一八〇〇〇；一八二六九號；高宗實錄第九一一卷，乾隆三十七年六月庚寅條。

註三四　宮中檔乾隆朝奏摺第四十八輯三三二頁，乾隆四十六年八月初一日江西巡撫郝碩奏；四九六頁，乾隆四十六年八月十六日江蘇巡撫閔鶚元奏；第十八輯四八八頁，二十八年七月十六日尹繼善奏。乾隆宮中檔五十三輯二五九頁，乾隆四十七年十月初五日，伊齡阿、伊星阿奏。

註三五　宮中檔乾隆朝奏摺第四十八輯四四五頁，乾隆四十六年八月十二日河南巡撫富勒渾奏云：「八月初八日……恭奉諭旨令將甘省揑災冒賑之涼州府知府汪皐鶴原籍貲財嚴密查抄。……汪皐鶴係夏邑縣人，密委署臬司赫爾敬阿……星往查抄。八月十一日據赫爾敬阿等稟稱，汪皐鶴久經移居江蘇碭山縣，該署司等因碭山縣與夏邑縣接壤，恐致洩漏風聲，即行馳往會同徐州府查辦，一面委員仍在夏邑縣嚴查有無財產，不使稍有隱寄等語到臣。」

註三六　宮中檔乾隆朝奏摺第四十八輯四六六頁，乾隆四十六年八月十四日山東巡撫國泰奏。

註三七　宮中檔乾隆朝奏摺第十八輯三四四—三四六頁，乾隆二十八年六月二十九日太子少傅內大臣江南河道總督高晉奏。又見第四十五輯二〇二頁，乾隆四十三年十月，山東巡撫國泰奏。至於家屬逐名查點，抄物編列字號登錄，見第四十三輯三九六頁，乾隆四十三年六月初八日，署九江關監督贛南道蘇凌阿奏查抄原監督全德。

註三八　宮中檔乾隆朝奏摺第二十輯三五七—三五八頁，乾隆二十九年正月十九日漕運總督楊錫紱奏；又見第四十五輯二〇三頁，乾隆四十三年十月十九日山東巡撫國泰奏查抄原任江寧布政使陶易原籍威海衛房屋時。

註三九　宮中檔乾隆朝奏摺第五十三輯五六〇頁，乾隆四十七年十一月初一日河南巡撫李世傑奏。

註四〇　宮中檔乾隆朝奏摺第十八輯三七頁，乾隆二十八年六月初二日護理河南巡撫印務布政使輔德奏。

註四一　宮中檔乾隆朝奏摺第四十九輯三七五頁，乾隆四十六年十月二十七日兩廣總督覺羅巴延三奏查抄甘省折捐冒賑案劉光煜當鋪時，據說已兌給其姪，故要進一步詳查，以免串捏。

註四二　宮中檔乾隆朝奏摺第四十九輯五八八—五八九頁，乾隆四十六年十一月十二日湖廣總督舒常、湖北巡撫鄭大進同奏。

註四三　訊問保鄰人等的例子隨處可見。今舉二例，一爲宮中檔乾隆朝奏摺第六十七輯五八〇頁，乾隆五十三年三月二十二日安徽巡撫陳用敷奏；同輯六〇三頁，同日浙江巡撫覺羅琅玕奏。

註四四　清史稿列傳一二六良卿傳附高積傳；清高宗實錄第八五二卷，乾隆三十五年二月丁巳條。

註四五　宮中檔乾隆朝奏摺第五十三輯二五九—二六〇頁，乾隆四十七年十月初五日伊齡阿、伊星阿奏。

註四六　宮中檔乾隆朝奏摺第五十三輯四一一—四一五頁，乾隆四十七年十月十七日伊齡阿、伊星阿奏。

註四七　宮中檔乾隆朝奏摺第五十三輯二二九—二三〇頁，乾隆四十七年十月初二日伊齡阿、伊星阿奏。

註四八　宮中檔乾隆朝奏摺第六十七輯八七頁，乾隆五十三年四月十八日福康安奏。

註四九　宮中檔乾隆朝奏摺第四十八輯六一九—六二二頁及軍機處檔第三二〇〇三號，乾隆四十六年八月二十八日山西巡撫雅德奏；第七一八—七一九頁，同年九月八日河南巡撫富勒渾奏；八五一頁，同年九月十九日兩江總督薩載奏。

註五〇　宮中檔乾隆朝奏摺第五十三輯六九一—六九二，乾隆四十七年十一月初七日河南巡撫李世傑奏。

註五一　宮中檔乾隆朝奏摺第五十三輯三三一—三三四頁，乾隆四十七年十月初十日，何裕城奏。

註五二　宮中檔乾隆朝奏摺第五十輯七一九—七二一頁。乾隆四十七年正月二十九日江蘇巡撫閔鶚元奏。

註五三　這種呈首的例子很多。除陳輝祖案之外，如註四九所引雅德查抄王亶望貲產之奏文後半云：「今各姓中有見勢難掩護，到案呈首者，亦有先經外出，聞信歸里，旋即首明者，共計六家，內……五家俱係受寄王亶望家金銀衣物，……一家係借用王亶望銀兩，通共首出金葉金錠共六百四十一兩零，金首飾共八百八十一兩零，鍍金首飾共四十三兩零，銀一萬一千七百八十餘兩，銀器共五百兩，玉器二件，綢緞等件七百三十餘疋，皮棉等衣一千九十餘件，零星小事及被褥椅披等項共三百一十餘件，由該府縣查明陸續稟報前來。」

註五四　高宗純皇帝實錄卷一千十二，乾隆四十一年七月丙子條。隱瞞受寄之入官貲財，須照受寄銀數罰出一倍入官。此例又見宮中檔乾隆朝奏摺第四十六輯一五二頁，乾隆四十三年十二月十六日署兩江總督薩載奏。

註五五　宮中檔乾隆朝奏摺第三輯六五九頁，乾隆十七年八月二十二日及第四輯七二頁，同年十月三日浙江巡撫覺羅雅爾哈善奏。本案追出朱熿、魏登瀛受寄贓物之數不詳，待查。

註五六　宮中檔乾隆朝奏摺第三十一輯，二八八—二八九頁，乾隆三十三年七月九日廣西巡撫鄂寶奏。

註五七　宮中檔第四十九輯八五五頁，乾隆四十六年十一月二十七日漕運總督鄂寶奏；第五十輯九四頁，一二三頁，同年十二月三日及十二日署兩江總督薩載奏。

註五八　宮中檔第五十輯三八五頁，乾隆四十六年十二月二十五日江西巡撫郝碩奏。

註五九　宮中檔第五十一輯二四頁，乾隆四十七年二月二十二日江西巡撫郝碩奏。

註六〇　宮中檔乾隆朝奏摺第四十九輯五八八頁，乾隆四十六年十一月十二日湖廣總督舒常、湖北巡撫鄭大進奏。關於田房契券及店鋪帳目之處理，本節三、防匿措施㈡所引福惠全書卷二十「籍沒家產」有簡明規定，今重錄於此，以供參考：「田地房產生意，先收其契券、帳目，以便查對。仍令本犯開報。著該圖甲隣地，查明坐落、間數、坵畝，彙冊登記，取並無隱漏甘結。查畢之後，亦取該犯並無遺漏結狀存案。」

註六一　參見第四章第三節二之㈢從國家安危層面考量。
註六二　宮中檔乾隆朝奏摺第四十八輯八二九—八三三頁，乾隆四十六年九月十九日江蘇巡撫閔鶚元奏。
註六三　宮中檔乾隆朝奏摺第三十一輯二三二頁，乾隆三十三年七月初四日山東巡撫富尼漢奏。
註六四　宮中檔乾隆朝奏摺第四十五輯二〇二頁，乾隆四十三年十月十九日山東巡撫國泰奏。
註六五　宮中檔乾隆朝奏摺第四十八輯五六九頁，乾隆四十六年八月二十四日，閩浙總督兼管浙江巡撫陳輝祖奏。
註六六　宮中檔乾隆朝奏摺第六十六輯七八三頁，乾隆五十二年十二月二十四日廣東巡撫圖薩布奏。
註六七　宮中檔乾隆朝奏摺第五十九輯一六九頁，乾隆四十九年正月二十五日山西巡撫農起奏查抄佟躍岱。
註六八　宮中檔乾隆朝奏摺第四十九輯二四五頁，乾隆四十六年十月十五日署雲南巡撫劉秉恬奏。
註六九　〔清國行政法〕第六卷三〇四頁；三〇六頁。
註七〇　宮中檔乾隆朝奏摺第五十一輯五四四頁，乾隆四十七年四月二十四日安徽巡撫譚尙忠奏。
註七一　宮中檔乾隆朝奏摺第十八輯一三九頁，乾隆二十八年六月初十日護理河南巡撫印布政使輔德奏。
註七二　宮中檔乾隆朝奏摺第三十八輯四〇九頁，乾隆四十二年四月二十日湖南巡撫顏希深奏。
註七三　宮中檔乾隆朝奏摺第十八輯二二八頁，乾隆二十八年六月十九日河南巡撫葉存仁奏。二四四頁，乾隆二十八年六月二十一日署理湖廣總督湖北巡撫革職留任陳弘謀奏；並參見註七五。
註七四　宮中檔乾隆朝奏摺第十八輯三二九—三三〇頁，乾隆二十八年六月二十八日，太子太保兩江總督革職留任尹繼善奏。
註七五　宮中檔乾隆朝奏摺第十八輯四八八頁，乾隆二十八年七月十六日，兩江總督尹繼善奏。

註七六　宮中檔乾隆朝奏摺第二十輯五九—六〇頁，乾隆二十八年十二月十五日，兩江總督尹繼善奏。

註七七　宮中檔乾隆朝奏摺第十八輯四五五頁，乾隆二十八年七月十二日河南巡撫葉存仁奏。

註七八　宮中檔乾隆朝奏摺第十八輯三六七—三六八頁，乾隆二十八年七月初三日湖廣總督李侍堯奏。

註七九　見本節第三之(七)「抄物之保管」及註七三。

註八〇　宮中檔乾隆朝奏摺第六十輯七一六頁，乾隆五十一年六月十二日及同輯八〇二頁，同年六月二十日兩廣總督兼署廣東巡撫孫士毅奏。

註八一　宮中檔乾隆朝奏摺第六十七卷六〇六頁，乾隆五十三年三月二十二日覺羅琅玕奏，將查抄程峻結果的冊檔及供詞抄錄咨會程峻原籍安徽撫臣陳用敷查照辦理。

註八二　清高宗實錄卷八五五，第九頁，乾隆三十五年三月丙申諭軍機大臣等。

第四章　乾隆時代查抄家產之範圍

第一節　查抄家產之三種範圍

查抄物含有價與無價兩種。有價物包括各種財物；無價指各種文契，含契約與書信類等。無論有價或無價，查抄範圍可從三方面考慮。第一是查抄何處財產？第二是查抄何人的財產？當然是抄犯官或犯人的家產，但是除本人之外，其家屬、族人的財產抄不抄？其查抄範圍之限定如何？第三是查抄何種財產？也就是查抄的標的物是什麼？原則上所有財產，包含值錢與不值錢的都要抄，但是也有不抄的，究竟那些是不必抄入官的？

這些問題，在乾隆時代，大致都有一個解決的準則，不過這些準則並非絕對的，如何執行，有時還須取決於皇帝的意旨。今分述於後。

一、地點

先說查抄何處財產？查抄的地點有一定範圍，問題比較單純。以犯官爲例，就是任所、寓所及原籍和寄籍及如有營運則包含其在營運之地的財產。旗人則除任所之外，須查旗籍與在京之產。（註一）不過究竟先查抄何處？其順序及手續則視查抄原因而稍有不同。

抄產起於兩種原因，一是因欠官項，並非枉法貪贓，或許只是挪用公項到別的公務開支之上，這個時候必須查封財產以備抵官項，這種查封目的只是彌補虧空，其查封財產之手續是先任所、寓所，並咨原籍查封財產，以備定案時處理。其封產之處理則先任所，後原籍。任所之產抵賠不足，然後才處理原籍封產，只要彌補足夠，便可無罪，餘產自可歸還。二是貪贓枉法，定罪有案時，則必將所有財產全部查抄入官，除非皇帝慈悲特別開恩，否則沒有歸還財產之理。此時查抄財產範圍就包括任所、寓所、原籍、寄籍，以及歷任各處所有貲產在內，都必須同時進行查抄入官。例如乾隆四十八年查抄原任閩浙總督陳輝祖家產時，除原籍及浙江任所外，又派人前往密查其歷任直隸天津道府及天津縣與河南、安徽、廣西共四省。其方法是先訪查有無與陳輝祖密切往來之人，或其他戚友，並遍示城鄉市鎮，要求呈首。結果直隸就有人呈出，陳輝祖曾交銀二千五百兩，以一分行息，託人將其利息施捨棺木。雖係生息施捨，並非寄頓營運，然而負責查抄之直隸總督劉墉仍奏請將其銀起出解交內務府查收。（註二）

除本人之外，犯官兒子的任所也須查抄。例見乾隆五十三年查抄參革平陽縣知縣黃梅時，除抄其江蘇平陽縣任所，廣東原籍家產，並查辦其在浙江省歷任龍游、昌化、松楊各縣有無隱匿貲產之外，還查抄其次子在福建試用經歷之任所與寓所。（註三）

查抄時，如果人已遷往他省，屋亦典與他人居住，仍須查訪其家存什物寄放之處，一併查抄。例見乾隆三十四年兩江總督查抄革職貴州按察使高積家產時。高積原寄居蘇州，任江寧驛道，後陞任貴州按察使，携眷赴黔，其在蘇州住房典與他人居住。查出其家存什物寄放閩客公建之三山會館，於是高晉親率布政使及按察使等至三山會館查抄。即據看守會館之福建貢生何呈出之高積原交單帳所開共三百三十二號並未入單零物九號，統計銅錫磁木各器並零星什物共四千二百三十七件照單逐一查封相符後，一併入官。（註四）

二、族產

關於查抄何人財產？主要是對族產而言。查抄時，除犯人本人財產之外，其親屬或族人的財產是否查抄？有無限制？這個問題比較複雜，一般來說，這是查抄原籍財產時常會遇到的問題。當查抄一個犯官的任所或寓所貲財時，其財物多屬本人及其家屬的，有時也包含幕友及長隨的財物在內。如果幕友與長隨也有犯法的嫌疑，則其財物須一併查封，否則只須將其財物區別出來便可。如果發現另有合夥營運，則其合夥人的貲財也須查封，以待進一步審問後處理。

以上是查抄任所，居所的財物範圍。至於查抄原籍財產時，情形就複雜了。因爲常有祖遺財產，往往牽涉到其他族人的權益，必須小心查證，以免波及。凡是祖遺族產或兄弟之產，其查抄範圍，原則上依據分單。如果已分析，且有分單可據，則止抄犯人本人一分，如果未曾分析，仍是家族或兄弟公共財產，則一律查封。如果執行查抄人員對被抄之家族是否分析，存有疑問，就必須進一步調查其他物證人證以便確定。因此田房契約及分單等文契成爲最佳依據，都須查出以便核對。此外縣府保存之糧冊、征冊、串根等，以及宗譜（族譜）也是重要佐證，都須加以參考。同時，民間習俗，自唐以來，凡分家及典賣田宅等必須有宗親鄰人爲證，（註五）因此也須族人及左右鄰居的證詞以確定查抄範圍。有時雖然說是已分析，且兄弟確實分爨，但以無分單，則以未分析處理，其產業仍須全部入官。有些則雖然已分家、分爨，卻是同住共有房屋，則即使有分單，所有屋內衣物，無論是否屬其他兄弟或親族（包含父母）所有，照樣全部查封。在這種情況之下，有些負責執行人員，會將所有查封之物全部入官，有的則在登錄抄冊時另行登錄註明，以便將來請旨辦理，或可將已分家之兄弟或親族衣物給還。不過有時爲防兄弟協助隱匿，也有查封及已分居兄弟的。例如乾隆四十七年查抄革職閩浙總督陳輝祖時，其親弟陳及祖雖久已分居，仍以曾於保定、永平二府歷過正署二任，因此也一體嚴密查訊，並將所有資物查封看守，以防隱寄。（註六）至於將來是否全部入官，則請旨決定。

至於兒子的財產，含媳婦奩贈田產等，都要查抄入官。已出嫁女兒帶走的奩粧及女婿之產則不抄。奴僕（含契買家人及其子孫）之產，以其本屬主人所有，一律查抄。

三、查抄標的物

最後討論查抄標的物的範圍，也就是要討論查抄的是何種財物。這一點也是比較單純的問題。如果是查封抵項，止抄值錢的，可以變價的東西，包含田房產在內。如果是查抄入官，則一切財物都必須查抄，包含有價與無價的。有價之物，即使破衣，舊被都要抄。至於無價之物，主要是文契類。包含代表有價證件之契約，如田房契約，買賣奴婢的賣身契等，此外便是書信、詩稿等，隻字片紙都包含在內。但是雖然說是有價之物，有時也有不抄的，比如墓地、宗祠就是。不過還是要請旨以後才能決定抄與不抄。茲將查抄對象及查抄標的物之相關各項分述於後。以文契內容往往是決定查抄範圍的關鍵證物，故先討論文契。

第二節 文契類

前文提及查抄目的物的範圍，除財產外還包括各種文契。文契可提供被抄之人在官與居家言行，包含交友及財產情況的各種訊息，也是確定查抄範圍的重要依據。其種類很多包含各種契約、借貸票據、帳簿及書信等。這些文件的起出自有一定的作用，因此查抄時絕不可忽略。

很多文契類都與財產有關，比如田房契約、借貸票據、典契、財產分單、人身契約、各種帳簿、支用簿等。至於書信筆據等偶爾也可從中查出往來親友的關係，除可藉以循線究查有無寄託隱匿財物之外，有時也確實可從文字上發現金錢財物往來狀況，有利查抄工作之推行。之外，還可從中窺知被抄當事人平日作為有無玷辱官箴等，進一步的查究，有時還因而發現案外案的。茲分述於後。

一、田房契約

田房契須全部抄出，以便瞭解財產狀況。如乾隆四十六年查抄甘省折捐冒賑案之革職甘肅通渭縣趙元德原籍廣東順德縣家產時，即抄出田地房契共三十紙，計價二千二百九十餘兩，另支用簿內有借出親友現銀二百六十餘兩，並查出所有筆據。（註七）田產等必查明坐落，故外地抄出田房契約均須移咨房地所在之省分查辦。如乾隆四十六年同一甘省折捐冒賑案中查封參革知府周人傑任所貲財時，曾截留其隨身行李，抄出田房契劵，即咨其浙江原籍核對。（註七）又同案查抄劉光昱在山西省貲財時，查出舊契二十一張，必須移咨房地所在之山東查辦。（註八）契紙則無論紅白文契均須抄起。紅契蓋有官印，具合法性，受官保護。（註九）白契未蓋官印，屬私自約定，雖然如此，查抄時即使是白契，其契上所載產業仍要入官，見乾隆四十六年河南省查抄參革平涼府知府汪臯鶴時。（註一〇）不過同屬白契，典雇家人則可免入官，見乾隆十八年查抄違例捐納員外郎之富戶劉裕泰時，查出之白契典雇家人即免查究。（註一一）

二、分單與分關

分單與分關都是分家、分產證明，是查抄族產範圍的重要依據。所有財產的文契中，最重要的莫過於田房產業契約。族產常牽涉到其他族人的利益，因此必須愼重，不能波及他人。乾隆初，查抄時有一個基本標準，就是未分家的，包含叔姪兄弟之產，一律查抄入官，已分家的則止抄本人一分。而已分或未分，最重要的依據是財產的契約、分單（或稱分關）及鬮書等。因此無論新舊契約及分單等均須抄出，以便查辦。如果依據契約還有疑問，則須查閱族譜（宗譜，或稱刊譜），之外並須調閱縣衙保管之糧戶冊（或完糧冊），無契田產則須查對租簿、租摺等，必要時，還須輔以親族或左鄰右舍之證詞以確定查抄範圍。凡此，主要目的在於不波及不相干之人。不過執行之人或許為表示大公無私，或出於急功好利，查抄難免從嚴，有時還是會抄及已分家之親屬衣物。

例如乾隆四十六年查抄甘肅冒賑案之彭永和時，查出其兄弟有一人出繼，乃查閱刊譜及分關證明屬實，此出繼兄弟之產因而免抄，至其餘兄弟皆未分家，同居共爨，因而全抄。又同案查抄楊有澳時，查明分關契券相符，只抄其應分公店價銀及應分公銀共一百七十兩；田產等亦據分關，止抄本人一分。（註一二）又同案查抄蔣全迪原籍歙縣及太平縣房屋時，其祖產即據分單查封，以徽州俗例，祖遺產業，分居後均係公共分租完銀，並不另立戶名，因此樓房、田地、公共田，蔣全迪都只擁有四分之一可歸公入官，又景德鎮市房、田產亦止四分之一可歸公。（註一三）據此知查抄時，是否分家，仍可依據俗例決定，也就是承認俗例的合法性，因此本案雖然被抄之家早已分家而其祖遺產業卻未分別另立戶名，仍止抄四分之一。又同案查抄宗開煌原籍江西財產時，查出已於乾隆二十五年分家，只有屋三間與田十八畝，有分單為據，另調查分關糧冊相符，因而止抄出本人一分財產。（註一四）同案查抄姜興周時，其田房之數，即要核對契券與糧冊，才能確定查抄範圍。又查抄舒攀桂時，其弟兄已析居，只抄本人名下田房租息及遺存物等。（註一五）但是同一甘肅冒賑案查抄現任秦州直隸州知州侯作吳時，查出其家通共祖遺並新置地十七頃，且侯作吳之弟侯承澤另院分住，供係三十五年久經分家，有分單可查，但是結果負責查抄之袁守侗卻奏云：既係同胞兄弟，自應一併查封分晰。並將兄弟原籍貲財分開清單呈覽，等待皇帝訓示。可見兄弟分家原不必全抄及，今袁守侗竟含已分家之兄弟財產一併查抄自是違背常理之事，因此袁守侗亦不敢擅自決定，而是將查封之兄弟產業分開清單呈覽，並請旨處理。又本案其兄弟分單內有出典地十二頃零，據稱或因典價過重，或因年限久逾，是以未經贖回。

是否屬實，有無餘價可找，則待另行確查辦理。（註一六）

因不確定是否分家，而抄及姪兒之例，見乾隆四十七年江西省查抄山東濮州知州陳珏成時。先據安徽省咨云，與其姪知縣陳盤言未分析，故將姪寓所貲財一併查辦。不過陳盤言則云早分家，因此須另查本籍完糧推收及實徵等冊，至於無契田產則須依租簿為憑，並訊問代管產業之陳英。因叔姪二人兩地說詞不一，只得將查封物及原契、鬮約等咨送安省飭提鄰人等查訊，以便明確分辦。（註一七）

三、族譜

據前項可知，要確定是否分家，有無完糧產業，或有多少產業，除抄出契約可為依據外，還可調閱其他非查抄範圍內的資料以為旁證。這樣的資料包含族譜、縣衙保管的糧戶冊、本籍完糧推收、實徵冊、串根以及租簿等。這樣的例子頗多，除前述陳盤言叔姪之例以外，又見乾隆四十六年查抄甘肅冒賑案之謝桓原籍時，即調閱謝姓族譜及該縣糧戶冊，結果均無謝桓名字，只好不抄。（註一八）又乾隆二十八年查抄前湖北巡撫周琬時，即調閱糧書、征冊、串根等以查其田地是否賣斷，以便決定是否查抄。（註一九）乾隆五十三年查抄臺灣諸羅縣董啓埏原籍福建時，即由該縣查明糧冊，證明董啓埏並無完糧產業，以確定確無產業可查抄。（註二〇）又乾隆四十五年查抄原任雲貴總督李侍堯家產時，乾隆皇帝即命令，將所有李侍堯名下陸續置買田產什物概行查明入官，至伊盛京房地及所得老圈地畝，則未便概行籍沒入官，當查明那一世祖先所遺，須交給同祖之別支領受。同時李侍堯之伯爵乃係由別支加恩予襲者，其親弟及子固不當承襲，乃其始祖李永芳子孫公共世職，須擇同始祖之旁支承

襲。凡此均須據族譜辦理。爲此乾隆皇帝乃要求李侍堯所屬鑲黃旗漢軍將李姓家譜進呈。（註一一）

四、典契

查抄時遇有典地或典房，其入官與否完全決定於契券。如果有合法的典契，則其所典之田房等可免入官。因此典契也是重要文件，須一并起出。起出之典契還須從兩方面查證，以確定其田房應當入官之數。其一是查看典契或押契之合法性。如果手續合法，則其典押之田房可免入官；其二是合法的典契還須比對老契，查看兩者載價的高低，如果老契價高，即將其浮多之額入官。例如乾隆四十六年江蘇省查抄甘省折捐冒賑案之莊浪縣知縣楊士模時，其子出賣祖屋，典房居住，共用六百兩，復將典房典押五百兩銀營生去，目前只能找回一百兩入官，而其房屋已典出，有典契，故不能入官。（註一二）又同案查抄參革平番縣丞周兆熊時，查出其家將屋典出，得價一千零五十兩，而其房買自余姓上首之老契在周兆熊之父周世英任所，因此須移咨廣西巡撫查訊西林縣知縣周世英，除查看有無伊子資財之外，還要查取典出房屋之老契移覆，核明原買價有無浮多，另辦。（註一一）

從前賤賣之地，在查抄時亦與典賣地採同樣方式，憑舊契追繳少賣之款。抵押之地非實賣，則須整個入官變價。此兩種情況見乾隆四十七年江蘇省查抄因迪化採買糧石冒銷侵蝕而革職之現任阜康知縣王喆時。將其從前賤賣之田，據舊契原價追繳銀二百九十六兩。另有抵押給鄰居之桑地，則以係抵押債利，非實賣乃入官變價。（註一三）

典地因無契約而入官之例，見乾隆三十四年查抄貴州按察使高積寄居江蘇之財產時。高積原有田蕩五百四十餘畝，捐官赴選時將印契、方單向許恕兄弟抵押銀七千兩，現由許恕兄弟收租。結果傳訊許恕兄弟繳驗契紙，據呈止有老契、方單，並未另有押契。雖據許恕供稱蘇俗大例，但有老契、方單即可按照原契價值抵押銀物，不必另書押契。然而負責查抄之高晉認爲不可信，因而上奏云：既無典賣各契，縱屬抵押屬實，亦係私債準折，未便聽其執業，當將所呈田契方單發交府縣按契查明，據實估價入官。（註二四）典地因無典契而入官之另一例，見乾隆四十六年山西省查抄革職甘肅張掖縣知縣麻宸時。查出有典出地四頃四十六畝，借白守中大錢一千串，每年交利錢一百一十五千文，以非契典，故一併入官。（註二五）

查抄時所據典契之合法性，須具備之條件不詳，不過軍機處檔案中有一件房契實物或可參考。這是乾隆三十七年查抄參革湖南按察使法明時，在其家所得。契文內相關人名中並無法明二字，或許是輾轉得來，不然就是假名立約。契文封面寫「典約存照」四個字。契文曰：「立典房文約人王乾正同侄王益齊、王槐係功家村住人。爲因乏用，將祖遺瓦房壹所，係正房參間，扁廈參間，天井井水後路俱全，坐落功家村。情願憑中立約出典與王二爺名下爲業住坐。實受典價紋銀捌拾兩整，入手應用。自典之後，任憑王姓住坐。當日銀房兩相交明。此係實銀實契，二比情願，並非私債准折逼迫等情。言定伍年之後方准取贖，銀到房歸。所有修理開單存算，取贖之日，照數敷補。倘有王姓一切親族人等聲言，俱係乾正叔侄一力承當，恐後無憑，立此典約存照行。（下註）其房言明俟五年之內取贖，敷補修理壹半，五年外取贖，一概不補，再照行。乾隆三十五年六月初三日立典房文約人王乾正十（按：即畫十，以下同）、同侄王益齋十（畫十）、王槐十（畫十），硬擔人馬登雲十（畫十），憑中人武文周※（畫押）、張文珍※（畫押）牛興角彩※（畫押）」知房屋典契，內必載房屋坐落，間數，實受典價，取贖年限，典出期間修理費用之歸屬、出典日期，典出人，硬擔人（按：即保證人），憑中人。且所有參加立典各人都必須畫押或畫十，並在文中聲明這是「出典，實銀實契，二比情願，並非私債准折，逼迫等情」。（註二六）此外，在契約書作成後，還須向有司提出並繳稅後，才算完成典房手續，（註二七）才具合法效果。契約既是合法，萬一遇到查抄時才不致以私債准折而將典出之房入官。

至於被抄之人典入之房，以前文所舉乾隆四十六年查抄楊士模案爲例，楊士模之子以六百兩典入之房，再典押出去得五百兩用以營生。查抄時即據此找回餘價一百兩入官。可見典入之房是要查抄的。只是查抄後仍須變價入官，變價時，出典人是否有權優先贖回，則待考。

五、其他契約

除有關田宅等產業契約之外，還有人身契約，含奴婢賣身契及雇傭性質的身力買賣契，以及鹽契等。這些契約都須起出辦理。例如乾隆四十七年查抄原安徽臬司陳淮任所時，查出陳淮原籍一應田房及置買家人婢女各契紙，皆在管事家人路青處，即向路青追查各契歸案辦理。（註二八）如果是賣身契，則列名在上之人屬奴婢，連同此奴婢之子孫都必須入官變價。如果是傭工契，則人可不必入官，但此傭工在外之經濟行爲卻視同主人之代表，如有非法，必罰及其主。

軍機處檔案中有一紙辭退「身力買賣」的「辭身文約」，是屬雇傭性質的契約。契文曰：

「辭約。立辭身文約人張鑾，今因在三義號所做身力買賣，因自己家事羈身，情願辭身不做。所有舖中屢年獲利若干，今同人一應分清，並無短少。日後三義號買賣，有利有害，與張鑾並不相干。即張鑾日後再作生理，有利有害，亦與三義號並不相干。恐口無憑，立此辭約存照。乾隆四十一年九月十七日。立辭約人張鑾※（畫押）。在中人姚秀升十（畫十），溫春廷十（畫十），李聖思十（畫十）。」（註二九）

由此契文知，張鑾（又作張鸞）本是三義號伙計，幫三義號做買賣。而這張辭約是在三義號抄出的。原來乾隆四十三年發生高樸私玉案（註三〇），此案因於高樸盜賣官玉、故處罰頗為嚴重，凡是幫助高樸販玉的玉犯一律查抄家產，張鑾也是其中之一。案發以前張鑾既是歸化城三義號伙計，當張鑾犯案屬實，查抄家產時，三義號主人賈有庫，以雇主的關係，連帶須要負責，因而一併查抄。幸而三義號保存張鑾這張辭退伙計的「辭身文約」，憑文約內容知張鑾之販私玉早已和三義號無關，三義號得免一併查抄之累。（註三一）由此可知契約內容實關係著查抄範圍的決定。

鹽契抄出之例見乾隆四十八年查抄廣西永安州知州葉道和之父葉體仁湖北原籍財產時。即將其家丁自有的四川鹽井契約一併起出。對此乾隆皇帝認為職官不應在所部內與人合夥營運，乃下令詳查。最後查出該契約所指鹽井是枯井，且契約也非葉體仁之物，才終止追查。（註三二）

六、賬簿

經營店鋪，須搜出歷年登記賬簿，以便核明現存及支用或欠抵各銀數，例見乾隆三十二、三年間查抄革職雲貴總督楊應琚在山東開設之雜貨鋪時。（註三三）經營典鋪則須調查當號賬簿及借欠之欠票等，以便核對架貨及借欠銀錢等是否符合。例見乾隆四十七年查抄革職安徽臬司陳淮所經營之典鋪時。（註三四）與借貸有關的票據及賬冊都可供查明借放在外之款數，因此必須全部查出。這種票據及賬冊，見於檔案的名目頗多。其一是票據，其二是清單，這兩者同見於乾隆四十七年查抄革職閩浙總督陳輝祖時。當時查出有存放在外之生息銀二筆，其中一筆連同玉器等存放，無票據，但有清單；另一筆立有票據，於是起出票據及清單，勒交銀物等項。（註三五）其三是借券。見於乾隆十八年查抄違例捐納員外郎劉裕泰時，只是此次是皇帝特別開恩，免其查究這些借出的款項。（註一一）不過乾隆四十七年安徽省查抄陳淮任所時，曾查出借券一紙，係河南南陽府知府向陳淮所借，共元絲九七平銀三千兩，即飛咨河南撫臣照券追繳入官。（註三六）其四是筆據與支用簿。見於乾隆四十六年查抄革職甘肅通渭縣趙元德原籍廣東順德縣家產時，查出支用簿，內有借出親友現銀二百六十餘兩之外並查出所有筆據。（註七）其五是借約合同，例見乾隆四十六年河南省查抄革職甘肅皋蘭縣知縣程棟原籍時，即調驗借約合同，以知借出總數，並據以追繳借款未完本利銀兩。（註三七）

七、當票

當票必須查出，以核對典質衣物，以便入官。一般是核其實價與當價之差額，估變後將當本還當鋪，浮多之差額入官。如果所當是値錢器物，諸如玉器、銅器等，則可不付估變而須贖出進呈供御覽。例見乾隆二十八年查抄原湖北巡撫周琬時，負責執行之輔德即要求查看當物，如果所當之物貴重如碧硜砷、珊瑚、數珠等，是眞且佳，則要贖出進呈以備賞用。當然可以料想得到的是，備賞只是借口，眞正佳品，皇帝自會留用。此案周琬的當物，結果以其不堪進呈，故未贖取。（註三八）不過乾隆四十八年查抄廣西永安州知州葉道和時卻將典質衣物等項全抄入官，當本則爲免累商，令該犯之父葉體仁以不能管教爲由，照數賠出歸還當鋪。同案另查出有押抵各物底單，因屬暫時抵押之物，並無票據，結果整個追出入官。（註三九）

八、書札

書信、札稿等文件，除可瞭解銀錢往來情況，藉以究明有無在外銀錢或寄存物品之外，還可窺知被抄當事人的人際關係，或用來觀察平日行爲有無玷辱官箴之外，如遇有叛跡或朋比爲奸之疑時，則所有字跡，包括詩詞類都不能遺漏。乾隆皇帝非常重視這些資料。例如二十二年查抄革職湖南巡撫蔣炳及山西藩司蔣洲時即諭將其「任所字跡貲財嚴行查封」「字跡更宜嚴查」「任所字跡貲財一併查明奏聞」。（註四〇）

再如乾隆二十八年查抄前湖北巡撫周琬時，由當時護理河南巡撫印務布政使之輔德將周琬在河南彰德府居家之各種契文、借券、新舊書文、字跡及札稿抄出，親加揀點，結果發現札稿本內有與現任官往來，借貸金錢及請託等跡象必須追查外，又有民人王瑞等合夥出資開挖煤窯，立給周琬家合同一紙，係於衆股中呈給周琬一大股，因而認爲周琬既非地主，又未出工本，明有假借聲勢情事，以周琬曾任封疆不應圖此微利，除聽地戶等自行開採外，不准周琬家屬攙越滋事。（註四一）至於有關與現任官往來一事，從札稿中發現有寄前任彰德府蔣希宗，囑令代改呈詞赴縣投遞一稿；又有寄現任安陽縣知縣戴清爲伊賣出孫平村地畝，託其斷令找贖一稿。對此二件文稿，輔德乃提取縣卷，逐一查核，發現孫平莊地係周琬早經出典，後又賣給馮詩等人，馮詩等人也在取得周琬畫押圖書字劵後，交兌銀兩，併俱呈驗印契，糧亦久經過割。然而周琬卻以近年地價增漲，乃假稱地係其家人王勤私自找賣，並指控馮詩等捏契揩贖，欲令馮詩等人再出倍價承買。馮詩等人以地係契買，因而不肯增價。查核如上後，輔德認爲鄉紳在籍與地方官交結往來，本干嚴例，而周琬卻借勢興訟，希圖多得銀兩，託言逃奴找賣，與地方官私通書札，囑託干求。安陽縣知縣戴清因以馮詩等久經價買確鑿有據之產斷令倍價重買，否則放贖，與札內囑託之意相符，因而被革職。至於另一札有關知府蔣希宗，則以方面大員有表率屬吏整頓地方之責，曾否代周琬改詞狀，雖然仍須詳查，然與鄉紳交結已屬顯著，因而輔德乃奏請將之解任，以便將果否代改呈詞之處確審定擬。以上蔣希宗解任、戴清革職審辦二案，可說是起因於查抄周琬家發現的札稿而引起的案外案。（註四二）

乾隆皇帝重視臣工書札往來之另一例，見乾隆十五年命令查辦湖廣總督永興一案時。原來那一年永興進京，途次聞訃，藩司嚴瑞龍即私派各府州縣幫助盤費，代雇騾頭，又公湊銀兩送京，交永興家人楊三收受。乾隆皇帝乃命將永興革職拏交刑部。雖然永興之罪尚未確定，家產也還不必查抄，但是乾隆皇帝卻諭軍機大臣等「永興家人楊三，已傳諭在京總理王大臣等嚴加審訊，其永興家中所有與屬員往來書札，俱應詳細查檢，方得實情。此並非查其家產，但書札不得遺漏隱匿，並宜迅速，不得令其聞風焚毀。」（註四三）可見無論決定查抄與否，往來信札爲研究案情所必須，因此無論其內容是否與貲產有關，一律不得遺漏，以免隱匿或焚毀。

由上可知，乾隆皇帝之命令查抄臣工家產，有時不一定在其財產，而是在防臣工朋比爲奸，或背叛皇帝。

至於因書札而發現隱匿財產或有其他營運行爲等之例甚多，今舉數例於後以供參考。首先是乾隆三十三年查抄兩淮鹽政普福時，抄出書信，內有「寄交銀兩」一封，特別要追查。（註四四）又乾隆三十七年查抄已革雲南布政使錢度家產時查出錢度曾寄子錢酆書，令爲地窖或夾壁藏金，憑此終在其江寧原籍書房地窖查出藏銀二萬七千兩，又寄頓金二千兩。（註四五）又乾隆四十六年查抄廣信府知府康基淵時，康基淵於解甘肅途中畏罪自縊，結果在其靴靿內起出親筆供稿，內容吐露以前在甘肅辦理賑災時扶同捏結情形。（註四六）又乾隆五十四年查辦湖北臬司李天培代福康安買木植運京致妨礙漕運北上之案時，即查出李天培家人所帶李天培給長蘆鹽政穆騰額及湖北通判書各一封及木植帳簿二本，因此要查究其內容外，爲進一步瞭解李天培罪情，乾隆皇帝還要求湖廣總督畢沅及湖北巡撫惠齡追查福康安有無信件在李天培處，內容如何等。（註四七）

第三節　族產查抄範圍之確定

乾隆前半期有關犯人家族財產的查抄範圍，原則上採用已分財產止抄本人一分之法。至於未分析族產，初期全抄，自乾隆四十九年以後，即規定止抄犯人本人名分下之一股。因此四十九年可謂關鍵性的一年，對查抄族產的範圍，以此爲界，前後有別。在四十九年以前，其決定可謂以皇帝旨意爲依歸，自四十九年因廣西永安州知州葉道和科場舞弊案發生後，乾隆皇帝經由各種考慮，乃以例文明文規定，即使未分家，仍止抄本人一分。茲詳述於後。

一、乾隆四十九年以前帝旨決定查抄範圍

乾隆四十九年以前，原則上雖然未分家產就要全抄，以例文並未明白規定，仍須先請旨決定查抄範圍。在法律不周全的情況下，乾隆皇帝在這方面確實握有生殺與奪的權力，因此他的裁示是否合情合理便顯得很重要。那麼乾隆皇帝是憑什麼來決定查抄對象？尤其未分析的兄弟財產要不要全抄？或抄那些部分？資料顯示乾隆皇帝在接到相關奏摺時，他的批示有時是隨意的，情緒化的，因此有時傳諭只抄犯人本人名下之財產，有時卻又允許查抄所有未分析之犯人父叔與兄弟之產。有時依律，親屬財產當查抄的，卻又傳旨免其入官。例如乾隆元年曾靜、張熙等人以大逆之罪正法，刑部議，其親屬人等按律定擬，家產追沒入官。然而得旨云：曾靜、張熙大逆之罪皆本身自作，其親屬人等非叛案內知情同謀者比，逆犯既已正法，其刑部所議親屬緣坐，及人口爲奴、貲財入官之處，悉行寬免。（註四八）又乾隆三十年桑寨多爾濟私與俄羅斯貿易，於是乾隆皇帝諭軍機大臣，應將伊在張家口什物入官。但又諭「伊家產係伊祖丹津多爾濟所遺，若一併入官，朕心不忍。……必擇丹津多爾濟子孫，量賞官爵，給與舊產。著傳諭阿里衮等，除伊祖父舊產外，俱著入官。」（註四九）查抄與否，以及查抄那些人，和查抄多少，既由乾隆皇帝決定，那是獨裁帝王的權力，他可隨興批示。但是表面上他的

決定看來是隨意的，實際上也許我們也可以認為乾隆皇帝有他自己的打算。比如前舉第一例，當時乾隆皇帝即位不久，或許從長計議，他認為有必要展現出不嚴苛的形象。至於第二例，則是乾隆皇帝對同族旗人特別照顧的表現。從種種跡象看來，乾隆皇帝對旗人難免私心，採取的措施似乎比對漢人要寬厚些。不過不管如何，這種隨意下旨意的情況，於乾隆前半期較常見，到了後半期，乾隆的施政理念可能也漸趨成熟，對查抄範圍的決定也慢慢可看出思考的痕跡，漸漸表現得有原則，處罰方式也慢慢標準化，終於在乾隆四十九年將未分析兄弟家產的查抄範圍條文化。於是，原本較不確定的有關未分析兄弟共有財產之查抄範圍，至此得確定為只抄犯人名下一股。查抄範圍總算合理化、制度化。在此以前，乾隆皇帝對查抄範圍的決定雖然隨個案而異，不過大致都還可看出他的決定還是守著幾個原則。這些原則的堅持，才得以促成後來將查抄範圍條文化，纂為例文。茲將這些原則，及因此而促成制度化的經過合併敘述於後。

二、乾隆皇帝決定查抄範圍的原則及其制度化之過程

乾隆皇帝在乾隆四十九年以前，在決定查抄族產範圍時，所採取的原則可分三點。其一是受習俗影響，重視「父子不相及」；其二是依案情的嚴重性來決定。如果有侵漁入己，或有隱匿入官產，或戰事失利，都屬嚴重罪情，必抄及兄弟；其三是從整個國家的安危來考量，以不波及不相干之人，並免影響大局為原則。茲分述於後。

(一)**「父子不相及」之觀念與乾隆皇帝決定查抄對象**：現代人的觀念，認為有人犯法，處罰時應該

只限於犯案之本人，不當波及與犯案無關之父兄或其他親族。其實這種觀念早已存在於封建時代的中國社會，習俗早已有所謂：「子欠債父不知」（註五〇），也就是子欠債父可不負賠償之責；又有所謂「父子不相及」的觀念，含義也是差不多，也就是子有罪，不一定波及父親。這樣的觀念，在乾隆諭旨中也經常可見。前文提及，當臣工要查抄某人時，手續上必先上奏請旨，此時乾隆皇帝就會在奏摺上批示處理方式，這些批示，往往見有「父子不相及」一類的文字。例如乾隆十七年，以海關稅銀盈餘缺一萬二千餘兩，而查抄原浙江巡撫永貴。當時永貴之父任直隸古北口提督之布蘭泰即上奏，請將所有銀兩、衣服、首飾、器具、家人及房產盡數抵算，之外並請按季交養廉銀一千二百兩代賠。對此，乾隆皇帝即批以「已有旨寬免汝，所謂父子不相及也」，而免其代子賠款。（註五一）在此所謂「父子不相及」指的只是「子罪不及其父」而已，至於父罪，或父債，則兒子不免受波及，或被處罰，或代償父債。此種情況將於後文另行討論，於此只討論抄產時「子罪不及其父」的問題。

乾隆皇帝對「父子不相及」的觀念，也有用「不必問及」或「不必，罪在該犯耳」來表示的。例見乾隆二十九年查抄原任五台縣，也是埠商賴宏典時。賴宏典在京犯事，例應查追家產，同時其所犯之案，律應緣坐其父與兄弟。因此負責查抄之江西巡撫兼提督輔德乃請旨如何辦理，結果奉硃批：「不必問及」。輔德並先將賴宏典家產含其父親兄弟之所有一概查封，然後又奏：「查父子原無異財，且現在同居，雖稱已分，並無確據，所有財產自應一概入官」結果奉硃批：「不必，罪在該犯耳」。因此最後只將賴宏典名下之產入官，其辦法是賴宏典共兄弟四人，乃將其父名下之產業作四股均分，止將賴宏典一股入官，其餘悉行給還其父及兄弟。（註五二）

從資料看，可說乾隆皇帝相當忌諱波及他人。例如乾隆十八年，涿州知州李鍾俾虧空案發生時，負責查抄的閩浙總督喀爾吉善上奏云：除將李鍾俾之父李光型所有田房查封估價之外，又查辦及李鍾俾祖父李日桯公祠，係李光型十房兄弟公產，之外又搜查李鍾俾任所妻舅之家，結果並無寄頓財產。乾隆皇帝即在奏摺上硃批：「寄頓固不可，波及亦不必」，並傳諭云：「李鍾俾虧空案，非全屬侵貪，而該督哈爾吉善竟將伊族產搜查代補，所辦過嚴。傳諭哈爾吉善祗將查出本房田房，飭屬估變抵補。」（註五三）

㈡**罪狀重大，即查辦及兄弟**：有三種情況，首先乾隆皇帝認爲，重大案情，如犯人做官時，有侵漁入己之實，即須抄及兄弟。例見乾隆四十年川省發生軍需銀侵蝕案，查抄主其事之冀國勳。先是富勒渾奏，冀國勳例外加增夫價口糧，添改糧運，從中染指，即應在軍營正法。接著文綬則奏云，冀國勳只是加價雇夫，自買騾頭趕運軍需，並非侵冒。二奏迥不相符，因此乾隆皇帝乃派侍郎阿揚阿前往徹底清查，同時因巴延三又奏查辦冀國勳之弟冀國猷、冀國維家貲一事。於是乾隆皇帝指示阿揚阿：一、如果冀國勳將軍需侵漁入己，即應立正典刑，同時其兄弟冀國猷、冀國維家產亦應查辦；二、如果冀國勳實有支領買騾確據，並非侵冒軍需，其咎止於辦理不善，即無大罪，祇須將本身財產抵充缺項，自不必及其弟兄。（註五四）

第二種情況是查抄時如果兄弟有代爲隱匿情事，則屬罪狀重大，即使分居，此兄弟之產亦須查抄。例見乾隆四十八年查抄革職閩浙總督陳輝祖時。本來已分居兄弟可不抄，但如果有隱匿入官產之嫌則不在此限，只要有嫌疑，即須先查抄，待訊無隱匿之實，便可退還已抄之物。陳輝祖有兩個弟弟，一是陳繩祖，一是陳及祖，都已分居。爲恐他們有受寄或隱匿之事，因此兩個人也都查抄。先是查抄陳輝祖時發現他在蘇州有不少產業，而陳繩祖寄居蘇州，因此懷疑陳繩祖可能代爲經營，故必查抄其蘇州寓所。一方面查抄陳輝祖浙江省城任所時，陳繩祖剛好從蘇州帶來二大箱之物，內含玉器等，以未聲明是繩祖己物，乃一起被抄。蘇州方面則查出陳繩祖曾帶兩箱物品及玉器往杭州，因此查問陳繩祖所帶物品內容及去向。結果陳繩祖竟不能答清楚，遂引起查辦人懷疑他的動機，是否想以陳輝祖之物混報爲己之所有，以遂其舞弊隱匿之目的，因而還須繼續嚴辦。其結果不利陳繩祖，終將其湖南原籍家產抄沒入官。至於另一兄弟陳及祖，在查封財產後，查無代陳輝祖隱匿財物之事，請旨結果，乾隆皇帝即同意給還陳及祖的抄產。（註五五）在此兩個兄弟同時受累查抄，但結果卻是一查抄入官，一歸還。原因在於一個有隱匿之實，另一個則查無隱匿。

第三種情況是作戰失利。見乾隆三十三年雲南木邦之役。額勒登額爲猛密一路官兵統領，既不能攻克賊棚，反致賊乘隙扎立多寨；更調取孫爾桂之兵，使棄要隘，保護伊等。乾隆皇帝因而命抄其任所，並抄其弟隆安保家產，同時將其父子、其弟及已未嫁女全部拏交刑部監禁。已嫁女，令其離異並查抄家產。（註五六）

㈢**從整個國家安危層面考量，以不波及、不影響大局為原則**：此項可從廣西葉道和、岑照科場舞弊案來說明。本案結果是確定了「緣事查抄而兄弟未經分產者」「只抄本犯名下一股」之例文。前文提到乾隆皇帝在批示查抄對象的範圍時，受有「父子不相及」觀念的影響，雖然如此，並非所有案子都批「父子不相及」。有時也許案子太嚴重，或許乾隆皇帝情緒不佳，他也會容許查抄及犯人之父兄等人。或有時對犯案人的背景尚不清楚之時，他因對當事人個人的關心較少，因此也難免有案發之初，批示嚴懲犯人並罰及其父兄的，到了後來，對當事人的背景有了瞭解，於是態度會做一百八十度的轉變，再下諭旨以「子罪不連及其父」而免去處罰犯人父兄之舉。這樣對同一案而前後所下處理諭旨相反的例子，見於乾隆四十八年發生的廣西永安州知州葉道和與舉子岑照科場舞弊案。這是一個關鍵性的案子，在本案結束時，乾隆皇帝終於決定，是後抄產不再查抄未曾犯案但與犯人同居之父親及兄弟之財產，並把它例文化，使查抄對象之範圍的決定有依據的條文，也就是把它制度化，而不再是完全取決於皇帝個人旨意的局面。以本案影響深遠，為便於瞭解其經過，茲詳述於後。

原來乾隆四十八年廣西省鄉試第一名舉人岑照闈藝與平日文理不符，查訊結果供認賄囑永安州知州葉道和密令其幕友代倩轉遞，令其抄襲得以中式。於是巡撫孫士毅請旨革去葉道和知州之職，同時以其藐法圖賄希冀肥贍身家，除查封省寓資財什物及永安州任所資財什物外，「並飛咨湖北撫臣姚成烈將葉道和原籍江夏縣家產查封具奏」。對此，乾隆皇帝硃批「是」，表示贊同。（註五七）另一關鍵性人物岑照經孫士毅查訊後云，伊父土司岑宜棟並不知情。但仍奏云：「岑宜棟如不知情，已有管教不嚴之咎，倘知情故縱，則獲罪更大，應俟本案水落石出另為參奏」，乾隆皇帝在此奏「岑宜棟」諸字之旁硃批：「此人不可仍留彼處，以其究係土司也，其世襲自當與其族人或兄弟」。（註五八）他方面湖北巡撫姚成烈據孫士毅咨文，查抄葉道和原籍家產，以其父子兄弟未分居，因此抄及包含其父四川敘州府知府葉體仁之田房、器具及葉道和自買之房與墳地，並葉體仁家丁呈出之范軫承頂鹽井契約。姚成烈除飛咨四川督臣查明該鹽契之情由外，一面又咨明江西撫臣郝碩查抄葉道和之兄，時任撫州府照磨葉道中任所貲財。乾隆皇帝對姚成烈的措施，硃批云：「已有旨了」表示已照姚成烈的要求下旨四川和江西查辦，而對江西撫臣郝碩查抄葉道中任所貲財的奏摺則硃批：「覽」，表示無意見，也就是同意其措施。（註五九）

由以上諸摺的乾隆皇帝硃批，可以知道本案發生之初，乾隆皇帝是贊成處罰及父兄的。其處罰方式，對葉道和之父兄，以未分居爲由，同意查抄其財產含原籍與任所在內；對岑照之父，土司岑宜棟，雖未提及查抄財產之事，但皇帝卻硃批要免去其所世襲之土司之職，可見處罰相當嚴重。但除以上提及抄產與免世襲土司之職外，孫士毅又奏請要將這兩個父親以不能管教兒子爲由，交部議處，並代子賠款。其奏云：葉道和任所起出當票，以各當鋪典質之物均有憑票，須將其所當衣物等項一併解京，自應歸還當本，以免累商。而該犯業經查封家產，無項給還當本，以葉道和科場舞弊至於此極皆由伊父葉體仁平日不能管教所致，因此所有當本銀一千一百九十八兩，請旨飭該犯之父照數賠出，解粵歸還當鋪各商，似爲平允。對此奏，乾隆皇帝硃批「覽」，表示別無意見，也就是同意了。（註六〇）孫士毅又奏：「土田州知州岑宜棟雖不知伊子岑照在省賄囑代倩傳遞等事，但岑照科場舞弊皆由該土州平日約束不嚴之故，應與不能管教伊子葉道和之四川敘州府知府葉體仁一併請旨交部嚴加議處。岑照所許賍銀一千兩，雖係口許之賍，但賄囑代倩傳遞業已中式，應照例仍向許財人名下著追。應著土田州知州岑宜棟如數繳出銀一千兩」，與居間之長隨曾興所得銀二十兩及代倩之幕友曹文藻所得銀三十兩，一併入官。對此奏硃批云：「三法司核擬速奏」。（註六一）在此，要三法司核擬的當是指將岑宜棟與葉體仁「交部嚴加議處」一事，而非指岑宜棟代賠其子所許賍銀部分，因爲繳出賍銀只是小事一件，不必勞動到三法司。三法司核議的結果是「孫士毅審擬岑照等科場舞弊分別正法絞候，並將岑宜棟等咨部嚴加議處一摺已依議行矣。」（註六二）可見此案在發生之初，皇帝同意除查抄葉道和父兄之財產及免去岑照父親所世襲之土司職務外，還同意由這兩個父親代賠當本及口許之贓銀，並將兩個父親都交部議處。

以上是乾隆四十八年十一月間葉道和及岑照廣西鄉試舞弊案發到同年十二月十七日約一個半月間，本案處理經過及乾隆皇帝對本案所表現的態度。皇帝的態度是要處罰犯人的父親的。不過在此之後，乾隆皇帝的態度漸趨軟化。一見於乾隆四十八年十二月十八日孫士毅的奏摺。孫士毅奏，正在查取岑宜棟家族宗圖何人可以承襲土司之職，並先令其來省後，即「令遷移」，解其職。在此奏摺「令遷移」諸字之旁，乾隆皇帝硃批云：「亦可不必矣」。（註六三）不過在此奏摺到達皇帝手上之前的十二月十七日，乾隆皇帝諭令大學士阿桂等字寄孫士毅云：「此案土知州岑宜棟於伊子岑照囑託代倩傳遞私許銀兩之處，雖不知情，將來部議時自應革職。但岑宜棟係該處土司，伊子因科場舞弊寘之典刑，其革職之後，是否尚知畏懼，比前更加謹飭守法，留於彼處不致滋事之處，自應留心體察。著傳諭孫士毅，即飭所屬須不動聲色，密加查訪，據實具奏。其土知州世襲，自當於岑宜棟族人及兄弟中選擇誠妥者承襲，並著孫士毅酌議具奏。此諭以四百里傳諭令知之。」緊接著兩天後的十二月十九日，乾隆皇帝又令傳諭孫士毅云：「岑照於科場大典，交通賄囑、傳遞舞弊，法無可寬，自應置之重典。至伊父岑宜棟，既經訊明並不知情，自屬與伊無關。若因伊子岑照之故，而罪及其父，將土知州另行更換，轉恐伊管轄之人，心懷疑懼。將來部議進呈時，朕自當另降恩旨仍留原任。著傳諭孫士毅差妥人，明諭以不加伊罪，即將岑宜棟檄調赴省親自宣諭，以子罪不連及其父，令其較前加倍謹飭，照舊供職。如岑宜棟感激朕恩，心殷報効，不拘常格，有自行議罪之請，亦無不可加恩俯准，但不必強其從事，以示懷柔。即著該撫據實具奏，候朕定奪。將此由五百里傳諭知之。」孫士毅得旨後奏云：土田州一缺，於廣西諸土司中所轄之地較廣，岑宜棟自乾隆十一年襲職，服官最久，伊管轄土民尚皆貼服，見數十年熟習之長官不至更換，亦必感誦皇仁傾心悅服。（註六四）結果是岑宜棟感恩之餘，自議罰銀十萬兩，而硃批免其一半。（註六五）

在此可以看到，處罰岑宜棟已不是重點，乾隆皇帝所迫切關心的是以子之過而罰及其父，是否因而會衍生出邊界問題，也就是邊民羈縻政策是否會受到影響。岑宜棟終於不用免職，表面上對岑宜棟宣布的理由是「子罪不連及其父」，實際上是懷柔遠人仍爲當時政策之所必須。以上是案發到乾隆四十八年十二月十九日爲止，乾隆皇帝對岑照之父岑宜棟處罰與否的態度的轉變經過與結果。在此我們可以看到他對岑宜棟的處理是以政治立場的考量爲優先，把關心的重點置於是否會影響對邊民的懷柔工作，而把「父子不相及」的觀念置於次要，如果不是考慮到邊民的懷柔問題，他是不一定在乎「父子不相及」這一習俗的觀念的。

至於同案另一主要犯人葉道和之父葉體仁，乾隆皇帝有沒有改變態度呢？既然對岑宜棟不處罰的表面理由是「子罪不連及其父」，那麼葉體仁也不知其子科場舞弊之事，則一樣不處罰才算公平。而乾隆皇帝到最後也確實如此做了。只是這一個不處罰的決定比起對岑宜棟之時，共晚約一個半月。先是湖北巡撫姚成烈遵旨查明葉道和原籍產業，結果查出葉道和同伊父葉體仁在江夏、漢陽及江陵三縣之房屋田畝與墳地及契約、物件等，乃將這些確切估價，除另造細冊送部外，並另繕清單呈覽。但在這件清單到達皇帝手上之前，乾隆皇帝已於四十九年正月二十八日命尚書和珅字寄傳諭姚成烈云：「葉道和在場中藐法舞弊，粤西相隔遙遠，葉體仁並不知情，所有任所貲財衣物自應仍行給與，其原籍查抄家產并著傳諭姚成烈遵照前降諭旨，將葉道和應得一股產業，查明分晰入官，此外係葉體仁名下之產，著加恩一併給還。」於是姚成烈上奏，以葉體仁有二子，長子葉道中，次即葉道和，所有原籍產業，自應按照兩股分晰辦理。結果是葉道和自置之房屋召變入官，江夏縣墳地一塊，築有生壙仍給還葉體仁，葉體仁所置產業、器物及租穀變價餘剩銀兩，均應分出葉道和一股分別變價入官，餘俱給還葉體仁及葉道中照舊領管。又以房屋難以剖分估變，乃據兩處房屋及園地、房地原契載明共價銀二千零一十四兩，令葉體仁繳出銀一千零七兩（即半額）入官，將前項房屋地土仍給葉體仁及葉道中管業，以免召變扣給之煩。並將葉道和應行入官之一股房產器物另造估變細冊咨部。對此奏，乾隆硃批「該部知道」，表示姚成烈的措施沒有問題。（註六六）

本案查封未分居家族財產範圍之確定，其演變經過到此告一段落。從案發的乾隆四十八年十一月到四十九年正月二十八日，兩個多月之間，上諭對葉體仁之產，由允許查抄轉變爲不抄，其間乾隆皇帝必然經過深考。導致他考慮的因素，不外是兩個，其一是，對同案中的兩個父親岑宜棟與葉體仁必須一視同仁，既然不處罰岑宜棟，也就不便罰及葉體仁；其二是，兄弟已分產的止抄犯人本人一分，但是兄弟同產的，只要其他兄弟並未參與犯案，處罰時就不當波及，因而也只能查抄犯人本人一分。就因爲這樣，乾隆皇帝決定把它纂爲例文，以便查抄時能夠有明確的依據。據「讀例存疑重刊本」卷四「緣事查抄而兄弟未經分產者」之條，其例文如下：「緣事獲罪，應行查抄貲產，而兄弟未經分產者，將所有產業查明，按其兄弟人數分股計算。如家產值銀十萬，兄弟五人，每股應得二萬。祇將本犯名下應得一股入官，其餘兄弟名下應得者，概行給予。」下注：「此條係乾隆四十九年廣西巡撫孫士毅奏永安州葉道和與岑照科場舞弊藐法營私，請將葉道和家產查抄入官一案，欽奉諭旨，恭纂爲例。」（註六七）

查抄家族財產的範圍到此制度化也合理化。由以上經過可知，乾隆皇帝在處理本案時，自有一定的原則，並在此原則之下決定促成查抄範圍的制度化。他的原則是以整個國家的安危爲優先的考慮。當事件發生之初是科舉重事，不容破壞，因而認爲必須罰及犯人之父兄。這是當初要革土知州岑宜棟及查封知府葉體仁財產的原因。但是岑宜棟的革職問題只是查抄案衍生出來的處罰範圍之一，並非查抄財產的主題。如果因而引起邊界不安，將非處罰岑宜棟的本意。因此，即使科舉大事，也不必波及未犯法之他人，致節外生枝；同時，對同一案中相關人員的處罰必完全公平，不能有雙重標準，這個原則也可說是最後罰不及犯人之父的原因，也是本案終於促成查抄家族財產範圍制度化的最主要原因。雖然此後的查抄案，臣工仍不免依舊例，請旨決定查抄家族財產的範圍，但既有例文可循，便不再是乾隆皇帝隨意操縱的局面。不過從以上結果看來，乾隆皇帝還算開明，並非濫使權威之帝。而在乾隆四十九年以前，查抄親屬財產範圍沒有一定標準，可說完全是因制度尚未確立所致。於後列舉各種實例，以便瞭解當時未能樹立標準的實況。

第四節　查抄親屬及其他相關人員家產之實例

當執行查抄時，除案情輕重有別而影響查抄範圍之外，因每個家庭經濟生活結構不一定相同，加上早期查抄財產範圍並無一定標準，難免影響查抄方式也隨之而略有不同。例如有分爨而田房不分的；有分爨、分產，但同屋居住的；有分爨、分產、分屋居住，但營運卻不分的，茲分別舉例如後。

㈠**未分家兄弟之產全抄**：第一例見乾隆三十三年查抄在雲南陷於緬匪之盧懷亮原籍四川南部縣家產時。查出有祖遺公共未分瓦房一所，共十間，田坵地七段共二十一畝零，屋後山坡一段不足一畝。據盧懷亮兄弟說，盧懷亮只該有三分之一，但負責查抄之四川總督阿爾泰認爲既係未分公產，應請一併估變入官。對此奏摺乾隆皇帝硃批「覽」，既無其他意見，表示皇帝同意阿爾泰的處理。（註六八）第二例：父產亦屬兄弟所共有，故亦須一併查抄。例見乾隆四十七年查抄山東歷城縣虧空案之東平牧李璞時。除因兄弟未分，家產全抄外，也將其父在易州房屋二所、田地百餘畝及京城房四所均抄封。同時還質訊保鄰人，並核對家存簿冊無誤。（註六九）第三例：如果是同居共爨，則祖遺產業，及其他兄弟自己購買之產亦須查抄入官。例見乾隆五十三年查抄因林爽文案而得罪的臺灣知縣程峻原籍安徽家產時。先是安徽巡撫陳用敷准閩浙總督李侍堯咨將程峻祖籍家產查封記檔後請旨辦理，結果奉諭嚴密查抄入官。抄出內容除程峻得官後置買田地四處外，又有祖遺及程峻之兄程岳置買之產。陳用敷以兄弟同居共爨，並未分晰，未便藉稱祖業並其兄弟所置之產即希圖影射分撥，因而一併查抄確估變賣入官。(註七〇)前文已提及，乾隆四十九年時規定兄弟未分產時之查抄，按兄弟人數分股計算，祇將本犯名下一股入官。然而本案查抄時已是乾隆五十三年，卻仍將程峻兄弟之產一併查抄，原因還是在於林爽文之亂是重大案子，對當時在臺灣有關之官吏處罰特重之故。(註七一)第四例：親族田產未分晰，雖各分居另爨，仍將其田房衣物一併查抄。例見乾隆四十六年查抄甘肅省冒賑案內，原籍安徽桐城縣之試用布政使經歷許士溱家財產時。其家係莊農，家中惟農具布帛、菽粟等物。原籍家中現有許士溱之父叔四人在，雖各分居另爨，以田產尚未分析，遂將其田房及家中田契衣物等一併查抄，並調查桐城縣各完糧戶名，各無隱漏。(註七二)

(二)未分居兄弟之產自乾隆四十九年後確定不必入官。在此之前即有先已抄及兄弟共有之產，而經上諭免抄，終於給還兄弟財產之例。見乾隆二十九年查抄鹽商朱立基時，署貴州巡撫劉藻奏云：抄朱立基之弟朱崙，查無隱匿。乾隆則硃批：「此自其兄之罪，不必過嚴。」朱崙之貲財得以免抄。(註七三)另一例見前文提及，乾隆二十九、三十年間查抄原任五台縣賴宏典家產時，因與父弟同居，並沒其父弟之產，因硃批云「不必，罪在該犯耳」最後將伊兄弟未分家產按兄弟之數，派作四股，只抄賴宏典名下一股入官。(註七四)又一例見於前文提及乾隆四十九年查抄廣西永安州知州葉道和時，以與其父兄未分居，乃抄及其父兄之財，最後乾隆皇帝以葉道和科場舞弊之事，其父葉體仁並不知情，因而除命令將葉體仁任所貲財衣物給還之外，葉體仁原籍家產亦照葉道和兄弟之數分為兩股，止抄其中一股及葉道和自置之產業入官。此後即確定「緣事獲罪，應行查抄貲產，而兄弟未經分產者，將所有產業查明，按其兄弟人數分股計算。祇將本犯名下應得一股入官，其餘兄弟名下應得者，概行給予。」於

是不必累及兄弟。（註七五）

㈢**已分產，有分單，止抄本人名下一分財產**。不過在乾隆早期仍須請旨決定處理。例見乾隆十八年查抄違例捐員外郎之劉裕泰時。劉裕泰出身不正，違例捐員外郎，又倚藉交好給事中特吞岱，巧爲鑽營多事，因而抄產，並查封其兄之產。主其事之兵部尚書步軍統領舒赫德奏請上諭處理之法，得旨：其已分居之胞兄劉裕德無庸旁及，所有財產著即給還。（註七六）另一例見乾隆三十三年查抄在雲南陷於緬匪之守備程徹時。程徹原籍直隸懷來縣，口北道福德查出程徹貲產，房地衣飾什物等件，並將程徹之叔程心淳、弟程敘貲產一同查明開具清單呈送總督。程敘住房雖與程徹住房共爲一所，然而各有分定層次，另立廚竈，久經各爨。當據呈驗分單，質訊地鄰，所供俱屬相符。因此負責查抄之直隸總督方觀承乃上奏請旨，應否將程徹之叔程心淳及弟程敘等之貲產一併估變入官，未敢擅便，將俟旨遵行。結果乾隆皇帝在奏文上之程心淳、程敘諸字旁硃批：「此二人應寬免」。（註七七）本來已分爨之兄弟、親戚等原可不必抄及，然而在此仍可看到主其事者還是請旨，像這樣的例子直到乾隆晚年尚可看到。可知在查抄範圍的決定方面，帝旨仍優先於制度，也可知乾隆皇帝的權力始終影響著查抄的工作。

到了乾隆中期以後，不少督撫在處理已分產家庭之查抄工作時，漸漸能夠直接了當的止抄犯人本人名下的一分財產，而不併抄其他兄弟之產，免去了徒增請旨後再歸還的麻煩。例如乾隆四十六年因甘肅省冒賑案而查抄革職寧紹道蔣全迪原籍家產時。查出蔣全迪祖籍江西景德鎮有蔣氏祖先祭祀公產，結果止抄出其名下應得四分之一，及其他蔣全迪個人名下之產。（註七八）又見乾隆四十七年因山東省虧空案而查抄革職安徽臬司呂爾昌原籍家產時。呂爾昌兄弟早已分析，原籍雖有祖遺田產，然以數目不多，止分給其殘障及無官職之弟，有分書爲證，最後止查抄呂爾昌出仕後自置之房產田畝等。（註七九）乾隆四十年代的查抄案一般都是只要確實分家，兄弟分居各爨且各執有分書，逐細查核均屬相符，就只抄出本人名下田地房屋，其餘兄弟不抄。這樣的情況較單純，例子也較多。

㈣**兄弟久經分家，有分單，且另院分住，仍一併查封，不過其清單則分開登記，以便請旨辦理：**例見乾隆四十六年查抄甘省捏災冒賑案內之秦州直隸州知州侯作吳原籍家產時。侯作吳有弟侯承澤係捐納千總，另院分住，雖供久經分家，有分單可查，結果以同胞兄弟仍一併查封，只是兩兄弟之財產分開清單呈覽，候訓示處理。（註八〇）這種情況在乾隆後期較少見，因爲已分析清楚之兄弟原可不必抄及，但是此案負責查抄之直隸總督袁守侗可能把本案嚴重化之故，依舊抄及犯人之弟。也許他也知道有背常理，所以才將兄弟之產分開登記，以便將來給還時留後路。不過此奏摺的硃批是「覽」，可知乾隆皇帝並未作具體的指示。本來有關甘省冒賑案各犯查抄之財產，當初都是備抵冒賑款項之用，有餘入官，不足則兄弟或其他親族代賠。或許侯作吳之弟被抄之產也是爲備將來代賠用。只是結果如何，以欠缺資料，待查。

㈤**兄弟已分爨，各住房一所，但以房屋毗聯，且營運又多合夥，乃一併查封：**例見乾隆四十六年查抄甘省捏災冒賑案內籍隸直隸之丁憂革職西安府同知趙杭林時。結果將兄弟四人及胞姪等之房地、衣飾、當鋪、雜貨鋪、藥鋪等資本均一一確查封貯入官。（註八一）此案一併查封，主要關鍵在於兄弟合夥營運上。

㈥**兄弟已分析，止抄本人名下一股，但有未分之公產，則未分公產全抄**，例見乾隆四十六年查抄甘省折捐冒賑案之平番縣知縣陳鴻文原籍時。原來陳鴻文家住房一所共一百十四間係陳鴻文弟兄四房同住，又住房之旁市房五十七間，其前即開有長興號典鋪。據云，伊弟兄久已各爨，仍同屋各院居住，伊父遺產除住房市房當鋪外，尚有田一千四百二十餘畝，蕩二百五十餘畝。上年伊父病重將前項住房田地作四股分析。內陳鴻文分得住房二十八間，田三百三十畝九分，蕩一畝一分。此外長興號當鋪並市房五十七間伊父陳鶴鳴留出作爲公產，都有遺囑可據。結果是將陳鴻文名下分授田房及伊父陳鶴鳴遺存未分典當市房全抄之外，又將兄弟各房之金銀、玉玩、銅器、珠飾、衣服器具等項逐一抄出分別解京估變。（註八二）此案的處理，值得注意的有三點，一是查抄已分析財產時，所依據的不是分單，而是陳父的遺囑。可見清代在處理查抄案時，遺囑具有一定的法律效果；二是兄弟既已分家，其田房產業等雖不抄，但各房之金銀珠飾玉玩衣服等物件卻都須逐一查抄入官；三是公產須全抄。

㈦**兄弟已分析，只抄本人名下一分財產；另有父親未分養贍銀則全入官**：此例見於乾隆四十六年查抄甘省折捐冒賑案之革職署玉門縣知縣寧夏府經歷張毓琳原籍貲財時。張毓琳兄弟四人，於乾隆三十九年伊父因張毓琳負欠頗多，呈縣分析，存有斷案。張毓琳赴任，家中無田地、衣物，僅有銀一千餘兩，由伊弟代爲收存，及典置鋪房及住房二所，之外伊父供稱尚有未分留爲養贍銀八千兩在外營運，係張毓琳應分之貲。結果將查出張毓琳己貲、住房、鋪房俱行查抄之外，又將伊父未分養贍銀八千兩一併嚴行追繳。（註八三）此案特點是，父親的養贍銀並非按兄弟之數均分止抄一股，也不留絲毫給其父做養贍，而是全部查抄，此點與前一例陳鴻文案之將公產全抄類似。只是陳案父已亡，而本案張毓琳之父猶健在，竟將其父之養贍全抄，似乎更爲嚴苛。

㈧**查抄時人已故，有父與弟及養子在，以生前未分析故全抄**：例見乾隆四十六年因甘省折捐冒賑案而查抄原署武威縣林德基江寧原籍財產時。查抄時，林德基已於上年九月病故，生前與其弟並未分家，並無子女，撫養一子，領銀四千兩往甘省貿易，家中唯父與弟在。結果將住房及所有金玉衣飾，和家中開張紬緞布疋等貨與各項器具，及市房、田地山場等抄出，同時其弟在漢口開店之緞莊要咨湖北省查封外，並要截拏其在外貿易之義子，以便起出所携帶之銀兩貨物。（註八四）

㈨**兄弟已分產，有分關，然產業仍舊由其中一人掌管，則視同「雖分而實未分」全抄**：例見乾隆四十七、八年間查抄原濮州牧陳珏成時。陳珏成與其兄陳玉成早已分家，有分關可憑，然而產業在分後仍由陳玉成掌管，因而負責查抄之巡撫富躬斷定陳珏成兄弟之產「雖分而實未分」此其一；且陳珏成係因東省虧空須賠項而抄，而該案虧空各員審擬原案，如因原籍既已查抄，所有虧項議令該管上司分賠，如此則本員原籍產業未便藉稱公共之業，影射分撥，致蹈隱匿之弊，此其二，基於這兩個理由，富躬乃將陳珏成及陳玉成兄弟名下田房產業，悉數入官估變。此時陳玉成已故，其子陳盤言即陳珏成之姪，原也以家產未分爲理由，將其江西弋陽縣知縣任所、寓所貲財一併查抄，同時陳盤言在其父叔分析後，置有山地等，也受累一併查抄。此案到最後則又承認其家分析確實，因此認爲不必波及姪兒，乃將陳珏成兄弟分析後，姪兒陳盤言自置之產連同其任所抄出之衣飾等概行給還。（註八五）由上看來，此案處置結果前後似有矛盾。既承認其家分析確實，且將其姪之產歸還，則在此之前所查封其兄之一股產業也當歸還。不過依清代賠項的規定，在查抄後家產盡絕，則所餘虧項須由上司分賠。因此，如任陳珏成之家保留其兄之一股產業，卻反要上司分賠其虧項，顯然說不過去，所以富躬的處理也就有較正當的依據，不算過分。（註八六）

㈩罪狀重大，則可抄及兄弟、姪兒之產：所謂的重罪如本章第三節二之㈡所舉諸例，包含侵蝕軍需銀、隱匿或侵呑入官產、作戰失利等。在此再舉一例，如乾隆四十二年因懷疑四川平武知縣蔣振闓及其姪蔣泰盜賣軍糧，乃將兩人家產均嚴密查封。後來查無盜賣軍糧之事，亦無虧短，非大過，不至查封家產，因此將所有查出家產照數查明，仍行給還。（註八七）

㈩㈠抄及同屋或鄰房居住之族人：查抄原籍家產時，難免遇到叔姪孀母等族人同屋或鄰房居住的。有時負責查抄的人會以防止隱匿爲藉口一併查抄這些族人房內之物。這種情形有時是抄後以查無隱匿歸還，有時則以與犯人家產未分析，或不明言理由全部查抄入官，這樣的結果可以認爲是查抄未分析兄弟財產的延伸。茲舉數例於後：第一例是抄及孀母、堂嫂之物。乾隆三十三年，學政梅立本於考試鬱林州時，勒索供應，凌辱知縣致自刎，因而查抄。負責查抄其原籍之安徽巡撫馮鈐，將其同屋居住之孀母與堂嫂等雖然已分家，仍行查抄，爲的就是防止隱匿，馮鈐並在奏摺上聲明，如果查無隱匿即當給還。（註八八）第二例是抄及姪兒。乾隆四十六年查抄甘省捏災冒賑通同舞弊之原任甘涼道王曾翼江蘇吳江縣原籍財產時，即將在籍居住之親姪王祖寶之銀錢，首飾等逐一查封。（註八九）第三例是將買給姪兒之房地查抄入官。見乾隆四十七年查抄濟南府知府馮埏原籍時。查出馮埏曾買房地給其姪，時其姪與馮埏早已分居渡日，且買給房地時立有議單付給養贍，但以係馮埏任所資財所置，因而仍令撤出入官。至於其姪自置粗用之物則在訊明定案後，再行分別給還，免入官。之外，馮埏也助其妻弟置買地四十畝，一併撤出入官。（註九〇）第四例是查抄堂弟及堂姪家之銀物。見乾隆四十七年查抄革職嘉興府知府楊仁譽原籍家產時。楊仁譽係與革職閩浙總督陳輝祖共同舞弊，抽換王亶望入官金玉書畫等之嫌而被查抄。結果除抄其田房、玉器、銅磁、文玩之外，並查及楊仁譽堂弟及堂姪等家之銀錢首飾及玩器等。（註九一）只是本例並未提及結果，其堂弟與堂姪之物是否入官，待考。

(十二)**抄及父親之財產**：關於犯官父親之產抄不抄的問題，在舉例之前，有三個相關事項須要補加說明。這三項前文都曾提及。一是父子不相及，子罪不連及其父；二是兄弟未分析，則財產全入官；三是未分析之家產屬家族所有人所共有，如父在，則父親也有一分。今就此三點合併說明。乾隆皇帝雖然在早期諭旨中，即表示有「父子不相及」「子罪不連及其父」的觀念，（註九二）本章第三節二之(三)已提及，在乾隆四十九年確定「緣事查抄而兄弟未經分產者，只抄本犯名下一股」之條文（註六七）以前，查抄之案如遇「兄弟未分家之產」就要全抄。（註九三）這樣的查抄條件，實際上已關係到抄及父親之產。封建時代我國民間習俗，父在，則子不輕易分家，因此未分析之產必然不在少數，則父產一併被抄的機會便很多。同時，只要不分家，家產便是家族所有人共有之產。（註九四）且未分家時，家產所有權之代表人應該是父親，因此子之產，實際上即是父之產。就是所謂父子原無異財，何況現在同居。（註九五）因此抄及未分家兒子之產，如果父親還健在，則仍是抄了父親的。這種情況可以說，雖無抄父之名，卻有抄父之實。可見種種規定難免自相矛盾。雖說是子罪不連及其父，也不過是表面文字而已。因此，在乾隆四十九年以前，除非皇帝特別開恩，否則未分析兄弟之產全抄時，只要父親在，實際上還是要抄及父親之產。所謂子罪不連及其父，在這種情況下並不完全行得通。其次，如前文提到，乾隆皇帝在決定查抄對象的範圍時，也會考慮到「父子不相及」的問題，因而在乾隆十七年查抄原浙江巡撫永貴時，永貴之父，時任直隸古北口提督之布蘭泰曾主動請求將自己所有銀兩、衣物、家人及房產等儘數入官，並按季繳交本任養廉銀以代賠其子所欠公項時，乾隆皇帝即告之以「父子不相及」而免其代子賠項。（註五一）乾隆皇帝並以同樣理由，於乾隆四十九年查抄革職並正法之永安州知州葉道和家產時，免去查抄葉父葉體仁之產。同時也因葉案而確定了是後「緣事獲罪，應行查抄貲產，而兄弟未經分產者，將所有產業查明，按其兄弟人數分股計算。」「祇將本犯名下應得一股入官，其餘兄弟名下應得者，概行給予。」（註六七）據此，葉案的處理是將父親葉體仁的財產按他的兩個兒子均分爲兩股，而將小兒子葉道和應分得的一股入官，其餘財產及葉體仁任所查封之貲產則給還。依此結果，知道並未給葉父也就是葉體仁留下一股財產。依國人的習慣，父親已故，兄弟分遺產時，一般是按兄弟之數均分；如果父母在，分產時必然會留一股做爲父母的養贍用。如今沒收財產入官時，雖然父在，卻不考慮爲父親留一分養贍之產，而將所有財產按兄弟之數均分，抄犯官之一股。這樣的結果有如預支父親之遺產入官，其實仍是抄了父親的財產，同樣旳也是雖無抄父之名，卻有抄父之實。可見查抄案在這樣的情況之下，是不允許父親保留養贍分的。因此，也有可能會遇到一種情況，即是萬一犯人是獨子，而父親尚在時，其家產如何查抄的問題。因爲這樣的家庭原不必分產，那麼父之產即是子之產，看來似乎也要全抄。如果查抄時不留父之養贍分，則仍是抄及父親。關於這個問題，目前尚無保留父親養贍分之實例可資說明，待考。

不過由前文可知，乾隆皇帝在決定查抄對象時，曾經發揮「父子不相及」「子罪不連及其父」的觀念，也因而免去布蘭泰代子永貴賠項的要求；並免去了查抄葉道和之父葉體仁的財產。雖然實際上按照習俗葉體仁應當留下的一分養贍之產還是入官了，還好，至少保住了一半的財產得以傳給大兒子，免入官，同時又免抄其任所貲財，也算是不幸中的大幸了。像這樣，因皇帝諭旨而免去父兄財產入官，而將其父名下之家產按兄弟人數均分，只抄犯人一股入官的例子還有前文提及的賴宏典一案。（註五二）可是現實上並非每個父親都這樣幸運。從資料看，難免還是有指名查抄父親貲財的。茲舉例如後。

第一例：乾隆四十六年因甘省折捐冒賑案而查抄楊悳言時，即抄及楊父，當時任武昌同知之楊迎鶴任所貲財。（註九六）第二例：乾隆四十六年同一甘省折捐冒賑案，查抄試用布政司經歷許士梁桐城縣原籍財產時，其父叔四人在家，雖各分居另爨，以田產尚未分晰，將其房子二所與田地六百五十畝共約值銀二萬餘兩之外，現銀七十八兩餘及田契衣物等全部查抄。（註九七）此案，因家產未分析之故，不但抄及父親之產，還抄及叔父之產。第三例：抄及父親養贍銀的例子，見乾隆四十六年同一甘肅折捐冒賑案查抄署玉門縣知縣寧夏府經歷張毓琳陝西三原縣原籍家產時。張毓琳有兄弟四人，其父尚在。以張毓琳負欠頗多，乃於乾隆三十九年呈縣分析，存有斷案。也幸而如此，查抄時其兄弟之產得免被波及。張毓琳在家無田地衣物，僅有銀一千六百兩及典置鋪房，原價銀一千一百餘兩；住房二所。另外張毓琳之父張寶善尚有未分留爲養贍銀八千兩在外營運，是張毓琳應分之貲。結果執行查抄的人，除將張毓琳本人名下之現銀、住房、鋪房查抄之外，還將其父之養贍銀整個嚴行追繳入官。（註九八）在此，養贍銀因是未分之財故全部查抄，由此可知，當時查抄財產是不承認犯人之父可保留養贍銀的，因此可說，本案是很明顯的抄及父親之財。本案如果再晚三年，也就是在前文所提乾隆四十九年「緣事獲罪應行查抄貲產，而兄弟未經分產者……按其兄弟人數分股計算，」「祗將本犯名下應得一股入官，其餘兄弟名下應得者，概行給予。」之例文制定以後發生的話，也許此未分之養贍銀當可依四兄弟均分爲四股，止抄犯人應分之一股二千兩即可，如此則至少其父還可假借其他三個兒子之名，保留六千兩的養贍銀。

㈢**兒媳之產全抄**：中國人對父子在外負債的償還觀念，習俗是「子欠債父不知」，也就是父親不一定有責任替兒子償還債務，但另一方面卻認爲「父債子還」是天經地義的事，不但習俗如此，法律規定也如此。（註九九）因此父在外之債負，兒子不能逃避，這種情況也適用於查抄之案，在執行查抄時用爲決定查抄對象的準則之一。前文提到，當執行查抄時，犯官的父兄財產不一定在查抄入官範圍之內，但直系血親卑親屬的財產卻都要查抄。且在查抄兒子的任所等地之財產時，也往往以「備抵其父之欠項」爲理由。除兒子的財產之外，孫子的也要查抄。媳婦的奩粧屬於兒子，故要一併入官。孫媳的奩粧也一樣。茲舉例於後。

第一例，查抄兒子任所之貲財。這種例子很多，如乾隆四十六年查抄甘省捏災冒賑案內之現任湖北安陽府知府姜興周家產時，查出其次子姜秀是現任雲南峨嵋縣典史，於是由雲南巡撫派府縣前往查抄，將姜秀任所衣飾、財物連人解送到省由藩司封貯備抵伊父應追官項。另有同案前任甘省寧夏府病故知府江世淋，有子江芮現任雲南馬龍州知州，雲南巡撫乃派人前往查抄其任所貲財，但得知江芮運銅往京，其眷屬隨同前往，當時已在回程中，乃咨請沿途查辦。結果，於湖北被截留，因此須由湖北查抄其隨身行李。（註一〇〇）再如乾隆四十六年查抄前任甘肅循化廳，現任雲南知府改補同知張春芳時，查明他有兒子張源係現任湖南常德府通判，因此由雲南巡撫咨行湖南巡撫將張源任所寓所之銀錢、衣飾等一併查抄，造冊咨送滇省歸入張春芳名下備抵官項。（註一〇一）且兒子不管有幾個，只要是在做官，其任所、寓所都要查抄。例見乾隆四十九年查抄江西巡撫郝碩財產時。郝碩生子十一人，第九未育。年長做官的有長名郝爾敦，現任山西布政司經歷；二名郝敏安，現任江南海州分司運判；三名郝隆阿，係工部學習筆帖式；四名郝鍾安，係理藩院學習筆帖式。其中三子郝隆阿與四子郝鍾安並在京管理郝碩之產業。因此兩江總督薩載在負責查抄郝碩任所、寓所貲財後，以郝碩次子郝敏安在海州分司運判任所及揚州寓所貲財例應查封，乃飛委淮揚道及淮安知府、海州知州等親往嚴密查封。之外，又以郝碩長子郝爾敦現任山西布政司經歷任所貲財亦應一體查封，乃先飛咨山西撫臣照例辦理，至於郝碩在京田房產業則已另行奏請勅下步軍統領查封。（註一〇二）第二例是截抄兒子在外營運行商之貲財：見乾隆四十六年查抄甘省折捐冒賑案內，原洮州同知顧芝原籍家產時。查出顧芝之子顧家珍帶有繡貨、紬緞等物往廣東貿易，因此負責查抄之江蘇巡撫閔鶚元即飛咨湖南、貴州、廣東撫臣并經過省分一體截拿辦理。（註一〇三）再一例是乾隆四十三年發生高樸私玉案，查追幫助高樸販玉之私玉犯趙鈞瑞貲財時。查出趙鈞瑞有子趙四保，出資由客夥葉五販賣磁器。追查結果，於湖北查獲所有磁器，估變報解。（註一〇四）第三例是查抄媳婦之奩粧。見乾隆四十七年查抄革任閩浙總督陳輝祖時。負責查抄之伊齡阿與伊星阿上奏云：在查抄陳輝祖蘇州房產及隱匿寄頓各情節時，曾查問與陳輝祖兒女姻親之編脩吳以鎭，堅供陳輝祖並未託伊置買引窩，亦無絲毫寄頓，出具如有欺隱，情愿從重治罪甘結在案。但是不久卻接到浙江來咨，內開陳輝祖第三子山蔚係翰林吳以鎮之婿，有贈嫁傢伙奩田等項，查照著追前來。伊齡阿等繼續奏云：「陳輝祖既經奉旨查抄，則伊子財產即係應行入官之物，所有寄存傢伙奩田等項，吳以鎮當傳詢到案時理應據實呈出方是，況伊身為翰林，更非市井狡獪可比，乃恃有護符堅執不吐，並有切結希圖朦混，是其甘心代為隱匿已屬顯然，相應請旨將編脩吳以鎮革職，嚴審有無別項營運寄頓確情，一面查追傢伙奩田等項訊供辦理。」（註一〇五）對於此奏，乾隆皇帝馬上有指示，即原物要查追入官，但編修吳以鎮則可不必革職。最後伊齡阿等再訊據吳以鎮供：當日奩田原是岳丈蔣家贈嫁來的，我轉給女婿陳山蔚，方單交付山蔚，田租仍是我著人經管。現在伊父奉旨查產，我因想方單向來並未過戶，仍是蔣姓出名，故不曾供出。結果吳以鎮把這批奩田呈繳入官，結束了這件案子。（註一〇六）可見媳婦的奩田，即使方單上並未過戶，仍要查抄。另一例見乾隆四十六年查抄甘省折捐冒賑案之原甘涼道王曾翼在籍家產時，即將王曾翼之媳母家奩贈田一百畝查抄入官。（註一〇七）至於孫媳之奩粧屬孫子所有，也同兒媳一樣，一律在查抄範圍之內。例見乾隆四十八年查抄山西商人范清濟家產時，即將其孫媳之粧奩一併查抄入官。（註一〇八）

(十四)**女婿及出嫁女之財物原則上不抄，但也有例外**。第一例：不波及女婿之諭，見乾隆四十六年查抄甘省折捐冒賑案之革職甘肅布政使王廷贊時。王廷贊之婿嵇承恂係大學士嵇璜之子，贅居王廷贊任所，以甘省遇亂，乃攜妻起程回京，不久即發生王廷贊抄家之事。陝西巡撫畢沅聞知嵇承恂來到陝省，恐有帶回王廷贊家貲及寄頓隱匿情事，乃派人前往查辦。將其寓所現有箱匣內銀錢衣什逐一查明造冊封貯，所帶據嵇承恂云係伊夫婦自己衣什粧奩。畢沅將此奏聞。對此，乾隆皇帝卻在畢沅奏摺上之「其嵇承恂寓所衣物臣飭司封貯，派員收管，候直隸督臣查明咨復到日再行核辦。」諸字之旁硃批：「其婿耳，莫波及」。可見乾隆皇帝的意思是不必查抄及女婿。於是畢沅乃將所封之物給還嵇承恂。（註一〇九）這種不抄及女婿的觀念，可能是當時普遍的共識。不過如果女婿家有幫助隱匿入官產的即不在此限。第二例：先查封女婿之產，待查明無代爲隱匿、寄頓等事實後給還。見乾隆四十七年查抄革職閩浙總督陳輝祖時。負責查抄之王進泰等即密飭紹興府知府清泰親往查詢陳輝祖女婿，翰林童鳳三之子，如有寄託銀物，令其速即據實供出，倘敢代爲隱瞞，查出一併治罪，一面先將陳輝祖女婿家財產先行封固。查封的結果如有代爲隱匿寄頓之實，自然要將封產入官，否則便可給還。（註一一〇）第三例：出嫁女之財物不抄。出嫁女之物既歸女婿，原不必抄，但也有例外。見乾隆三十二年查抄原雲貴總督楊應琚在貴州貲財時，也將其女劉楊氏行李一併查封。此案資料並未提及劉楊氏生平細節，但其所以查封原因可能有二，一是劉楊氏係離開夫家，返回娘家居住；二是楊應琚之查抄係因剿緬匪失利，最後賜自盡之人，可見罪狀嚴重，抄及已出嫁之女，並不算過分。（註一一一）另一例見本章第三節二—㈡罪狀重大查辦及兄弟之項，與楊應琚同樣因對緬匪作戰失利而查抄副都統、猛密一路統領額勒登額時。除將其已未嫁女全部拏交刑部監禁之外，已嫁女則令其離異，並查抄家產。（註五六）這裡有一個問題是，已嫁女要查抄，但究竟是查抄離異後帶回娘家之物，或是離異當時的夫家（也就是額勒登額的女婿）的財產，則以資料不詳，待考。以上三例，楊應琚與額勒登額兩人都是因在雲南對緬匪作戰失利而遭抄。其結果都抄及原不必查抄的已出嫁女。可見對軍事失利的負責人處罰相當嚴重。比如乾隆四十八年因臺灣漳泉民械鬥而查抄爲首之武舉許國梁時，乾隆皇帝即以「紳士作惡，罪尤不貸」而下諭抄其財產入官，並諭將其妻子女從重緣坐，給功臣之家爲奴，但明令其許配與人之八歲女免其緣坐。（註一一二）只是許配與人但尚未嫁出的既不必入官，已出嫁女更不必。但是乾隆皇帝對軍事失利之負責人，在查抄時就不容許有這樣寬厚的措施。

㈤**紅契購買或投充之家僕其產全抄**：資料上常見家僕有家人、僕人、家奴、奴婢、僕婢、奴僕、長隨等稱。分爲契買家僕與雇用家僕。契買又有紅契與白契之別。紅契家僕是到縣衙繳過契稅，蓋有官印的具有合法契約，公認的奴僕；白契是雖然訂契買賣，卻未曾繳過契稅，因此契約並不具法律效果。紅契家僕在抄案中被視之爲主人的財產，因此查抄時也要入官；在這種情況下，家僕之產即係伊主之業，也當一併入官。至於白契家僕，有部分屬典雇性質，本身及其資財可不必入官。除以上之外，還有一種投充家奴，有的是早期爲避重稅而帶地投充的，在主人家雖然比一般家奴受到寬待，但從官方看來還是家奴。又有一種是普通人家的主人犯案嚴重，致其家屬緣坐入官爲奴的，則往往由皇帝賞賜給功臣之家爲奴。一旦這些功臣及其子孫等遭遇查抄，投充家奴與入官家奴這兩種家奴及其名下財物也都須隨主人之物一併查抄。此外又有一種長隨，須另加說明。習慣上家人和長隨兩者有別，一般是分開使用的。嚴格區分的話，家人多屬家奴，以契買的占多數，查抄案中，其本人及其財產往往隨主人之產入官。長隨屬僱傭性質，既非奴僕，除非他也犯法，否則主人遭抄時，其貲財原可不必入官。不過在查抄資料中的家人與長隨經常混淆不清。有些家僕在查訊時往往自稱家人、長隨或長隨家人的，也許這是爲了美稱，自稱家人或長隨要比家奴、奴僕好聽之故。不管如何，查抄時家僕及其財產是否入官並不據名稱，而是根據是否契買來決定。除了契買之外，投充家奴與入官後賞賜爲奴的入官家奴，這兩者也須查抄入官。另有幾個因素也會導致家人之產查抄入官。其一是，家人、長隨有平日掌管主人錢財及營運的，則此家人其名下財物，含田房及營運貲財一律查抄。其二是，家人、長隨等有倚勢，隨同主人通同恣意婪贓的，則主僕一律查抄。其三是，主人犯法營私而家奴等藉機分用贓款者，一律查抄。之外，家人如有隱匿主人入官產的，則其貲產亦須查抄。茲舉例於後。

例之一是乾隆五十一年，因旗地租典問題而查辦家奴吳邦明、石雙璧兩人家產。吳、石兩人原係吳爾賽帶地投充的家奴，早時抵欠於允搪，允搪之產入官後，冒充莊頭在外。他們兩人原都有養贍地畝租典與人，因有人欲冒領租銀而起紛爭。直隸總督劉峩認爲：家奴之產即係伊主之業，伊主家產既已入官，家奴安得尙有私財，因此判定所有吳邦明石雙璧等名下出典之地及其家口，均係例應入官，分給莊頭管理。應聽內務府查明定議飭遵。（註一一三）例之二是乾隆四十六年查抄原甘肅布政使，當時陞任浙江巡撫之王亶望時，直隸省盤獲住在旅店的王亶望長隨四人，年齡最長二十一，最小十三。當時王亶望已因甘省折捐冒賑案而抄產，人也已經解往熱河。這四個長隨原是押送王亶望衣服進京，並有用剩盤費銀二十餘兩。負責處理之直隸總督袁守侗乃決定將這四個長隨所押送王亶望之衣服及所帶銀兩一併封貯候解外，以這些長隨均係年幼小廝，故要詳訊是否係王亶望契買家人，至於他們隨身破舊棉衣被褥則都點明交還隨帶，與人一併解交刑部查收審辦。（註一一四）在此云，要詳訊這四個長隨是否係王亶望契買家人，目的在於做爲是否入官的參考。如果是契買即要入官。同時根據本奏摺，可以知道長隨有時也可能是家人的別稱。不過習慣上，家人和長隨兩者有別，一般是分開使用的。比如乾隆二十八年查抄湖廣總督愛必達時，即將其在旅途的船上「眷屬、家人、長隨」等的貲物一併查抄登冊。（註一一五）平常長隨屬僱傭性質，既非奴僕，其貲物原可不必查抄，而此案的長隨貲物所以也一起查抄登冊，爲的是防長隨將船上愛必達家屬衣物，混稱爲己物，以避查抄之故。在此情況之下，將來查明無隱匿，且長隨亦無罪時，所抄之物當會給還。例之三見乾隆四十六年，同一甘肅折捐冒賑案，查抄革職陝甘總督勒爾謹時。在其京中家裡查出留京家奴曹錄持有銀一萬一千餘兩並金子、金如意等。追查結果，係曹錄之子曹興烈由甘省寄回的。曹興烈供稱他在勒爾謹任所當管門家人七、八年，陝甘官員甚多，內中有初到任來見的，也有陞任後來省謁見總督的，之外每年年節亦都會給管門家人門包；同時其主人每年亦會賞給銀二、三百兩；還有替主人買辦物件浮開價值賺的，以上每年約可得二千多兩銀子，俱陸續寄回京中交其父曹錄收存，又因銀子累贅難寄，所以兌換金子及金如意作數次寄京，實非倚仗主人聲勢招搖滋事所得。雖然這些錢財並非婪贓之物，結果家奴曹氏父子在京及在蘭州勒爾謹任所之貲財仍一併查抄入官。在此還有一件事須補充。當查抄勒爾謹任所貲財時，遍查各屋並無田房地契，也無家人契紙。當時勒爾謹已解京，乃詢問其兒子伊淩阿，原來是不久前（乾隆四十六年三月間）回亂發生，勒爾謹父子前赴河州，適賊匪攻圍蘭州甚急，伊淩阿之妻獨自留守，情急之下，乃當所有家人面前，把他們的契約都燒毀，爲的是還給他們自由之身，好叫他們做良民各自出力。結果慌亂中竟把房契也誤燒了。這房契有兩紙，房屋都在京中，此外京裡還有地畝與塋地。伊淩阿將在京房屋價錢連同地畝位置開出，並將勒爾謹任所男婦大小家奴共五十一名及在京家人名口開單呈明。最後就據伊淩阿的口供將所有家奴入官，在京的房地產及家奴則由步軍統領衙門查辦。（註一一六）可見特殊情況下，沒有契約爲憑，只要根據口供，照樣可將家人、房地查抄入官。至於白契家人免入官，例見乾隆十八年查抄出身不正，違例捐納員外郎之劉裕泰時，乾隆皇帝下諭云：其「白契典雇家人免其查究」。（註七六）例之四，家人如果隱匿主人應當入官之產，則此家人之財須查抄。見乾隆四十六年查抄哈密通判經方時。其家人曾隱匿金銀，因而將家人王守貴在甘州家產查抄。（註一一七）

㈥**家人或長隨，平日掌管主人錢財或營運者，其名下財物查抄**：例之一：見乾隆二十八年查抄夔州知府雯基時，即將其家人高基名下私置田地查抄入官。（註一一八）例之二：見乾隆四十六、四十七年間查抄革職浙江巡撫王亶望時，除抄其在揚州所有營運貲財及根窩智頭生息本利銀等外，並抄出其家人卞樹，卞松等名下現銀、根窩、田房什物等項。其中卞樹、卞松等名下現銀及變價銀共達十二萬一千九百三十七兩餘；此外卞樹之妻舅投案交出寄存營運銀一萬五千兩，一併入官。（註一一九）例之三：見乾隆四十七年查抄革職閩浙總督陳輝祖時，以其管門長隨杜泰自乾隆三十八年以來即跟隨陳輝祖服役多年，誠恐其原籍尚有寄頓，並代伊主隱寄財物，乃將杜泰原籍等地貲財查抄並起解。（註一二〇）例之四：見乾隆四十六年查抄甘肅折捐冒賑案之河東鹽運使程國表家產時，其長隨家人宋苞，以跟隨程國表最久，有經手銀錢，置田放債等事，因而一併查抄。（註一二一）

㈦**家人、長隨等有倚仗主人權勢，與主人通同婪贓，則主僕一律查抄**：在此雖說是奴僕跟隨主人恣意婪贓，等於主僕罪狀相等，不過案發初時，皇帝及負責查辦之官，也許為維護官員形象，往往總是先設定犯罪主角是奴僕。至於其主人只是昏庸無能，不能覺察於平時，任由奴僕依勢婪贓，最後也往往以此罪名將主僕一併查抄。其實受僕人連累的固然有，大部分案子看來，主僕都一樣的有貪贓行爲。例之一：見乾隆十六年到二十年間查抄雲南原任布政使宮爾勸時。宮爾勸因於雲南糧道任內縱容家人杜七在銅廠舞弊營私，奉旨查抄家產，杜七也一併查抄。（註一二二）例之二：見乾隆二十七年查抄滸墅關監督安寧時。江蘇巡撫陳宏謀查奏管關家人李忠侵漁舞弊。原來李忠在關時，缺正稅七萬七千餘兩，而罰項轉多，共有四萬九千餘兩。乾隆皇帝認爲這是將正稅變爲罰項以便圖利。安寧雖已故，其家人肆無忌憚若此，豈得諉爲不知，於是下旨意：安寧既玩法負恩，所有賞給內務府大臣職銜，著即行削去，仍將所有侵漁貲財嚴行查封，以抵虧項。並令兩江總督尹繼善會同江蘇巡撫陳宏謀將惡奴李忠等確訊盡法懲治，並將伊財產儘數入官，毋令稍有隱匿寄頓。並傳諭舒赫德將安寧家產嚴行查封，以抵虧項。結果舒赫德奏，安寧家產現有銀二萬餘兩，其家人李忠亦有二千餘兩之多。乾隆皇帝乃傳諭：安寧一切應追各項自當於其任所貲財及李忠等各家人所有產業嚴查抵補。（註一二三）例之三：見乾隆三十七年查抄貴州布政使錢度時。錢度以給發辦銅工本等項平餘匿不報出，扣充私橐，又將玉玩等物勒派屬員，婪索重價，多至數萬，並縱子售賣玉器，數復盈萬，其家人亦私蓄銀六百餘兩，贓私狼籍，復以親筆家信教子收貯寄回之錢，或做地窖，或做夾壁，以作永久之計，且黔省查出金玉器件，約値銀四五千兩以上，家人王壽等帶回寄家銀兩復至二萬九千之多。乾隆皇帝認爲非婪索多贓，安得如許積聚。因此傳諭高晉等將伊原籍家產貲財嚴密查封。其本籍常州府城，又復寄居江寧，所有兩處財產均應嚴密查封。結果高晉在錢度的江寧原籍書房地窖內起出銀二萬七千兩，並寄頓金二千兩，合計不下五六萬兩。並獲錢度幕友葉士元及錢度家丁王壽，搜出錢度子錢酆售賣帳簿，數至逾萬。顯然錢酆平日在滇倚勢肆行，婪私肥橐，今於湖南常德府住，也傳諭查抄。之外，截拏錢度幕友葉士元，帶有銀二萬兩，據供，每年在滇作幕修金不過八百兩，何能積至二萬餘金，看來竟係賓主串合，通同婪索。於是乾隆皇帝乃下諭旨要袁守侗在葉士元解到時嚴加刑訊，務得實情。並諭將錢度及葉士元所有貲財一併嚴行查抄。其往來書信有關通同作弊情事，亦應一併查辦。（註一二四）本案是幕友也有婪索的嫌疑，故要查抄貲財。例之四：見乾隆五十一年查抄原任閩浙總督，後轉兩廣總督革職的富勒渾時。富勒渾於乾隆五十年調任兩廣總督不久，粵海關監督穆騰額入覲，乾隆皇帝詢問富勒渾操守，對以未敢深信，乾隆皇帝乃命軍機大臣詰之，穆騰額又發富勒渾縱僕殷士俊納賕狀。乾隆皇帝乃命廣東巡撫孫士毅按治。結果訊明富勒渾身任總督由閩浙調任兩廣時，乃任聽家人殷士俊、李世榮沿途勒索銀兩、恣意婪贓盈千累萬。於是乾隆皇帝命將富勒渾派員解浙省交阿桂歸案辦理。孫士毅等又發富勒渾與士俊等關通納賄事實，如派各口岸書役賠補幫貼等銀一萬九千兩，先侵後吐等骫法營私；並署泉州知州鄭一桂餽送殷士俊金葉五十兩事，實爲餽送富勒渾等；阿桂等則另訊出李世榮得受鹽商花錢一千圓；另有家人在浙需索門包千百，及殷士俊勒派洋商分買人參，浮賣價銀四千七百兩，並濫捐頂戴，在外招搖婪索，乃革職並革去其頂戴。於是乾隆皇帝命令孫士毅查抄富勒渾在廣東任所貲財，其時富勒渾眷屬已起程在回旗途中，乃於半途截抄其携回貲財。另又派大臣查抄富勒渾在京家產。又命查抄富勒渾家人殷士俊及李世榮。殷士俊常熟人，江蘇織造四德等籍其家，抄出家資累萬。另一家人李世榮及其姻親陳漢三在杭州寓所物件中也抄出有金如意等，之外李世榮之下人林四及使喚之人馮升，以案發後，受李世榮託寄箱物，除起出李世榮託寄之箱物外，林四與馮升兩人的房屋並衣物等也都查抄。（註一二五）

(六)**家人或長隨違法分用公銀，則須抄產入官**：例見乾隆四十七年查抄烏魯木齊採買冒銷案的參革迪化州知州德平時。以刑部訊得德平家人供，長隨葉安曾分用冒銷銀三百兩，又供另一長隨劉琦分用銀七百兩。於是這兩個長隨都須查抄。於直隸固安抄出葉安置典的房地及制錢並查出有借欠在外之金錢，均須追出入官；另在劉琦原籍皐蘭縣查出房屋衣貲等一併入官。（註一二六）另一例是可能為同時期之烏魯木齊宜禾縣知縣瑚圖里以庫項虧空而查抄。結果發現其家人陸明有寄存省城文全號雜貨鋪銀一千兩，又於省城南街開設廣明號錢鋪本銀五百兩，及涼州府城內通孚號當鋪有本錢一千串與他人合夥生理；另外有長隨白生彩於涼州府城內開有敦義號雜貨鋪本銀二百兩，均查明入官。（註一二七）本案各家人在外之款，所以查追入官，主要是主人有虧空，而家人竟有不少銀錢在外放利、合夥營運，認為其銀錢必是非法所得之故。

(七)**凡有與犯人同夥營運者，其財產隨犯人之查抄一併查抄**：抄及營運之同夥，最主要目的在防止資本混淆不清，易生影射借欠及隱匿等情弊。因此先查抄，待詳查後，如無弊端，或可請旨給還。例之一：見乾隆四十六年查抄甘省折捐冒賑案內之革職甘肅布政使王廷贊時，負責查抄之直隸總督袁守侗以王廷贊與聯宗之王誨之及夥商何萬有素有貿易交往，以有借欠隱匿情弊，因此將二人家產資財一併查明暫行封貯，以便請旨處理。（註一二八）例之二：見乾隆四十三、四十四年間因高樸盜賣官玉案而查抄與高樸案相關之私玉犯張鑾及趙鈞瑞時。與張鑾同夥之山西商人魏良弼所置買之貨物含紬緞、雜貨等均沒入變解內府。（註一二九）另外趙鈞瑞的兒子趙世保則供出伊父與衛（又作魏）良弼、徐盛如、張連等夥販玉石南方，各人曾分過本利銀數合計約十萬兩。於是乾隆皇帝傳諭這些人均應緝獲，本利銀兩應一併究追。其中查出張連是李若楷之夥計，其本銀係李若楷所出，李在肅州開雜貨鋪與當鋪，張則每年得勞金四十兩銀，賣私玉所得均交李若楷，因此這筆合夥買賣私玉之利必向李若楷追出。李若楷所開之鋪由掌櫃管事，夥計在外販賣何種貨物，李雖不知情，但既出本錢，則須負責。於是負責查抄之覺羅巴延三認爲當查抄李若楷之鋪貨銀兩備抵，不敷則將其原籍家產估變。（註一三〇）可知此案中夥計張連是在其雇主不知情之下入夥買賣私玉，因此雇主只要能交出私玉買賣之本利即可不致查抄。如果交不出，就須查封其店鋪貨物與銀兩備抵，再不足就要進一步查抄其原籍財產估變抵繳，並非將所有財產入官。本案又有類似一例。原來張鑾、趙鈞瑞與毛益茂等人另又合夥買賣私玉一筆。三股各分得本利一萬一百六十六兩餘，必須分別追繳入官。查出毛益茂一股原係由夥計李攀龍出面營運。時毛益茂已故，其弟毛有昌到蘇州與夥計李攀龍算帳、料理善後。於是負責查抄之蘇撫認爲毛益茂所分得之本利銀未便免追，乃決定在其弟毛有昌及夥計李攀龍名下著追。但以這兩人在蘇貨財無多，乃又決定移咨山西撫臣將此二人家產暫行查封，如追不足數，即咨抄抵變。（註一三一）此案合夥人已故，但仍須追繳販賣私玉所得本利銀，乃向已故當事人之親弟及代爲出面做私玉買賣之夥計追繳，如追不足數便要查封此二人原籍家產變抵。因此就上二例看，由夥計出面合夥營運私玉時，其雇主只要繳得出所得本利銀便可不必查抄，否則就要抄產變抵。在此情況下，變抵有餘，當可歸還。例之三：也是與前舉張鑾同夥私販玉石之商人李尙賢案。以張鑾供出在蘇夥開玉行之李尙賢係山西太平縣人，於是山西巡撫巴延三即派人赴李尙賢原籍查拏解京審訊，並將其家產逐一登記封貯。（註一三二）

㈩其他：1.親戚代管帳目，曾私藏銀錢，用以購置田畝，則此田畝乃其舞弊所得，實爲主人之財，因此當主人遭抄時，此代管帳目之親戚所有貲產亦須查抄。例見乾隆五十三年查抄已被賊殺害之署諸羅縣唐鎰家產時。發現其親戚唐勳葉向為唐鎰管理日用帳目，曾私藏銀兩，被唐鎰查知而遣令回粵，即用此銀購置田畝。負責查抄之兩廣總督孫士毅認為這名親戚之田畝係唐鎰任內貲財所購得，應入於查抄案內一併估變。（註一三三）

2.查抄犯官任所貲財時，如查出有未領養廉則須提存。例見乾隆四十六年查抄陸任安陸府姜興周任所貲財時，即將未領藩庫養廉銀提存。（註一三四）

3.犯官贈給親戚之款要追出。例見乾隆四十六年查抄甘省捏災冒賑案之現任寧夏府知府張金城時，即將其妻送給張金城堂弟張粵城返鄉用盤費八十兩銀追出入官。（註一三五）

第五節　查抄標的物——須入官與不必入官之物

查抄標的物，理當包含所有家產在內，不過也有例外，茲將須入官與不須入官之各種特殊情況分述於後。

一、須入官之物

㈠**田房及典產**：田房大半須入官。如前文「文契」項已提及，田房產之查抄是依據契約。契約有紅契與白契之分，紅契是在縣衙繳過稅，蓋有官印的公認證件，契紙上所載之田、房都必須查抄入官。至於白契就是沒有繳契稅，未蓋官印的契紙，但上面所載的田、房，不管其來源如何，仍須查抄入官。祖遺之產，無論有無契約，一律要查抄入官。至於典產則分典入與典出，來決定入官與否。如果有典契，則典出之產已歸他人管理，可以不入官；但是典入之房地產則是由被查抄之家所管理，故必須一併查抄入官。典出之房、地雖然不必入官，但是要比對老契與典契所載之價格，如果老契價高，則浮多之差額必須入官。如果將典入之產，再行轉典出去，有典契在，則可不抄入官，但須比較典入時所用之款是否比典出多，如果是，則浮出之差價須入官。這種典出價少於典入價時，其價差必須入官的例子也見於賣出的情況，如果查出有從前賤價賣出之產，則一樣要追出比實際價格少賣的部分入官。茲舉例於後：

例之一：見乾隆四十七年查抄甘省冒賑案之現任阜康知縣王喆時，查出有從前賤賣之田，要據舊契原價追繳銀二百九十六兩。（註一三六）在此，竟抄及從前賤賣之地所少賣之款，可謂法溯及既往了。例之二：見乾隆五十四年因山東虧空案而查抄知州李瑛時，並及於李瑛親弟李璸所有房地，查出其住房五十三間，原契銀一千兩，內典與人二十二間，得過銀五百兩，其餘在未入官前坍十間，其木料無存，故少估銀一百兩，總結現存房併已經出典房及地基共估銀九百兩，扣典房價五百兩外，餘四百兩照例入官。（註一三七）可見此案在辦理的時候即承認其典出住房的合法性，因此對於房子典與人所得的銀兩並不追繳。例之三：是乾隆四十六年查抄甘肅省冒賑案之現任秦州直隸州知州侯作吳時，查出與其弟分單內有出典地十二頃零。據稱或因典價過重，或因年限久逾，是以未經贖回，是否屬實，有無餘價可找，據負責查抄之直隸總督袁守侗奏云，還須另行確查辦理。（註一三八）如果典出價比實值價低，則可追找餘價入官。此案如果承認其兄弟分產有效，原不當抄及其弟分單上所載之業。問題是其弟分單上所載典出之業，其典出時間在分家之前，也就是說典出之時猶是共同之產，因此如果有餘價可找，當視同未分之產，可以入官。例之四：見乾隆四十六年查抄甘省折捐冒賑案之已故莊浪縣知縣楊士模時。這是將典來之產再轉典出去的例子。楊士模之子賣去祖屋，另典房屋居住，共用六百兩，復將典房典押五百兩營生去，因爲房屋是典的，有典契，不能查抄，只能將轉典少拿的一百兩銀找回入官。（註一三一）

㈡**抵押之產**：抵押之產，未訂典契，即不能算是典賣，只能當私債處理，在此情況之下，抵押出去之產須全部入官，先前抵押得來之款則令其自行清還。茲舉例於後。

例之一：見乾隆三十四年查抄貴州按察使高積寄居江蘇財產時。高積有田蕩五百四十餘畝，在捐官赴選時，將方單、印契向許恕兄弟抵押銀七千兩，現由許恕兄弟收租，傳到許恕等繳驗抵押七千兩之田契，據呈止有老契方單，並未另有押契。許恕雖供稱，蘇俗大例，但有老契方單，即可按照原價值抵押銀物，不必另書押契等語，殊不可信，且既無典賣各契，縱使抵押屬實，亦係私債準折，未便聽其執業。結果仍將所呈田契方單發交府縣按契查明，同查出之出租市房十三所一體分別據實估價。（註一三九）可見只要沒有典契；即使抵押屬實，不管俗例如何，都以私債準折，必須估價變賣入官。例之二：見前引乾隆四十七年查抄甘肅折捐冒賑案之現任阜康知縣王喆時。查出有抵押鄰居之桑地，係抵押債利，並非實賣，結果仍入官變價。（註一三六）此例抵押債利，視同私債處理，一律入官。

㈢**出租房有未收租息，須查追入官**：例見乾隆三十四年前引查抄貴州按察使高積時。高積有市房

十三所出租，除此出租房須查抄入官外，借住者有未交租息，均須查追入官。（註一三九）

㈣當出之物：當出之物須查對當票，年限未滿的，照例起出估變，除去當本，餘銀抄入備抵欠項。例見乾隆五十四年查抄參革永北同知謝洪恩時。（註一四〇）但是也有當物全部起出入官，當本則由犯人家屬賠出的，例見乾隆四十八年查抄永安州知州葉道和省寓時，起出有當票及押抵各物底單，一併查封。查抄負責人廣西巡撫孫士毅奏云，葉道和暫時抵押各物，並無票據，應追出入官。其他有當票的典質衣物等項也都一律起出入官，至其當本則令葉道和之父，以不能管教，照數賠出，以免累商。此案另查出山西人李榮宗違例以重利放債給葉道和，因而照例向李榮宗另追出本利入官按擬。（註一四一）李榮宗之事可謂案外案，可說是查抄時的官方另一樁意外收入。

㈤借貸款項：抄產時，銀錢是重要的標的物之一。查抄範圍就銀錢說，除現金外，還包含借貸之款。對於借貸的處理是採對官方最有利的方式爲原則。凡借出之款，無論有無借據，都須規定期限追繳入官。不過一般還是以借約爲據，且借出總數，必調驗借約合同，在明確知道數目之後，即須促將未完本利銀兩速行清繳。（註一四二）一方面，借自他人之款，卻認定爲私債，不能由家產或抄出之現款扣除，而是要被抄之人自行解決。家產既已查抄淨光，在這種情形之下，要清還私債當是不可能的事，因此其結果必然是拖延不還，或者等來日再說了。以這樣對官方最有利的方式來處理抄產中的借貸款項，只能說，專制政權豪奪無情的作風表現已到極點。這種查抄時所見借貸款項的入官實例如後：

例之一：借出之款，勒限追繳之例。如乾隆十九年查抄雲南茂隆銀廠課長吳尚賢時，即先搜查所有產業借欠，寄交財物等。結果起出寄大名府知府朱瑛京平銀一萬兩，並方觀承交京平金子二百五十兩，等於庫平銀九千五百一十三兩解內務府，另追獲借欠及變價銀一萬二千零九兩餘。（註一四三）例之二：見乾隆四十六年查抄革職浙江巡撫王亶望時，即在原籍究出借放在外夥本等銀及寄存他人之銀物及鹽商郭霖普借銀三千兩；另究出王亶望之弟王季光用去二千兩，凡此都要究追入官。（註一四四）乾隆四十六年查抄肅州州同董熙，有出借市平元絲銀二千兩等，即立限要借欠人呈繳。同案查抄甘省靈台縣知縣顧汝衡時，知有錢一千餘千文存在姪處，即起出賬簿，令其姪繳出。（註一四五）又同案查抄參革平涼府知府汪皐鶴原籍家產時，其堂弟汪田云有代贖當地銀二千兩未還，雖未立劵，並不敢隱匿，仍首明情願分限措繳。（註一四六）

至於向他人借貸之銀，卻要自行清理，不得由抄產中扣除。例之一：見乾隆四十六年查抄原甘肅西寧道劉光昱時，因抄出有當店、油房、故衣店等，必須將抄出現銀核對賬簿，並核對當出架本銀錢，以及出借之錢，須要究追。然而同時查明有向他人借貸之銀，卻飭令自行清理。（註一四七）例之二：見乾隆五十四年查抄參革永北同知謝洪恩寄籍家產時，查出有借欠在外三百九十兩，須要關追；然而另外查出，謝洪恩將住房契據抵押與謝揚鎮，係謝洪恩於借銀之後，將房契押給，並未另訂契約，故非典賣，因此負責查抄工作之琅玕乃決定，謝洪恩既有官項應抵，自應將房屋入官估變，其借自謝揚鎮銀兩，係私債，應令其自行清理。（註一四〇）

(六)**託帶物與寄存物**：他人託帶之銀兩，或他人寄存之物，有時也要查抄。例之一：見乾隆四十三年間，查抄原任江寧布政使陶易原籍貲財產業時，查出陶易第三子陶曾恒曾由陶易江寧任所帶回原籍山東一千八百餘兩銀。其中有本族親戚託帶之項一百三十兩，以及陶易給族中親戚等項，共銀九十四兩。結果負責查抄之山東巡撫國泰奏云：此等銀兩「雖非事發寄頓，但均由陶易任所帶歸，咸係官項，應一併追出，歸入查封案內解交入官。」（註一四八）例之二：見前引乾隆五十四年查抄參革永北同知謝洪恩寄籍家產時，曾查出煙葉棉花二項，約估値銀三百兩，訊係謝耀鈐寄存物。但是負責查抄的浙江巡撫琅玕卻奏云：這些煙葉棉花在洪恩家內查出，並無寄存憑據，未便任其隱混，應一併查封備抵。（註一四〇）

(七)**其他須入官之物**：例之一：以自己名字代人置買的產業要查抄。見乾隆四十七年查抄革職山東布政使于易簡時，發現于易簡於乾隆四十四年曾代在京旗人置買旗地。結果負責查抄的鄭大進認爲在其名下代置之產自應一併查抄入官。（註一四九）例之二：地上生長之物也在查抄範圍，如稻穀，無論新收或廩存米糧都在查抄入官物之內。（註一五〇）樹株也須查抄變價入官。（註一五一）例之三：家人（家奴）及其家口（含子孫）也都須入官。（註一五二）不過家人入官後的處理依被抄之主是漢人或旗人而有不同。漢人家庭的奴婢等都須就地變價後入官，旗人家裡的奴婢則解京歸各旗重新分配給其他有功勳的旗人之家爲奴。

(八)**捐納之有問題者，須追出執照，送部查銷**。（註一五三）這種追出執照，革去官職或取消監生身分的例子頻見於乾隆四十六年甘省折捐冒賑案發生以後。其措施適用於本冒賑案內所有犯官。當時追出執照註銷各犯子弟監生等身分的主要理由是：這些人捐納用款都爲各犯官在甘省非法所得。因此無論其子弟或姪兒、孫子乃至代親戚捐納者一律追照送部查銷。如果查出非犯官在甘肅任職期間所捐之執照，則其親戚等可免註銷，但子弟則都不免。在本案發生不久以後，以陝甘總督李侍堯爲中心的全國各督撫都奉命調查這些犯官爲子姪等捐納的記錄以便辦理。事見李侍堯等人的奏摺，今舉數例於後。例之一：乾隆四十六年陝甘總督李侍堯奏云：各犯之子弟隨任者中，在伊父任內捐納官職並捐貢監生者六十六名，此等犯屬分潤侵蝕之貲，濫廁衣冠之列，自應澈底清查，概行斥革，以肅法紀而昭烱戒，並各追出執照送部查銷。未隨任者另行查明處理。（註一五三）第二年李侍堯又奏云：原查在任時爲子姪弟兄捐納貢監官職，請旨斥革共六十六名。續訊明又有二十三名。其中參革靈台縣知縣顧汝衡第三子顧廷桂在伊父任內由監生捐納府經歷職銜，應請一併斥革，以肅法紀，在甘省即行追照送部查銷。未經隨任者飛咨各原籍嚴查分別咨奏追照斥革。（註一五四）例之二：見乾隆四十七年同案查抄參革四川川北道熊啓謨時。其長子熊彝於三十三年捐納監生，四十一年加捐布政司經歷；次子熊師頤由附生於四十一年捐貢，其中長子之布政司經歷及次子捐貢都在伊父甘省任內報捐，故查辦本案之江西巡撫郝碩請旨將此二項一併革退，將其執照送部查銷。（註一五五）此案，長子之監生並非其父在甘省任內報捐，具有合法性，監照得免查銷。例之三：也是乾隆四十六年查抄甘肅折捐冒賑案內原肅州知州王汝地時，王汝地之長子王錫葵係福建試用鹽大使，係乾隆三十九年在肅州捐納監生，四十一年遵川運例用銀三千餘兩捐納鹽大使，內一千七百餘兩是其父寄回，不敷銀係向親戚幫湊上捐。結果以其係甘肅捐監出身，且其捐納鹽大使又係伊父王汝地侵冒寄回之項，故請旨將其試用鹽大使革職。之外，王汝地有弟王汝垕、王汝墣、王汝墂，姪王錫田、王錫福、王錫齡、王錫光、王錫覲，均係在甘肅捐納監生，一併追照斥革。（註一五六）例之四：同案查抄原任皐蘭縣及蘭州知府康基淵時，查出其長子康儀鈞由舉人捐納中書，已經部臣奏明革職，三子康文鐸捐納監生，部監各照均由順天府抄出查銷；另有次子康倫鈞出繼開封知府康基田爲嗣，由舉人捐納中書，係嗣父出資，免抄執照。（註一五七）例之五：同一甘省折捐冒賑案查抄原蘭州知府寧紹道蔣全迪時，從其原籍歙縣查出蔣全迪近房捐職者有蔣廷棟等六人，捐貢一名，捐監二十三人。內蔣廷標原係本籍監生，又由順天寄籍捐納按察司照磨分發河南試用，未據改歸原籍，無案可稽，因此須要分咨順天河南二省查辦。又有蔣大光現任四川仁壽縣知縣，係與蔣全迪同時加捐，又蔣大光之子蔣學伊、蔣學墉，並山東蒲台場鹽大使蔣大海之子蔣學基，俱是監生，是否蔣全迪代捐，均在四川、山東各任所，本籍無從查考，須請飛咨各該省查辦。其餘咸稱實非蔣全迪代捐，查其報捐事例，年月日期，俱有案可稽，似非揑飾，因此可免追照。但仍須取得甘結及宗圖由州縣出具印結，並造具報捐事例年月清冊，由府加結詳送，再由巡撫將送到宗圖、冊結咨送吏部查核。（註一五八）據此知，這次追繳甘省折捐冒賑案各犯代捐子姪親戚等監照之舉，跡近搔擾，唯恐有漏網之魚。除查對每個捐納人員報捐事例之年月日期外，還須取得甘結及宗圖，再送吏部查核。如果在查辦過程中發現有這些犯官代捐的就必須追照，註銷其資格。例之六：見於乾隆四十七年查抄迪化因採買糧石，浮開價值，冒銷帑項，交結上司，公行賄賂之各犯官時。此案與前舉查抄甘省折捐冒賑案各犯一樣，凡有子姪捐監的一例追照註銷資格。今舉一例，係查抄縣丞徐維紱與伍彩雯江西原籍時。查出徐之子徐曰號，孫徐必楷均爲乾隆三十八年八月在迪化廳捐納監生；伍之三子伍鳳翥、胞姪伍魁元、弟二人均於三十八年在甘省口外縣捐監，另一子伍鳳至係三十八年伊父在任時捐納從九品職銜。結果一併咨革，追出監照及從九品執照送部除名。（註一五九）例之七：爲乾隆五十三年時追繳原閩浙總督，後賜自裁之陳輝祖的兒子捐納的執照。陳輝祖先於乾隆四十六年因負責查抄當時已革職之原浙江巡撫王亶望時，隱匿王亶望入官物中之書畫並私易金子及玉器而革職，論斬。後來乾隆皇帝命改監候。到了四十七年時，浙江巡撫福崧奏桐鄉民因徵漕聚衆鬨縣庭；同時浙閩總督富勒渾奏兩省諸州縣虧倉穀；而福建水師提督黃仕簡則奏臺灣民互鬥，諸案並發。於是乾隆皇帝怪罪陳輝祖牟利營私，兩省庶政皆廢弛，貽誤之罪無異王亶望，因而賜自裁。到了乾隆五十三年，又以湖北吏治闒茸之弊爲始於陳輝祖爲巡撫時，雖然陳輝祖已死數年，仍因此之故處罰其子戌伊犂效力贖罪。同時乾隆皇帝還諭令其子有職銜者均須查明斥革，一概不許出仕，以爲大臣貽誤地方者戒。結果陳輝祖長子陳山崐係捐納主事，立即革職；次子陳山紀原是捐納中書，在籍候選，兩個人都追出捐納執照，送部查銷。（註一六〇）

以上追繳犯官子弟之捐納執照，並非爲了財產。實際上抄出捐納執照，對皇室或政府都不可能增加任何經濟利益。可說追繳捐納執照的目的純粹屬於懲罰性質。同時這些追繳執照之案子，都屬特殊個案，並非普遍行之於所有查抄之案。而且以甘省折捐冒賑案及迪化採買糧石、冒銷帑項案爲例，追繳捐納執照都有一個條件，即須要犯官任職甘省或新疆之時，替子姪等捐納所得之執照才追繳註銷。再以陳輝祖爲例，陳輝祖之家產早在抽換王亶望入官產之金子、玉器案之乾隆四十七年時已經查抄，但當時並未追查其子之捐納執照，一直要等到乾隆五十三年以湖北吏治闒茸爲源起於陳輝祖任巡撫時，因此才罰及其子，除了革職之外，還追繳兩個兒子的捐納執照，送部查銷。

二、不入官之物

查抄時，無論旗人或漢人宗祠、墓地、祭田、義田等大都不入官。雍正十三年即規定，辦理虧空，如係墳園房屋人口祭田，一概不准入官。從前有已經入官者，令該旗逐一清釐，給還本人。（註一六一）不過負責查抄之督撫等，在上奏時，形式上仍以請旨處理的方式，來表示抄沒與否，其權操之於皇帝。同時，即使原則上可以不抄，卻難免還是會發現有查抄入官的資料。茲分述於後。

㈠**墳地、祠堂、祭田及辦祭公產原則上不入官**：例之一：見於乾隆五十年陝西查抄原任衢州府知府王士澣原籍房地時，大學士的解答。原來當年六月，陝西巡撫何裕成奏，抄王士澣原籍房地內有地十四畝五分零，係王士澣與伊姪王棟等公共祖墳，又墳旁基地五畝五分零，上有守墳庄屋二十間，不知應否免其入官。結果由協辦大學士尚書和珅字寄答案云：「查抄家產，墳地向來例不入官，既查係王士澣與伊姪王棟等公共祖墳，自應給還原主，此事止須咨部在案，何裕成不諳成例，是以請旨辦理。」（註一六二）

例之二：祠堂及辦祭公產等例免入官。（註一六三）見乾隆十三年查抄原任江南河道總督周學健原籍家產時。江西巡撫開泰奏云：「前查周學健家產所存契紙內有祠契及典押會銀各契，共載價銀一百九十四兩零，據該房族人等供係周姓闔族公產，緣恐族人私收盜賣，其契存于周學健處，經臣疊飭詳查，實係周姓修祠辦祭公產，應照例給還該房族人等領回管業。」（註一六四）

例之三：祭田、墳山不入官。見乾隆四十八年查辦故兩廣總督場景素之子楊炤在揚州財產時。所有查出田房什物等項，除墳地祭田照例開除外，餘俱交地方官核實估變，解內務府充公（註一六五）又見乾隆四十六年甘肅省折捐冒賑案中查抄閔鵷元時，其兄江蘇巡撫閔鶚元奏摺。因查抄閔鵷元時止抄出三兩銀，乾隆皇帝懷疑閔鵷元可能將應抄物件混入其兄鶚元名下，以爲隱匿寄頓之地，因而要閔鶚元明白迴奏。閔鶚元不得已乃一併呈出其名下財產入官，以杜影射。其奏文云：「謹將臣名下所置產業除墳山二塊、祭田二十餘畝外，所有房屋田地及任所貲財器物等項一併恭繳入官，謹開清單恭呈御覽。」（註一六六）此例雖非被動的抄產入官，但閔鶚元在呈出財產入官時，可以預先自行除去墳山與祭田不入官，表示「墳山與祭田不入官」當是早已約定俗成的觀念，即使不呈出，也不致引起繳出財產不完整之非議。例之二：也是乾隆四十六年甘肅折捐冒賑案中查抄謝廷庸時，查出其父分祠墓祭田，驗有坐落碑，應照例免其入官。（註一六七）依此知祠墓祭田之免入官，是有先例可循的。同時由此案知道，祭田免入官必須要有確實證據，表示並非影射，逃避查抄。此案其證據是有坐落碑。

例之四：見乾隆四十九年查抄因科場舞弊獲罪之廣西永安州知州葉道和時，其最後決定之處罰範圍是將其父葉體仁之財產依葉體仁二子分晰爲兩股，止沒入葉道和一股。但是葉道和原購有墳地一塊，以築有生壙，終於免查抄入官，整個給還葉體仁。（註一六八）可見築有生壙的墳地可以不入官。

例之五：見乾隆五十四年查抄前滇省署昭通府事永北同知謝洪恩時。謝洪恩因預發京銅運腳銀四千餘兩無著而革職，查封家產備抵。結果查抄其原籍安徽時，巡撫陳用敷奏云：徽州歙縣僅有伊祖公共舊屋一所，謝洪恩之父應得五股之一，提訊現住公屋之謝楚傳等，據供，他們係務農爲業，謝洪恩是共曾祖的叔子……。在這些字之旁乾隆皇帝硃批：「與彼等無涉，應給還」。陳用敷又奏云：謝洪恩之父謝士霽名下有田八畝三分并菜園一畝二分，每年租息有限，向為辦理祭掃之用，除呈此應分田房菜園外別無貲財房屋。在這些字之旁，硃批「亦不必查」。（註一六九）由此知道，乾隆皇帝可以決定查抄範圍。且由此硃批「亦不必查」可以看出皇帝不但示意不必再追查，並且也示意祭掃用地，不必查抄。

例之六：見乾隆四十六年查抄甘省折捐冒賑案之前蘭州知府楊士璣時，楊士璣早在回亂中被賊所害，以在任時索過屬官之銀，因而不能獲得卹典，仍舊查抄。結果在其原籍江蘇省抄出有田產，負責查抄之江蘇巡撫閔鶚元決定將楊士璣父兄墳地七畝扣除外，餘一千八百三十八畝田產整個入官。（註一七〇）由此可知，已築有墳墓的墳地是不必請旨就可由地方大員決定不必入官的。

㈡**墳山、祭田請旨決定是否入官之例**：前項提及祭田、墳山原可不入官，有時負責查抄之大員也可自己作主，逕自依例決定不入官，然後奏聞。但是也有督撫並不自己決定，而要請旨才辦理的。其實這是寫奏摺常有的事。不管是否查抄辦法已有具體的規定，或者是早有先例可循，臣工在執行查抄工作時，寫奏摺的遣辭上，總會預留空間給皇帝發揮他的權威。採用「請旨」的方式，應該可以做這樣的解釋。因為這正表示，清代乾隆期的查抄工作，皇帝握有最後決定權。

例之一：見乾隆四十六年查抄甘省折捐冒賑案之前任高台縣知縣萬人鳳原籍時。江西巡撫郝碩查出有祭田二宗共五畝零，奏云：「其……公共祭田應否入官之處，請旨遵行。」不過乾隆皇帝在奏摺上僅批「覽」一字。並未批示如何處理。只是依郝碩奏摺的行文看來，語氣和緩，沒有特別激烈之詞；同時，乾隆皇帝也無特別指示；且祭田數不多，因此可以認為其結果應該是按慣例，不查抄。（註一七

一）

例之二：見乾隆四十六年查抄甘省折捐冒賑案的楊有澳時。楊有澳之父爲楊錫紱，早在乾隆六年即任過廣西巡撫，以後歷經湖南、山東巡撫，而於乾隆二十二年就任漕運總督，於乾隆三十三年卒，賜祭葬。負責查抄之江西巡撫郝碩奏云：「楊錫紱在世時有奉旨賞給書籍等項，建有御書樓恭貯；又有祠堂一所，俱係楊錫紱諸子公共之物，似應免其入官。」又奏云，同案被抄之另一官犯邱大英與楊有澳均有應分祭田，應否一體免其入官之處，請旨遵行。對此奏摺，乾隆皇帝仍僅批「覽」一個字，表示沒有意見，也就是同意郝碩在奏摺前半所擬的辦法。這個辦法就是楊有澳之父「在日時所獲皇帝頒給之書籍及御書樓、祠堂，俱係楊錫紱諸子公共之物，應免其入官。」（註一七二）

本來，只從乾隆皇帝所批「覽」這樣一個單字，就要斷定其處理方式，原是近乎冒險。不過從衆多其他硃批中，乾隆皇帝批奏的習慣看，我們不難得到一些旁證。在覽奏過程中，乾隆皇帝只要認爲提奏人所提之事，或所擬辦法有任何不妥，他往往會就奏摺相當之行間批示意見，或在奏文之末，做一個該如何處理的指示。因此前面所舉二例，皇帝既無特別指示，則把它認爲結果都是不入官，當不成問題。今舉一例做爲旁證。乾隆四十七年查抄調任濟南府知府馮埏原籍家產時，查出馮埏曾於四十四年間，用銀七百兩契典水地一頃，歲收租制錢六十千文分給族中貧寒之戶以爲養贍，並立有字據。負責查抄之直隸總督鄭大進乃上奏，請旨是否入官。其奏文並云：「馮埏所立字據雖稱每年地租係爲分贍族人之用，然究係馮埏任所資財所置，自應一併查撤入官。」對此奏，皇帝硃批「另有旨諭」，可見皇帝並未完全同意鄭大進要將養贍貧族用田「撤出入官」之作法。（註一七三）此案結果如何，尚未找到後續之文，待考。不過由此一例可見，只要乾隆皇帝認爲奏文所提內容有問題時，他是不會只批一個「覽」字了結的。此種情形又可參見後文「義田不入官」中，乾隆皇帝對吳壇所奏，于敏中家義田的處理。皇帝在吳壇奏摺上硃批「此係義舉，不宜動」。

㈢**義田不入官**：例見乾隆四十五年辦理大學士于敏中歿後，家族爭奪遺產案。原來于敏中過世後，其在京及原籍家產之大半被其堂姪于時和侵占，並運回江蘇金壇另貯一室封鎖，事爲于敏中之孫于德裕所告。于德裕請求官府爲其要回這批被侵占家產。本案原非查抄之案，但是結果其處理與一般查抄案類似，故例舉於此。其處理情形是：乾隆皇帝降諭江蘇巡撫吳壇密辦，並指示將于敏中原籍貲產分給于德裕兄弟二、三萬兩以爲生活費，至其他于時和所侵占銀物則整個變賣留充該省公用。吳壇在初步查辦後奏云：「（于敏中原籍）置買馮姓舊園一所，價銀八百兩，現作義學，並未修葺。又前後置買義田一千一百九十八畝零，共用價八千一百兩零，贍養貧族，報官有案，……」乾隆皇帝在「贍養貧族」諸字右邊硃批「此係義舉，不宜動」七個字。不久吳壇將辦理結果再上奏，其中有關義田部分云：「至其贍族義田仍令于德裕稽查董事族人，勿使從中侵蝕，悉照于敏中在日章程妥協經理，于德裕亦不許私自擅用，不成義舉。」（註一七四）

㈣**祭田、墳地須入官之例**：原則上，祭田或墳地等不抄，但有時亦有例外，比如地契上未標明是祭田、墳地等；墳地預定地，並未築有新墳在上的；祭田面積過大，有先事影射之嫌的則往往要入官。乾隆二十八年議准，凡入官旗地內有墳園祭田等，其畝數三頃以下者（含三頃）悉留給業主，其餘入官。（註一七五）可見可以不入官的墳地面積有一定限額。這是對旗地的限制，至於其餘民人雖未見有記載，不過可想而知免入官之數，一定不能超過此數。今即將墳地祭田查抄之例舉之於後，以供參考。

例之一：見乾隆四十六年查抄甘省折捐冒賑案之康基淵時。查出其原籍山西有分給伊姪康銘貽及捐入祭田膏火等地四十四頃餘畝，雖據有分單呈驗，而執行查抄之山西巡撫雅德則認爲難以憑信，同時既係康基淵原業，而單內又無分撥之語，所有分單顯係預爲隱頓地步，因此決定一併入官。（註一七六）

例之二：見於乾隆四十七年查抄革職閩浙總督陳輝祖時。陳輝祖曾在湖北省契買山地一段擬葬其亡妾二人，原地內有古墳二塚，並無新埋墳穴，亦無種植樹木，結果沒入，決定確估變價解京。（註一七七）

例之三：見乾隆三十七年查抄同文時。同文以承辦引地虧本誤帑，經內務府將其房地查出入官變抵。後來因有人首告，同文始再報出遷安等處尚有祭田五十餘頃，房屋三百六十間，並據夥商李致山呈首，同文尚有隱匿遵化州等處房地甚多等語，於是乾隆皇帝認爲「祭田何至有五十餘頃之多，其爲先事影射，更無疑義」，因此命將同文革職審擬。（註一七八）此案雖然在文面上未見有查抄結果的字眼，不過從其行文內容，我們可以看出這筆大量的祭田，終會入官變抵官項。

例之四：見乾隆四十八年查抄革職濮州牧陳珏成時。陳珏成與其兄已分產後，將所分田產仍交其兄陳玉成收管以爲祭掃完糧之用，結果一律查抄。（註一七九）

例之五：見乾隆四十六年查抄甘省折捐冒賑案之蔣全迪時，即將其原籍祭祀公產，抄其本人一分，即四分之一入官。（註一八〇）

例之六：見乾隆十四年時，訥親因金川軍務，支用過養廉賞賚及建碉銀兩，經戶部題明，作十倍賠補，結果將財產入官，其中即有伊祖祠堂一所。以其祖、父皆係國家宣力功臣，並無罪過，最後乾隆皇帝宣布，加恩將伊家祠堂令其兄弟策楞照官買例買回，存其家祀。（註一八一）此案訥親財產入官情形，以資料有限，不得其詳。不過由此可知乾隆初期，祠堂可不經變賣手續直接入官以為賠補虧項之用。一方面，祠堂入官，也可能是很不得已的事，因此皇帝也特別關心，最後才特別開恩，令其兄弟以官買例買回。也可見，入不入官，還是操在皇帝手上。在此「官買例」之制度如何，不得其詳，當是以比較便宜的官定價格買回。待考。

㈤**其他**：不抄之物，除上述之外，還包含與財產無關之誥封等。例見乾隆四十八年查抄革職閩浙總督陳輝祖抽調王亶望入官產中之金子、玉器案之另一嫌犯杭州府同知楊先儀時。查出楊先儀之生父楊茂詮的誥封一軸，以不在追奪之例，即行給領。（註一八二）

【附　註】

註　一　宮中檔乾隆朝奏摺第五十一輯六七三頁，乾隆四十七年五月十一日江西巡撫郝碩奏。

註　二　宮中檔乾隆朝奏摺第五十五輯二二四頁，乾隆四十八年二月二十二日護理廣西巡撫印務布政使瑺齡奏；第五十六輯三九七—三九八頁，同年六月初七日直隸總督劉墉奏。

註　三　乾隆朝軍機處檔第三八一四七號，乾隆五十三年十一月初六日浙江巡撫覺羅琅玕奏。

註　四　乾隆朝軍機處檔第一一〇三九號，乾隆三十四年十一月八日兩江總督高晉奏。

註　五　參見仁井田陞（補訂　中國法制史研究）（一九八〇年東京大學出版會發行）（家族村落法）第五〇六—五〇八頁；五六九—五七六頁；五八四頁及（土地法、取引法）五九〇—五九五頁。其相關辭句有「請宗眷相議，從公品派」；「對六親」、「對枝親村鄰」、「以諸親近」商量底定；或「邀親鄰人等公同酌議分家」、「以親鄰爲證人」；或「典賣田宅，依例令親鄰牙保人等立契畫字成交，赴務投稅」等。至於乾隆時期在查抄財產過程中，找親族鄰人爲證時，所用辭彙也是差不多，諸如「親族地鄰人等衆口一詞供稱情願具結，倘日後查有隱匿寄頓願甘治罪」（宮中檔乾隆朝奏摺第五十六輯六七六頁）「葉體仁於江陵縣置有田畝交麥顯章經管，訊據麥顯章供，實止代看房屋管理田畝，別無銀錢經手，亦未聞葉道和父子在原籍地方積存財物之事，……復提質里鄰人等供亦相符。核對契約賬本等項亦俱符合。」奏。

註　六　宮中檔乾隆朝奏摺第五十三輯六九八—六九九頁，乾隆四十七年十一月初七日署直隸總督英廉奏。

註　七　宮中檔乾隆朝奏摺第四十八輯七七一頁，乾隆四十六年九月十二日兩廣總督覺羅巴延三，廣東巡撫李湖奏。

註　八　宮中檔乾隆朝奏摺第五十輯一四六頁，乾隆四十六年十二月七日山西巡撫雅德奏。

註　九　紅契蓋官印，表示已投稅，受官保護，見註五引仁井田陞（補訂　中國法制史研究　土地法、取引法）第四六三頁。

註一〇　宮中檔乾隆朝奏摺第四十八輯四四五頁，乾隆四十六年八月十二日河南巡撫富勒渾奏。

註一一　清高宗實錄第四四七卷一五頁乾隆十八年九月甲戌及第四四八卷一六頁同年十月丁亥諭。

註一二　宮中檔乾隆朝奏摺第四十九輯一六九頁，乾隆四十六年十月七日江西巡撫郝碩奏。

註一三　宮中檔乾隆朝奏摺第四十八輯三七五頁，乾隆四十六年八月七日兩江總督薩載、安徽巡撫農起奏。

註一四　宮中檔乾隆朝奏摺第四十八輯五五七頁，乾隆四十六年八月二十四日江西巡撫郝碩奏。

註一五　宮中檔乾隆朝奏摺第四十九輯五八八頁，乾隆四十六年十一月十二日湖廣總督舒常、湖北巡撫鄭大進奏。

註一六　宮中檔乾隆朝奏摺第四十八輯五三三頁，乾隆四十六年八月二十日直隸總督袁守侗奏。

註一七　宮中檔乾隆朝奏摺第五十二輯一七九頁，乾隆四十七年六月二十二日江西巡撫郝碩奏。

註一八　宮中檔乾隆朝奏摺第四十八輯五六八頁，乾隆四十六年八月二十四日閩浙總督兼浙江巡撫陳輝祖奏。

註一九　宮中檔乾隆朝奏摺第十八輯一三四—一三八頁，乾隆二十八年六月十日護河南巡撫布政使輔德奏。

註二〇　宮中檔乾隆朝奏摺第六十七輯六〇三頁，乾隆五十三年三月二十二日浙江巡撫覺羅琅玕奏。

註二一　軍機處檔第二七〇二三、二七六一〇、二七七八一號。

註二二　宮中檔乾隆朝奏摺第四十八輯八三八頁，乾隆四十六年九月十九日江蘇巡撫閔鶚元奏。

註二三　宮中檔乾隆朝奏摺第五十二輯三七〇頁，乾隆四十七年七月五日江蘇巡撫閔鶚元奏。

註二四　乾隆朝軍機處檔第一一〇三九號乾隆三十四年十一月初八日高晉奏。

註二五　宮中檔乾隆朝奏摺第四十九輯七〇六頁，乾隆四十六年十一月十八日山西巡撫雅德奏。

註二六　見乾隆軍機處檔第一七九九九號。又據〈清代契約文書、書簡文類集〉（原名〈契字及書簡文類集〉，一九一六年臨時臺灣舊慣調查會發行，一九七三年汲古書院影印發行）四八頁，典屋：須在契內載明房屋間數、位置，及四至界地、典出款數、銀主，修葺費則歸屋主支理爲原則，契末則須列中人、代筆人、立典契字人（即出典房屋之人）。依此則比本文所列多出「四至界地」一項，這種「四至界地」在田地契上也是必列的項目，見〈清代契約文書、書簡文集〉第四三―四五頁，在此還列出典契必繳契稅，加司單（契尾）、印契（蓋官印）等才算手續完備。（見同書〈繳典字〉）。

註二七　見註五引仁井田陞〈補訂　中國法制史研究　土地法、取引法〉第五九〇―五九一頁。

註二八　宮中檔乾隆朝奏摺第五十四輯二頁，乾隆四十七年十一月十八日薩載、富躬奏。

註二九　乾隆軍機處檔第二一六二二號。

註三〇　高樸私玉案詳見佐伯富「清代新疆における玉石問題」（〈史林〉五三之五，一九七〇年九月；東洋史研究會發行〈中國史研究〉第二收）及〈故宮季刊〉十三―三、四期傅樂治「清高樸盜賣官玉案考實」（上、下）。

註三一　見乾隆軍機處檔第二二七一三號，二三五〇五號，二五二三九號；又見拙文「清代乾隆時期軍機處檔有關抄家檔案之史料及其價值」（〈故宮季刊〉第十五卷第一期，中華民國六十九年秋季號第十五頁）

註三二　宮中檔乾隆朝奏摺第五十八輯四七六頁，乾隆四十八年十二月初一日湖北巡撫姚成烈奏。

註三三　宮中檔乾隆朝奏摺第二十七輯五一七頁，乾隆三十二年閏七月初九陝甘總督兼管巡撫事吳達善奏；第三十一輯五一八頁，乾隆三十三年八月初六日山東巡撫富尼漢奏。

註三四　宮中檔乾隆朝奏摺第五十四輯三七〇―三七一頁，乾隆四十七年十二月初十日安徽巡撫富躬奏。

註三五　宮中檔乾隆朝奏摺第五十三輯四九一―四九三頁，乾隆四十七年十月二十七日湖北巡撫姚成烈奏。

註三六　宮中檔乾隆朝奏摺第五十四輯二頁，乾隆四十七年十一月十八日薩載、富躬奏。

註三七　宮中檔乾隆朝奏摺第四十九輯六五七頁，乾隆四十六年十一月十六日河南巡撫富勒渾奏。

註三八　宮中檔乾隆朝奏摺第十九輯一六六頁，乾隆二十八年九月二十六日輔德奏。

註三九　宮中檔乾隆朝奏摺第五十八輯四八八頁，乾隆四十八年十二月二日廣西巡撫孫士毅奏。

註四〇　清高宗實錄第五四六卷一三—一四頁，乾隆二十二年九月戊戌條；第五四八卷十一頁，同年十月甲子條上諭。命抄產並徹底搜查字跡詩稿的，如乾隆二十年之胡中藻案。見高宗實錄第四八四卷（十七—二三頁）；四八五卷（五頁）三月丙戌及辛卯條。

註四一　宮中檔乾隆朝奏摺第十八輯三六頁，一三四—一三八、一三九頁，乾隆二十八年六月初二，初十日護理河南巡撫印務布政使輔德奏；同輯三〇〇頁，同月二十六日河南巡撫葉存仁奏；同輯二八二頁，同月二十四日湖北巡撫輔德、河南巡撫葉存仁奏；第七十四輯六三八頁（缺年月日、提奏人）。

註四二　宮中檔乾隆朝奏摺第十八輯一三四—一三六頁，乾隆二十八年六月初十日護理河南巡撫印務布政使輔德奏，並參見註四一。

註四三　清高宗實錄卷三八七，第九頁，乾隆十六年四月丙戌條。案永興於乾隆十四年十二月辛卯任湖廣總督，十五年十一月乙丑丁憂。不久上諭查辦永興家產及往來信札。

註四四　宮中檔乾隆朝奏摺第三十一輯三九〇頁，乾隆三十三年九月二十一日直隸藩司奏。

註四五　見本書第三章第二節二，隱匿入官產實例，註一八及清高宗實錄卷九百五—九百七，乾隆三十七年三月辛亥；夏四月己卯；丁亥諸條及清史稿卷三百三十九錢度傳。

註四六　宮中檔乾隆朝奏摺第四十八輯五二九頁，乾隆四十六年八月二十日江西巡撫郝碩奏。

註四七　宮中檔乾隆朝奏摺第七十二輯六〇九頁，乾隆五十四年六月十九日湖廣總督畢沅、湖北巡撫惠齡奏；同輯六三八頁，同月二十一日穆騰額奏。

註四八　清高宗實錄卷十九，乾隆元年五月庚戌。

註四九　清高宗實錄卷七百四十，乾隆三十年七月己卯條。

註五〇　參見註五引仁井田陞〔補訂　中國法制史研究　家族村落法〕第三七八頁。

註五一　宮中檔乾隆朝奏摺第二輯六九二—六九三；七六七—七六八頁，乾隆十七年四月十八、二十三日直隸古北口提督布蘭泰奏。

註五二　宮中檔乾隆朝奏摺第二十三輯六〇七—六〇八頁，乾隆二十九年十二月二十九日江西巡撫兼提督銜輔德奏；第二十五輯四二一—四二三頁，乾隆三十年五月二十二日兩廣總督李侍堯奏；第二十六輯七一八頁，乾隆三十年十一月二十八日江西巡撫明山奏。

註五三　宮中檔乾隆朝奏摺第六輯六六三頁，乾隆十八年十一月初五日閩浙總督喀爾吉善奏；清高宗實錄第四五四卷一〇頁，乾隆十九年正月己未條。

註五四　清高宗實錄第九百九十四卷，二一—二三頁，乾隆四十年閏十月乙巳朔諭軍機大臣。

註五五　宮中檔乾隆朝奏摺第五十六輯八三三—八三四頁，乾隆四十八年七月二十六日湖廣總督舒常、湖南巡撫伊星阿奏；第五十三輯六九八頁，四十七年十一月初七日署直隸總督英廉奏。

註五六　清高宗實錄卷八〇四，乾隆三十三年二月癸酉、丙寅條；卷八〇八，同年四月甲子條。

註五七　宮中檔乾隆朝奏摺第五十八輯一九〇頁，乾隆四十八年十一月十一日，三二二—三二四頁同月十八日廣西巡撫孫士毅奏。

註五八　宮中檔乾隆朝奏摺第五十八輯二三三頁，乾隆四十八年十一月十三日廣西巡撫孫士毅奏。

註五九　宮中檔乾隆朝奏摺第五十八輯四七七頁，乾隆四十八年十二月初一日湖北巡撫姚成烈奏；同輯七六七頁，同月二十日江西巡撫郝碩奏。

註六〇　宮中檔乾隆朝奏摺第五十八輯四八八頁，乾隆四十八年十二月初二日廣西巡撫孫士毅奏。

註六一　宮中檔乾隆朝奏摺第五十八輯四八七頁，乾隆四十八年十二月初二日廣西巡撫孫士毅奏。

註六二　宮中檔乾隆朝奏摺第五十八輯八六二頁，乾隆四十九年正月初三日廣西巡撫孫士毅奏。

註六三　宮中檔乾隆朝奏摺第五十八輯七三五頁，乾隆四十八年十二月十八日廣西巡撫孫士毅奏。

註六四　宮中檔乾隆朝奏摺第五十八輯八六二—八六三頁，乾隆四十九年正月初三日廣西巡撫孫士毅奏。

註六五　宮中檔乾隆朝奏摺第六十輯六一頁，乾隆四十九年四月十二日廣西巡撫吳垣奏。

註六六　宮中檔乾隆朝奏摺第五十九輯二三九—二四〇頁，乾隆四十九年二月初二日；三六〇—三六一頁，同月十九日湖北巡撫姚成烈奏，清高宗實錄第一一九七卷，乾隆四十九年正月甲寅諭軍機大臣。

註六七　見中文研究資料中心資料叢書收，薛允升著述，黃靜嘉編校（讀例存疑重刊本），編號〇二四—一一號。本案資料除前引宮中檔孫士毅、郝碩、姚成烈諸奏外，又見軍機處檔第三四八四七號、三五六九八號；並參見註三一引拙稿「清代乾隆時期軍機處檔有關抄家檔案之史料及其價值」十五頁，及（欽定大清會典事例）卷七三六，第十三頁云，乾隆四十九年，永安州知州葉道和與岑照科場舞弊，藐法營私案，將葉道和家產查抄入官，但不得及於兄弟，並著爲令。同一會典事例卷七三五，第十二頁夾註云：「此條乾隆五十三年遵旨定例。」

註六八　宮中檔乾隆朝奏摺第三十一輯三七九—三八一頁，乾隆三十三年七月二十一日四川總督阿爾泰奏。

註六九　宮中檔乾隆朝奏摺第五十二輯五八四頁，乾隆四十七年七月二十九日福建巡撫雅德奏。至於父之產屬兄弟所共有，乃中國人向來的習俗觀念。據前引註五仁井田陞〔補訂　中國法制史研究　家族村落法〕第三七六頁，依明律，同居共產時，家產是家族所有人共有之產，無論父子兄弟，家產是「家族有五人，便是五人的」。

註七〇　宮中檔乾隆朝奏摺第六十七輯五八〇頁，乾隆五十三年三月二十二日安徽巡撫陳用敷奏。

註七一　參見本章第三節第二「乾隆皇帝決定查抄範圍的原則」㈡、㈢兩項。

註七二　宮中檔乾隆朝奏摺第四十八輯七二二頁，乾隆四十六年九月八日安徽巡撫農起奏。

註七三　宮中檔乾隆朝奏摺第二十輯四八八頁，乾隆二十九年二月初五日雲南巡撫署貴州巡撫劉藻奏。

註七四　宮中檔乾隆朝奏摺第二十三輯六〇七—六〇八頁，乾隆二十九年十二月二十九日江西巡撫輔德奏；第二十六輯七一八頁，乾隆三十年十一月二十八日江西巡撫明山奏；又參見本節註七七。

註七五　見本章第三節二之㈢，及第四節㈦，湖北巡撫姚成烈諸奏及註三二引拙文「清代乾隆時期軍機處檔有關抄家檔案之史料及其價值」第十五頁。

註七六　清高宗實錄卷四四七，乾隆十八年九月甲戌條及卷四四八，同年十月丁亥條上諭。

註七七　宮中檔乾隆朝奏摺第三十一輯一〇二頁，乾隆三十三年六月二十日直隸總督方觀承奏。

註七八　宮中檔乾隆朝奏摺第十八輯三二一頁，乾隆四十六年八月一日江西巡撫郝碩奏。

註七九　宮中檔乾隆朝奏摺第五十二輯三二一—三二二頁，乾隆四十七年六月初四日署兩江總督薩載奏。

註八〇　宮中檔乾隆朝奏摺第四十八輯五三三頁，乾隆四十六年八月二十一日直隸總督袁守侗奏。

註八一　宮中檔乾隆朝奏摺第四十八輯第七三〇—七三一頁，乾隆四十六年九月初九日直隸總督袁守侗奏；第五十八輯四四二頁，乾隆四十八年十一月二十八日直隸總督劉峩奏。

註八二　宮中檔乾隆朝奏摺第四十八輯八三四—八三五頁，乾隆四十六年九月十九日江蘇巡撫閔鶚元奏。雖兄弟已分析，但同屋居住，即將兄弟房內之物全抄出之例，又見乾隆四十六年查抄同一甘案之平涼府知府彭永年江寧家產時。雖與其弟分家，但以同房各半居住，乃將其弟房內之物亦查抄入官，至於田房則止抄犯人本人名下一分。見宮中檔同輯八二七頁，同日閔鶚元奏。

註八三　宮中檔乾隆朝奏摺第四十九輯八五頁，乾隆四十六年九月二十八日陝西巡撫畢沅奏。

註八四　宮中檔乾隆朝奏摺第四十九輯二〇五頁，乾隆四十六年十月十日江蘇巡撫閔鶚元奏。

註八五　宮中檔乾隆朝奏摺第五十二輯一五二頁，乾隆四十七年六月十九日安徽巡撫譚尙忠奏；同輯一七九—一八一頁同年六月二十二日江西巡撫郝碩奏；第五十四輯六八二—六八四頁，乾隆四十八年正月十一日；六十輯四一九頁，乾隆四十九年五月十七日安徽巡撫富躬奏。

註八六　本犯查抄後已無家產，淸代常以「家產盡絕」來表示，此時如尙有虧項須賠，往往由其上司分賠或攤賠，這種例子很多，但也有上司和親屬兄弟等共同賠繳的。例見乾隆四十六年左右，與甘省折捐冒賑案差不多同時發生的回亂，事後核計濫用軍需無著銀達三十餘萬兩銀。於是乾隆皇帝指定總督李侍堯攤扣養廉二成，原藩司當時已陞巡撫之福崧攤扣養廉五成，原臬司留任之福寧養廉全坐扣到虧項補完之日爲止外；又諭：原承辦之道府州縣各員現在有尙留甘省者，分別數目核實追賠外，案內尙有因折捐冒賑案革職查抄各員，現在免死發遣者，其家產雖已查抄，尚不敷其侵冒之數，伊等原籍自有兄弟親屬可以通挪幫湊，著李侍堯查明，逐一確核其應賠分數，行文各該犯原籍核實追賠，如有托故延宕不行按數完繳，即將該犯仍照原議治罪。（見宮中檔乾隆朝奏摺第五十四輯五〇五頁，乾隆四十七年十二月二十日浙江巡撫福崧奏。）有關分賠之事參見本書第一章第二節二—(二)「查封備抵官項」。

註八七　宮中檔乾隆朝奏摺第三十七輯四九八頁，乾隆四十二年正月九日劉秉恬、鄂寶、文綬、富勒渾、桂林奏。

註八八　宮中檔乾隆朝奏摺第三十一輯二八二頁，乾隆三十三年七月九日安徽巡撫馮鈐奏。

註八九　宮中檔乾隆朝奏摺第四十八輯六九九頁，乾隆四十六年九月七日江蘇巡撫閔鶚元奏。

註九〇　宮中檔乾隆朝奏摺第五十一輯五五九—五六〇頁，乾隆四十七年四月二十六日直隸總督鄭大進奏。

註九一　宮中檔乾隆朝奏摺第五十三輯二九三頁，乾隆四十七年十月初七日江蘇巡撫閔鶚元奏。陳輝祖案參見本書第三章第一節二，「處理抄物工作之負責人之(二)，抄物之分類工作與執行之人」。

註九二　參見本章第三節二，「乾隆皇帝決定查抄範圍的原則及其制度化過程之(二)，罪狀重大即查辦及兄弟」。

註九三　參見本節：「查抄親屬及其他相關人員家產之實例之(一)，未分家兄弟之產全抄」。

註九四　參見本節註六九引仁井田陞（補訂　中國法制史研究　家族村落法）第三七六頁。

註九五　宮中檔乾隆朝奏摺第二十三輯六〇七頁，乾隆二十九年十二月二十九日江西巡撫輔德奏。

註九六　宮中檔乾隆朝奏摺第四十九輯六七〇頁，乾隆四十六年十一月十七日李侍堯奏。

註九七　宮中檔乾隆朝奏摺第四十八輯，七二〇—七二一頁，乾隆四十六年九月初八日安徽巡撫農起奏。

註　九八　宮中檔乾隆朝奏摺第四十九輯八五頁，乾隆四十六年九月二十八日署理陝西巡撫畢沅奏。

註　九九　即「父債子還律有定例」，見前引仁井田陞（補訂　中國法制史研究　家族村落法）三七八頁。

註一〇〇　宮中檔乾隆朝奏摺第四十九輯二四六頁，乾隆四十六年十月十五日署雲南巡撫劉秉恬奏。

註一〇一　宮中檔乾隆朝奏摺第四十九輯六〇頁，乾隆四十六年九月二十五日湖南巡撫劉墉奏。

註一〇二　宮中檔乾隆朝奏摺第六十輯五六五—五六七頁，乾隆四十九年五月二十八日兩江總督薩載奏。

註一〇三　宮中檔乾隆朝奏摺第四十八輯六九七頁，乾隆四十六年九月七日江西巡撫閔鶚元奏。

註一〇四　宮中檔乾隆朝奏摺第四十七輯六五頁，乾隆四十四年三月六日暫管湖廣總督三寶、湖北巡撫鄭大進奏。高樸私玉案參見註三〇。

註一〇五　宮中檔乾隆朝奏摺第五十三輯二五九—二六〇頁，乾隆四十七年十月初五日伊齡阿、伊星阿奏。

註一〇六　宮中檔乾隆朝奏摺第五十三輯四一一—四一四頁，乾隆四十七年十月十七日伊齡阿、伊星阿奏。

註一〇七　宮中檔乾隆朝奏摺第四十八輯六九九頁，乾隆四十六年九月七日江蘇巡撫閔鶚元奏。

註一〇八　宮中檔乾隆朝奏摺第五十六輯六頁，乾隆四十八年四月二十九日山西巡撫農起奏。

註一〇九　宮中檔乾隆朝奏摺第四十八輯三三八頁，乾隆四十六年八月初二日陝西巡撫畢沅奏；又見第七十四輯六六二頁，缺年月、缺提奏人。但以奏摺中引用奉硃批「其婿耳，莫波及」諸字，正是承四十六年八月初二日畢沅奏摺之硃批而來，可見提奏人是同樣的畢沅。日期則當在前摺之後不久，約是乾隆四十六年八月底。

註一一〇　宮中檔乾隆朝奏摺第五十三輯二三四頁，乾隆四十七年十月初三日王進泰、盛住、德克進布奏。

註一一一　宮中檔乾隆朝奏摺第二十八輯三一頁，乾隆三十二年八月二十五日貴州巡撫鄂寶奏。

註一一二　宮中檔乾隆朝奏摺第五十五輯四五一頁，乾隆四十八年三月二十一日福建水師提督黃仕簡奏。

註一一三　宮中檔乾隆朝奏摺第六十二輯四〇八—四一〇頁，乾隆五十一年十一月二十九日直隸總督劉峩奏。

註一一四　宮中檔乾隆朝奏摺第四十八輯五三四頁，乾隆四十六年八月二十一日直隸總督袁守侗奏。

註一一五　宮中檔乾隆朝奏摺第十八輯二四四頁，乾隆二十八年六月二十一日署湖廣總督湖北巡撫陳弘謀奏。

註一一六　乾隆朝軍機處檔第三〇五九六號、三〇五九七號，乾隆四十六年五月初九日阿桂奏；第三三三〇七號同月二十四日阿桂、李侍堯奏；宮中檔乾隆朝奏摺第四十九輯七一三頁，乾隆四十六年十一月二十日陝甘總督李侍堯奏。

註一一七　宮中檔乾隆朝奏摺第四十九輯四〇八頁，乾隆四十六年十一月二日陝甘總督李侍堯奏。

註一一八　宮中檔乾隆朝奏摺第二十輯二一頁，乾隆二十八年十二月十一日山東巡撫崔應階奏；同輯五九頁，同月十五日兩江總督尹繼善奏；同輯七一五頁，乾隆二十九年三月二日阿爾泰奏。

註一一九　宮中檔乾隆朝奏摺第五十四輯一二四頁，乾隆四十七年十一月二十五日伊齡阿奏；第七十四輯六一二頁，缺年月日閔鶚元奏。

註一二〇　宮中檔乾隆朝奏摺第五十四輯一二三頁，乾隆四十七年十一月二十五日王進泰、富勒渾同奏。又同輯三八四—三八五頁，同年十二月初十日署兩江總督薩載奏。

註一二一　宮中檔乾隆朝奏摺第四十八輯五四三頁，乾隆四十六年八月二十一日江蘇巡撫閔鶚元奏。

註一二二　宮中檔乾隆朝奏摺第一輯六二一頁，乾隆十六年九月十日高恒奏；八七四頁，同年十一月十一日及第十一輯四一頁，乾隆二十年三月二十日雲貴總督碩色、雲南巡撫愛必達奏。又見清高宗實錄卷二七四，十七頁。

註一二三　清高宗實錄卷六七〇，乾隆二十七年九月庚申朔及丙寅條；清史列傳第一編陳宏謀傳。

註一二四　清高宗實錄卷九〇五，一五—一八頁乾隆三十七年三月丁巳；二〇頁戊午條；卷九〇六，三頁，同年夏四月丙寅朔，及二七頁，己卯條；卷九〇七，四、二二、二六頁，乾隆三十七年四月壬午、丁亥各條上諭。宮中檔乾隆朝奏摺第三十五輯三八七—三八八頁，乾隆三十九年四月二十四日兩江總督高晉奏；乾隆朝軍機處檔第一六九二一號，乾隆三十七年五月四日浙江巡撫富勒渾奏，第一六七九〇號供單。

註一二五　清史稿列傳一一九富勒渾傳；宮中檔乾隆朝奏摺第六十輯七一一、七九八頁，乾隆五十一年六月十二日、二十日兩廣總督兼廣東巡撫孫士毅奏；同輯七二八、七六九頁，同月十四、十八日署閩浙總督常青、覺羅伍拉納奏；同輯六四四、六四八、七五二、七五五頁，同月初六日、十七日阿桂、曹文埴、伊齡阿奏；第六十一輯一九頁，乾隆五十一年六月二十七日穆騰額奏；九五頁，七月八日阿桂、曹文埴、舒常、伊齡阿奏；一九四頁，七月二十二日暫署湖廣總督李侍堯、湖北巡撫李封奏；二八七頁，同年閏七月十日浙江巡撫伊齡阿奏。

註一二六　宮中檔乾隆朝奏摺第五十二輯二〇〇頁，乾隆四十七年六月二十三日直隸總督鄭大進奏；同輯二〇七頁，同月二十四日陝甘總督李侍堯奏；第七十四輯六四八頁，附片（按：此當爲李侍堯六月二十四日奏摺之附片）。

註一二七　宮中檔乾隆朝奏摺第七十四輯六五五—六五六；六七三頁。按以上諸奏均缺年月日及提奏人，烏魯木齊虧空案發生於乾隆四十七年左右，此摺當爲當時奏摺之附片。
註一二八　宮中檔乾隆朝奏摺第四十八輯三一七頁，乾隆四十六年八月初一日直隸總督袁守侗奏。
註一二九　宮中檔乾隆朝奏摺第四十三輯三六二頁，乾隆四十四年正月初二日陝西巡撫畢沅奏。
註一三〇　宮中檔乾隆朝奏摺第四十六輯六九四頁，乾隆四十四年二月七日山西巡撫覺羅巴延三奏。高樸盜賣官玉案，見註三〇。
註一三一　宮中檔乾隆朝奏摺第四十六輯二一九—二二〇頁，乾隆四十三年十二月十八日江蘇巡撫楊魁奏。
註一三二　宮中檔乾隆朝奏摺第四十六輯二七—二八頁，乾隆四十三年十二月初九日山西巡撫覺羅巴延三奏。
註一三三　宮中檔乾隆朝奏摺第六十七輯六四〇頁，乾隆五十三年三月二十七日兩廣總督孫士毅，廣東巡撫圖薩布奏。
註一三四　宮中檔乾隆朝奏摺第四十九輯五八八頁，乾隆四十六年十一月十二日湖廣總督舒常、湖北巡撫鄭大進奏。
註一三五　宮中檔乾隆朝奏摺第四十八輯四八八頁，乾隆四十六年八月十六日直隸總督袁守侗奏。
註一三六　宮中檔乾隆朝奏摺第五十二輯三七〇頁，乾隆四十七年七月初五日江蘇巡撫閔鶚元奏。
註一三七　宮中檔乾隆朝奏摺第七十一輯六〇八頁，乾隆五十四年四月五日直隸總督劉峩奏。
註一三八　宮中檔乾隆朝奏摺第四十八輯五三三頁，乾隆四十六年八月二十一日直隸總督袁守侗奏。
註一三九　乾隆朝軍機處檔第一一〇三九號、一一三六三號奏摺，乾隆三十四年十一月初八日、十二月十六日，兩江總督高晉奏。參見註二四。

註一四〇　宮中檔乾隆朝奏摺第七十四輯二六三頁，乾隆五十四年十一月二十六日浙江巡撫覺羅琅玕奏。

註一四一　宮中檔乾隆朝奏摺第五十八輯四八八頁，乾隆四十八年十二月初二日廣西巡撫孫士毅奏。

註一四二　宮中檔乾隆朝奏摺第四十九輯六五七頁，乾隆四十六年十一月十六日河南巡撫富勒渾奏。

註一四三　宮中檔乾隆朝奏摺第九輯六〇七—六〇八頁，乾隆十九年九月二十一日碩色，愛必達奏。

註一四四　宮中檔乾隆朝奏摺第四十八輯六二一頁，乾隆四十六年二月二十八日及同年九月十八日山西巡撫雅德奏；七三二頁，同年九月九日直隸總督袁守侗奏；七四〇頁，同月初十日伊齡阿奏。

註一四五　宮中檔乾隆朝奏摺第四十八輯八二九頁，乾隆四十六年九月十九日，江蘇巡撫閔鶚元奏。

註一四六　宮中檔乾隆朝奏摺第四十八輯八四七頁，乾隆四十六年九月十九日兩江總督薩載奏。

註一四七　宮中檔乾隆朝奏摺第四十九輯三七三頁，乾隆四十六年十月二十七日兩江總督薩載奏。

註一四八　宮中檔乾隆朝奏摺第四十五輯七九〇頁，乾隆四十三年十二月初二，山東巡撫國泰奏。

註一四九　宮中檔乾隆朝奏摺第五十一輯六一八頁，乾隆四十七年五月二日直隸總督鄭大進奏。

註一五〇　宮中檔乾隆朝奏摺第四十九輯六五三頁，乾隆四十六年十一月十六日江蘇巡撫閔鶚元奏；同輯七一八頁，同月二十日及第四十八輯三三一頁，同年八月一日江西巡撫郝碩奏。

註一五一　宮中檔乾隆朝奏摺第五十五輯五七六頁，乾隆四十八年四月四日署陝甘總督陝西巡撫畢沅奏。

註一五二　宮中檔乾隆朝奏摺第三十五輯三八八頁，乾隆三十九年四月二十四日兩江總督高晉奏。

註一五三　宮中檔乾隆朝奏摺第四十九輯六〇九頁，乾隆四十六年十一月十三日陝甘總督李侍堯奏。以目前的資料看，因查抄而追出監照的例子，在乾隆四十六年甘肅省折捐冒賑案發生以後才頻頻出現。

註一五四　宮中檔乾隆朝奏摺第五十輯六四六頁，乾隆四十七年正月二十三日陝甘總督李侍堯奏。

註一五五　宮中檔乾隆朝奏摺第五十一輯六七二頁，乾隆四十七年五月十一日江西巡撫郝碩奏。

註一五六　宮中檔乾隆朝奏摺第五十輯八四—八五頁，乾隆四十六年十二月初三日陝甘總督李侍堯奏；又同輯三五七頁，同月二十二日福建巡撫楊魁奏；又第五十六輯七一七頁，乾隆四十八年七月十日四川總督李世傑奏。

註一五七　宮中檔乾隆朝奏摺第五十輯九五七頁，乾隆四十七年正月初八日山西巡撫調補安徽巡撫譚尙忠奏。

註一五八　宮中檔乾隆朝奏摺第五十三輯七五七頁，乾隆四十七年十一月十一日安徽巡撫富躬奏。有關甘肅省折捐冒賑案內容，散見宮中檔乾隆四十六、四十七兩年各奏摺及上諭檔中，並參見註三一引拙稿「清代乾隆時期軍機處檔有關抄家檔案之史料及其價値」。案，乾隆三、四十年代的甘省捐監事例，原規定必須捐糧石，不准折收銀兩。但整個甘肅省以前後布政使王亶望與王廷贊爲首，與各道府州縣上下通同舞弊，皆以銀兩代替實物，且雖未收糧石，仍謊報建倉貯糧，並謊報災情散賑，以此二項冒銷監銀。同時各官又趁機爭替子弟親戚捐監，其實因可冒銷賑銀，故未必眞正繳出銀兩，照樣塡得實收證據，換得監照。於是引起乾隆皇帝震怒，務必將這些犯官代捐之監生查出，註銷其資格。

註一五九　宮中檔乾隆朝奏摺第五十二輯五二頁，乾隆四十七年六月初六日江西巡撫郝碩奏。

註一六〇　清史稿列傳一百二十六陳輝祖傳；宮中檔乾隆朝奏摺第七十輯七二三頁，乾隆五十三年十二月二十四日湖南巡撫浦霖奏。

註一六一　〔欽定大清會典事例〕卷千一百二十，「八旗都統」田宅—承追帑項，第十七頁。
註一六二　乾隆上諭檔五十年夏，第四三五頁。
註一六三　祠屋例免估報，也就是可免查抄。見乾隆軍機處檔第一一七七八號，高晉奏。
註一六四　乾隆軍機處檔第三四四五號。
註一六五　乾隆軍機處檔第三五八九一號，兩淮鹽政伊齡阿奏。
註一六六　宮中檔乾隆朝奏摺第五十輯七—九頁，乾隆四十六年十一月二十八日江蘇巡撫閔鶚元奏。
註一六七　宮中檔乾隆朝奏摺第四十九輯五八八頁，乾隆四十六年十一月十二日湖廣總督舒常、湖北巡撫鄭大進奏。
註一六八　宮中檔乾隆朝奏摺第五十九輯三六〇頁，乾隆四十九年二月十九日湖北巡撫姚成烈奏。
註一六九　宮中檔乾隆朝奏摺第七十四輯一九〇頁，乾隆五十四年十一月十九日安徽巡撫陳用敷奏。
註一七〇　宮中檔乾隆朝奏摺第四十八輯四九八頁，乾隆四十六年八月十六日江蘇巡撫閔鶚元奏。又見乾隆軍機處檔第三一八四七號。
註一七一　宮中檔乾隆朝奏摺第四十八輯八〇七—八〇八頁，乾隆四十六年九月十六日江西巡撫郝碩奏。
註一七二　宮中檔乾隆朝奏摺第四十九輯一七〇頁，乾隆四十六年十月七日江西巡撫郝碩奏。
註一七三　宮中檔乾隆朝奏摺第五十一輯六四四頁，乾隆四十七年五月初六日直隸總督鄭大進奏。
註一七四　乾隆軍機處檔第二七六二二號乾隆四十五年七月一日；第二七六二八號同月十六日江蘇巡撫吳壇奏。關於于敏中遺產案並參見軍機處檔第二七六二四號、二七六九〇號、二七七四〇號二七九六三號各錄副、附片及附件及乾隆朝上諭檔四十五年秋，乾隆四十五年七月十二日、二十三日。

註一七五 見〔清國行政法〕第二卷第二五〇頁「旗地之沒收及徵收公用」。又〔會典事例〕卷千一百二十「八旗都統田宅承追胳項」第十七頁：「乾隆元年奏准。凡關領祭田如三頃以下即撥出給還本人，如有十餘頃者，以三頃給還本人，其餘仍入官。」。

註一七六 宮中檔乾隆朝奏摺第五十輯一四七頁，乾隆四十六年十二月初七日山西巡撫雅德奏。

註一七七 宮中檔乾隆朝奏摺第五十三輯三四九頁，乾隆四十七年十月十二日湖北巡撫姚成烈奏。

註一七八 乾隆上諭檔，乾隆三十七年十二月九日。

註一七九 宮中檔乾隆朝奏摺第五十四輯六八二頁，乾隆四十八年正月十一日安徽巡撫富躬奏。

註一八〇 宮中檔乾隆朝奏摺第四十八輯三二一頁，乾隆四十六年八月一日江西巡撫郝碩奏。

註一八一 清高宗實錄卷三三六，乾隆十四年三月己未條。

註一八二 宮中檔乾隆朝奏摺第五十六輯八三四—八三五頁，乾隆四十八年七月二十六日湖廣總督舒常、湖南巡撫伊星阿奏。

第五章　抄物處理

第一節　抄物處理過程與期限

在說明查抄物品處理工作之前，有數點須先作說明。一是抄物要如何處理？由何人來決定？也就是處理方式的決定權誰屬的問題；二是在處理之前，抄物是由誰保管？初步處理，是由誰來執行？三是查抄工作及抄物之處理有無期限？四是抄物處理最重要的工作是解京，在解京之前，地方上進行處理的工作時間，短則一、兩月，長可達數年，這中間地方官與皇帝之間的連繫工作如何？茲將以上各點分別說明於後。

一、抄物處理方式之決定

抄物之處理方式有一定依據，依資料看，乾隆時期採用定例與上諭并用之形式。本來抄物處理方式有一定的原則，對地方官來說，既有定例可循，自可做主依定例處理即可。然而事實上，大半督撫卻仍要等待御旨後才執行處理工作，於是其處理方式的依據就有數種情況。即是一、皇帝傳旨指示處理方式；二、督撫依定例自行決定處理方式後，奏請皇帝同意後執行，三、督撫依定例自行決定處理方式後，逕自執行，然後奏聞。可見後二者雖是督撫決定處理方式，仍須奏聞，讓皇帝知道他們如何處理。表示帝權可左右抄物之處理方式，茲說明如後。

㈠**皇帝指示處理方式**。例如乾隆三十九年查抄原雲南藩司錢度時，德化縣知縣查獲錢度家人王壽，搜出攜帶銀兩、帳簿及其他衣飾等物。奏聞結果，皇帝即令軍機大臣傳諭，將搜獲錢度家人攜帶銀兩，照例解交內務府；其箱內所有衣飾等物則造具清冊交崇文門查收。（註一）據此，上諭既云「照例解交內務府」，可見既有例可循，地方官並非不知如何處理，因此，這種形式化的過程，不過表示，抄出物品之最後處理權屬於皇帝而已。又如乾隆四十六年，乾隆皇帝即指示浙江省將查抄原知府王燧及道員陳虞盛家產中之銀兩，含變賣所得之銀，及同案相關之原巡撫王亶望等認罰銀兩，總計不下百餘萬兩，內除三寶及富勒渾、李質穎等就近在京交納外，餘俱令留存浙省以為海塘工程之用。嗣又降旨以海塘工程動用外，尚有盈餘即可為江南採購石料及南河工程之用。但須奏明所有銀兩是否全數收齊，及動用情況，有無餘款等。（註二）

㈡**督撫自行決定處理方式，後請旨執行**。但是有時皇帝另有旨意，他也會直接在督撫奏摺上批示。如乾隆四十六年查抄革職巡撫王亶望時，主其事之閩浙總督陳輝祖即奏請將查封王亶望寓所銀九萬八百五十一兩八錢解交崇文門。結果乾隆皇帝就在「解交崇文門」諸字之旁硃批「何必解交亦留為海塘之用」。（註二）

㈢**督撫自行決定處理方式，並逕自執行後，具單奏聞**。或許老練的督撫較可能採用這種方式。例見乾隆二十八年兩江總督尹繼善查抄革職湖廣總督愛必達眷屬船隻時。茲介紹於後。

先是署湖廣總督陳弘謀奉旨查抄愛必達任所貲財，以愛必達家屬已離任所，由船返京之中。乃咨行兩江總督尹繼善截抄愛必達家屬船隻。尹繼善命淮揚道吳嗣爵等在江中將愛必達家屬船隻截住查封。先將家口人等嚴加看守，並將貲財什物等項分別封固，由總督逐一親加點驗，再將家人等押赴公所，不許頃刻停留。尹繼善點驗查出之物後，即將所有查出貲財什物等項開具清單，並將處理情形一併奏聞。而其處理方式都由尹繼善逕行作主，並未預作請旨。尹繼善的處理如後：一、金銀首飾素珠帽頂銅玉等器及細軟皮衣紬緞等件，造具細冊送交崇文門變價；二、男婦家奴七十一名口又吃工食五名口解旗分別辦理；三、親丁家口委員押解歸旗；四、其餘粗重物件并破舊衣物等項飭令地方官確估變價，解部充餉。

此案尹繼善查出之物，可能沒有佳物，因此金銀首飾玉器等也就不解往內務府呈覽，而是直接解崇文門變賣。同時因本案是查抄旗人之產，所以依規定將愛必達家奴等都解旗分別由該旗改送其他有功旗人之家爲奴。至於愛必達家屬也都解歸其原旗，如何進一步處置，則須由皇帝另下御旨。此案處理的另一個特點是，留在地方變賣的粗重、破舊衣物等變賣所得之款並不解內務府而是直接解部充餉。與乾隆四十年代的抄案所見，凡地方留變之物，變賣所得之款，除非皇帝另有指示，否則都解內務府的情形不同。尹繼善處理本案抄物時，並未預先奉旨或請示，即逕自決定解部充餉。或許，早期之例，查抄之物留在地方變賣所得之價，如無御旨指示，都解內務府或解部充餉。（註三）一方面，此案尹繼善在決定處理方式之後，立刻具摺奏聞，可見他也並非擅權，他的前後處理態度綜觀起來，還是可以看出以皇帝權威爲至上。不過這種由督撫未請旨即逕行處理抄物的例子並不多。以同案查抄愛必達的另一巡撫葉存仁爲例，所採辦法就不相同。河南巡撫葉存仁在查抄革職湖廣總督愛必達及錫占隨身行李、銀物後即公同查點，開單暫交臨潁縣庫封存，然後開具清單二件，奏請諭旨遵行。（註四）

可見處理抄物，是否奏請御旨，然後執行，與時代及案件之輕重無關，而是由督撫個人來決定。不過即使督撫先逕自處理，他都必須同時將處理經過具摺奏聞。因此不管督撫採取何種方式，或先例如何，皇帝始終都在影響抄物的處理工作。

二、抄物之保管與初步處理

處理前的抄物保管工作很重要。當地方官有虧空嫌疑，或官員犯案等，有時督撫會自動查封其財產以防嫌犯預先隱匿財產，也有奉諭後才執行查封的。但無論是督撫主動查封或奉諭查封，在定案之前，還不能當做入官物處理。此時執行查封之人便須負責保管這些查封之物，以免隱匿或偷竊。保管的第一個要件是每件財物都須按號將名稱、數量登錄在冊上備考，並且每件抄物都須隨驗隨封，（註五）然後暫時就地嚴密封貯，派員看守。如果決定入官，便須移往縣庫或府庫處理。

處理的第一步就是分類。因爲當初查封時只是隨查隨記，無法仔細分類，現在已經確定要入官，就必須將查出之物分析歸類。

分類有一定的原則。所謂分類，是要分別貴賤與粗細以便解京或留在地方估變。其原則是：第一，銀兩、金子、玉器等貴重値錢之物都須解內務府。其中玉玩、書畫等藝術品必須呈覽，也就是呈進給皇帝看，由皇帝決定去留；第二，較值錢、輕便衣物等必須解往京城之崇文門估變；第三，粗重家具及破舊衣物爲節省運費必須留在地方變賣，也就是留變。在地方變賣的還有田房等不動產。至於變賣所得之銀，原則上解內務府，皇帝另有旨意者，另行處理；第四，凡有借欠在外之銀均須追繳，解京；第五，有時皇帝會特別下諭旨，將可以充公之件酌留本省以爲辦公用。（註六）如果是普通案子，查抄對象是小官等較不重要且貲產無幾之人，則由藩臬兩司率同州縣就在當地分類、造冊，然後將清冊經由道府、藩臬兩司，再呈督撫（或其中之一），再由督撫另造清冊咨會戶部及其他相關之刑、工等部，並造具清單奏聞。但是對於查抄比較高級的官，如道員、藩臬兩司以上等，以及皇帝特別傳諭查辦的欽案等大案，其從事分類工作的職官之職位也須相對提高，查抄之物也須從州縣等移往府庫或更進一步解往省城，保管在司庫中，由兩司在督撫監督之下進行分類。以乾隆五十三年查抄原臺灣總兵後調水師提督之柴大紀在嘉義郡城衙署及寓所財物爲例，即先嚴密就地封存，決定入官後再提貯臺灣府庫，最後還將所有抄出之物解交福建省城由閩浙總督李侍堯處理。不過這是較少見的例子。因爲如果爲了節省運費及免去海外車船搬運之苦，應該還是要按一般處理原則，將笨重及破舊物留在臺灣，而不當整個移往內地處理。（註七）不過也由此可見，當時如何重視柴大紀案。

原則上，執行查抄或分類都以督撫主持之名進行。實際上也有可能由藩臬，道府州縣中的兩三人共同執行。要注意的是爲防止查抄官舞弊，絕不准單獨執行。以乾隆四十八年查抄原職官賈周模之家奴崔大成、崔聚成爲例，此二人因違例捐官，經刑部審明治罪，查抄之物，即將輕便值錢者，先提解至省，由藩司核明，分別解京留變。（註八）

又如乾隆二十八年查抄原巡撫周琬河南省原籍財產時，即將抄出之物由抄出之各府州縣解送到省，經由巡撫同布政使、按察使及委員開封府知府等逐一親加查看分別登記。然後委開封府通判陳漢章管解，給咨赴內務府投交。至於土地，一般是估變後將所得之款解京，但本案則是將抄出之地一頃三十七畝零，都存留豫省，每年收租完糧之外，即解司庫以備地方公用。其餘一概變價。（註九）

如前述，抄物處理的負責人，是督撫。當執行查抄時，其手續從抄出、登錄、分類、造冊、解京、估價、請旨變賣等，過程繁複，其執行工作有時由地方官分層負責，有時則督撫全程參與。即州縣做最基層的工作，如將所有抄出之物登錄，製造查封底冊，將田房、粗舊器物估價，並將應解京物件分類造報。藩臬兩司及道員知府等監官，除監視前述州縣等進行執行基本工作外，須確實核造解京物及留變物之估價細冊，尤其要審核有無高價低估之事，再將這些細冊賫呈督撫。督撫接到藩臬等送來的細冊後須要查對底冊，看是否有遺漏，然後造清單奏聞，並將細冊咨送戶部及相關之其他各部如刑、工二部，並將該解京之物委員解京。在這些過程中，督撫即使不能全程參與，但最後爲負責起見，仍須與司道等共同提驗留變各物，以便查看有無佳物遺漏未解京，或估價有無以高報低等。關於這些過程，及督撫負責的情況，在乾隆四十八年湖廣總督舒常及湖南巡撫伊星阿查抄革職閩浙總督陳輝祖等原籍財產的奏摺中，有詳細的描述，茲摘錄如後。

查抄陳輝祖，杭州府同知楊先儀并續抄陳輝祖之弟陳繩祖湖南各原籍財產入官各田地坐落祈陽、湘陰、寧鄉數縣地方，并有隨園塘山木等項，而陳繩祖新造之房屋又有已成屋、未成屋之不同，均需確細查估。又陳輝祖在籍止有田房穀物麤重器物，係臣（總督）舒常親赴查抄，俱應估變外，其陳繩祖、楊先儀二家貲物有應提省挑選分別留變解京。以舒常前往湖南兼署巡撫，未及辦竣，等伊星阿接任，照案督催查辦。茲據各該縣府將各田房粗舊器物估價，並將應解京物件分類造報；由布政使王站柱、按察使姚頤、糧道董世明等核造細冊詳賫到伊星阿處。伊星阿等查照原查封底冊，逐件比對無漏。其中陳輝祖名下貲產估價並追還借項共該銀一萬五百五十二兩七錢九分二釐；陳繩祖名下除玉玩金銀首飾細軟衣物解京外，田房穀物銀錢等項共估値銀二萬一千九百六十二兩二錢九分七釐；楊先儀名下除首飾衣服等物挑出解京外，田房穀物估價並追還借項共該銀七千二百七十九兩二錢四分七釐零。伊星阿復將留變各物提驗，俱係粗舊之件，已無短估情弊。乃將應解內務府物件另行委員解送，並同留楚估變產物，取具細冊咨送戶刑工三部並內務府查核，候硃批至日，照估變齊，同前抄存及現追還欠項銀兩另行報撥外，仍將所有前抄封陳輝祖等各貲物分別解京留變緣由，會摺奏明，並分繕清單呈覽。

（註一〇）

必須注意的是督撫在最後要點驗查抄物件時，必須與司道等共同公開閱看，不可將抄物送往督撫私署閱看，以免督撫舞弊。（註一一）

三、查抄工作之執行及抄物之處理期限

查抄工作之執行期限：查抄工作包含審訊與執行查抄及入官物之處理。無論任何一個步驟，其處理都是越快越好，卻不一定能夠定出期限。以地方官爲例，當一個屬員虧空時，督撫必須一面拜疏奏參，一面查封參員任所及寓所貲財，並密咨其原籍督撫先將家產查封以待審明賠補。但在此之同時，

須立即審訊該參官，以免拖延不結。爲此，乾隆皇帝曾規定：題參副將、知府以上奉到部文再行提訊，其餘各官均於具題日拘犯審究。並定凡有侵貪發覺之案，須速爲查審，於兩月限內儘可能審題完結。這樣有很多好處，即案子不致再有稽延，不獨被參之官審虛者早得及時開復，即審實者亦可早定爰書，案內之受害證佐人等均得省釋歸農。(註一二)

不過審訊雖可定日期，但是查抄之執行及抄物之處理卻未必能定期限，目前也尚未能找到明文規定限期。因爲財產有多寡之別，分布又有遍及數省之例，所以只能要求督撫越快越好。只是雖然沒有一定限期，督撫在執行時卻須隨時將查抄進度奏聞，以便皇帝隨時可以掌握情況，如此則督撫等即可免於被責查抄不力。

至於抄出物品之處理也難定期限，因爲抄物多少不同，粗細有別，如果數量多，整理自然費工夫，不是限定時間可以解決的，如後文第四項所述王進泰查抄陳輝祖之例。(註一三)同時查抄物之處理既然需時，解京期限也就必須視實際情況，加以調整。一般是先按粗細分類，如係貴重、精緻物如玉器、金飾等及銀兩均須儘速解京；其餘輕便、值錢須解崇文門處理之物，也要找機會儘早解京。但是留在地方估變之物，多是些笨重家具，破爛衣物，或田房產業等則因地方貧富有別，富有之地易於脫手，窮鄉僻壤則較難，因此只能盡力而爲，不易限定時日。(註一四)原則上，皇帝關心之物，必須派員迅速解京，或欽差辨案完畢時一起押解進京。如後項「抄物處理進度之奏聞」提及，阿桂、福長安處理陳輝祖案即是。(註五)如果不是很重要，或並非皇帝很關心之物，則可搭便解京。例如乾隆四十七年兩淮鹽政伊齡阿等奏，查抄陳輝祖案內楊仁譽家產時，除已解浙省銅瓷玉玩等由浙解京外，其餘衣服什物零星小玉等件提取到蘇，眼同查驗，封固造冊，並決定於月內起解陳輝祖什物之便，交該委員一同解交管理崇文門大臣照例辦理。（註一五）不過因為查抄物件之解京，是抄物處理中最重要的工作，因此有些督撫便採隨辦隨解的方式，即查抄之物辦理到某一種程度，比如抄出銀兩及追繳在外借欠，只要到達某一種成數，立即奏聞起解。例見乾隆十七年雲南省查抄茂隆山銀廠課長吳尚賢家產時，即先將抄出之現銀、銀器及追獲借項銀傾銷成紋銀，並將衣物、田房產業等估價，以變價較慢，乃先向雲南司庫暫借墊用共六萬餘兩，與金器首飾等先行解內務府。此為第一次解京，時間是乾隆十七年七月初四。到十八年九月再將續抄出之衣物等變賣，並追獲借欠銀及碧霞數珠、金鐲等解內務府。此為第二次解京。到了十九年九月二十一日又將雲南各屬追獲借欠以及變價等銀共一萬餘兩解交內務府。（註一四）以上歷經兩年，共分三次解京。

解京期限雖然難定，事實上只要抄物整理告一段落，負責查抄之督撫在掌握犯人所有家產情況後，心中應該已有譜，可預定大致的時間，或更進一步具體的自定一個解京時限並奏聞。例見前述伊齡阿等奏，查抄楊仁譽家產時，雖部分抄物搭陳輝祖什物起解之便解京，另有楊仁譽親戚呈出及尚待勒限著追之銀，和應行變價之田房及粗重木器銅錫器等，共估價銀一萬五千九百餘兩，統限十個月以內彙齊派員解交內務府充公。（註一五）其時限定在十個月以內，看來稍慢，實則有些銀出借在外，有待追繳，而田房、粗重器物等尚待估變，因此並不算遲。

四、抄物處理進度之奏聞及入官物解京之過程

㈠抄物處理進度之奏聞

查抄之物有須解京的，必須儘快解京。以抄出物之質與量因查抄對象而異，抄物少的處理快，抄物多的自然費時。查抄進度因而受到影響。抄物簡單的、數量少的，一、兩個月內就可抄畢，處理快，並於短時日內即可解京。抄物多的，內容複雜的，比如田房產業營運分布數省的，族人共有祖產分不清的，或有借貸在外銀兩須追繳入官的，以及當鋪當物待贖的，有時需數年才能處理清楚，因此解京時日也就無法定期限，已如前述。不過越快越好，可免生弊，也才不致引人懷疑。雖然不可能規定抄物解京期限，但是在進行查抄過程中，負責查抄的督撫等，必須隨時將查抄情況奏聞。只要讓皇帝隨時能夠掌握查抄進度，即使時間稍久，將不爲過。今舉二例：一是乾隆四十六年查抄革職浙江巡撫王亶望，是拖延時間，致皇帝催促解京的例子。另一是緊接著王亶望案發生的查抄革職閩浙總督陳輝祖的案子，是查抄工作不但進行得迅速，且負責查抄之官員，隨時都將查抄進度奏聞的例子。其詳情如後。

乾隆四十六年查抄王亶望原浙江巡撫任所貲財時，因初時解京之物並非佳物，而後續須解京之物又遲遲未解京，因此乾隆皇帝一面催促迅速將所餘當解之物解京；一面則開始懷疑是否查抄工作有弊，乃向江浙臣工打聽消息。最後確定執行查抄之閩浙總督陳輝祖有偷換王亶望入官物之嫌，爲求得進一步詳情，乃命兩淮鹽政伊齡阿將有否風聞陳輝祖舞弊之事迅速奏聞。伊齡阿在覆奏中即云：「奴才於本年三月內赴兩淮任時，即聞有催令浙江將查抄王亶望案內物件解京之事。奴才彼時以欽案事件何至稽遲年餘不解，該省似不應如此怠緩。至六月初旬即有風聞陳輝祖於辦理王亶望之案，所有查抄什物囑令該屬員等運送至署開看查點，以致杭城物議沸騰。……今奴才查辦此案，訪之輿論，陳輝祖竟至將

查抄官物任意抵換，毫無顧忌，實出天理人情之外。」（註一六）

因此後來杭州將軍王進泰等奉命查抄陳輝祖貲財時，就非常小心。王進泰等人於乾隆四十七年十月初三日上奏，提到有關初步查抄陳輝祖在江浙貲財情況云：「奉旨查抄陳輝祖任所貲財一案，奴才等遵即親赴逐一嚴密查抄，並面詢陳輝祖，據云所有財物盡在署內，其各處房地銀兩除開出之外，斷不敢稍有匿報。……（奴才等）仍密加查訪不敢任其絲毫透漏。先將查抄金銀數目并據陳輝祖開出原籍及各省所置田地房屋典舖營運與寄存銀兩物件分別列清單於九月二十九日恭摺覆奏，一面飛咨刑部暨各省督撫查辦在案。」同奏接著又提及十月初一日接到兩淮鹽臣伊齡阿咨會赴蘇州查封陳輝祖胞弟陳繩祖家產情況，及陳輝祖續又開報尚有寄存蘇州營運與買辦玉件銀兩多至三萬有奇，並陳輝祖女婿籍隸山陰縣，恐有代陳輝祖隱瞞，寄託銀物等事，已將其婿家財產先行封固等。然後將陳輝祖續經報出寄存銀兩、田畝物件等開清單呈覽。（註一七）由上可知，自九月二十九日到十月三日，王進泰已先將查出陳輝祖財產內容開出兩次清單奏聞。但這些只是銀兩、房地產及營運之事，至於其他貲財什物等的查抄進度如何，尚未提及。於是王進泰於同日又單獨上奏略云：陳輝祖任所抄出貲財什物，零星繁多，非一、二人所能經理，若不分派查驗，恐爲日過遲，易致弊混。乃將所有抄物分爲一、金銀器皿；二、玉器、古玩、書畫；三、皮棉衣類；四、綢緞、絹布等；五、各色皮張及粗重器皿、雜項等五類，各派人負責登錄底冊，他本人則每日前往一體稽察照料，總期無漏。並云：俟各人員將各自負責部分查明，即令各造印冊一本交布政使盛柱核明彙造總冊，再由王進泰本人查對明白，一面繕寫黃冊呈覽，一面即將各項物件分別應解送內務府、崇文門者即委員起解，其破爛不堪之物及粗重銅錫木器等項仍一並造冊送部查考，留浙核實變價，另行解交內務府。如此添派著落分查，各有專責，自顧考成，以期易得早完。（註一三）抄物之多，工作之煩且瑣碎，絕非短期日可成，由此可見。也因此必先讓皇帝知道抄物處理的進行狀況。

這項查抄工作後來又加進了新任閩浙總督富勒渾。到了十一月初八日告一段落，該解京的即開始安排裝船解京。裝船之同時，仍須奏聞。於十一月十一日王進泰、富勒渾以附片合奏云：「臣王進泰即應進京，……富勒渾亦應兼程赴閩，所有查抄陳輝祖等貲財物件，自未便仍留浙省致生弊端。臣等現在會同將查封各項於十一月初八日起督率道府等，一一點交委員押送下船，陸續起解進京。除俟起解竣後，敬繕簡明總單，並造具款項細冊，隨摺具奏外，理合附片先行奏聞。」（註一八）由此奏可知，從九月底開始查抄，（註一九）到十一月八日之間，不到兩個月即告完成，比起陳輝祖查抄王亶望貲財一年有餘，猶未能將抄物解京，可謂神速。這中間的查抄時間之快慢問題，由前文兩淮鹽政伊齡阿之奏可知，不在王亶望與陳輝祖兩人財物多少的差別，而是在執行查抄的人是否專心從事與積極趕辦。

㈡特殊抄物之解京及其奏聞—以陳輝祖偷換之入官物為例

進行裝船的奏聞之後，剩下的是在船隻上路後，還須做最後的奏聞，但同時必須將所辦理的事做一總報告，才算結案。不過陳輝祖案並非單純的只抄財產而已，因爲陳輝祖得罪，起因於抽換王亶望之入官物。究竟偷換了那些東西，必須從陳輝祖抄產中究出，並審訊陳輝祖本人，以便定罪。這一審訊工作，乾隆皇帝特派阿桂與福長安兩人執行。阿桂與福長安在查辦告一段落後，也須將結果奏聞。

其中最重要的是必須提及在陳輝祖入官產中查出多少王亶望之物，以證明陳輝祖確實舞弊，將王亶望入官之物據爲已有。阿桂與福長安上奏云：「欽奉上諭覆審具奏事。竊照陳輝祖偷換王亶望抄產一案，業經臣等分別定擬。並將臣等遵旨啓程先後進京各緣由於本月初三、初六兩日恭摺奏蒙聖鑒。初七日卯刻臣阿桂……復接奉上諭，『據阿桂等奏，將查出陳輝祖任所物件令王站柱逐件詳細識認一摺，此案陳輝祖抽換抵兌各弊，業經各委員從實供出，並據陳輝祖自行承認，而王站柱認出之玉蕉葉、花觚等件，已在陳輝祖供認抽換物件之內，是全案關鍵已得。惟陳輝祖前供添換朝珠一節，尙未審得確情。豈有因王亶望朝珠平常，轉肯自行添換佳者之理。……非欲偷換佳者，故爲此事掩人耳目乎。著並將現在抄出陳輝祖之朝珠，令王站柱認看，毋任狡飾。……著傳諭阿桂等將以上情節再加研訊得寔，即可定擬具奏。福長安即押帶陳輝祖、國棟及同案內經手各犯迅速來京審辦。其王站柱認出之玉、銅、磁各件，及劉大呂供出陳輝祖抽換各物件，又陳輝祖自行供出抽換玉器字畫等件，俱著一并即交福長安帶京，以便就物當面質訊。』」以上是阿桂奏摺上提到的上諭內容，要求將陳輝祖抄物中，經認出之屬於王亶望入官之物件，由欽差福長安親自帶京，理由是要就物當面質訊陳輝祖。當然不難想像乾隆皇帝還有一個目的，就是想趕快一睹這些被偷換的物件，究屬何等佳物。阿桂等乃將原負責製造王亶望抄物清冊之王站柱所存底冊與解京冊開載朝珠逐一核對。並上奏云：其所載二十八盤之數，除香朝珠二串與松石蜜蠟朝珠二串名色不符，據陳輝祖供稱，實欲掩飾衆人耳目，是以換入，其餘二十六盤莊嚴名色，均未查有參差之處。由此表示並無王亶望朝珠混在其中，所以阿桂只將所有王站柱認出之玉器二件及劉大呂供出并陳輝祖自行供出抽換玉器字畫等件，告知總督富勒渾逐件點出，眼同委員裝貯妥適，交給福長安帶京。

至於王站柱認出名色相同之朝珠五盤，另繕清單進呈。（註五）

㈢抄物解京時之奏聞內容

以上是欽差阿桂等在奏摺中提到，查辦陳輝祖抄物中查出之原屬王亶望入官物件之處理詳情。這些物件原由王進泰等人查抄，並已登在查抄清冊，且已經奏聞過，現在要特別提出來交給福長安帶京，除阿桂與福長安須具摺上奏如前述外，王進泰與新任總督富勒渾亦須以地方執行查抄工作官員之身分，加以奏聞，以示負責。上奏內容必含解京物裝船情況，開船時間，預計經過路線以及解物運京之負責官員名稱，解物內容則，另須附上清冊或清單。如此整個查抄工作才算圓滿結束。這個結案的工作，王進泰等於十一月二十五日奏聞。其奏云：「竊照陳輝祖任所貲財什物，欽奉諭旨，命臣王進泰會同藩司盛住等親往查抄，當將查出金銀數目開列清單附摺奏明在案。其玉、銅、磁器及朝珠、如意、皮張、衣服等項爲數繁多，不敢假手於人，臣王進泰匝月以來督同司道逐件查點，將解京留變各項分晰清楚，並令承查各員登記檔冊裝貯入箱封固。臣富勒渾抵浙後，因查抄什物未便久留在浙，除銀兩飭司存庫造冊候撥外，其應行解京各項，隨派委金華府知府張思振等十二員，分起領解。茲自十一月初八日起，臣等督率司道知府等已於二十日陸續逐一點交委員，於二十四日管解啓行。臣富勒渾復飭委糧道王廷燮馳赴清江浦督率該府張思振等妥協辦理，由陸路分起送京，並令上下往來查催糧艘，及早歸次，以副開兌之期。並一面咨會前途督撫轉飭經過地方官催儹照料前進，毋許逗遛。其餘破舊衣被、什物、卓圍、椅披、坐褥並粗重銅錫木器等項，現飭藩司確估價值，另行造冊送部，俟核覆到日，再行變價。所有查抄陳輝祖及伊長隨杜泰等貲財，業已起解緣由，理合恭摺奏聞，並將解京及留變什物開列簡明總單造具分類細冊敬呈御覽。」最後再將從陳輝祖抄物中抽出王亶望入官物由福長安帶京之事續奏云：「再查陳輝祖抽換王亶望之玉器、字畫、自鳴鐘共二十六件，同王站柱認出名色相同之朝珠五盤，先經欽差戶部侍郎福長安提出攜帶進京。……合併陳明。」（註二〇）

以上奏摺，除欽差阿桂與福長安奏，及由福長安親自將陳輝祖抄物中原屬王亶望之物件攜帶進京一摺外，又執行查抄的王進泰等奏及有關查抄進度及抄物解京的奏摺含附片一件在內總共有五件。從這五件可以知道，從查抄開始到抄物解京之間，執行查抄的督撫必須隨時將查抄進度奏聞。其須奏及內容含：一、執行查抄及造冊等工作人員名字；二、與相關各省的聯繫情況；三、查點抄物並分晰解京留變各項之工作情況；四、登記檔冊、裝箱封固；五、確定解京之物後，須儘早派員解京，解物裝上車、船之同時，即須先行奏聞；六、解京車、船啓行後，再做總結的奏聞，同時須奏及解員職稱與名字；並另行派員沿途督率妥協辦理，及咨會前途督撫轉飭經過地方官催儹照料前進等情況；七、抄物中有另行抽出由欽差帶京的必一并聲明；八、最後並聲明解京所餘粗重破舊衣物須留在地方估變，將另行奏聞；九、無論解京或留變什物都須開列簡明總單，造具分類細冊呈覽。

第二節　入官物之初步處理與分類

一、初步處理之原則

首先，查抄犯人或犯官財產的目的在懲罰，因此將其財產沒收入官。但是在清代一個犯官除因所犯之罪而遭查抄之外，他很有可能另有虧項待補或有應賠、代賠之項，則這些應賠、應補之項，須在抄產之同時一併處理，此其一。其次，入官產對政府來說，是一筆意外收入，清代的處理辦法，大部分都沒入歸於內務府之所有，可說查抄之入官產幾乎都成了皇室之財產，不過這些入官產之內容包羅萬象，有田房等不動產，也有衣飾，金銀等值錢細軟等，有些可以直接運京送入內務府，有的卻粗重破舊，均須就地變賣，以所得之銀兩解內務府，因此入官物之處理，必先分類，此其二。再來，清代抄產之處理方式到了乾隆中期後，制度已趨完備，地方督撫等在負責處理抄物時，差不多已有先例可循，因此原可依例自動處理，但資料上卻可看到，乾隆時代這些督撫在處理入官財物時，仍須隨時將處理情況上奏，請旨，候旨然後辦理，以至結案。可見制度之存在是一回事，帝權始終未放棄對入官物處理之干預。由此可知乾隆時代入官產之運用權完全操在皇帝手上，可以說，抄出之貲財即屬皇帝所有並不爲過。也因爲這樣，抄物內容都須造細冊送內務府或崇文門。抄物及在地方估變的抄物所得之款原則上也都解內務府或崇文門。解內務府是直接歸爲皇帝個人所有，解崇文門的大部分要估變，所得之款奏請由皇帝處理。據實錄記載，乾隆四十三年十二月壬戌諭軍機大臣等云：「據國泰奏，查封陶易原籍貲財房產，備造細冊送部查覈等語。向來此等物件，或解交內務府，或解交崇文門，從無交部者。國泰所奏亦未妥合，除交部俟解到時照例另辦外，並將此諭令知之。」（註二二）

不過到了乾隆四十六年甘省折捐冒賑案發生後，這種抄物處理的成例有一部分改變，除了佳物解京依舊不變外，其餘在地方估變之抄物所得之款，由皇帝指示解戶部以爲賠補各犯官虧項之用。同時抄物內容包含應解內務府之參珠古玩首飾細輭等物同金葉等物仍舊一併製造細冊送部。（註二二）這種抄銀不解內務府而改解戶部，到乾隆四十六年以後，漸可在資料上看到。不過這並非政策的改變，而是各犯官都有公項須要賠補，而賠補公項屬戶部管轄之故。以甘省折捐冒賑案爲例，各犯官有侵冒賑銀的，有冒請建倉將捐監銀收入侵呑或餽送上司，爲親人捐監而未付捐款，任作假賬的。凡此皆須賠補，即從抄產內扣抵，有餘才入官。（註二三）所以並不違背優先賠公項的原則，不過綜合以上看來，所謂籍沒入官或入官產的「官」都可認爲是內務府或崇文門，此其三。今即據此三點將乾隆時代處理抄物之初步原則綜合分述於後。

㈠查封鹽商財產時，須先扣歸所借內府生息銀及帑利銀，然後賠所虧帑課。（註二四）

㈡抄出之銀及估變之產，須先抵所虧公項與完贓款，有餘則解內務府，至於器皿、衣飾等項仍須照舊解京分別辦理。（註二五）也就是佳物入內務府，餘由崇文門估變。由上可知抄物之運用，還內帑爲優先，賠公項在次。

㈢無須抵項之入官產，分別解京留變。

㈣原則上抄出之銀兩及衣物、田房等估變所得之銀兩均須解內務府，但皇帝另有諭旨者，依旨意處理。因此也有解戶部或留充地方公用的。這種轉變主要見於乾隆四十六年甘肅省監糧冒賑案之銀兩處理時。同年七月以後皇帝屢屢下旨將本案入官產在地方估變部分之所得，留爲地方工程及其他公用。在此以前，抄產變賣所得銀兩都須解京（含內務府、崇文門及戶部在內）。

㈤抄物之處理權在皇帝手上。尤其查抄督撫等大員財產時，必須有上諭才能處理。例如乾隆二十八年查抄原任巡撫周琬時，乾隆皇帝即慎重其事的命令將抄物分別解京與變價。（註六）不過一般則因入官產之處理方式早已制度化，不少督撫在查抄犯官財產時即依先例逕行從事分別解京或留變的處理工作。

㈥處理抄物之首要爲分類。即先將入官物依粗細、好壞、新舊等分別決定解京物或留變物。分類之標準爲，田房等不動產及粗重破舊什物。不值搬運者即就近估變，銀兩解省轉解內務府；其餘細軟衣物有時也會提解至省驗辦，由督撫督飭兩司並派府縣等將解到各物細加挑驗，分別解京留變。（註二六）如果查抄對象是督撫等重要官犯，則負責查抄之督撫須親自參與最後挑驗工作。

㈦解京物之選擇標準必是精緻、值錢之物如金、玉飾品等。依規定，即使其他抄出銀兩及變賣所得之銀兩，依上諭指示留在當地做爲公用，精細物還是要解京。例見乾隆四十六年查抄甘省折捐冒賑案各犯官家產時。乾隆皇帝即下令傳諭各省將各犯官籍沒財產中所得銀兩留爲各省工程及公項使費之用，即使無工程亦即存留藩庫，不必再行解部。但在此諭旨中，乾隆皇帝不忘吩咐「其應行解京物件，仍遵前旨，派委妥員解京。」可見乾隆皇帝對各犯官所擁有的精緻之物特別感興趣。不過雖然是精細金玉飾品，亦自有好壞差別，好的自然要解內務府呈覽，其稍差的則解崇文門變賣即可，但是好壞標準很難拿捏，因此有些督撫遇到此情況亦不敢擅便，難免還要請旨。本案兩廣總督覺羅巴延三及廣東巡撫李湖在處理各犯官廣東原籍入官產時即上奏請旨云：「所有各參員名下抄出房屋田產，遵旨分別估變，同抄出現銀留存藩庫造具清冊送部。其應行解京細軟衣飾物件，應否解交崇文門或解交內務府，祇候奉到硃批派委妥員解京。」結果硃批是「覽」，皇帝既未表示意見，具奏之督撫便可依自己的看法去決定解崇文門或內府。（註二七）不過，如果是重量級犯官，則皇帝對其處理的批示當又不同。

(八)細軟衣物也有新舊好壞之別，新的、好的解京，其餘破舊、平凡之物則留在省縣估變。例見乾隆三十五年貴州查抄革職巡撫良卿、布政使高積等各任所貲財時，負責執行之巡撫宮兆麟即按布按兩司所造之抄冊加以點驗，奏請將殘舊羊皮細緞衣服並雄黃皮盒茶葉布疋以及銅鉛錫器零星等件俱係粗重之物，長途解送徒滋運費，應請酌留變價；其餘金銀首飾珠玉及未經裁剪之紬緞並狐貂細毛衣服俱應照例解京。並據布按兩司先已分別造好應解、應變之清冊，將解京衣物並留變銀兩同細數清冊一併飭交委員賫送崇文門分別查辦；同時將應解、應變二項分別繕具清單呈覽。對此奏，乾隆皇帝硃批「覽」，表示同意宮兆麟之處理。（註二八）

(九)解京物有解內務府、崇文門、廣儲司及戶部及軍機處之別，旗人之產有變價解盛京戶部之例。（註二九）不過解後四者較少見，一般解京，指的是解內務府或崇文門。有時同一個案子的抄物有分別解內務府與崇文門的，這種情形之下，解內務府必定是金玉、如意等較貴重物品，堪供皇帝賞用的，至於解崇文門的則是價值較高，用來變賣的。但也有將同一人的抄物整個解內務府或崇文門的。這種情形之下，則須由內務府或崇文門再做挑選呈覽或變價的工作。因此，究竟解內務府或解崇文門變賣，並不一定，除皇帝特別指定外，似乎可由負責執行之督撫全權決定。不過所抄對象是巡撫，則由總督決定。例如乾隆十六年查抄革職湖北巡撫唐綏祖時，其抄物應解京或就近在楚估變，署巡撫之布政使嚴瑞龍不敢決定，而是完全聽由新任總督阿里衮酌辦。（註三〇）而總督阿里衮在將抄物分類後，卻又請旨是否解崇文門，要等領旨才敢處理。（註三一）一般犯官之入官物在提解至省後，交藩司核明分晰解京或留變，另造細冊送部，並由督撫繕清單奏聞即可，（註三二）督撫不一定要參與挑選的工作。

(十)田房變銀優先解內務府。但是田房變價不是短時間可完成，在以解京爲優先的觀念下，只要司庫有閒款，便可先借用來解京，而將入官田房暫時出租，直到變價爲止，這個期間則以所收租金或租糧隨時攤還所借司庫銀。例見乾隆十六年到十七年間雲南處理茂隆山銀廠課長吳尙賢田產時，即先借司庫公件項下現有粵鹽餘息銀的閒款解內務府查收以完公項。（註三三）

二、銀兩之處理以帝旨為依歸

抄出之銀兩在乾隆初期都解內務府，（註一）到了中期以後雖然也都解京，但不一定解內務府，也有解崇文門或戶部的。這個情況到了乾隆四十六年甘省折捐冒賑案發生後，有了改變，乾隆皇帝指示將抄出銀兩及在地方估變抄物所得銀兩不解京，而留在地方做爲工程及公用。在乾隆四十六年以前，可說地方負責查抄工作之督撫等對於抄銀之解京，究竟是解內務府或崇文門或是戶部，所採取的方式並不一致。在四十六年查抄革職浙江巡撫王亶望財產時，即出現了四種不同的處理方式。

第一是解交崇文門，據閩浙總督兼管浙江巡撫陳輝祖奏云：「查封王亶望寓所銀九萬八百五十一兩八錢業經奏明解交崇文門」。在「解交崇文門」諸字之旁，乾隆皇帝硃批云：「何必解京，亦留爲海塘之用」，（註三四）在這件奏摺中，解京的京是指崇文門。崇文門主管稅收，由戶部貴州清吏司所管，其收入一般是要解戶部的，故這裡的「解崇文門」只是表面文字，除非有特別上諭，實質上等於解戶部，而事實上依乾隆皇帝諭旨，王亶望的貲財中抄出的銀兩原本就是應該解戶部，以爲抵官項用。雖然如此，陳輝祖仍不直解戶部而奏請解崇文門，可能是已往的例子，抄銀很少解戶部之故。例如乾隆三十七年查抄錢度時其家人所攜銀及幕友葉士元等之入官銀奉旨交內務府。又乾隆四十三年高樸私玉案發生時即將高樸家人及商人張鑾等之入官銀交廣儲司。此外，入官產經崇文門變賣後所得銀兩亦多解廣儲司庫。例見乾隆四十五年查抄李侍堯及汪圻入官產之處理。（見〔乾隆朝懲辦貪污檔案選編1〕第三六九、三七一、六八一、一一二七、一一三四頁。）

第二例是遵旨解戶部。乾隆四十六年九月二十五日山西巡撫雅德奏，奉上諭云：「甘省冒賑侵帑案內各員俱有分肥染指之事，是以將王亶望等家產查抄以抵官項。此等籍沒貲財自應遵照前旨解部，但各直省有應辦工程及公項費用須動撥庫項，莫若即將此項銀兩留爲工程及公項使費之用，將來造冊報部核銷，以省撥解之煩，如該省並無工程需用，亦即存留藩庫不必再行解部。其應行解京物件仍遵前旨派委妥員解京。」（註三五）可知當初雅德查抄王亶望貲財時本是要遵諭解戶部的，以後來又得一道新諭旨，才改留地方不再解京。乾隆皇帝在雅德本奏文之末硃批云：「覽」，表示同意雅德的處理方式。可是同一天兩淮鹽政圖明阿的奏摺卻有不同的結果。這就是第三例。

第三例是解內務府。乾隆四十六年九月二十五日，兩淮鹽政圖明阿奏云：「爲……起解抄出王亶望在揚營運銀兩仰祈聖鑒事。乾隆四十六年八月二十六日奉總管內務府大臣尚書額駙公福隆安、尚書和珅傳諭，內開：謹奏，查圖明阿摺內所稱各商借王亶望銀兩俱以硃單爲質，今本利既已交清，自應遵旨將硃單仍給本商，令其按綱納課辦運。至現收銀十萬四千四百八十三兩零，同前存銀十九萬五千一百三十六兩應遵旨解交內務府。俟命下，行文該鹽政遵照辦理。奉旨知道了。欽此。等因行文到。奴才奉此當即欽遵。……即遴委角斜場大使程廷金，試用大使張雲官裝鞘僱船，塡給批文，由水路解赴內務府交收。」（註三六）此奏文末硃批「覽」。可見乾隆帝同意這樣的處理。

於此要注意的是，如前文，同一天山西巡撫雅德所奏的內容，提到上諭云：王亶望籍沒貲財原應解部，但現在則莫若將此項銀兩留爲各直省工程及公項使費之用。其奏文之末，乾隆硃批也是「覽」，表示同意其處理。看來這裡似乎乾隆上諭有矛盾。一面要山西及其他各直省將王亶望籍沒貲財留爲地方工程及公項用，另一方面卻要圖明阿將揚州抄出之王亶望銀兩解內務府。或者可以說，鹽政抄出有關行鹽的款項歸鹽政處理，而鹽政財務平時並不管地方工程，故經其抄沒入官之銀兩才奉諭解內務府。有此一例，我們或許可用來解釋另一鹽政的處理方式，那就是第四例。

第四例是乾隆四十六年九月十日在天津之長蘆鹽政伊齡阿奏云：准山西撫臣雅德咨稱，有天津鹽號郭晉六吉等借有王亶望銀四千兩，另又查出另有商人亦借王竹宅之款三千兩。王竹宅即是王亶望別號。伊齡阿雖暫時命令就近將此款連本帶利一併呈明三河縣後呈繳運庫存貯。但對這兩筆款項究竟作何處理，不敢擅自做主，乃奏聞請旨云：「應否解交何處，奴才未敢擅便，……伏乞聖主訓示遵行」。對於此奏，乾隆皇帝並未給以肯定指示，僅硃批：「覽」。（註三七）只批這樣模稜兩可的一個字，實在不知伊齡阿是如何遵從，只是從天津與京城距離甚近看來，依當時甘省折捐冒賑案初時，抄銀解京辦法，凡在直隸附近的就近解京之例（註三四、三五）看，伊齡阿所抄出之這兩筆款項應該是解京（內務府或崇文門或戶部），此其一。再依第三例鹽政圖明阿將抄出王亶望在揚州出借之銀兩解內務府看來，可旁證伊齡阿所抄出之這兩筆銀兩應該也是解內務府，此其二。有此事不必明寫，君臣之間自有默契。鹽政是皇帝的心腹，伊齡阿自然知道這兩筆款項如何處理，只是皇帝未有指示之前，在手續上他先請旨，然後處理而已。因為後來伊齡阿做了兩淮鹽政，查抄王亶望家人的財產時，他就依旨將抄物變現之銀留做地方公用，而不再解京。事見乾隆四十七年十一月二十五日，伊齡阿奏。伊齡阿聲明將揚州續後入官的王亶望家人卞樹、卞松等名下之現銀共十二萬一千九百三十七兩餘及另奉查抄蔣全迪之貲財等項銀共四萬一千一百六十二兩餘，二項合計十六萬三千一百兩餘，遵旨解交江寧藩庫收存，以備工程及公項使費用，而不再解京（註三八）。

以上所舉伊齡阿之奏，一在九月，一即本例，在十一月，時差止兩個月。而伊齡阿之處理態度前後不一，對此只能解釋為伊齡阿後來又接到不同諭旨之故。也就是說在乾隆四十六年九月以前，乾隆皇帝還沒想到要將王亶望等人籍沒貲財留為地方工程及公項用的諭旨傳遍各地。所以像閩浙總督兼管浙江巡撫的陳輝祖及山西巡撫雅德早在乾隆四十六年七月初三日及同年九月十七日就奉諭將王亶望籍沒貲財留為地方公用，而比杭州更近北京的揚州兩淮鹽政卻遲到同年十二月才得到戶部咨開，奉諭將抄出銀兩不解京而留在地方公用。事見兩淮鹽政伊齡阿於乾隆四十七年十一月二十五日的奏摺。如前文提及，當時伊齡阿便聲明將揚州續後入官的王亶望家人卞樹、卞松等名下之現銀及變價銀及另奉旨所抄蔣全迪之貲財等項銀兩，整個遵旨解交江寧藩庫收存，以備工程及公項使費用，不必解京。對於此可以得一結論。即第四例所見伊齡阿抄出王亶望借給天津鹽號及另一商人之銀兩，在請旨處理時，乾隆皇帝只硃批一個「覽」字，既不明示解何處，也不指示留為地方用，其原因，應該是與第三例一樣，與行鹽有關的入官銀原本就是要解內務府的，所以皇帝不必明批。

綜觀前文，對同一王亶望之入官產，第一例陳輝祖奏云解崇文門，因硃批才留爲海塘用而不解京；第二例雅德奏云遵旨解部，後因諭旨又改，才留爲地方用而不解京；第三例圖明阿奏云遵旨解交內務府；第四例伊齡阿則不知如何處理，上奏請示，而皇帝既不明批，則伊齡阿只能揣度帝意來執行。對同一案而有如此多的不同處理方式，只能說在當時並無明確規定，或者可說不便明文規定之故。至少在乾隆四十六年七月以前，依往例，抄產之入官銀及變價銀除非有皇帝的諭旨，都是要解京的。至於是解內務府或崇文門或戶部，則一切以帝旨爲依歸，換言之皇帝有絕對的處理權，也就是說，乾隆四十六年以前，抄出之財產除了抵所欠內帑及公項之外，有餘都是皇帝的。

三、入官物之分類及解京物之挑選

查抄之入官物，原則上都歸皇室所有，必須解京。但因物有精粗新舊之別，有些東西不堪呈覽，有些則笨重不便搬運，爲省運費，採用與田房等不動產一併在當地變賣後，以所得之銀兩解京的方式。因此處理之首要工作就是分類。分類的目的在挑選解京物與留變物。好的要解京叫解京物，不好的、粗重破舊的要留在當地估變，叫留變物。所謂的解京，目的地指內務府或崇文門。偶有解戶部與軍機處的，不過此兩者的例子較少見。此可從乾隆皇帝的諭旨看出。乾隆四十七年，閩浙總督陳輝祖在執行查抄革職浙江巡撫王亶望貲財時，曾舞弊以銀及較差之玉器抵兌王亶望入官物中的黃金與玉器等。乾隆皇帝乃下諭旨云：「向來查抄物件，原止應將粗重器皿及黹舊衣服留外估變，若細毛皮張及呢錦等件，俱應行解京呈覽。」（註三九）此處「解京」的京指內務府或崇文門而言，事見乾隆四十三年上諭，十二月壬戌諭軍機大臣等云：「據國泰奏，查封陶易原籍貲財房屋，備造細冊送部查覈等語。向來此等物件，或解交內務府，或解交崇文門，從無交部者。國泰所奏亦未妥合，除交部俟解到時照例另辦外，並將此諭令知之。」（註二一）依現存資料解戶部的限於銀兩，解軍機處以御賜物為主。

至於何者解內務府，何者解崇文門，在乾隆初期似無嚴格標準，甚至有時同一犯官抄出之入官物，其處理可因抄出之省分不同，執行之督撫有別而有不同的方式。茲將分類方式及相關手續分述於後。

㈠解京物之挑選及其實例：

今舉乾隆四十六年查抄革職浙江巡撫王亶望為例。

第一例是將抄物分為解內務府之物與留變物兩類：乾隆四十六年九月十八日山西巡撫雅德奏：「查抄王亶望資財……一切物件先後提解來省，督同藩臬兩司逐細檢查分立檔冊，臣復悉心酌核，凡係金、珠、玉玩、銅、磁、畫片珍貴之物，應即解送內務府交收。此外房屋、地畝、呢羽、綢緞衣飾、器具應請即於就近估變。」這件奏摺硃批「覽」，表示皇帝同意其處理。（註四〇）在此山西省的處理中，解內務府的貴重物品是「金、珠、玉玩、銅、磁、畫片珍貴之物」，此例並無解崇文門之物，而把呢羽、綢緞衣飾都留在地方估變。

第二例是將抄物分為解崇文門之物與留變物兩類：乾隆四十七年二月二十二日江西巡撫郝碩奏：引乾隆四十六年九月十七日上諭云：「王亶望等……籍沒貲財本應遵照前旨解部，但各直省有應辦工程及公項費用須動撥庫項，莫若即將此項銀兩留為工程及公項使費之用，……即存留藩庫不必再行解部，其應行解京物件仍遵前旨派委妥員解京，將此由四百里各諭令知之。」「臣當即轉行欽遵分別查辦去後，……所有抄出各物除金、珠、玉石及完整衣服、紬緞并一切應行解京物件分別裝貯箱匣，聽候委員分起解赴崇文門投收。」（註四一）據此，知江西省的處理是貴重品之金、珠、玉石等與稍微值錢之衣服、紬緞等沒有再加分別，一併解赴崇文門投收。此摺硃批也是「覽」表示皇帝同意其作法。

比較一、二兩例，可以發現珍貴物品中，兩例都含有金、珠、玉玩，然而山西巡撫雅德是把它解交內務府；江西巡撫郝碩卻把它解交崇文門。這表示在乾隆皇帝心目中內務府或崇文門對抄物處理所扮的角色都一樣的重要，也一樣的可靠。因爲這兩個機關的主管有時是同一內務府大臣兼管，即使不是同一人擔任，他們也都是乾隆皇帝的心腹，皇帝對他們都一樣的信任，且兩個機關雖然一在禁城內，一在京城門，都在皇帝命令隨時且迅速可到達的距離之內，因此解京抄物究竟解往那一個地方，皇帝並不在乎。只要奏明，獲得皇帝同意，那麼如何處理都不爲過。何況，這只是入官物由地方解京的手續。在入官物到達京城後，無論總管內務府大臣或崇文門監督都須另行具奏請旨做最後處理。例見〈乾隆朝懲辦貪污檔案選編1〉第六十頁，乾隆二十二年十月十九日總管內務府奏云：「據刑部尚書劉統勳等委員將恆文任所查出金銀珠寶玉器古玩朝珠皮張衣物紬緞等項造冊送到。臣等照冊查收。謹將送到物件繕寫清單一併恭呈御覽，爲此謹奏。」並交與宮殿監副侍王常貴等轉奏。結果，「奉旨：銀兩著交廣儲司，其餘俱留內。」

之外，前舉查抄王亶望兩例中都抄有衣物綢緞類，但是第一例是將「呢羽、綢緞、衣飾」留在當地估變，第二例則是將「完整衣服、紬緞」解赴崇文門。雖然留變物或解崇文門都是要變賣，不過依上諭規定，本案最後處理方式是，凡在地方估變所得銀兩留爲地方公用，但對崇文門之變賣所得之銀並無此規定。因此崇文門變賣抄物所得銀兩，依舊由皇帝另作決定。如此一來，解京之物多，則崇文門收入就多，而皇帝個人可以自由處理的銀兩自然增多。已往皇帝的要求是，凡是可以變價之物都要儘量解崇文門變賣的，然而本文第一例卻把可以解崇文門變賣之物整個留在地方估變，以所得留爲地方公用，與第二例所採傳統作法即將完整衣物、紬緞解崇文門的情形可說完全不同，而皇帝對此竟無異議。在此可以解釋的是自從本案也就是乾隆四十六年甘省折捐冒賑案發生後，乾隆皇帝對抄物之處理與運用有比過去更進步的觀念，不再把全部籍沒入官產據爲皇室所獨有，而允許可以有部分留爲地方建設及公用。這樣的結果或許與當時內庫充盈有關，不過甘省折捐冒賑案的抄物處理方式，在整個乾隆時代的查抄辦法演變中確實有其相當重要的地位。另一方面從這兩個例子中督撫處理的方式不同，可知挑選解京物並無絕對標準。在此督撫可以全憑主觀、經歷及素養選擇解京或留變物，皇帝並不加干涉，這是查抄案中所見負責執行工作的督撫所擁有的少數權力之一。

第三例是將查抄之入官物分爲解交內務府與崇文門及留變物三類。例見乾隆四十七年五月初六日江蘇巡撫閔鶚元「爲彙解各案入官物件」所上的奏摺。其內容云：「甘省折捐冒賑案內欽奉諭旨查抄革職巡撫王亶望在蘇開張紬庄財物，並革職寧紹台道蔣全迪寄籍江蘇財產，及革職知府楊士璣等在原籍江蘇財產……所有各案抄出銀錢欽遵諭旨提解本省藩庫留爲浙省海塘石料工價及工程等項之用；其抄出田房及各案粗重殘缺物件留外估變。至……應行解京物件，據江蘇按察使李慶棻會同蘇州布政使瑺齡督同道府州縣逐一挑驗，詳委蘇州府督糧同知程永寬、吳縣知縣請陞六塘同知陳烈……管解，並

造具細冊，分別解交內務府、崇文門查收。」本奏摺硃批「覽」。（註四二）

本例與前二例不同的地方是：一、解京之物分爲解交內務府與崇文門兩處。這也是一個常見的辦法，也就是將解京物再加以篩選，應是把最珍貴的金珠、玉玩、畫作等精緻藝品解內務府呈覽，其餘値錢的解崇文門變賣；所餘田房及粗重殘缺物件留在地方估變。但選擇標準，在奏摺中並未見到。這一點也可做爲督撫可以憑主觀或委由兩司道府選擇解京物的旁證。二、本例和第一例在選擇解京物的執行人員也稍有不同。第一例是先將一切物件先後提解到省，由巡撫督同藩臬兩司逐細檢查分立檔冊，再由巡撫悉心酌核。表示巡撫親自參與核定的工作。第二例未提到挑選之人。本第三例則是應行解京物件由江蘇按察使會同蘇州布政使督同道府州縣逐一挑驗，分別解交內務府與崇文門，巡撫並未參與挑選工作。可見除非很重要的抄物，否則督撫不一定親自參與挑選工作。關於此，將於「細冊之製造」一文再加補充說明。

㈡解京物之內容及京中接受之機關：

前文提到解京物可解內務府，也可以解崇文門，乾隆皇帝平常並不特別做指示。這兩個機構對抄物的處理可說居於互相協助的立場。解內務府的目的在呈覽，內務府大臣會先看一遍，如有不堪呈覽的，也會移解崇文門估變；同樣的，解崇文門的抄物，崇文門大臣也會先加以過濾。如有佳物也會挑出轉交內務府呈覽，其餘估變。不過重大案子往往有特別抄物或貴重抄物，必是皇帝特別關心，急著想看的，因此皇帝會特別指定將這些抄物解內務府直接呈覽；有時則是督撫判斷有必要呈覽，於是會直接將這些抄物解內務府呈覽。例見乾隆四十六年杭州查抄革職浙江巡撫王亶望貲財時。據查抄之初所作底冊，即列下要解內務府之物。其中有金子、有玉器，表示這是例行做法，在查抄之初即已決定這些金、玉必須解內務府。（註四三）由此一例子可知這種決定並不須等皇帝的指示才做，而是由負責執行查抄的官員在進行查抄工作之同時便逕行決定。偶而皇帝會命令將入官物交由內務府發交崇文門及地方官分別變價。內務府收到入官物之後，還須據解到之入官物內容另謄清單具奏請旨，做最後處理（註四三）。

凡金、玉之類都應該解內務府，因爲這類東西不易定選擇標準，一般抄案都是無論好壞，一律解京。在乾隆四十六年到四十七年間查抄王亶望在杭州貲財時，閩浙總督陳輝祖竟在取看王亶望財物中的金子、玉玩及畫幅時動了手腳，拿自己的銀物抽換王亶望入官之物。事發，陳輝祖因而得罪、抄家、賜死。本案在查抄之初，係由糧道王站柱製作底冊，其上並列了應該解內務府之部分，其中即有金、玉在內。這些金玉等在解內務府時，必另謄在進呈冊上，可是後來浙江布政使兼杭州織造盛住發現其中有大部分金子及一部分玉器，竟不見於解交內務府的進呈冊內，可見有人舞弊，以至未解京。這些東西包含「金葉一包重九十七兩、金錠八百九十兩、金條九百四十兩、又金葉九百四十兩、又金錠一千八百八十一兩，共四千七百四十八兩」，「玉山子一件、玉瓶一件、玉壽山一件」。同時解繳內務府進呈冊內雖無上列金錠與玉器，卻多列了一部分糧道王站柱底冊內所無的，表示可能有人調換了須解京之抄物，這些新加進去的東西，包含銀七萬三千五百九十四兩及「松兒朝珠一盤、蜜蠟朝珠一盤、玉筆架一件、玉筆洗一件、玉擴頭一件、玉花插一件、玉螭佩一件、小玉獸面一件、玉太平有象一件。」（註四三）由以上底冊所列須解內務府之物及後來解內務府進呈冊內新加進之物看來，知抄出的金、銀、玉器都是要解內務府的。其中玉器包括各種形狀，且大小不一。底冊有，而進呈冊無的玉器有三件；進呈冊有而不見於底冊的共朝珠二盤、玉器七件。表示有人以兩盤朝珠和七件玉器換了王亶望入官物中的三件玉器。不難想像王亶望入官的三件玉器一定比換入進呈冊的兩盤朝珠和七件玉器的總和要珍貴，必是體積大，且雕工好，至少是兩者有其一。以當時處理抄物的規定，凡玉器都要解京，包含平凡玉器在內，因此才有人想到以平凡玉器來調包好玉器。而這些平凡之物的解京，也正是後來閩浙總督陳輝祖抽換王亶望入官物案所以爆發的主要原因。因爲乾隆皇帝認爲王亶望家貲豐厚，而呈覽抄物卻都屬平常，疑有抽換情弊，因而傳諭浙江布政使兼管杭州織造盛住察訪。（註四四）

不過資料也顯示抄產中的所有玉器雖然都要解京，卻不一定都解內務府，有些玉器也解崇文門。例如伊齡阿，伊星阿在查抄與王亶望案有關的楊仁譽時，是將「銅瓷玉玩大小共四十二件……零星小玉等件……解交管理崇文門大臣照例辦理。」（註四五）同一案件，王亶望抄出之玉器均解內務府，而楊仁譽的玉器卻解崇文門，主要原因可能在於王亶望犯情嚴重，本身是巡撫，加上貲財豐厚，乾隆皇帝對他的財物內容自然特別關心，所以負責選件的官員也就不特別做選擇工夫，而將包含平凡玉器在內，一律解內務府。至於楊仁譽之例，一方面他的官位較低，本身犯案內容較輕，因此將他的入官物解崇文門。另一個原因，則是如前文已提及，解崇文門之物，目的在估變，但是崇文門大臣在收到入官物之後，都會再加以過濾，做一次篩選，把好的呈覽，其餘估變。所以解京之物究竟解內務府或解崇文門，在乾隆時代也就可以不必嚴格定下標準。例如乾隆四十七年湖南省查抄參革雲南臬司汪圻長隨黎忠財物時，巡撫李世傑上奏擬將金銀首飾十八件，衣物六十七件解內務府。此奏所得硃批是「

覽」，可見皇帝同意他的處理，而黎忠只不過是個長隨，其抄物也不一定全是貴重之物。（註四六）又如乾隆四十八年安徽省查抄前任安徽臬司陳淮任所資財時，巡撫富躬即奏請將入官物中的金珠玉石緞疋皮張什物等分別解京。其解交的機關則含崇文門、內務府與軍機處三個單位。（註四七）至於如何分別，如前所說並無嚴格標準，奏文中也未分析明白。或許凡能夠投皇帝之所好者如玉器、各種工藝品及書畫之佳者多半解內務府呈覽，其餘才解崇文門估變。但像臣工獲有硃批的奏摺，以及御賜物如字、書之類及其他重要文件非可變賣之物就解軍機處。例如乾隆二十八年河南省查抄原湖北巡撫周琬家產時，護理巡撫之布政使輔德即以抄出之御賜物含聖祖仁皇帝御筆一軸，墨刻冊頁二副；乾隆皇帝御筆福字三張，御筆墨刻十六張又八軸，御筆法帖二套；及周琬未進貢物內有明黃緞繡花寶座一副，靠背全明黃緞繡花迎手一對，御案套一個，椅墊八個；銅佛十三尊，看係藏佛，均不便存貯府庫；又查有抄本兵鏡書十一本；鴛鴦陣圖一副，又陣圖二套，似亦不應存留在外，乃委員前赴熱河交送軍機處查收轉進。至於貢物內尚有玉如意及竹黃桌屏等件則一併分別另繕清單呈覽。（註四八）此處將部分抄物解熱河軍機處之一因，可能在於皇帝當時不在京，而這些入官物有必要儘先呈覽之故。如果當時皇帝在京，也許一併解內務府呈覽即可。此種例子又見乾隆四十五年查抄革職雲貴總督李侍堯財物時。將抄出原備貢之玉器如意等件交行在軍機處呈覽，另有備貢用銀五百十四兩及所辦備貢用之龍袍褂九套則解送內務府。在此將玉器如意等解往行在軍機處而不解內務府，當是皇帝當時不在北京，而他又特別關心玉器，急著想看之故。（註四九）

解京物之挑選有由藩司督飭該府縣執行（註五〇）也有由督撫挑選後，決定解內務府或崇文門的。

但也只有老煉的督撫會巡自做主，一般督撫對解內務府或崇文門，仍不免先請旨然後處理。例如乾隆四十六年廣東省處理甘肅省折捐冒賑案各犯在廣東貲產時，總督巴延三與巡撫李湖即上奏云：「其應行解京細軟衣飾物件應否解交崇文門或解交內務府，祗候奉到硃批派委妥員解京。」（註五一）麻煩的是本件奏摺硃批只是「覽」一個字，皇帝並未給巴延三等具體的指示，表示抄物處理當有前例可循，皇帝不必多費筆墨指示，另一方面也表示成例具有某種程度的彈性，在彈性限度內督撫擁有若干決定權，可依自己判斷，決定將抄物分別解交崇文門及內務府，甚或不分類，將整個解京物解交崇文門或內務府，而由收到的機關請旨或呈覽或估變。有一例可供參考。即乾隆四十六年順天府查抄甘省折捐冒賑案中原廣信府知府康基淵之子康儀鈞在京貲財時，即將所有查出銀錢衣服家伙什物奴僕牲口開列清單呈覽，並請旨勅交內務府查收，分別發崇文門變價入官。即抄物中之好的由內務府呈覽，較差的則由內務府發崇文門變價入官。（註五二）

不過一般督撫要將解京物分別解內務府與崇文門時，自有其標準，今舉乾隆四十六年江蘇省查抄參革雲南臬司汪圻及同知方洛兩人在蘇州家產時之處理情形為例，以供參考。據當時江南蘇州府所造解冊共有兩本，分別解內務府與崇文門。其中解內務府之物詳列有：金珠項下含金器、碎小珠子；銀錢項下則有抄出之平紋銀及借出之銀及買貨存剩及變價豆石銀錢，均折實庫平紋銀；另有玉器、朝珠及雜玩。（註五三）至於解崇文門之物則有銀飾項，含各種銀飾；皮衣項含舊紅青緞面灰鼠褂、舊駝絨宮紬面灰鼠皮袍等、之外有單夾衣、衣料、紬緞絹疋等；另外有嵌玉石如意、雜玩及銅器、磁器等。（註五四）由上大略可知本案是將金子、銀兩、朝珠解內務府；銀飾、皮衣及各種衣料、緞疋、銅器、磁器都解崇文門變賣；至於玉器、雜玩則有解內務府與解崇文門的，當是好的解內務府，差的解崇文門變賣。

至於私玉則無論玉料或玉器均解內務府造辦處，再經由造辦處呈覽，而私玉犯的財產抄出後，輕便搬運的一律入官解內務府，留變物在變賣後所得銀兩也都須解內務府。（註五五）

㈢抄物之解京方式：

抄物之解京有兩種方式。最常見的是委由專人負責，專程解京。另一種是搭便解京，有由欽差或其他官員赴京之便攜帶往京的，如乾隆四十七年查抄閩浙總督陳輝祖時，即將陳輝祖從王亶望抄物中抽換來之一部分入官物，由欽差福長安利用返京之便帶回京；又有一種是地方有解京之銀物時，或海關運貢物時搭便解京。例如乾隆十六年廣東省查抄明福、楊國棟、劉山久任所貲財時，即將貲財衣物一并逐細檢點，除平常者遵旨在粵估變造冊報部外，所有可以解送之物，均於當月之內，隨海關運貢之便，逐一造冊咨送內務府查收，并將各名下解京物件另繕清摺呈覽。（註五六）解京物搭便之例又見於乾隆三十三年查抄廣西學政梅立本任所貲財時，即將鮮明完整衣物及銀兩首飾解崇文門。其賫解人即派鎮安府教授與國子監博士，以此二人正要赴京供職故順便給咨領解交投。（註五七）又乾隆三十九年查抄雲南藩司錢度原籍家產之變價銀是委陞署太倉州知州褚邦禮，金壇縣知縣繆廷玢赴部引見之便帶解。（註五八）這是搭人事之便，此外也有搭漕運之便的。

重要抄案之解京須單獨處理，派委專人專程解京。如陳輝祖及王亶望的抄物均是。但是如果是較不重要的中低層犯官的抄物則可將不同案之抄物一併解京交內務府等按數查收。（註五九）一方面，重要抄物都是皇帝關心的解京手續特別繁複且愼重。除專人解送外，還要注意路途的天氣變化與安全，並通知沿途各省協助，以便得以平安到京。以乾隆四十六年查抄王亶望在揚州營運銀兩共二十九萬九千六百二十餘兩，遵旨解交內務府一案爲例。負責查抄的圖明阿即遴委角斜場大使程廷金及試用大使張雲官裝鞘僱船，塡給批文，由水路解赴內務府交收。圖明阿除親自查驗外，還諭令該大使一路查看河道水勢，小心管解，並吩咐如遇北河冰凍，即覓雇車騾起旱前進，並移行江蘇山東直隸督撫鎭協衙門轉飭沿途地方文武照例撥護催儹，勿致疎忽。（註三六）

(四)解員之資格：

解員是負責將抄物運解京城或其他省分的官員。當抄物解京時，除解冊須詳列解物內容以防弊外，還要愼選解員，以免途中侵蝕舞弊。雖然抄案中並未見有關於解員將抄物偷竊等行爲的資料，但其他公物解京時，難免發生過舞弊行爲。（註六〇）因此爲防解員在途中舞弊，愼選解員也是督撫的責任。重大抄案的解京工作尤其不可大意。如果是小案子，可由知縣以下地方官充當，大案子則甚至要派知府等高級地方官員擔任解員。例如乾隆四十七年查抄陳輝祖時，其浙江任所貲財須解京之物件，即派金華府知府張思振等十二員分起解領。執行查抄之王進泰、富勒渾等還另委糧道王廷爕馳赴清江浦督率該府等妥協辦理，由陸路分起送京，一面還咨會前途督撫轉飭經過地方官催儹照料前進，毋許逗遛，可見其愼重。（註二〇）又如乾隆二十八年查抄原巡撫周琬河南省原籍財產時，即由各府州縣將抄出之物解送到省，再經巡撫同藩臬兩司及承辦之開封府知府等逐一親加查看，分別登記後，委開封府通判陳漢章管解。（註六一）

㈤解京時限：

抄物分類好，該解京的必須儘快解京，無法定時限，不過如果遇有天氣因素等不可抗拒的原因不得不耽誤行程時，必先奏明。例見乾隆四十七年查抄革職山東巡撫國泰及布政使于易簡時，有木植、桌椅等質地粗重之物須由水路運赴通州解京交納，而時值十一月正是運河冰凍之時，因此山東巡撫乃咨明軍機處擬等明歲正月冰泮之後，由水路運往。結果獲得軍機處咨覆，同意應如所咨，於明歲由水路解京。（註六二）

㈥解費：

抄物解京所需解費，包含舟車所需運費與解員之旅費。解員旅費又含住宿費與飯食等項。這些都屬必要開支，然而抄案屬偶發事件，地方實無這項預算，因此可以採用遇便解運之方式，如此便可省去張羅解費之煩。例如臺灣查抄柴大紀之物，解交福建由閩浙總督李侍堯處理時便是採用此法。（註六三）至於特委官吏專程解送的則有從抄出銀錢或抄物在地方估變後所得銀兩中扣除使用的。例如乾隆三十二年查抄軍事失利之革職雲貴總督楊應琚貴州住所貲財時，其解送崇文門之物所需運腳係由查封之銅錢一百一十五千文內支應，負責本案之巡撫鄂寶並於奏文內聲明如有不足則於留變物變價銀內添補，核實報銷，如有多餘另行補解。（註六四）再乾隆十六年查抄湖北布政使嚴瑞龍任所貲財時，負責查抄之湖廣總督阿里衮即奏明解京物件應需運腳即從查出銀錢內動用，動用所剩之銀錢仍與估變所得價值一併解京。（註六五）

四、崇文門及其在入官物處理中所扮演之角色

崇文門自明代以後成爲征稅機關的所在地，並成爲征稅機關的專有名詞。在明代屬北京城九門收稅關卡中之一。自清順治元年，改九門征稅由崇文門統一辦理，於是崇文門成爲京城各門商旅征稅的總樞紐。雖然清朝另在盧溝橋、板橋、海淀等處設口巡查，並收稅；又將駐防京城之八旗畫分爲左翼（東半城）、右翼（西半城），專征牲畜及房地產稅，不過稅務中心仍在崇文門。清代其稅務自康熙八年後一直由戶部貴州清吏司掌管。到了乾隆年間，爲了加強對崇文門的管理，在崇文門特設正副監督各一人，由各部侍郎、尙書、內務府大臣以至大學士中選出兼任，另由內務府大臣選派賢能可信的司官一員協助工作。（註六六）由此不難想像崇文門在乾隆心目中的重要地位。這裡的稅收必然關係著皇室和親信大臣的利益。

也因爲崇文門監督係由皇帝親信大臣等兼任，這些忙碌的大臣必然引用各自的親信代爲坐鎭崇文門直接管理抽稅事宜，因此包含相關胥役在內都不免需索滋弊。乾隆二十九年十二月御史汪新即針對此奏云：崇文門胥役借端需索，苦累行旅，請於查稅處各派戶部司員彈壓。對此奏乾隆皇帝即下諭旨云：「朕向因崇文門稅務殷繁，不無滋弊，恐胥役從中需索，有累商民，是以歷來俱特派親信大臣經理。目今係阿里袞，上任則係舒赫德，溯此而上則爲大學士傅恆，若果有此等弊端，朕不獨將胥役嚴加懲創，即司榷之大臣，亦必當治其罪，斷不肯稍爲曲貸。若如該御史所請，多派部員彈壓，於事理尤屬難通。司員皆有本衙門承辦事件，安有閒曹可供分道稽查，且司員亦斷無不用胥役之理。今以一

二大臣尚不可信，而令信如許司員，是欲杜一弊而適開衆弊也。朕於大小臣工，一切並無成見。該御史既有此奏，著交現在管理崇文門稅務大臣明白覆奏。其摺內所稱諸弊，仍著交與汪新，令其將所聞勒索者何吏，受累者何人，且計其歲月係在何時，雖不能一一詳記，必能摘取一二事確切奏聞，以便交部嚴審究治，若含糊覆奏，則是虛言邀譽塞責，自取罪戾矣。」（註六七）由此道上諭可知乾隆皇帝對所派崇文門大臣的信任，幾達不容任何人置疑的程度。這些崇文門的大臣，到後來較有名的有乾隆三十三年的英廉，三十八年到四十年間的福隆安及乾隆四十三年到五十一年間的和珅甚至管八年之久。（註六八）可見崇文門稅收在乾隆皇帝心目中的重要性。這些崇文門大臣對皇帝個人的嗜好自然要比其他官員瞭解得多，由他們挑選呈覽的東西，自然較能投皇帝之所好。規定入官抄物解崇文門變賣原因之一當在此。不過話雖如此，也並非所有管崇文門大臣都百分之百可靠。前文已經提及，當各省解來抄物後，管理崇文門的大臣必須著手再加挑選，將上好的交內務府呈覽做爲賞賜用。雖然有些督撫在執行查抄工作時先已做了分類，將抄物中之金、銀、珠寶、玉玩等挑出另行解交內務府呈覽，但是不免還有遺珠。一方面如遇查抄行李等較簡單抄物，也有不經挑選即整個解交崇文門處理的。因此不管解到的抄物在各省是否已做了挑選工作，崇文門大臣都必須將解到抄物整個看一遍，並挑出他認爲還可以的佳物另行解交內務府呈覽。問題是他們對這些入官物難免也有心愛不忍釋手的，如果定力不夠，自然就會心存覬覦，設法據爲已有。乾隆三十三年的崇文門大臣托恩多即因此受罰並免職。先是御史金蘭參奏托恩多（又作團多）于崇文門發商變價物件貪圖便宜，私行留買，結果革職治罪，罰賠。乾隆三十三年十一月十一日上諭云：「團多管理崇文門之稅務，應入官之物私買許多，甚屬小器。將團多所買之物全行入官，照原價一律陪（賠）補十倍，著交內務府大臣給限催交。」（註六九）並於前一日之十一月十日已先行下諭旨，由英廉管理崇文門稅務。（註七〇）

崇文門的稅收，正稅交戶部，贏餘銀則請旨處理。這些盈餘銀皇帝也會指定分賞給崇文門的監督及其屬下。至於入官產解崇文門變賣後所得之銀既是意外收入，可不算正額稅收範圍，其變賣所得，自然須請旨處理。雖然皇帝也可以指示按一般崇文門稅收之例，解交戶部，不過通常還是歸入內務府。例見乾隆四十五年九月二十六日及三十日英廉與金簡合奏有關查抄革職雲貴總督李侍堯任所及截抄同案參革按察使汪圻與其子等之入官物中的金玉銅磁、衣物皮張字畫等項呈覽。並云其餘虫蛀及帽油漆茶盤、黲舊粗重衣物等項交崇文門變價，所得銀兩交廣儲司庫。對這些奏摺乾隆皇帝下旨同爲：「著留內，變價之物知道了」。（見〈乾隆朝懲辦貪污檔案選編1〉第一一二七—一一七〇頁）

崇文門自清初即是五方輻輳之地，商販多於外省，由南方進京貨物必經崇文門關口。（註七一）不但商旅多，也是貨物集散中心。自雍正時代起，崇文門除負責征稅外，也負責視貨物之盈縮，隨時調劑稅額之重輕，並替宮廷變賣八旗交送抵帑及籍沒家奴和財物等事。（註七二）據宮中檔及軍機處檔資料看，乾隆時代各省籍沒之入官產中之輕便值錢的幾乎都要解往崇文門估變。崇文門既有隨時調劑稅額重輕之功能，其稅率當比較能反應當時之物價，且京城住民生活水準當比各省民要高，入官物在此估變，必比在各省變賣可得更好價格，自可增加皇室收入。在當時，可說崇文門與查抄入官物之處理有極密切的關係。

從資料上看，各省查抄之入官產在解崇文門時，其選擇標準除了新、好、值錢且易於搬運之物外，對於物品的種類似乎並無嚴格規定。這一點解冊目錄原可提供我們正確的資料，不過一方面是目前所能看到的解冊數目有限，且解冊內容也因各犯原有財物有別，不可能提供完整資料。因此我們也許可以從崇文門征稅的對象來察看，做爲補充資料。清代崇文門征稅係根據（崇文門商稅則例）（或稱（崇文門稅則））執行。崇文門稅課於康熙八年經戶部頒行則例後，於乾隆十七、三十六、四十五等年迭經監督奏請增改，是後直到光緒十年，因洋貨入口，名目甚繁，例多未載，復加補纂而成（崇文門商稅則例現行比例增減新例）。此新纂成之則例，其內容含舊例、新增、刪除三項及免稅五條。其中舊例所列貨名即爲乾隆四十五年後於崇文門經常進出之貨物。因此，只要知道舊例所列內容，就可瞭解乾隆時代入官物解崇文門變賣的選擇範圍。這一方面，可說舊例內容是極佳的參考資料。今即據光緒十年七月改纂之（崇文門商稅則例現行比例增減新例）（註七三）一書中所列，自乾隆四十五年後實施之舊例部分，探討其內容。計有商品細緞等十五類，每類各含數十到百餘種貨物，茲約略列舉於後：一、紬緞類：含淺色緞、雙熟絹、花絹裙衫、棉紬、鏡簾、鏡袋、洒線堆紗冊頁書匣等一六九種；二、布疋類：含白粗布、下等舊布等四十八種；三、絨線絲麻類：含苧麻、氈帽、棉線、絲料等四十五種；四、巾帕襖靴鞋襪帽類：含汗巾、白羊羔皮襖、狐帽、皮褲、履鞋、荷包等四十八種；五、器具類：含雨傘、天平、交椅、算盤、珐瑯器等九十三種；六、雜貨藥材類：含紹興罈酒、葉茶、煙草、芝麻、養珠藥珠銀母器、香料、人參等二百六十四種；七、皮張類：含上等貂皮、豹皮、皮書箱、狐皮襖、羊皮帽等一百一十五種；八、紙劄類：含榜紙、桑皮紙、上下等墨、南京蘇州上等箋紙，紙觔貨等七十九種；九、銅鐵類：含鐵條、錫器、鐵鎖、倭鉛等五十一種；十、顏色類：含銅青、大青、硃砂、石黃等二十五種；十一、菜蔬類：含蘑菇、蜜餞、蝦油、紫菜等三十八種；十二、海味野味類：含乾獐、魚子、魚翅、羊等五十一種；十三、果品類：含藕、荔枝、乾葡萄、瓜子、糖果等五十五種；十四、漆器類：含漆碗、漆大床、琺瑯酒碟、描金櫃等五十四種；十五、磁器類：含磁罐、琉璃器皿等三十四種。以上係摘自康熙八年戶部題定頒發之崇文門商稅則例，自乾隆四十五年經崇文門監督奏請增改後，沿用到光緒十年的內容。因此這些正可用於瞭解乾隆年間崇文門商貨的大致內容。共十五大類中，以入官物來說，除第十一菜蔬類、十二海味野味類、十三果品類中的生鮮食物不適合由地方各省解往京城外，其餘各入官物，只要是新的，好的（不一定新），都有可能是解崇文門估變的對象。於後即舉數例介紹乾隆時代實際解往崇文門之抄物內容，以供參考。

例之一，乾隆十六年查抄湖北布政使嚴瑞龍任所貲財時，即將查出物件分別解送崇文門及留存本地估變。其中解崇文門之物有：玉磬、玉杯、拱璧、罇、觚、筆山、筆洗、桃盒、佛手、圖書、花結、扇墜等大小玉器，古銅鼎、罍、瓶、爵、爐、觚、提梁、卣、水晶、蜜臘、象牙、雄晶瓶、盃、簪、盤、筆擱、扇墜等器；碧玉、嵌玉香如意；碧玉、瑪瑙、琥珀、珊瑚、沉香、玻璃、芙蓉石、磁等朝珠；磁瓶盃盤、鼻煙壺、石山、盃、鍾、齋牌等器；字畫、冊頁、手卷；筆墨、紙扇、扇套等；生結伽花、黑花各香並香袋、手珠、荷包、齋牌、藏香等物；珊瑚、龍油、帽頂、寶石、琥珀、瑪瑙、水晶、蠟石、玉扇墜、玻璃、記念、背雲并孔雀、芙蓉、紫瑛礦石、碧牙璽、珍珠、雄黃、硃砂等；玻璃缸、鏡、碗、盒、玳瑁、螺蜔、犀角、椰子、竹絲、黑漆等；盃、盤、鐲、金帶環、鍍銀人、牙筯、宜興等物；銀兩；錢；金銀首飾、器皿連假珠石；皮棉夾單衣服、帳幔、被褥、圍墊等項；貂鼠香、牛皮、虎皮、鹿皮等；細緞、紗綾、錦、絹、葛、繭紬、布疋；羢毡、嗶吱、氆氌、毡毯、絲、棉汗巾、緞帶等；人參、黃連、肉桂、山羊血、三七、橘紅、倭硫磺；皮帽并緯纓、帽罩、補服、嘉紋富川蓆；銅、錫器物等。（註七四）

例之二：乾隆二十八年查抄革職湖廣總督愛必達貲財時，將金銀首飾、素珠、帽頂、銅、玉等器及細軟皮衣紬緞等件造具細冊送交崇文門變價。（註七五）

例之三：乾隆三十三年廣西省查抄學政梅立本任所貲財時，將鮮明完整衣物及銀兩首飾解崇文門，𣍯舊留變。（註七六）

例之四：乾隆三十五年貴州省查封革職巡撫良卿、布政使高積及永泰等人任所財物時，將金銀首飾、珠玉、未經裁剪之紬緞並狐貂細毛衣服俱照例解京，製造細冊賫送崇文門查辦。（註七七）

例之五：乾隆四十七年浙江省查抄陳輝祖案內之楊仁譽財物時，即將銅瓷玉玩大小共四十二件及衣服什物零星小玉等件解交管理崇文門大臣照例辦理。（註七八）另將抄出陳輝祖、陳繩祖兄弟貲財中的玉玩衣服書畫等項計裝箱盒八十號，紫檀木器十七件，造具細冊派委妥員解交管理崇文門大臣查收，分別呈覽或變價。（註七九）

例之六：磁器有貴重的，也有平凡人家使用的家常物，貴重的解崇文門，平凡的留變。見於乾隆四十六年查抄革職廣信府康基淵家產時，查出康基淵曾輾轉託江西押運同知攜帶磁器茶葉等十五種，玉器三件，磁盤一件並家信一封寄與伊子內閣中書康儀鈞。處理本案之兩江總督薩載乃將玉器三件與磁盤一件委員解交崇文門查辦，其餘磁器六桶係民間家常日用之物，認爲應發地方官估變，造冊咨部，覆

准變價解交內務府充公。（註八〇）

第三節　留變物及其估變手續

一、留變物之內容

抄物中之貴重物如金珠玉石及鮮明完整衣物，未經裁剪之細緞、狐貂細毛衣服，並一切應行解京物件必須分別裝貯箱匣，委員分起解赴內務府或崇文門投收。至於其餘破舊粗重物件如果長途解京，徒滋運費，因此都與田房等留在當地變賣，就是留變物。這些破舊粗重物包含各種各樣的生活用品，有殘舊羊皮紬緞衣服、雄黃、皮盒、茶葉、布疋、粗重銅鉛錫木器、桌圍椅披坐褥等項，也包含制錢、樹株、奴婢等在內。（註八一）以上留變物都必須就地估變成銀兩後處理。因此首須估價，分兩道手續，一是初估，二是覆估，今分別說明於後。

二、留變物之估價

㈠**估變手續與初步估價**：留變物的估價須由督撫、兩司、道府、州縣等各層地方官員全體參與。但卻是分層負責不同階段。即一、當地知縣初估，製造估價細冊，二、知縣將估價細冊交道府（其中之一）核估；三、道府將核估後之估冊呈藩臬兩司之一再加以確估；四、由兩司或其中之一將確估後之估冊具詳呈督撫（一般是巡撫）奏請依估價變賣。其詳細情形如後。

首先，留變物包含已經解司衣物在內，一般都發給當地知縣（在查抄當地保管者由查抄之縣，已提齊至省者由藩司所在附近之縣）估價後，造冊請督撫奏請變賣，將所得銀與抄出之未解銀錢一併易為銀兩，依諭旨指示，解內務府，或戶部或留地方公用，才算處理完成。因此入官物在確定留變後，接著就要估價。估價有一定手續。初步估價手續隨留變物內容而異。留變物內容大致可分為三大類：一、是日常用品等雜物，及奴婢、馬驢等家畜；二、是房屋；三、是田地，含房屋地基在內。福惠全書卷二十逆產變賣有簡單記載云：「雜物變賣，例著官牙估值發賣，勒限完價交官。」實際上其手續還不止於此。今說明於後。日常用品等必由知縣找牙商或各行經紀（註八二）公同依時價一一估價，以公開，且避免高價低估為原則。先製造估價底冊，然後由知縣製造估價細冊，簡稱估冊，並取得牙商「無以多估少」甘結，連同估冊一併經知府或道員核估，有時則不經道府，直接呈藩臬兩司轉請督撫（其中一人即可）奏請准予變價。房屋的估價，除依據契價外，因有新舊屋及成品半成品等問題，仍須再照建材時價確估後造冊。有關房屋之估變，福惠全書前引「逆產變賣」只云：「其房屋著落該牙行總甲地方召買。」似乎太簡單。田地則須看其坐落地點，由各該縣履地確勘，清出界至，並核對戶糧契券，評定其肥瘠等第，方能按實估報。有關田產之估變，福惠全書前引房屋之估變後續云：「田產著落該圖里鄰召買。但估報之價不可太昂。然亦不可照本犯原契之數。蓋年有遠近，物有時值。急難出脫，是自貽其累矣。即憲部駁增，亦以地瘠民貧難以加價強售為詞。俟部議已定，仍出示曉諭，開明估價，情願買者，當官具呈。批准上價，並不價外增益分毫。官給印硃票照，即時管業。如無願買田產，著圖里長確報殷實認買，或一人承業或數人分受，悉聽其便，但不許借端勒買，混行開報，挾詐銀錢，以滋擾害。如開報無力，及賄縱殷戶，定行重懲，追贓，庶奸里等知儆，而官物易于出鬻矣。」以上福惠全書所載內容，只是針對州縣在估變入官物時的注意事項而言，並未及於道府以上各官應注意事項及覆估步驟。

以上房屋及田地在經估價後，與其餘日常用品等一併造冊，如前述由知縣呈藩臬兩司（一般是其中之一），再由藩臬轉呈督撫具奏請旨准予估變。以上是初步的估價手續。（註八三）房屋的估價手續甚煩，詳見後文「㈢入官房之估變」。

㈡覆估：上述估價清冊呈到督撫後，必須由督撫另謄清單具奏請旨准予變賣。但是在上奏請旨同時，督撫必令藩臬二司另行製造一分同樣估冊咨行戶部。因戶部可說是掌理全國物價的機關，估價是否合理，須由戶部核定。另一方面，房屋的構造成本以工部最清楚，因此房屋的估價必經工部核定，所以如果估冊列有入官房的估價在內，則督撫還須另造同樣估冊一分咨行工部。以上留變物的估價，最後須經由戶、工二部核可價格後，再經由這兩個機構咨覆督撫准予變賣，同時這兩個機構與該當省分之督撫都須就核可估價的結果奏聞，由皇帝下諭旨准予變賣後，由當地知縣執行變賣，完成估變手續。

由上知道，留變物的估價，大半由知縣執行，經道府及藩臬兩司審核，再由督撫核實奏聞。估價必須謹慎小心，層層負責，否則以多報少，將來查明，就要層層分賠。但是以多報少固然不可，以少報多也不行，因爲超越實際價格，將來賣不出去，估價官必須照估賠出不足之數。（註八四）從資料看，清代的規定，執行入官物估價的人，往往也是執行變價的人。因此留變物由知縣估價後，將來也責成同一知縣變價。知縣爲使該批留變物將來能速行變價，以便完成責任起見，也就難免高價低估，甚至賤估。當然地方官將留變物賤估，可能另有私心，想以低價購爲己有。不過這種情形姑且不談，此種賤估的弊端，在當時可能很普遍，因此連皇帝都頗爲關心。例如乾隆十三年浙江省查抄總漕常安住所貲財時，乾隆皇帝即令傳諭浙江巡撫方觀承云，將「常安住所衣飾等物詳實變價，應解京者即行起解來京，勿令濫行賤估」。（註八五）又乾隆五十二年查抄參革平陽縣知縣黃梅原籍家產時，以其總財產估值銀僅數千兩，乾隆皇帝認爲太少，而云：「外省估變價值，往往以多報少。」（註八五）

督撫爲免州縣有賤估之弊影響自己前途起見，必命令重新估價，稱「駁飭增估」。這種督撫駁飭增估留變物之舉，幾乎是清代留變物估價手續上必經的一個步驟。常見的方式是：在藩臬兩司轉來知縣等造報的估冊時，督撫即預先設定立場，認定知縣有賤估之舉，乃言明價值短少，駁飭增估。其手續是令藩臬轉飭知縣增估，藩臬爲表愼重起見必同時委該管道員或知府親往驗明。在各縣詳加增估重行製造估冊後，並取具經紀甘結由道府查驗後加具印結，送藩臬兩司覆估後，詳送督撫。督撫再確核價值，均屬相符後，才將估冊送部，道府在出具印結時必據實塡寫，否則將來發現出結不實，必受處罰。（註八六）房屋估冊須獨立先造兩分，分別送戶部與工部。並另謄簡明總清單具摺奏請依所估之値變價。戶、工二部接到估冊後，經核估如認爲有高價低估之嫌，也可駁飭增估。如果認爲估價合理，即將結果咨會督撫，並奏請轉飭督撫變價。同時，督撫收到戶工二部同意照所估之値變價後，也須將結果奏聞，請旨變價，在獲得許可御旨後即可命令知縣執行變價。變價後仍須將冊結咨部查核。（註八七）才算完成估變手續。不過估變後，咨送冊結之「部」，除戶工二部外，如果案情涉及侵呑錢糧等刑事有關的，亦須咨行刑部。奏呈皇帝的清單是採簡明總單的形式。估價內容都以同類之物合計總值列舉，比如田畝項總數若干畝，總值多少兩銀；房屋總共若干間，總值合計多少銀兩等等。在製造清單的同時，有些督撫也會另造估價清冊咨送軍機處。清單專供皇帝過目，必須簡要，咨送軍機處的則必須用細冊，內容與咨行戶部的相同，必須逐件按估值詳細列舉。（註八八）

覆估之法，往往就在該縣執行，但慎重其事者也有將抄物提齊至省，由該司等親加覆估後，詳請督撫具奏的。督撫具奏時，文字或因人而稍異，但卻都有一定格式，在奏文中必聲明「臣屢經嚴切駁飭據實增估」「飭令不得任聽牙戶以多估少」，最後並加上「臣逐加確核各項家產貨物均係依時價據實估變，並無短估」「由知縣查覆無絲毫揑飾短少」等字。（註八九）

督撫收到兩司轉來之估報冊結後，雖然一定會找短估理由駁飭增估。州縣在接到增估之命後，或再加增估若干，重造估冊，或再也不能增估，都必將估冊加結申送，並聲明不能再加增估之理由。督撫經此才將各項冊結咨部查核，經部核可後才飭令該縣等上緊估變。例如乾隆四十六年江蘇省查抄著作詩詞悖逆不法之徐述夔原籍東台等縣田產時，巡撫閔鶚元以估冊內竟有每田一畝祇估銀一、二兩，認爲殊屬短少，乃駁飭增估。結果由縣、府加結申送，並聲明該處地近海濱，田畝瘠薄，兼有版荒，是以科則本輕，其中有海灘洋田，更多斥鹵，實在無可再增等情。並經由臬司塔琦核轉巡撫云：其田房項下共估計銀四萬一百三十三兩零，首飾衣服器物米糧家口項下估變銀九百九十六兩零。……又四十三年冬季起至四十六年夏季止收到田房租息，除去歸完地丁漕糧銀米外，實際變價市平市色銀二千五百六十三兩零……。因據該司府詳稱節次覆估加增，委無短少情弊。巡撫閔鶚元到此才將各項冊結咨部查核，並飭令該縣等上緊照估承變。（註九〇）當然這只是在地方的駁飭增估，有時督撫將估報清冊咨送戶部或工部時也會遭遇駁飭，令地方再增估，而督撫也可以再依例具不能再增估之理由重行將估冊咨部。如此，形式上府司以上到戶、工部各層，都會令重行增估，而接到駁飭重行增估之地方各層官員也都照樣在形式上以不能再增估理由具結將估報清冊層層往上送到督撫，然後再一次咨送戶部或工部，到此時戶、工部才核可變賣。

變賣以後的銀兩須暫解省貯於司庫，候旨處理。例如乾隆四十七年山西省查抄甘省折捐冒賑案各犯在山西任所及原籍貲財時，即遵旨將變價之銀留為本省工程及公項使費之用。（註九一）如諭旨無特別指示，則有須賠項者都解戶部，否則就解往內務府，偶爾也有明寫解廣儲司的。（註九二）

以上手續完畢後，所有入官物之處理就算告一段落，本案便可結案。

㈢入官房之估變：入官房的估變有特別的規定，首先清代入官田房之變價都須根據契紙。但是田畝有肥瘠必須要另作分析，以免有揑混短估等弊發生。同樣房屋也有新舊及祖遺、自蓋無契之房，與成屋、半成屋、倒塌屋等區別。因此無法依據契紙估價，就得按建材分析估值並依「工部承修工程之例」，再照時值估計其價。在這種情況之下，房屋地基也要另行按時值估計。清代還規定，估變房屋在二百兩以上者都須奏明辦理，二百兩以下除按次報部外，只要年終彙奏一次即可。不過事實上，抄案中的入官房，不管其價值多少，都須隨時奏聞，即使總價在二百兩以下亦然。（註九三）除奏聞之外，入官房屋在確估後，必造具清冊並具結咨送工部核價，俟工部覆准，才可分別變價。但因入官房屬於所有入官財物之一部分，所以房屋的估價，仍須與其他留變物估價一併造成細冊另解戶部，戶部雖須就所有留變物加以核估，唯房屋部分須以工部核價的結果為準。茲分述於後。

原則上有原契者按原契估變，無原契者照依時值確估。但是完整房屋照原契估價之外，還須參考時價。如果時值超過契價時，即有增無減，則用時值。例如乾隆四十八年原山東歷城縣知縣郭德平虧空案內，河南省查抄其原籍舞陽縣房屋時，共計瓦草房一百零八間，原契價銀一千一百七十兩，照依時值共估折庫平紋銀一千二百九十九兩二錢二分。庫平紋銀價值，一般都高於市平銀，故本例依時價估價結果，所得比原契價為高。（註九四）到乾隆晚年，入官房定例須按時價估變，否則戶部必駁回令重估。（註九五）

依規定，各省督撫承辦一切房屋相關事宜，均須照工部奏定之「工部承修工程之例」辦理。在變賣官屋時亦須遵照此例。老舊房屋及祖遺，自蓋等無契房屋或半成品，倒塌屋等之估變就須據「工部承修工程之例」分析建築物，並參考時價估價。（註九六）因係老舊，或是不完整之屋，所以估價難免折價，依規定舊官屋折價，有一定成數的限制，須維持原契價十分之七以上方可，否則必特別分析聲明。（比如衙署估變價已逾原建築費用十分之八，就算無短少。）（註九七）此時，地基須與房屋分開，另按時值估價。如果房屋已經傾塌，或料物多朽壞，則只能按料計值，這種情形之下，不可能增值。（註九八）舊屋之估價，既係依工部承造工程之例及時價估計，則估價細冊上必將房間檁脊高寬、進深丈尺木植名色分析開造。工匠工資不計，但使用物料銀須要估計，估價之值必須較原用物料逾十分之七以上才可，此如前述。但督撫仍須飭司確核，實無短估情弊，委難再為加增方可將冊結送部，獲得工部核可，即可照估變價。今舉一例，係衙署之估變，雖非入官房之估變，但仍可提供參考。乾隆四十七年雲貴估變衙署時，有總署房十一間，兵房五十一間，通計原建工料銀一千七百八十兩，由迤南道湯雄業親詣確勘。結果以建造年久，木植均已朽壞，牆垣亦俱倒塌，除原建匠工灰泥等項無可核估外，其餘木石磚瓦等均須一一核記，原用銀一千二百二十九兩，而今估銀九百零五兩，較原用物料銀數計逾十分之七。乃核定可以變價，相關官員不必賠補。但是如果任官房倒塌，至估變時，餘值不足原價十分之七，便要著落歷任各員賠繳。（註九九）這種情況照樣適用於入官房。如果入官房拖久未估變，至倒塌或材料腐朽估值不足原價十分之七，歷任各官一樣要賠其不足之數。如果是犯官在購買後，未曾修葺且續有坍損，則該房在入官以後，要估變時即可依時值估價，不能要求按契價估變。（註一〇〇）

坍倒房屋在估變時，所有木料均須詳細記明徑寬尺寸，木質名稱，是否朽蠹，並按櫄木、柱木、椽木各記明根數；門須記扇數；磚石等亦均須依數目分別計價估變。估值要在原價之十之五六以上才可。房屋地基則須另計，但必須記明所遺地之地勢，是否係山坡，是否多砂石，周圍可否墾種，又如逼近邊陲，地廣人稀，自不能與腹裡州縣地基價值相較。同時如果估變之屋在海濱，居民甚少之地，則須拆開運赴城市變賣。如係邪教入官寺房，均須拆變入官，辦法同上。（註一〇一）

實際上，依資料看，估變入官房最繁瑣的手續是覆估。依規定，「入官房產及應行變價各項，數在二佰兩以上者，例應委員持冊前往會同該地方官確估，將應變銀兩數目核實具奏。」（註一〇二）一般是由巡撫命布按兩司或其中之一督飭該管道員親往確查，或飭令當地府縣將案內房屋細加勘估，並造冊結，經由道府親加確勘，出具承勘印結同送布政使或按察使詳報督撫。而布按二使或督撫對所估之價，都可駁飭，令按時價復加勘估，也就是覆估，或稱重估，重行加估等。州縣在重行估價後，必另造細冊，層層核轉到督撫，再確核實無短估，才具奏請旨，並以估價細冊、道府印結咨送戶、工二部，有的另加刑部，有時則以二冊送戶部，戶部再以其中之一咨工部會刑部再核估是否妥當，再由戶部轉咨軍機處核覆處理方向。在此期間，無論戶部或工、刑二部，甚至軍機處有意見，都會駁飭重估。戶、工二部對房屋的估變要求較為仔細，因此須另造「工料銀數細冊」送戶、工二部，內容細分所有建材的個別價錢，僅提供戶、工二部查核，因此軍機處檔中並無這種清冊。（註一〇三）例如乾隆四十九年六月初十日貴州巡撫永保為估變已故知縣湯尙箴抵帑房屋，循例奏云：戶部咨文曾要求「所有估變房屋應將間欏數目、面寬進深、簷脊丈尺，以及磚瓦尺寸、木植名色另行取造冊結，同原賣田契報部查辦。」（註一〇四）其中木植之長徑、丈尺、名色並磚瓦雜料等項件數均須逐一開造細冊。

不過官方可以變賣的房屋本有兩種。一是官建房屋之空房，或棄置傾圮者，一般採「拆變」方式，也就是拆卸零賣的辦法，因此木植長短，磚瓦數量容易計量出。另一種是入官房，有的是查抄入官，有的是查封估變以抵公項的，無論何者，原則上都以「整變」不拆，且連房帶基一起估變較為便民承買居住，也較為値錢，因為拆卸必有耗損，價値自然減少。（註一〇二）但是房屋不拆則丈量將發生困難。乾隆三十五年五月山東巡撫富明安便奏稱：房屋不拆出售，木植長徑丈尺名色及磚瓦雜料等項件數，都難逐細查丈，何況土房柱木俱在牆內，更難分別丈尺，因此必須飭令明白匠役，將木植長徑名色逐一查丈明確，磚瓦雜料點驗清楚，估價才能接近時價，也才能避免工部駁回。（註一〇五）

入官房產在估變之前的估價標準又因房子的種類而有不同。平常分為二類，一是一般住屋，一是鋪面房屋。鋪面房屋應按每月一分五厘起息之例，根據鋪面房間取租銀數分晰估價。這裡的取租銀，指的是該入官房實際的租金，而不是一般客觀環境的市價標準。因此價錢決定於出租人的主觀，如果當初所定的租金便宜，估價也隨著便宜，估價時這些因素都須考慮在內，並明白記錄在估價單上，否則工部可以隨時就忽略之處飭令重估。而一般住屋則如前述，須根據每一件工料分晰估價。因此兩種房子估價方法既然不同，就須分別清楚，否則稍有疏忽，便會遭遇工部駁回重估。至於一般房屋，因每件工料都須細估，並造銀數細冊，因此估價手續繁瑣。況且工料價錢也隨房屋新舊而有變動，雖說是依當地時價估計，然而地方的估價往往未必見得能獲得戶、工二部的認同，尤其工部要求特苛，所以難免一再遭到駁飭重估。爲避免工部駁斥加估的麻煩，最好是以房屋原契的價錢爲標準進行估價，較易爲雙方所接受，但查抄的是祖遺老房，無契可憑時，只有任憑工部一再駁飭重估，致有費時費事仍不能定案的。今舉乾隆三十六年七月十四日山東巡撫周元理上奏有關入官房屋估價遭工部數次駁飭重估的情形爲例。原奏雖然很長，但可以知道其駁飭的理由，及山東省屢次增估的憑籍。在此爲便於瞭解實際情況，將原奏有關部分介紹於後，周元理奏稱：「爲奏明增估入官房屋價值仰祈聖鑒事。竊照估變德州盧見曾入官房屋，原估銀祇四千八百一兩，嗣准部駁，經陞任撫臣富明安行令調任藩司甲熹銓親勘，增估銀二百一兩零，共估銀五千二兩一錢。復准部駁，以所增價值仍屬短少，行令大加增估。富明安于本年二月間乘赴德州一帶恭迎聖駕之便，率同登萊青道王站柱、臨清州知州萬縣前將前項房屋親加確勘，又增估銀三百九十五兩零，連前共估值銀五千三百九十七兩零，造冊咨部，一面將增估緣由恭摺具奏。又經部駁，以盧見曾入官房屋，理應按照原估銀數逐款據實增估，今查檀子土柱項下，共加增銀一千五十兩零，而于大樑二樑項下，轉較原估少銀六百五十兩，以致所增仍屬無多。且盧見曾直隸鄭家口入官土房每間估銀二十二兩，今德州土房每間僅估銀二三兩不等，雖不皆鋪面房間，亦何至大相懸殊。至廳樓花亭并鋪面瓦房一切柱櫝樑枋，俱係松榆大件，今估銀數內竟有僅止十餘兩者，尤爲短少，應按原置價值分別定價。其鋪面房間應按每月一分五厘起息之例定價。今未將原置銀數及鋪面取租銀數分晰聲明，不便遽准行。令再秉公確勘，據實增估，造冊奏咨再辦等因具奏。奉旨依議。欽此。欽遵。咨行到東。經陞任撫臣富明安行令原同勘估之王站柱、萬縣前再行細加確勘增估，未據估報。臣到任後又添委前任德州今陞登州府知府石之珂前往會同秉公據實勘估。茲據登萊青道王站柱、登州府知府石之珂、臨清州知州萬縣前將房屋逐一勘明，大加增估，造具清冊，及並無短估切結，移明布政使海成覆核加結，具詳前來，臣覆加查核。緣盧見曾入官住房并鋪面房屋均係祖遺及自行修造之產，並非典買于人，有契可憑。所有原置價值無憑稽覈，祇可照依成規價值，逐一勘實增估。今據估值銀六千六十七兩零。其契典房屋，查有典契三紙，共價銀四百八十兩。鋪面并土房四十間，每間每月盧見曾止取租銀一錢五分，久經查實詳明有案，今連基地共估銀五百五十九兩零，按一分五厘起租之例定價，亦屬相當。以上通共估銀六千六百二十七兩零，較之前估銀五千三百九十七兩零之數，實又增估銀一千二百二十九兩零，逐款比算成規均屬符合，實係秉公確估，並無短少及估多報少情弊。似應准其照數變價以清塵案。」經過工部如此一而再，再而三的駁飭增估後，這個新到任的巡撫難免擔心仍會遭到駁回重估，何況第二次遭遇駁令大加增估後，即由原巡撫親自出馬確勘增估，而仍不能過關。因此新巡撫周元理乃奏請皇帝特別關照，在他的同一奏摺結束時說：「除將增估冊結并原冊分咨戶工二部查核外，臣謹恭摺具奏，伏乞皇上睿鑑勅部核發施行。」但是乾隆皇帝並不因此就特別通融，硃批是「該部議奏」。（註一〇六）可見，至少在乾隆皇帝的心目中，估價手續已有完整的制度可循，一切須要按照規定辦理了。

三、留變物變賣後之銀兩處理

留變物經估價、獲准變賣後，就在當地出售。出售所得價錢都是民間市面上使用的市平元絲色銀，簡稱市平色銀，以及銅錢。但是繳庫時，規定必須用庫平紋銀，因此還須將市平色銀先折成市平紋銀，再將市平紋銀折爲庫平紋銀，然後才能繳庫解京。以乾隆五十二年廣東省查抄參革浙江平陽縣知縣黃梅原籍家產時爲例，即將留變物據實勘估造冊，請旨估變。其時即先將抄出花銀銅錢易換紋銀，同其餘追出銀及典當衣飾等銀共折實紋銀二千零四兩餘，批解司庫。至其餘各項估變銀兩，將來仍須全數換爲庫平紋銀貯庫以便解京。（註一〇七）

市平色銀與庫平紋銀的折算法隨地方而各有一定比率。據乾隆四十四年十月十五日陝西巡撫畢沅爲辦理私販玉石案內「查獲玉犯家產貨物估變銀數總單」上記載有當時陝西省市平色銀折實庫平紋銀的折變率爲每市平色銀一兩折實紋銀九錢五分，每市平紋銀一兩折實庫平紋銀九錢七分。也就是說每一兩市平元絲銀折實庫平紋銀九錢二分一厘五。（註一〇八）

四、抄物之處理期限

抄物之處理期限，包括估變期限與解京期限。一般抄物之估變比較容易，故在此只談田房之估變期限。茲分述於後。

㈠田房之變價期限：

抄出之田房等不動產，雖然變價不易，一般只能儘快處理而已，但也有限制日期變賣，以便趕快解京的。例如乾隆四十九年以原兩廣總督楊景素在任內，未及半載即得受鹽務銀至六萬餘兩之多，乾隆皇帝認爲似此貪黷，所積貲財必厚，乃命伊齡阿赴揚查辦楊景素之子楊炤財產。即將查出田房什物等項，除墳地祭田照例開除外，餘俱交地方官核實估變，約共値價銀二萬一千三百餘兩，限十個月變售齊全，解交內務府充公。（註一〇九）此案雖未用查抄之名，但其處理經過完全與查抄無異，除田房估變解內務府充公之外，其餘什物亦逐一搜查，首飾、衣服等項另行封貯解交崇文門估變，其餘什物則與田房一併交地方官核實估變。

另有一罰銀的例子，雖非抄家，或可供參考。乾隆五十三年因林爽文之亂，罰當時任水師提督之黃仕簡繳銀四十萬兩抵補軍需。乾隆皇帝後來又起惻隱之心，擔心其家產是否豐盈，亦當酌留些許以資家屬餬口之需。因此傳諭閩浙總督李侍堯約計其現在家產，除交出應賠軍需外酌留養贍家口，尙能罰繳若干再行定數具奏。當時黃仕簡家已交出八萬兩，其餘則以產業一時難以變售，要求寬限一年陸續措變完繳。李侍堯復奏云：「臣酌計情形，所有罰項四十萬兩似尙能措繳，如果限滿實形竭蹶，臣再確查據實奏聞。」（註一一〇）可見以一年左右爲變產限期，當是很普遍的情形。

從資料看，估變入官田房確實不易。雖然乾隆中期以後查抄制度漸趨完備，對處理入官產的時間也催得緊，但田房的估變仍不免拖上數年甚至近十年的。例如乾隆四十七年因查抄王亶望入官產舞弊而與閩浙總督陳輝祖一起被抄的原任衢州府知府王士瀚家產，到五十年夏天尚未估變完畢，雖然只是三年，上諭仍要陝西巡撫何裕城查明遲延緣由覆奏。又乾隆四十六年查抄甘肅省折捐冒賑案的犯官家產爲例，其中孟衍泗的房屋到乾隆五十四年尚未變價，尤永清之房則到五十四年年底才變價完成，其實這兩人的房屋估價並不高，孟衍泗不過一百六十兩，尤永清的只有一百三十五兩。（註一一一）

事實上入官房地之處理很難定期限。如果因爲地處窮鄉，或負責查抄之官當初未能確實核估，則更不易變價。此時可暫時出租，每年征銀彌補虧空或交部。不過如此一來，土地雖然沒有問題，房屋卻往往因經歷年久，或朽或倒，更不易變價。然而就地方衙門來說，入官產終須變價，不然就要做爲其他用途以便結案。如此則須重估，但難免壓低價格，以便速售。例見乾隆十八年直隸省處理雍正四年虧空案中原山西大同府知府欒廷芳入官產時。以戶刑二部咨行照原估追變。總督方觀承乃分析其田房經招租征收稻米與房租情況，然後提及房屋已有部分倒塌無法依原價估賣，並進一步分析雍正年間這批田房入官時，以各地方官不行詳查切實估計，以致無法變賣。此案房屋，最後得以依當時實際情況重估，將涿州房屋以較原估七九八〇兩之價低甚多之一九四八兩四錢三分變賣；另一筆遵化州房屋則由內務府及戶部分別撥給庄頭及做爲八旗公產。（註一一二）本案犯官的田房從雍正四年入官，直到乾隆十八年才能解決，前後共花二十七年。原因在於雍正時期對入官產之處理辦法不夠嚴密之故。不過由此也可見乾隆初期對入官產處理的要求較雍正時代積極，也更具制度規模。

至於土地因不易變價，雖可暫且出租，但如此一來要收齊佃租補齊地價，時間上也有困難。土地之估變雖然依據契上標明價格來定，只能多賣，不能少賣，但是契價不一定是時價。有時購買的人也有因急於要得手而抬高價格的，則契價必高，如此一來再加上地處窮鄉僻壤，更不易變賣。這種情形之下只能先出租後，按年收租，隨收隨繳內府。如此要收齊整個田價將是遙遙無期。遇到這種情況，督撫中也有先挪用其他款項，優先將入官田產之價銀提交內府，再按年將所收租金補足挪用款項的，不過在這種情況之下挪用款項時，必先請旨獲允，才算手續完整。例見乾隆十六年查抄雲南茂隆山銀廠課長吳尚賢家產時。該銀廠原係葫蘆酋長蚌筑等所開獲之旺礦。蚌筑等願將課款輸誠納貢，結果乾隆皇帝勅將所收課銀以一半解納，一半賞給酋長。但在乾隆十六年發覺吳尚賢將自十一年起截至十五年止，共應該給酋長之銀三萬一千四百餘兩中，於五年內僅給過酋長蚌筑等共銀二千兩，其餘銀二萬九千兩侵扣入己。同時並發現吳尚賢自恃捐納通判職銜，出入鼓吹放炮，乘坐四轎，擺列坐鎗旂鑼黃傘，並設有廠練護衛製造鎗炮長刀軍器等僭越事項。吳尚賢因此得罪。當時雲貴總督碩色，雲南巡撫愛必達在查抄吳尚賢家產時即明白奏云：「吳尚賢家產變價銀兩係應解交內務府之項。」（註一一三）但碩色等在處理吳尚賢入官田產時發現了問題。原來吳尚賢所置田產坐落石屏州峨嵋縣等處，各該處民俗買賣田畝向係按租計價，每租一石原止價銀十兩，獨吳尚賢開廠獲利之後，急圖得產，遂不惜重價四路謀買，每租一石出價十五六兩不等，致有貧乏之輩將賣出田產百計贖回重價轉賣與吳尚賢者。今前項田產奉飭變賣，無如價浮於租，乏人承買，且原查與續查田產共計契價銀五萬一千九百五十兩零，彈丸小邑一時驟難變解。但是吳尚賢家產變價銀兩係應解交內務府之項，未便久懸。於是總督碩色和巡撫愛必達兩人想出一個辦法，那就是先從司庫公件項下現有屬於閒款的粵鹽餘息銀，照吳尚賢田產契價之數暫借銀五萬一千九百五十兩零五分先解內務府查收以完公帑。至於所借之款，必須趕快設法歸還，因此這批入官產必須趕緊變售處理。當時想出的辦法是：一面出示召變，一面暫令原佃耕種，將租穀交官，如有力之戶願照契價承買者，即隨時給予印照管業，將價銀解司，陸續歸還借項，其無人承買，必須酌減價值，方能變賣者，責令地方官履畝確勘，實應減價幾何，詳明立案，准其照按時值減售，其不足價銀即以所收租穀變價抵補，俟陸續變完，還清司庫借項之日，通計賣價租息，如有盈餘仍一併解交內務府查收。如此一爲轉移，入官之銀既得早解完公，而產價亦不致虧折久懸。這種方法可謂變通籌辦之法。事實上，此後吳尙賢的入官田可能就是依此分批減價出售及收租穀變價抵補方式抵所借司庫銀兩。據乾隆二十年五月二十六日雲南巡撫愛必達爲例行奏報庫銀存貯情況時，曾將前年（即十九年）分全省收支動存管收各款銀兩數目，除將清冊送部查核彙奏外，並繕黃冊呈皇帝閱覽。其時奏云：滇省十九年分舊管乾隆十八年報銷彙奏，庫銀「未完借解吳尙賢田產變價，動支司庫節年收存粵鹽餘息銀三萬四千三百四十三兩八錢。」（註一一四）據前文所引乾隆十七年三月二十四日碩色、愛必達會奏，當年向司庫借的吳尙賢入官田產契價銀共五萬一千九百五十兩零五分。十八年滇省報銷時還一部分，尙欠（未完）三萬四千三百四十三兩八錢。可知十八年一年當中還了一萬七千六百零六兩二錢五分。這筆數字不小，只靠租穀收入當辦不到，所以一定包含租穀變價及部分田產變價兩種數字在內。可惜愛必達奏摺未說明這筆歸還銀兩中，所含變售田產及田租各有多少。同奏續云：「新收乾隆十九年分……繳還借放吳尙賢田房變價并粵鹽除息、節年歸公銅價，奏銷飯食心紅，裁減養廉雜費核減等項，共銀三十三萬四千六百五十一兩四錢六分零」。據此知吳尙賢入官田房在乾隆十九年時曾有變價的收入，但究竟變賣多少田房，價值多少，在奏文中仍未提到。在此，重要的一點是：當時的雲南省對吳尚賢的入官田產確實在管理，也積極的在處理，在借用司庫銀解京的第二年即還三分之一，第三年又有變賣入官田的新收入歸還司庫。雖然我們不知道第三年歸還的數目，不過可以看出另一個重要的事實是：當時抄產入官銀雖然須要優先解京，爲此有先墊借地方司庫銀兩的，但司庫銀也很重要，仍須積極籌還。至少當時的雲南省對處理入官產毫不含糊，從吳尚賢入官產一案說，田產處理既確實又積極。

總之，地方處理入官田產時，無論出租或出售，只要能於最短期間湊足契價數就可結案，至於採用何種方法並無限制，處理期限也未有硬性規定。

(二)抄物之最後處理與解京時限：

抄物中金銀玉玩等貴重物須解內務府；衣服綢緞及其他輕便搬運且值錢之物須解崇文門變價；田房及粗重破舊之物則就地估變後，所得之銀（錢則須換成銀）也須解內務府或戶部（偶有留做地方公用的除外）。凡此，抄物之最後處理幾乎都是解京，可以說解京工作完成，這件抄案也差不多可以告一段落或是結案。因此解京工作非常重要，必須做到確實且迅速，雖無一定限期，爲求迅速，幾乎做到隨抄隨解。

以乾隆十七年雲南查抄吳尚賢家產一案爲例，先抄出省寓及原籍現銀衣穀等物并田房產業借項及寄交他人之金銀等物共約計九萬餘兩。處理方法是，先將其中之現銀銀器及追獲借項整個傾銷成紋銀一萬三千三百九兩八錢四分；又以田產契價高於時價，一時難以變價，乃先向司庫暫借墊用田產價值之銀五萬一千九百五十兩零五分，共六萬五千二百八十九兩零，分作兩次起解。督撫碩色與愛必達並在會奏中聲明，其餘衣物變價及借項銀兩俟變追到日再行續解。又以另摺奏云：原搜金器首飾并在廠續獲金子、金鐲共重二十四兩八錢八分，同玉磬玉數珠等物則俟附便解交內務府。這兩件會奏之摺同於三月二十四日寄出。（註一一五）結果於五月二十六日各奉硃批，一摺是「知道了」，另一摺是「覽」。（註一一六）表示皇帝同意具奏人所說內容或是處理方式。於是碩色、愛必達在接獲這諭旨後，馬上將前奏提到的銀兩六萬五千餘兩及金器首飾共重二十四兩餘，並玉磬、玉數珠等物，於乾隆十七年七月初四日備文解交內務府查收，並另開具清單奏聞。最後還聲明其餘借項衣物等分別追變，俟有成數，另行奏聞起解，以上是吳尚賢家抄出資產第一次解交內務府，內容含銀兩、金器、首飾及玉器等。

後來又據各地方官報解抄出吳尚賢家穀豆、器皿、使女衣物等項變價，並茂隆廠礌硐油米變價，及追獲借欠等銀通計共銀三萬五十四兩九錢零，連謝光宗呈繳之金子一百五十兩碧霞犀數珠一盤，吳世雄名下起出金鐲計重庫平七兩五錢六分，俱於乾隆十八年九月內備文解交內務府，並具摺奏聞。這是吳尚賢抄產第二次解內務府。到了乾隆十九年九月二十一日又將雲南各屬追獲借欠以及變價等項銀一萬二千零九兩三錢及田產項下收過租穀除抵補不足之原價外尚盈餘租穀銀七百五十九兩七錢零，二共銀一萬二千七百六十九兩四分零，備文解交內務府。這是雲南第三次將吳尚賢抄產解交內務府。（註一一七）

除了雲南抄出的家產之外，吳尚賢另有寄存在大名府的京平銀一萬兩及京平金子二百五十兩，則

由直隸督臣方觀承另行兌實庫平銀九千五百一十三兩及庫平金子一百八十八兩七錢，委員直接解交內務府查收訖。（一一七）

以上是乾隆十七年到十九年間雲南省查抄吳尚賢家產的處理及解內務府的情況。據乾隆十九年九月二十一日雲貴總督碩色、雲南巡撫愛必達的會奏云：吳尚賢所有一切產業借欠寄交財物等已備細搜查毫無遺漏，通共計合銀一十二萬五千三百八十九兩零，金器首飾金子合共四百二十四兩八錢八分。（一一七）抄出之數與前述解京之數中，金子完全相符，唯實際解內務府之銀兩則比原奏之數少，原因之一當是地方市平銀與京平銀及庫平銀的重量比率不同；另一因則是玉磬、玉數珠、碧霞犀數珠等抄出時必以銀估價，已先包含在總銀數內，然而實際上並不變價，是直接以器物解京之故。

依此我們知道當時雲南省處理吳尚賢財產的方式是：不必變賣之物，只要可以立刻解京的，隨抄隨解。其餘變賣及借項追繳達一定成數，立即奏聞解京。依照這樣的原則，先後共解內務府三次。今將其處理手續之要點綜合如後。

一、查出及追出借項銀兩均先傾銷紋銀後才解內務府；二、田產以契價高於時價，一時難以變賣，故依契價之數，先從司庫公件項下所存粵鹽餘息銀內借出，解內務府查收。由此可見抄物之解京優先於一切；三、金器、首飾、金子、金鐲以及玉磬、玉數珠等物，原定俟附便解交內務府，最後卻是和銀兩一起解交內務府；四、以上抄出銀兩及金器、玉器等，在處理計劃經奏聞獲得皇帝許可諭旨後立即解京。同時除須備文解交內務府查收外，還須另行開具清單奏聞；五、在每一次起解之同時，還須奏及尚待處理部分，如借項待追繳、衣物等待變賣；並聲明等追變有成數將另行奏聞起解；六、後續起解時機是每抄出之銀物或追變之銀兩等達到一定成數時，便奏聞解京。此案就目前資料看，先後共解內務府三次；七、在直隸省追出之寄放銀兩及金子，直接由直隸總督解內務府，得免去解運之費與麻煩。

由上述解京手續可知在乾隆初期之十年代，有關入官物處理方面的查抄制度已趨完整，朝廷與地方，及直隸和各省間之聯繫頗爲周密，只要朝廷許可，同時各省間彼此瞭解處理情況就算手續完備，並不必硬性規定時限。地方官對入官產之處理態度也比雍正時代要積極。

第四節　特殊入官物之處理技術

有些財物並非馬上就可查抄入官。比如典當物、田房、借出之款等，都須另費一番手續才能入官。以下就介紹這些入官物之處理技術。

一、田房之處理

田房之處理於第四章第五節「查抄標的物」及本章第三節「留變物及其估變」曾述及。在此再補充一些處理時之技術問題與注意事項，及特殊用途。

㈠**田房之處理手續**：可分數個步驟。

1.確定應入官之數目與田房價格。其細節如後：第一、訊問犯人親屬、左右鄰里，及代爲經營等人之口供，以確定犯人田房產業之數目；第二、查看財產是否犯人單獨所有，有無兄弟叔姪未分之產。在乾隆四十九年廣西省葉道和科場舞弊案定讞以前，未分析之共有家產一般都在查抄之列。自四十九年以後規定止抄犯人本人一分財產。此已如前文查抄範圍所述。在此以前，已分產者必以分關為證，止抄犯人一分財產入官。雖有分關，而內未載分撥之語，仍要一併入官。不過還規定即使兄弟之產不入官，如侵盜錢糧數目過多，本人一分不足賠補，則兄弟一分須用於代賠，代賠有餘才退還給兄弟。（註一一八）第三、田房之數目必須依據契券、戶糧即完糧推收及實徵冊等確實核對。如果數目相符，須進一步勘驗，其坐落地點四散者尤須各該縣履地逐一丈量，確勘，清出界至，與契紙相符即可入官，按實估報。（註一一九）同時據例載，田房產業一經入官，即令本犯家屬將契券呈堂出業。該管官眼同原主秉公估定，開明價值出示速售。（註一二〇）第四、查抄之前買賣轉手之田房，須看賣契來決定誰屬，當不當入官，必須是絕買（或作「買絕」）的才能估變。例如乾隆四十五年十一月十五日及二十一日浙江巡撫李質穎奏文及咨軍機處之文，查抄參革雲南迤南道莊肇奎原籍嘉興縣家產時，原抄出其所有各契內，有曹景良賣給莊肇奎房屋一所，基地桑地一畝四分，原價錢三十千文，在估冊造好以後才訊明，此項房屋已轉賣與周友功，且呈有賣契，應令現業主收管，因此從估冊內扣除。至其餘田地房產已絕買者即令照估召變。至於典押之產，無論房地產或鹽照等，都勒令原主取贖，如逾限不贖，即開明原本價值招買繳價。（註一二〇）田房估變價款，原則上以原購買價款為標準，須由各項契券，分書，賬簿查明置買原價，照數變繳。（註一二一）第五、無契田屋須憑租簿及代管人為證，仍須飭提該族鄰人等查訊明確，分別辦理。在乾隆四十九年前述葉道和案以前，如果祖遺房地產，並無契券，別房雖然主張已經分過產，而又無分單執據，則仍需盡數封貯以備變抵。例如乾隆三十四年十月七日直隸總督楊廷璋奉旨查抄參革貴州威寧州知州劉標在原籍大城縣家產時，其田房由劉標姪劉坦熊一人經管，云，因歉歲陸續賣去部分田產。楊廷璋奏云：「其所存房地等項，雖經劉坦熊供，伊父在日曾經與劉標分過，但並無分單執據，未便任其狡飾，現已盡數封貯，以備變抵。」（註一二二）第六、從前因急需賤賣之田畝，應照舊契追銀。（註一二三）第七、如犯官曾將自己所有之產捐爲祭田膏火等地，亦必須確訊族鄰後才決定是否入官。（註一二四）第八、以上各項都確定後除頃畝細數外還須查明隨田莊屋，並歷年租息有無用存，及現有租息數目，再查實時價並契紙所載價值，相互參考，以便就地估變，或移省城另行核估辦理。（註一二九）第九、房屋牽涉老舊折價問題有時不能完全照契價，就須重估價格。

2.造冊咨送相關各部或省，清單則奏聞請旨，然後分別辦理。有關入官產的冊籍包含查抄時的清冊及估價清冊與解冊。在本項要談的冊籍指估價清冊簡稱估冊。入官物估價完成後，除製造估價清冊之外，並須製造清單請旨分別辦理，同時咨行戶、刑、工及軍機處等相關各部機關，以及犯官須要賠補虧項的省分。待戶、工等相關各部同意其估價數字，並御旨允許後即可變解。（註一二四）

3.變解。所謂變解，一般指的是變價解京。大部分是就地將田房等變價所得銀兩解內務府。但如果皇帝另有旨意，則另行辦理。比如爲其他省之賠項而抄，則變價後，往往須解往該省完補缺項，但也有留在查抄之省以爲地方工程用的，視上諭而定。（註一二六）

(二)入官田房查抄手續實例：

有關田房須要確實對契，勘驗其坐落地點是否相符。例見乾隆四十五年四月山西按察使袁守誠受撫臣雅德之命，查辦原任雲南巡撫裴宗錫山西原籍家產時，即委平陽府知府沈之爕率同曲沃、聞喜兩縣知縣對契去勘驗裴宗錫坐落在該兩縣的田地是否相符。（註一二五）

又如乾隆四十六年查抄甘省折捐冒賑案犯官時，湖北本籍應抄四員即原任署涇州知州已故張何衢、現任撫彝通判謝廷庸、隆德知縣舒攀桂、寧遠知縣陳韶等。當時即將田房核對契劵糧冊，查實時價，及現有租息。（註一二七）

抄案之發生，以犯官爲例，案發之地往往是在任所。因限於規定，清代官吏不得在任所置產，（註一二八）其田房等不動產多在原籍或寄籍等地。然而田房相關之契紙卻又大部分都隨身帶往任所。因此原籍或寄籍督撫收到任所督撫咨文查抄犯官田房時，必俟犯官任所督撫將查出各契紙移覆到日，才能進行抄出田房之處理。但基於兩地同時進行訊問查證，以防隱匿的原則，無論犯官帶在任所或藏於其他地方之田房契紙寄到與否，其原籍或寄籍之督撫都須先訪查犯官親戚、鄰人及有金錢財物來往諸人，取得口供，然後等田房契紙移覆到即可合併查考。同時，即使契紙未到之前，仍須將查出犯官原籍或寄籍之田房什物各數及有無用存租息，借欠在外銀錢等，繕具清單並繕摺先行奏聞。

其間的處理過程，幾乎所有地方各級官員都參與執行。即由督撫同藩司（或臬司），率道府州縣等將查封的一切財物確估造冊，請旨分別變解外，並咨覆相關之其他各省督撫及戶、刑、工各部或軍機處等。例見乾隆三十四年查抄革職湖南巡撫方世儁及貴州按察使高積在江蘇省原籍及寄籍財產時。主持查抄工作之兩江總督高晉查出方世儁原籍上江桐城，寄居下江江寧省城，兩處俱有田產，查出均由伊族姪在家經管。江寧方面房屋原有四間，後改造為家祠六間，又於乾隆二十四年任陝西布政使後，置買善橋、銅井兩處莊田，共有上中下田地八百四十六畝零，隨田瓦草莊房八十七間十四廈，田契均寄存任所。提其經管莊田之姪孫到案訊據供，每年租息除完納錢糧、修祠、祭掃等項費用之外，餘銀俱交方世儁來江辦事家人帶去。本年田租因被水失收，除用現存稻麥變價銀一百四十六兩外，並無絲毫隱匿。又向各莊佃戶查詢田地莊房各數，俱與所供符合。又查方世儁近族住居江寧之方為龍等及前管田之何宇田，看守祠宇之僧人等隔別研訊，供悉相符。至於桐城方面，係由署安徽按察使事布政使范宜賓率安慶府知府及桐城縣知縣往抄，以其田地係由其堂姪經管，乃密傳到案。供出方世儁於乾隆二十四、二十五年於原籍置買莊田六處，共有額租二千二百四十二石，其田契均係方世儁家人吳玉等攜帶赴署。本年收成約有七分，已收稻租七百一十餘石，除完糧及修復堤堰、莊房，並散給貧族外，尚有穀三百五十餘石為修祖墓，備辦春秋祭掃之用。復提族長及保鄰人等查訊，僉供其田產止有此數。惟各處莊田頃畝、細數及隨田莊屋并歷年租息有無用存均未查明，所以還待前往查抄之安徽臬司等查明稟覆。時方世儁以貴州巡撫任內有索取屬下銀物之嫌遭免職，其隨身貲財還在湖南巡撫衙署待處理，因此須從中查出江寧、桐城兩處置買莊田契紙，移到江蘇後才能核估辦理。（註一二九）

至於高積在蘇州查出有住房一所與田蕩五百四十餘畝典出，契紙由典押之人呈出之外，又有收租市房十三間半，文契雖在蘇州，而租摺則在貴州高積之處，也須貴州巡撫查出移覆到江蘇才能辦理。其接到契文後之處理法是由兩江督臣高晉督同臬司、府縣將契文與田房數查對後，連同查封之一切財物確估造冊，請旨分別變解。（註一二九）

㈢漢、旗犯人入官田畝之處理法不同：

漢人犯官（人）原有之入官田畝須就地估變。但是旗人之入官地畝，卻須按照契紙分晰、查明、召佃認種、輸租、冊報，將其收入歸八旗公費。清朝爲保旗人之權益，規定旗人所有之地不許賣給漢人，入官旗地都須交由各旗管理。（註一三〇）

㈣在京城之入官鋪面房間並不出售，而交由內務府出租，徵收其租銀。（註一三一）

㈤入官田地如有隨田園塘山木等項，均須確實查估。（註一三二）

㈥田房入官後，變賣之前，可暫時出租：

田房出售不易，尤其地處窮鄉僻壤或其他因素也導致不易變價。在此情況之下，自抄出後至變賣之日止，地方官往往先行將之出租，以租銀或租穀彌補田房估價之值，隨年解交內務府或奏請御旨處理。有些田房在入官前即已出租，則可暫時維持原狀，繼續租給原租人，但必須查明有否欠租，如有，必須追繳。其中收取之租穀須由佃戶交倉存貯，然後變價，（註一三三）所得之款與其他留變物變賣所得一併處理，都換成庫平紋銀計算，然後解京，或留作地方爲工程或公費用，均依上諭指示處理。例見乾隆三十六年查抄原任貴州按察使高積在蘇貲財時。（註一三四）但是田畝出租年久，價值可不變，房屋出租歷時年久後，難免或朽、或塌，到了不得不處理時，往往不可能依原契價錢估變，此時必須依時價重估。（註一三五）

㈦有契房屋之處理：

抄出之房屋如果決定要變價，其估價須依據原契價買銀數而定。以乾隆四十七年查抄的原任盛京將軍索諾穆策凌任所資財案內坐落奉天地方的房間爲例，先經欽差戶部侍郎福長安奏准，移交就近變價報銷。於是由負責查抄之奇臣會同前任兼管府尹事務全魁飭令承德縣知縣文良照例估報，文良即將承變瓦房四十五間按照原契價買銀數共估變銀一千一百兩後冊報。（註一三六）不過房屋有新舊之別，舊屋可能有折舊，就不能完全依契載價格估價。新屋也有已成屋未成屋之不同，成品與半成品，其價格自然不一樣，如此很容易給估價之官可以上下其手的空間，所以都須確實查估。而房屋之結構與各部分建材之價值與工資，都以工部最清楚，因此規定入官房屋之估價清冊必須報請工部核價，核計結果並無短估，始准變價。故資料上凡遇入官房估價時所見之「冊結送部查核」的「部」往往包含戶、工兩部。之外，房屋估價還須依據當時市價來定價。但上司總會在形式上一再飭令重估，以免有值多估少情弊，最後並須委由道府等核估，加具切實印結，再由督撫等負責執行查抄之地方大員覆加確核無異，報部核准後，才能付之變價。以前引乾隆四十七年查抄之原盛京將軍索諾穆策凌任所資財爲例，先由欽差戶部侍郎福長安奏准移交就近變價報銷，然後經奇臣會同前任兼管府尹事務全魁飭令承德縣知縣文良照例估報。旋據文良冊報承變瓦房四十五間按照原契價買銀數共估銀一千一百兩，又尠舊什物及騾馬等項，共估變價銀三百六十六兩八分三釐。奇臣等恐有值多估少情弊，節次駁查，據稱委係據實估報，並無捏飾等情，復經委據陞任奉天府治中張鳳鳴詳細估勘，與該縣估變銀數相符，加具切實印結呈送奇臣。奇臣等覆加確核無異，最後除將冊結（估價冊與印結）送部查核，並將估變銀兩飭令解交盛京戶部貯庫外，同時須將辦理情形奏聞，才算結案。（註一三六）之外還規定房屋地基按例銀數在數千兩以上，應經藩司或督撫覆勘。（註一三七）

(八) 無契房屋之處理：

有契房屋變價時除依契上價格外，舊屋還須據其破舊程度衡量市價然後定價。但是祖遺或自蓋老屋等無契之屋在估變處理時只能依時價來定價，以乾隆四十八年因甘省折捐冒賑案而查抄原西安府同知趙杬林在直隸房屋時爲例，抄及趙杬林兄、姪住房鋪面房、瓦土樓房、平房、廠棚等。其處理時，雖然有契之屋憑契估價，但坐落容城縣鋪面房等係祖遺自蓋年久，查無原契，乃按定例均按照物料時值核實確估。其估價方法是將房間大小以及木植名色、磚瓦、物料等估價細數照例詳晰造冊咨送工部查核，俟奉部覆准後，再行召變。（註一三八）

(九) 倒塌及典出房之處理：

房屋入官時，如有坍塌或典出，則在估價時均須做相應處理。倒塌部分要看木料是否還在，必從原契價中做適當的扣除。典出之房地都須查明是否屬實，有無餘價可找。（註一二〇）因此，在估價後如有餘價，須扣還典價，其餘入官。例見乾隆五十四年因山東虧空案查辦原東平州知州李瑛時，將其親弟李璸名下住房一所五十三間及地基四畝七分入官。其原契價銀一千兩，內典與人二十二間，得過價銀五百兩，未入官前坍塌房十間，現實存房二十一間。而倒塌房十間木料無存，是以照原契少估銀一百兩，即現存房二十一間併已經出典之房及地基共估銀九百兩。除去應歸典房價銀五百兩外，餘銀四百兩照例入官。（註一三九）

(十) 出租房地之處理：

在查抄時，出租房地有時並不急著變價，而可繼續出租，由地方收租糧。例見乾隆二十八年查抄原巡撫周琬時。在安陽縣查出周琬有住房大小三所，共計一百一十六間。內有門房六間現在招租開鋪，每間每年租錢二千四百文，共收大制錢一十四千四百文。至其地土現有孫平村、武關村、望隆崗三處共地一頃三十七畝三分零，除三處墳地三十二畝，實在分糧地一頃五畝三分零，又查出新買尚未過糧地共計二畝四分四釐零，隨將前項應收房地租糧俱飭該縣轉諭租戶，嗣後按數赴縣完納，具文申報。（註一四〇）

至於出租房屋，除將估價造冊咨報戶部、工部及奏聞外，如有未交租息，仍須查追入官。（註一四一）

㈩外省來咨查辦之田房，須由原籍查辦，估變後請旨處理：

如果任所查出，而產在原籍（或寄籍），則任所督撫須將查出之契紙封固，委員解原籍（或寄籍）巡撫查辦處理。（註一四二）

(十一)入官田房之估變，可先勸族人購買：

入官田房或抵交虧項之產，因關係到同族人的利益，他姓多不願承買。爲恐召變無期，至帑項虛懸，地方官會先勸族人購買。今以乾隆十九年安徽省處理河員虧帑案內已故運河通判崔龍雲虧項爲例，說明於後。崔龍雲未完銀一萬四千七百九十四兩零。其家有田地公山房屋等價值萬餘兩，並族人捐出幫助之款外，尚不足百餘兩，其子願自行變賣家中什物補足。以崔姓戶大丁多聚族而居，而前項田房俱錯雜該族地界之內，他姓不肯承買。布政使高晉等乃勸諭崔族之人，曉以敦睦之誼，俱各認買具結給照，統限一月之內完交報解。由此可見入官田房之變賣不易，族人雖有優先購買權，卻仍須官府勸買。（註

一四三）

(十三)入官田房之特殊用途：

抄物之最後處理，一般分為三部分：一是佳物及金銀等解內務府為皇帝所有；二是價值高的輕便搬運之物解崇文門變賣，所得之款依御旨決定用途；三是留變物，變賣所得亦由御旨決定用途，但留變物中的田房，有時並不變賣，而有由皇帝指定分配給窮民；也有撥給安插內地土司的；另有由督撫請旨充作地方衙署的；也有將估變銀兩用為修復古剎的；或拆其建材用以修建廟宇的，今舉例於後：

1.入官房改為衙署。例見乾隆七年十一月二十六日，兩江總督宗室德沛奏稱，鎮江府添設之船政通判應建衙署，查有入官房屋五十五間，披廈七間，原估價銀三百一十五兩，可用。結果工部議准，應請撥改。從之。（註一四四）

2.入官田畝分賞貧民。例見乾隆二十二年查抄彭家屏家產時。乾隆皇帝先是有旨將彭家屏家查出田畝交巡撫胡寶瑔查明分賞貧民。不過此事後來作罷。因乾隆皇帝想到該縣戶口衆多，勢難按名周給，且零星有限，於貧民亦仍無益，乃改按照彭家屏原佃租數，官為收租，酌量輕減，使佃民既不失業，且得均霑實惠，因此命令胡寶瑔查明彭家屏名下入官之地畝租數，設法減定分數。其結果是入官田不變賣，仍由原佃民繼續耕種，由官方減收其租數以為救濟。（註一四五）

3.入官房撥給安插內地之土司。例見乾隆三十年時。兩江總督尹繼善奏請依例以入官田房撥給奉文安插江寧之雲南土司罕大興同其家族，共十二名，給房十二間，田一百二十畝，如入官產不足即動用司庫耗羨銀購買點給。（註一四六）

4.入官菴產估變後用以修復古剎。例見乾隆三十三年兩江總督高晉奏。云：永寧菴僧恆昭資產豐盈恣爲不法，已審明擬罪，請將菴產入官充公，約可估變銀二萬兩，用以修復劉宋時代所建之古剎幽棲寺。結果乾隆皇帝在其奏摺上硃批：好知道了。（一四七）

5.入官房拆爲修建廟宇之材料。例見乾隆五十四年，直隸總督劉峩奏。云：以浙江處州府同知方體泰在淶水縣入官房共二百八十九間半，咨准部覆行令據實變價，照例奏明辦理。結果由清河道、易州知州、淶水知縣親加勘估。以方體泰名下原查瓦房一百三十三間半，土草石板灰廈團瓢等房一百五十六間，內易州工程處修建廟宇拆用瓦房十七間，團瓢一間毋庸估價，實際應估變瓦房一百十六間，半土草房一百五十五間。並將工料銀數細冊送部核辦，循例奏明。（註一四八）

6.入官房賜給其他王公或功臣居住。例見乾隆四十五年查抄雲貴總督李侍堯時，將其入官房一處賞給和珅作爲十公主府第。（註一四九）又如嘉慶初查抄和珅時，即以其入官宅賞給慶郡王永璘，其園則賞給成親王永瑆居住。（註一五〇）

7.入官房賞給原犯官家口居住。例見乾隆二十二年查抄原布政使彭家屏時。乾隆皇帝即傳諭酌留部分房地給彭家屏家口做爲養贍用。不過這種情況不多，本案可說是特例。（註一五一）

8.入官叛產撥貼換防戍兵。例見乾隆五十五年台灣逆匪（即林爽文等）蕩平，福康安等即奉旨將其抄產酌量撥貼換防戍兵。（見乾隆軍機處檔第四四三八三號，閩浙總督伍拉納，福建巡撫徐嗣曾四月二十六日奏。）

9.叛產招佃耕種，租銀收齊加給戍兵月餉，例見乾隆五十五年六月二十日提督銜臺灣總兵奎林，

布政使銜按察使兼臺灣道萬鍾傑合奏。（見乾隆軍機處檔第四四九〇四號）

10.入官房中木料堅巨者，拆運為建造泰陵一帶行宮之用。（見乾隆軍機處檔第二三二一六、二三六五之一號，十三年四月二十一日、五月十六日直隸總督那蘇圖奏）

二、借欠及營運在外款項之處理

前文第四章第五節「查抄標的物」一之㈤「借貸款項」一項已提及，借貸在外之款項必須追繳入官。至於追繳入官之款則與其他抄出銀兩一併處理，或解內務府，或留地方公用。不過並非所有借欠都能順利的追繳。有時遇到借款的人無力繳款，仍須百般設法限期追繳，甚至再不得已，有令分期措辦的，追繳頗為嚴格。有追及兩代的，也有鹽商欠款，令其他商人頂替鹽埠，代為繳款的。茲分述於後。

㈠**追及兩代，至無力賠繳方請旨寬免**：例之一見於乾隆十三年查抄原任河東道周紹儒時。以參領朱晛曾借欠周紹儒銀二千九百兩，奉行追繳。朱晛以無產無力償還，乃懇請准予分限八年在於俸銀內每年措辦銀三百餘兩交還。自乾隆十四年至十八年止，五限內交過銀一千六百餘兩，還欠銀九百餘兩。而該參領於乾隆十九年病故，其俸銀等截支，因此須由其子代賠，但子亦無力賠交，最後才由廣州將軍錫特庫請旨寬免。（註一五二）追及兩代，有時勒追手段之嚴酷幾與抄產無異。例如乾隆三十五年三月到三十六年初之間，兩江總督高晉有關查抄原任貴州按察使高積在蘇貲財一案的奏摺中提到，曹文侯及戴紹文欠高積會款，然而兩戶都無法完繳，而「欠戶曹文侯已經身故，將伊子曹玉禁追，查其家存什物變抵銀四十六兩三錢七分，尚未完銀一千九百三十六兩七錢八分零；又戴紹文名下查產變抵銀三百七十七兩五錢五分零，尚未完銀二千七百七十二兩四錢四分零。該二戶家產雖已查變，但此外有無隱寄，現飭細查禁比，如果力不能完，另行照例詳請題豁。」因此還得左右鄰里等親友具甘結，證明其確無隱匿寄頓，然後像查封以備賠抵公項一樣，還得知縣具結才能請題豁免。（註一五三）

㈡**鹽商借貸之處理**：例見乾隆二十八年查抄沈作朋時。查出沈作朋於乾隆二十二年任廣東南韶連道時，曾借給連平州鹽埠商人蔡建朝銀四千兩，立有借約三紙，後來又借給三千兩，曾還過息銀九百五十兩，本銀全未清還。後來蔡建朝又另借沈作朋銀三百五十兩，前後共計借七千三百五十兩。沈作朋原籍家產既經查封，則此項查出借給銀兩亦應歸入家產案內入官，因此必須查辦追抵。但是查辦結果發現連平鹽埠是疲爛之區，供商蔡建朝貧乏不堪，未能追繳，僅有埠底値銀八千兩可抵。因此負責查辦之兩廣總督蘇昌才想出一個解決的辦法，擬將蔡建朝革退，另召商人承頂繳納埠底銀八千兩以抵前項入官銀七千三百五十兩之數。但粤省殷商甚少，應分限三年完納。倘一時召商無人，即一面暫交官辦，每年約可獲羨銀一千一百餘兩儘數陸續繳抵，一俟召有供商仍令繳納埠底銀兩，歸結。蘇昌將這樣的解決辦法奏聞的結果，乾隆皇帝在他的奏摺上硃批：「所辦得宜，知道了。」（註一五四）可知這個變通辦法最後一定付之實施。也由此可知負責執行查抄的官員，在追討犯官等借出在外的欠款時，可以採用變通的處理方式。不過不管採取何種方式，都必須奏聞，取得皇帝的許可後才付之實行。

㈢**款數逾萬時之處理**：須查封入藩庫，不得做爲抵補虧項用。抄產中，如果查出有借欠犯官銀兩的，必須要追起歸公。這種借欠銀兩如果數字逾萬，就必須歸入查封款內，據實入奏，地方首長不能批留以作當地抵補虧項用。例如乾隆三十四年十二月湖廣總督吳達善等查審革職貴州威寧州知州劉標虧缺銅本鉛運等項銀兩一案時，查出外間有借欠劉標銀兩的，當即吊查府卷歷年借欠劉標賬債，結果先經貴陽府韓極搜出底賬借欠共二十餘人，計銀一萬三千四百九十餘兩，內據劉標供開，已還銀二千六百餘兩，其實借在外銀一萬八百餘兩，已據陸續追起六千七十餘兩，但因巡撫良卿批令就近收貯抵項，是以彙貯貴陽府庫。對於就近收貯抵項這件事，審辦此事的吳達善等認爲不妥，他們在奏摺寫道：「查借欠銀兩數已逾萬，自應歸入查封款內，據實入奏，乃竟批留作抵，爲劉標私填公項，是良卿之有心欺飾，咎復何辭。臣等現令將已追銀兩提貯藩庫，並將未還欠銀人姓名查明各原籍任所分咨各省嚴行催追，即劉標所供已還銀二千六百餘兩尚難盡信，現亦照數查追，俾無隱漏。」按良卿爲原貴州巡撫，在吳達善辦理本案時已革職，並由吳達善奉命予以查抄。（註一五五）

㈣**交人營運金錢之處理**：犯官如有金銀等託人營運或放利等，均必追出，並核對數目是否相符，然後解交主辦人歸案辦理。例見乾隆四十七年查抄革職閩浙總督陳輝祖家產時，查出陳輝祖有銀三萬兩及各色雜金一千餘兩交存申兆崙在蘇營運。於是起出核對數目相符，乃解交伊齡阿等歸案辦理。（註一五六）

㈤**出借在外銀兩之追繳期限**：查抄時，訊出有銀兩出借在外，必須追繳入官，追繳之款含本利在內。利息則照當初出借時所定之數。追繳之期限一般爲一個月，但如果數目太多，亦可向官方要求定年限分限完繳。以乾隆四十六年查抄甘省折捐冒賑案之原廣信府知府康基淵之子中書康儀鈞在京貲財時，查出四月間曾借銀三百兩給在前門開鞍韂鋪之曹鏡，原說一分行息，康儀鈞嫌少，乃改爲將銀入在股分，今遇抄家追繳，曹鏡乃自動將利定按月二分起息，自四月借起至今五個月（案：則此案查抄時當在九月）。應還利銀三十兩，並要求限一月本利清還。另有開油鹽店之宋大興借欠康儀鈞銀五百兩，只還過一百三十兩利銀，本銀未還，亦要求寬限一個月設措呈交。（註一五七）以上所借銀數都止數百兩，在官方追繳時，借欠之人都要求一個月期限設措連同本利一起呈繳。同一甘省折捐冒賑案中，江蘇省查抄參革古浪縣舒玉龍原籍資財時，查出舒玉龍妻舅生員程世楓代管其一切家務，現存程世楓處銀四千二百兩，又程世楓向舒玉龍借欠銀一千六百兩，均有賬簿可據，舒玉龍情願一個月內交清。（註一五八）此例款數總共逾五千，交官期限定為一個月，但是銀數多時，不易於短期間籌措交官，此時亦可由辦理之巡撫咨行軍機處徵求同意，延長期限的。例見乾隆四十六年也是查抄甘省折捐冒賑案的革職郎中程棟時。程棟有錢出借給濱州知州張堂，共折實庫平紋銀一萬五千四百四十四兩八錢。因數目不少，故張堂要求定以三年分限完繳。辦理此案之山東巡撫除將辦理情形交內務府查明存案外，並移咨軍機處徵求同意云：如逾限不完即行參處該知州張堂。結果獲軍機處咨覆同意云：「貴撫將該州張堂所欠銀兩依限飭令完繳，如逾限不繳即照例參處，遵照辦理可也。」（註一五九）又乾隆四十七年查抄革職安徽布政使國棟貲財時，訊出國棟兒女姻親，時任長蘆鹽政之徵瑞借過國棟銀五萬兩。以此項銀兩係查抄入官之項，應行解交內務府。追繳的結果，徵瑞以無法立即呈繳，乃上奏，請准分年限解繳。結果硃批「覽」。可知皇帝同意分年交清，只是本例並未提及分幾年。（註一六〇）

三、店鋪與當鋪之處理

一般入官店鋪須查出歷年登記賬簿，核明現存及支用並欠抵各銀兩，滾算積年外欠銀等，以算出當入官之數，並點明存貨，設計接管店鋪時算帳法及抄寫書啓工資等銀就可。例見乾隆三十三年山東查抄楊應琚家產時的雜貨鋪處理。（註一六一）但是當鋪處理就比較複雜。以下介紹當鋪處理狀況。

查抄當鋪時首須注意究明當本數目、當鋪所有人及當鋪內現存銀錢數、賬簿、當出架本銀和當出架本錢，節年滋生利銀，支過利銀、使用過銀兩。並須查看有無借貸在外之款項，如果有，須追繳入官。之外就是要點查存在店內之當物總數，這些包含已未滿當貨都須按號核算，分別計出其估價款數。（註一六二）但是存在鋪內之當物處理關係到當物人的權益，必須有一套辦法處理。最好是找商人承領繳價接辦，如果暫時無法覓到殷商接辦，則須出示曉諭，限期准聽民衆取贖。限滿如有贖剩貨物即行估變。無論民衆贖物繳還之款，以及贖剩之貨物估變所得之款，和前述當鋪內查出之現有銀錢及借貸在外之款，整個都須解交內務府。今舉乾隆四十六、四十七年間因甘省折捐冒賑案而查抄之原甘肅西寧道劉光昱之當鋪爲例。現存資料所見，劉光昱擁有之當鋪共有五處，分散江蘇、安徽、山東及河南各省。在查抄其山西原籍財產時查出他在河南開有雙和當鋪，約本銀一萬五千到一萬六千兩之間，於是山西巡撫雅德乃移咨河南巡撫富勒渾一併查辦。富勒渾遣糧鹽道和知府馳赴當鋪嚴密查封。其處理的方式首重防匿。共有三個手續：一是核對歷年總簿與流水簿；二是抄出現有財物。已未滿當貨須按號核算本銀及本錢，並追出借欠在外銀錢及未給利錢數目，將所有雜糧器物起出，然後查封當房；三是嚴訊管事人，究明當鋪之管理方式，瞭解本利總數，將所有賬簿包含連環登記之每月流水賬、每年之年總簿都抄出，連同管事人一起解交巡撫親審。巡撫審明無異後，就要處理當物。富勒渾的辦法是一、以時值寒冬，將現存未滿衣物，聽各當戶取贖；二、取贖期間仍須有人管當鋪，乃將原管當人等飭交地方官取保，仍責成經管當務，並委員監察，以免弊混。至於所需日用工資即在准贖貨物息銀內照舊酌給，三、已滿當貨，飭司委員與當房雜糧器物確估變價，另行造冊報部，四、銀兩等項數目，另繕清單呈覽。（註一六三）本例對查抄當鋪及其處理細節都有很詳細的說明，唯對聽民取贖之時限並未提及。為有效結案，限期處理很重要。劉光昱另有當鋪在江蘇、安徽等省，兩江總督薩載在處理時便明白的定出贖當期限為半年，今將兩江處理情況說明於後。

劉光昱在江蘇徐州府邳州砲車集開有永基當店，又在安徽潁州府蒙城縣雉河集開設永盛當店。兩店本銀各約一萬二千兩，山西撫臣雅德乃咨由兩江總督薩載查辦。薩載於是咨會安徽、江蘇各撫，並飛箚兩省按察司各督飭相關道府州縣分別將雉河集及砲車集兩當店嚴密查封，確究現存本利銀兩、房產、當出架本銀錢及存在店內當物總數。結果查出邳州砲車集劉光昱永基當店之財產如下：一、房屋一所五十二間；二、店內現銀一百七十五兩、錢二百二十九千零；三、調查賬簿逐一核算，結果有當出架本銀二十兩、當出架本錢一萬七千五百四十九千零；四、山東郯城縣恆興號典鋪亦係劉光昱所開，本年春間借去銀二千兩；五、典旁開設故衣店有衣服六百八十餘件，計原本錢二百六千文，其鋪中衣服即係年滿當絕之物，交店夥售賣，賣下銀錢即交典中歸入本內，均有賬簿可查；六、應追透付楊姓房屋租價銀六十六兩、龔贊等欠錢二十二千文。以上查出現存銀錢並當出架本銀錢計有一萬七千餘兩，據鋪夥供乾隆四十四年結賬時共計一萬二千七百兩，劉光昱陸續支用過銀一千八百兩，因典本不敷另借李直若等銀六千九百兩未還，現在核算當出架本銀錢除劉光昱原本之外，多銀五千餘兩。

最後其抄出錢物的處理方式是：一、查出所有現存銀錢並當出架本銀錢一萬七千餘兩均入官；二、當鋪向李直若等借欠之銀兩應飭自行清理；三、山東郯城縣恆興號典鋪借去之銀，要咨會山東撫臣查明辦理，並咨山西撫臣知照，四、關於存典鋪內當物之處理，以該典係開在集市，所當物件多係窮民棉布衣襖及農具等項，該州現無殷實商人承領繳價接開，而時值冬令，正民人取贖棉衣禦寒之候，因此擬定放其取贖。乃飭該州官爲經理，出示曉諭，立限半年止，准聽民取贖，另立賬簿稽查，其應取息銀以查抄之日爲止，半年限滿如有贖剩貨物即行估變；五、當鋪抄出之其餘一切器皿什物糧食牲口及故衣店衣服等項飭作速變價。（註一六四）

由上知處理當鋪內存當物時，必須考慮到當事人的權益。其方法是：一、試圖找合適商人接續辦理，如無人接辦，才開放取贖；二、限半年准民取贖；三、取息銀以查抄之日爲止；四、半年限滿，如有贖剩貨物即行估變入官。

至於劉光昱在山東方面的當鋪也有兩座，一在魚台縣谷亭鎮，名懷來當，後改名豐裕當，現存架本銀錢及外欠應追共合銀一萬六千六百五十四兩零，房屋一百三十四間；一爲前引之郯城縣馬頭鎮之恆興當，現存架本銀錢及房價外欠共合銀二萬六千七百八十六兩零。其處理方式同爲「出示曉諭，聽民取贖，其收存本利按季解司，嚴飭地方官隨時稽查申報。」（註一六五）

據此所述處理方式較前引兩江總督薩載之處理安徽與江蘇的當鋪爲簡略，聽民取贖當物之方式雖同，但未明定取贖時間，僅令地方官將本利收存按季解司，並令隨時稽查申報。如此未限定取贖時間，徒使工作稽延，結案無期，並非標準作法。

取贖時間限期半年，又見乾隆四十七年安徽省查抄已革臬司陳淮經營之當鋪謙裕與謙吉二典時。（註一六六）據此，就劉光昱當物處理的取贖限期說，當以前述徐州府的永基當店及潁州府永盛當店二例爲標準，都是限期半年。

在以上處理工作都辦完後，督撫須另造細冊咨送戶部查核，並謄清單具奏，才算結案。

四、當票及押抵物品與當物之處理

做官未必都有錢，靠舉債、典當過日的仍大有人在。查抄時，除了一般貲財什物外，有時還會查到當票及押抵各物的底單。雖然物品的抵押是暫行的，且事在犯案以前，但是只要抵押無票據的話，就要將物件照數追出，歸入該犯名下入官。至於在各當鋪典質之物，都有當票可憑，查抄時，其當物即須憑票沒入，然後分類造冊，或解京或留變。但是取出當物，自必歸還當本，以免累商。這些當本要由何人償還？這是第一個要考慮的問題。其次，犯官當日當物，有依習俗値十當五的即只能當取所當物品的價值的一半，如此則查抄時贖回這些當物還可多賣一些錢。可是難免也有依勢勒當，多取當款的，也就是以低價之物當取多金的。在查抄時遇到這種情況，必須多貼當鋪當初多付之款，才可免於商人受損，但是官方絕不會做出因查抄反致虧損的事，此時又如何處理？這是第二個問題。今即并此問題整理當時對當物處理的方法，共有四種。茲列舉說明於後。

㈠**依常規處理**：這種處理須要以習俗常見値十當五爲前提。由督撫飭令當鋪所在之州縣據當票所載之當本，查對當鋪所記號碼，比對當物，令識貨商人確估後，贖出，除去當本，餘銀解司彙解內務府。如果是當在外省，則須將當票移檄該省轉飭確估，照樣除去當本後，餘銀解赴原來抄出當票之省轉解內務府。如果當物是佳物，則另行造冊解京，並不估變。也有不贖出當物而由當鋪直接找給餘款的。

㈡所當不敷當本，物又不佳，即不贖出：也就是放棄查抄這一部分當物，所當不敷當本，也就是典當時，取得高於當物價值的當金，這種情況也很常見。有些地方官倚勢強行當取多金，至所當不敷當本，當鋪難免吃虧，這種情形叫「勒當」（註一六七）。此時如果要贖出當物，必須還要多貼當鋪當日多付之款，因此要看當物品質佳否以決定是否贖出。例見乾隆二十八年查抄前湖北巡撫周琬時。河南巡撫葉存仁即將河南省抄出之當票一張移咨湖北省，以係武昌之當票，要求一例飭估，除其當本，餘銀解赴豫省轉解。湖北巡撫輔德接到來咨後，查票後粘單開有碧⿰石亞⿰石厶及珊瑚數珠各一盤，以爲如果眞而且佳，即可贖出進呈，以備賞用。乃諭江夏縣知縣吳翼行取驗。結果據稱並無碧⿰石亞⿰石厶數珠，內有芙蓉石者一掛，顏色彷彿；其珊瑚者不假，子甚扁小不勻；餘係琥珀根者四掛；紫水晶者一掛；沉香、夾板香者各二掛，此外尚有密蠟、牛油石、金星、玻璃、瑪瑙、綠木等項數珠十五掛。隨將各項數珠與冬夏衣服另飭識貨商人估計，實値銀七百一十餘兩，不敷原本八百兩之數。詢據該當商回稱，因係前任巡撫一時質押，原未深計本利，兼之歷今二載，衣服顏色已有霉舊，皮板間有虫蛀等語。並云查原票內本無開載碧⿰石亞⿰石厶字樣，其爲周琬當日粘單誤開無疑。輔德再逐一查驗，實與該縣看估相符。乃奏云：查其珊瑚數珠，平常不堪進呈，固已無庸贖取，而併衣服等項據實估計，既不足敷當本，若令該商另行增估，除其原本，即使量繳銀兩，爲數亦屬無幾，徒多一番估找之議，則可不必照咨辦理。

是以未將估歸原本，餘銀也未解河南，祇將原物發還，並諭當鋪停其取贖。當票一張則仍送河南撫臣葉存仁存查。最後輔德並在奏摺之末補充一句云：「奴才愚昧之見，斟酌未辦緣由，謹據實密奏。」對此，乾隆皇帝硃批云：「是，知道了。」（註一六八）

據此知，當查對當票與當物，發現所當超過所值，也可不必贖回，此時止將當票併案存查，便可結案。其次是督撫有相當大的權限可以彈性處理犯官的當物，可以全權辨別當物品質佳與否，然後決定是否將犯官所當之物贖回進呈。不過不管督撫如何處理，都必須將結果奏聞，而皇帝仍握有最後裁決權。

㈢**當物抄出入官，當本命令由犯官家屬代還當鋪，以免累商**：本例見於乾隆四十八年十二月廣西省查抄科場舞弊的參革永安州知州葉道和任所貲財時，巡撫孫士毅想出的解決辦法是令葉道和的父親代賠。孫士毅上奏提出他的理由說：「查葉道和科場舞弊至於此極，皆由伊父葉體仁平日不能管教所致。所有當本銀一千一百九十八兩可否請旨交與四川總督臣李世傑轉飭該犯之父敘州府知府葉體仁照數賠出，迅即解粵，給還當鋪各商，似爲平允。」至於葉道和任所另查出有押抵各物底單，以此批抵押物雖事在犯案以前，但抵押並無票據，自應將物件照數追出，歸入該犯名下入官。結果乾隆皇帝硃批「覽」，表示同意。（註一六九）這是特例。這樣的處理等於官方多得一分入官之財。

㈣**當物入官，但不給當本**：例見乾隆四十七年查抄哈密通判經方時。抄出當票四十四張，均在乾隆四十五、六兩年，共當本銀二千七十三兩四錢。估價造冊止估值銀二千一百九十六兩五錢五分，並非一般值十當五之值。因此負責查抄之陝甘總督李侍堯認爲估價不實，乃飭令再行確估，結果止增估銀三百八十五兩七錢。仍不足，因此檄司飭提前項物件來蘭州交首府查辦。結果據蘭州府知府稟，前項衣物同各當票詳加核對，不但不能值十當五，且有當價浮於物值者。最後李侍堯下結論奏云：「焉知非事發之時預爲影射，特借票塡四十五、六兩年藉爲破案以前典質之證，殊難憑信，但該犯已正法，無可質對，所有前項衣物自應入官，已飭司照數驗明造册，以便解崇文門查收。」（註一七〇）這樣的處理法，只能說是霸道，當鋪平白損失所付出的當本。不過這種情況不多，一般地方官在處理沒官之當物時，大多能夠保障合法當商的權益。

五、御賜物之處理

查抄入官物中之御賜之物，含勅書、硃批、御書墨刻、御筆、衣物等均須收回，或呈繳內府，或由軍機處轉呈。早期有些資料並未明寫解交那一機關。例如乾隆十六年戶部侍郎兆惠查抄原山東巡撫準泰任所貲財時奏云：「今將所封之物逐一檢閱點查明白，開具清單，恭呈御覽。……其有應行解繳如御書福字、硃批奏摺、勅書、報匣等類，……均聽（新任）撫臣辦理。」（註一七一）不過大部分奏摺都會寫明解交何處。今舉例於後。

㈠**解內務府**：乾隆四十七年王進泰與富勒渾等人奉命查抄原任閩浙總督陳輝祖任所貲財時，查出之御賜陳輝祖之母及陳輝祖物件等「均敬謹封貯交付委員一並呈繳內務府查收。」（註一七二）

㈡**送軍機處**：乾隆二十八年查抄原河南巡撫周琬家產時，抄出有康熙皇帝御筆一軸、墨刻册頁二副；及乾隆皇帝御筆福字三張，御筆墨刻十六張又八軸、御筆法帖三套。這些均不便存貯府庫，因此

負責查抄之護理河南巡撫印務布政使輔德乃委員前赴熱河，將這些御賜物交送軍機處查收轉進。（註一七三）

同樣的例子也見乾隆四十八年查抄安徽臬司陳淮任所貲財時，即將聖祖仁皇帝御書扇一柄，御書墨刻一軸，御製法帖四本造具解冊一併呈送軍機處。（註一七四）

㈢**御賜詩文刻石之處理**：抄案中所見御賜詩文刻石之例不多。今有一例，是乾隆四十三年查抄沈德潛家產時。原來學臣劉墉於金壇考試時，有縣民呈繳徐述夔詩集及沈德潛所撰徐傳。其中徐詩語多憤激，乃命搜查有無其他悖逆著述，沈德潛因此受牽連抄家。當時沈德潛已死，負責查抄之阿彌達與蘇撫楊魁發現沈德潛墓東有墳屋一所，內設立碑亭，豎碑一座，上刻御葬碑文及御祭碑文，廊牆上並嵌有御賜詩章石刻六塊；又沈氏祖祠內有御賜無量壽佛一尊並嵌牆石刻四十二塊及鐫刻石碑一座俱係御賜詩章，又查城內有祠堂一所，門前石坊上鐫刻御賜匾額，石柱上鐫御詩摘聯成對，門內蓋亭豎碑兩面俱鐫御製詩章。楊魁等人乃將這批已經鐫刻之匾聯石刻等項一體督匠磨毀，其石則打碎移棄他處。至於祠堂內御賜之無量壽佛一尊及櫥內收藏御書墨寶匾額詩幅手卷共二十八件，及御賜龍錦坐褥一個、杖一枝及沈德潛家內存貯御賜福字六個、法帖三十六冊、詩籍五部、畫墨梅一幅等則委員恭繳。同時祠堂內沈德潛生像及入祀鄉賢祠牌位均撤出。

本案對沈德潛之處罰甚重，主要在於徐述夔屬逆犯，而沈爲其作傳，乾隆皇帝認爲沈實屬負恩。對其御賜詩文的碑刻如此嚴苛的處理，或許是特例。（註一七五）

六、特殊書籍之處理

特殊書籍之處理，如兵書等不宜落入民間，致爲有心者濫用，因此必須解京。以乾隆二十八年查抄周琬家產爲例，查出有抄本兵鏡書十一本、鴛鴦陣圖一副，又陣圖二套，均爲不應存留在外之物，故負責查抄之輔德乃委員將之帶往熱河交送軍機處查收轉進。（註一七六）

七、鹽引之處理

清代食鹽採專賣制，引鹽之銷售關係國家財政，因此對鹽引（可說是官鹽專賣證）之管理頗爲嚴格。商人必先向鹽運司登記塡寫硃單，蓋好官印後，繳稅領鹽引，再持鹽引到鹽場買鹽。且清代每一引地有一定的販鹽額，爲使官鹽暢通，確保政府財源，對查抄所得鹽引或硃單均須妥善處理。首先必須查明所買硃單、鹽引之數目與原價（因硃單每年價不同之故）。其查價方式是先找出鹽運司的根窩印卷，督同總商、引牙等，並傳集當日買窩各商持到交易合同，公同核對各年交易時價；第二步是查明有無轉賣出去之硃單或鹽引，並查看曾否得價，如果未曾得價，必須追出報解；第三步是要將抄出之根窩出售給其他鹽商；第四步是將所得之款解交內務府。（註一七七）以乾隆四十六年查抄革職浙江巡撫王亶望爲例，共抄出有兩部分與行鹽有關之證件。一是在揚州查出硃單一批，原係各商借王亶望銀兩用爲質押的。以各商本利都已交清給官，因此乾隆皇帝指示將硃單仍給本商按綱納課辦運。並將各商所還本利銀及王亶望在揚營運銀兩共貳拾玖萬陸千貳拾兩壹分壹釐依旨意一併解交內務府。另一批是王亶望自呈買有的引鹽根窩一萬九千餘引，存山西原籍。以兩淮交易根窩向來不必各商眞姓，因此負責查抄之兩淮鹽政圖明阿乃飛咨山西原籍，將所買根窩銀數、年月查明咨覆，以便跟查。最後山西方面查出王亶望之根窩因三十七年到四十二年間隨時買進，價格不同，只約略估價共銀十一萬七千餘兩。接著要查明的是以上鹽引曾否給過年窩，硃單，曾否得價轉賣，以便將來根窩變價時在於原價內扣除給商認買。山西巡撫雅德並將根窩印卷二十宗移覆到揚州。圖明阿即督同總商引牙等傳集當日買窩各商持到交易合同，公同核對各年交易時價。並查出曾有硃單經由原淮南總商樊振基代爲賣出共一萬二千五百引，須追出銀三萬九千零五兩報解。最後又查明根窩時價雖係五兩內外，而王亶望當日購買之原價在七兩四錢到五兩一錢之間，乃決定依買入時之原價出售。由總商江廣達等酌議，按照通河辦運較多之商分給領買，共除已賣硃單部分外，所得八萬一千五百八十兩，決定於明歲春融附餉船解交內務府查收。（註一七八）

八、未進貢物之處理

地方大員中，督撫等往往會配合萬聖節皇帝生日及其他節慶等，準備貢物。查抄時遇有未進貢物，均須收存後進呈。以乾隆二十八年查抄周琬家產爲例，查出有未進貢物不少，內有明黃緞繡花寶座一副靠背全、明黃緞繡花迎手一對、御案套一個、椅墊八個、銅佛十三尊看係藏佛，均不便存貯府庫，乃委員帶往熱河交送軍機處查收轉進。另有玉如意及竹黃卓屏等件一併分別另繕清單呈覽。（註一七九）有時這些貢物正遣人辦理中，則必須追出解京。如乾隆二十八年查抄革職湖廣總督愛必達時，查出愛必達遣人往蘇州辦理貢物，乃設法追出。至於這些貢物則交執行查抄之現任督撫解京，以愛必達爲例，是交新任湖廣總督李侍堯派人解京呈繳。（註一八〇）

九、僕婢之處理

查抄貲產時，其契買家人，含男僕女婢在內，都要留變，但這只限漢人僕婢，旗人僕婢則例外。如乾隆十六年九月初十日戶部侍郎兆惠查抄山東巡撫準泰任所貲財時奏稱，其家屬人口應解京。在其奏摺所附的查抄清單標題是「準泰任所銀錢首飾衣物人口單」，其中除銀錢首飾衣物之外，列有「男婦大小家人共三十五名口」一項，兆惠於九月初十日上奏後，即於當月十一日起程回京，餘下的工作便由新任巡撫處理。到了十月初六便開具「準泰貲財衣物估價清單」其中所列項目凡銀錢首飾衣物都與前述清單一樣，只是少列了「文契一匣共五十七張；當標四宗共當本錢二百二十七千文；又當票七宗共當本銀八百兩」，以及「男婦大小家人共三十五名口」共四項。可見在這一案中，男婦大小家人口並不留在地方變價。（註一八一）旗人奴僕中之契買家奴須押解赴京交旗辦理。例見乾隆五十一年查抄革職雲貴總督特成額時，即於湖南截獲其契買家奴張德及其所帶緞疋翡翠及土紬布疋等物。其中起出各物由藩司等歸入查抄案內一併造冊分別解京、留變，家奴張德則與特成額其他家口一起，委員押解赴京交旗辦理。（註一八二）所謂的「交旗辦理」就是由旗決定撥給同旗之其他功臣等之家爲家奴，這種家奴因係主人犯案而入官，便叫入官家奴。（註一八三）家奴解旗之例又見乾隆二十八年查抄原湖廣總督愛必達時，兩江總督尹繼善截抄愛必達眷屬北歸途中的乘船，共抄出男婦家奴七十一名口，又吃工食五名口，解旗分別辦理。（註一八四）又如乾隆三十三年查抄大理提督額爾登額及提督譚五格時即將家人遞解回旗查辦入官。（註一八五）此處家人仍指家奴而言。

如果是典當家人，則需繳清當價才能贖身，免於入官轉賣。例見乾隆三十三年查抄原廣西學政梅立本任所貲財時，有典當家人一名及其幼子二名，原當身價十二兩，即令同子繳價贖身。同案另有長隨等人以係按月受值，例同雇工，乃聽各自謀生，但婢女係契買，故飭縣變價入官。（註一八六）

因此查抄時，所有家人含僕婢、家奴在內，以及長隨等，都要詳訊明確，看是否係契買家人，如果是契買就要入官。（註一八七）不過白契典雇家人則免查究。（註一八八）

如果家人隨任在外，而文契在京中住宅未帶至任所，亦須奏請該旗辦理。（註一八九）

十、其他

偶爾皇帝也會加恩賞給被抄之家，就現有抄出財物留下若干以為養贍之用。例見乾隆五十五年查抄原四庫全書館副總裁陸費墀時。上諭加恩酌留其原籍現有田房產業一千兩之數為伊家養贍。結果浙江巡撫福崧乃將抄出衣物等件估值銀一千兩之數賞給作為伊家養贍外，其餘房產貲物，遵旨一併交商估變，以為三閣辦書之用。（註一九〇）

【附註】

註　一　清高宗皇帝實錄卷九百六，第四頁，乾隆三十七年夏四月丁卯（初二日）上諭抄錢度。

註　二　宮中檔乾隆朝奏摺第四十八輯四〇六頁，乾隆四十六年八月初九日閩浙總督兼管浙江巡撫陳輝祖奏。
註　三　宮中檔乾隆朝奏摺第十八輯四八八頁，乾隆二十八年七月十六日兩江總督尹繼善奏。
註　四　宮中檔乾隆朝奏摺第十八輯二二八頁，乾隆二十八年六月十九日河南巡撫葉存仁奏。
註　五　宮中檔乾隆朝奏摺第五十三輯七二六頁，乾隆四十七年十一月初九日阿桂、福長安奏。
註　六　宮中檔乾隆朝奏摺第十八輯三〇〇頁，乾隆二十八年六月二十六日河南巡撫葉存仁奏查抄原巡撫周琬。
註　七　宮中檔乾隆朝奏摺第六十七輯四二三頁，乾隆五十三年二月二十七日福康安奏。
註　八　宮中檔乾隆朝奏摺第五十七輯五二〇頁，乾隆四十八年九月二十八日河南巡撫何裕城奏。
註　九　宮中檔乾隆朝奏摺第十八輯六六一頁，乾隆二十八年八月初十日河南巡撫葉存仁奏。
註一〇　宮中檔乾隆朝奏摺第五十六輯八三四頁，乾隆四十八年七月二十六日湖廣總督舒常、湖南巡撫伊星阿奏。
註一一　乾隆上諭檔四十七年秋，九月二十二日上諭。
註一二　宮中檔乾隆朝奏摺第六輯七五頁，乾隆十八年八月初六日福建巡撫陳弘謀奏。
註一三　宮中檔乾隆朝奏摺第五十三輯二三五～二三六頁，乾隆四十七年十月初三日王進泰奏，並參見本章第一節第四項之㈠所引王進泰查抄陳輝祖之文。
註一四　宮中檔乾隆朝奏摺第二輯五〇五頁，乾隆十七年三月二十四日；第三輯第三〇一頁，同年七月四日；第九輯第六〇八頁，乾隆十九年九月二十一日雲貴總督碩色、雲南巡撫愛必達奏抄吳尚賢。
註一五　宮中檔乾隆朝奏摺第五十三輯四五八～四五九頁，乾隆四十七年十月二十一日伊齡阿、伊星阿奏。
註一六　宮中檔乾隆朝奏摺第五十三輯二七〇頁，乾隆四十七年十月初六日伊齡阿奏。

註一七　宮中檔乾隆朝奏摺第五十三輯二三三～二三四頁，乾隆四十七年十月初三日王進泰、盛住、德克進布奏。

註一八　宮中檔乾隆朝奏摺第五十三輯七六三頁附片，王進泰、富勒渾奏。

註一九　開始查抄陳輝祖日期是九月二十一日。見宮中檔乾隆朝奏摺第五十三輯二〇二～二〇三頁，乾隆四十七年九月二十九日王進泰、盛住、德克進布奏。

註二〇　宮中檔乾隆朝奏摺第五十四輯一二二～一二三頁，乾隆四十七年十一月二十五日王進泰、富勒渾奏。解員職位之高低與解物內容之重要性成正比，參見本文第三章第一節查抄工作之執行人員。咨行沿途各省小心護送解京抄物之例又見乾隆上諭檔四十七年春季，二月二十四日抄王亶望。

註二一　清高宗實錄第一〇七二卷，二二頁，上諭。

註二二　宮中檔乾隆朝奏摺第五十輯三五一頁，乾隆四十六年十二月二十二日署直隸總督英廉奏。

註二三　宮中檔乾隆朝奏摺第五十輯四八八頁，乾隆四十六年正月初十日陝甘總督李侍堯奏；第五十一輯二五頁，乾隆四十七年二月二十二日江西巡撫郝碩奏；乾隆上諭四十六年秋季檔下，九月十六、十七日。

註二四　宮中檔乾隆朝奏摺第二十輯一六二頁，乾隆二十八年十二月二十四日高誠奏查抄鹽商朱立基。

註二五　宮中檔乾隆朝奏摺第二十輯六七九頁，乾隆二十九年二月二十六日，浙江巡撫熊學鵬奏，查封參革鹽道朱若東等各犯任所、原籍財產，除完贓外，餘剩銀兩解內務府。

註二六　宮中檔乾隆朝奏摺第四十九輯第五八九頁，乾隆四十六年十一月十二日湖廣總督舒常、湖北巡撫鄭大進奏。

註二七　宮中檔乾隆朝奏摺第四十九輯第三四七頁，乾隆四十六年十月二十四日兩廣總督覺羅巴延三、廣東巡撫李湖奏。

註二八 乾隆朝軍機處檔第一二六八八號，乾隆三十五年九月二十一日貴州巡撫宮兆麟奏。

註二九 宮中檔乾隆朝奏摺第四十九輯第五一四頁，乾隆四十六年十一月九日全魁、奇臣奏，查抄王臣親屬財產即解盛京戶部充餉。

註三〇 乾隆朝軍機處檔第六四七五號，乾隆十六年二月九日嚴瑞龍奏。

註三一 乾隆軍機處檔第六四七八號，乾隆十六年二月九日阿里袞奏。

註三二 宮中檔乾隆朝奏摺第四十八輯第五一〇頁，乾隆四十六年八月十七日河南巡撫富勒渾奏查抄程棟原籍家產。

註三三 吳尚賢案田地之處理詳見本章第一節第三項「抄物之處理期限」及乾隆十六年十一月十一日，十七年三月二十四日、四月二十四日、七月初四，十九年九月二十一日，二十年五月二十六日，雲貴總督碩色、雲南巡撫愛必達各奏。

註三四 宮中檔乾隆朝奏摺第四十八輯四〇七頁，乾隆四十六年八月初九日閩浙總督陳輝祖奏。

註三五 宮中檔乾隆朝奏摺第四十九輯第四九頁，乾隆四十六年九月二十五日山西巡撫雅德奏。

註三六 宮中檔乾隆朝奏摺第四十九輯第五七頁，乾隆四十六年九月二十五日圖明阿奏。

註三七 宮中檔乾隆朝奏摺第四十八輯第七四〇頁，乾隆四十六年九月初十日長蘆鹽政伊齡阿奏。

註三八 宮中檔乾隆朝奏摺第五十四輯第一二四頁，乾隆四十七年十一月二十五日兩淮鹽政伊齡阿奏。

註三九 上諭檔乾隆四十七年冬上，（二二二一～二二二五頁）十月二十四日。

註四〇　宮中檔乾隆朝奏摺第四十八輯第八一九頁，乾隆四十六年九月十八日山西巡撫雅德奏。

註四一　宮中檔乾隆朝奏摺第五十一輯第二五～二七頁，乾隆四十七年二月二十二日江西巡撫郝碩奏。

註四二　宮中檔乾隆朝奏摺第五十一輯第六三九～六四〇頁，乾隆四十七年五月初六日江蘇巡撫閔鶚元奏。入官物分爲三類處理之例又見乾隆四十七年查抄革職安徽臬司呂爾昌在蘇州原籍家產時，即將金珠皮衣玉器綢緞等項分解內務府、崇文門，其餘蔫舊衣物粗重什物與田房則留變。見宮中檔乾隆朝奏摺第五十二輯第三二頁，乾隆四十七年六月，署兩江總督薩載奏。

註四三　宮中檔乾隆朝奏摺第五十二輯第七八四頁，乾隆四十七年八月二十八日浙江布政使兼杭州織造盛住奏及同輯六四〇～六四一頁王亶望貲財清單。案，本清單編於本輯八月十一日內，誤。當改爲八月二十八日盛住奏之附件。皇帝命令直接交由內務府發交崇文門及地方官分別變賣之例見乾隆上諭檔五十二年秋七月初七日，查抄西峰、靈應二寺及張李氏本籍家產。至於內務府在入官物解到後另謄清單請旨處理之例見〔乾隆朝懲辦貪污檔案選編1〕第六十頁，乾隆二十二年查抄恆文案。

註四四　宮中檔乾隆朝奏摺第五十三輯第一一四頁，乾隆四十七年九月二十二日署兩江總督薩載奏。

註四五　宮中檔乾隆朝奏摺第五十三輯第四五八頁，乾隆四十七年十月二十一日伊齡阿、伊星阿奏。

註四六　宮中檔乾隆朝奏摺第五十一輯第一三二頁，乾隆四十七年三月五日署湖南巡撫李世傑奏。

註四七　宮中檔乾隆朝奏摺第五十六輯第四七二～四七三頁，乾隆四十八年六月十六日安徽巡撫富躬奏。

註四八　宮中檔乾隆朝奏摺第十八輯第一三八頁，乾隆二十八年六月初十日護理河南巡撫印務布政使輔德奏。

註四九　乾隆上諭四十五年春季檔，四十五年三月二十二日諭欽差尙書和、侍郎喀、署雲貴總督舒。

註五〇　宮中檔乾隆朝奏摺第五十四輯第三八五頁，乾隆四十七年十二月初十日兩江總督薩載奏。

註五一　宮中檔乾隆朝奏摺第四十九輯第三四七頁，乾隆四十六年十月二十四日兩廣總督覺羅巴延三、廣東巡撫李湖奏。

註五二　乾隆軍機處檔第三一八八〇號，「順天府底稿」，缺日期，提奏人。

註五三　乾隆朝軍機處檔第三〇四七七號，「蘇州府代造解內務府款冊」。

註五四　乾隆朝軍機處檔第三〇四七六號，「蘇州府代造解崇文門款冊」。

註五五　乾隆上諭檔四十四年春季，正月初十日；又見乾隆朝宮中檔第四十六輯第二二〇頁，四十三年十二月十八日江蘇巡撫楊魁；同輯第三六二頁，四十四年正月二日陝西巡撫畢沅；第四十七輯第七六五頁，四十四年五月十六日暫護陝西撫印布政使富綱奏。

註五六　乾隆朝軍機處檔第六七九七號，陳大受、蘇昌奏。乾隆十六年閏五月二十二日奉硃批覽，原件缺提奏日。

註五七　宮中檔乾隆朝奏摺第三十二輯四〇四頁，乾隆三十三年十一月七日廣西巡撫錢度奏。

註五八　宮中檔乾隆朝奏摺第三十五輯第三八八頁，乾隆三十九年四月二十四日兩江總督統理河務高晉奏。

註五九　宮中檔乾隆朝奏摺第五十四輯五九六頁，乾隆四十七年十二月二十八日浙江巡撫福崧奏。

註六〇　例如乾隆二十五年兩廣總督李侍堯奏請加徵粵海關補平銀，經戶部議駁。乾隆皇帝即諭曰：所駁甚是。並云，此項銀兩，如果掃數起解，自足敷該部兌收，是以向來從未有短少挂批案件。何至近日遽有不敷部收之處。看來該關起解，縱未必短少，而解員中途滋弊，諒所不免，著李侍堯嗣後起解稅銀，應慎選謹飭之員管解，仍留心查察，勿令滋弊，儻有侵蝕，即行嚴參示懲。（見清史列傳李侍堯傳。）

註六一　宮中檔乾隆朝奏摺第十八輯六六一頁，乾隆二十八年八月初十日河南巡撫葉存仁奏。據〔清國行政法㈥〕，第三四四頁，「解餉事務的管理」云，「輸解京餉的事務並無專官，而是以委員充任。其委員之品秩，視當輸解之餉銀額數而有差。依定例，凡輸解十萬兩以上之京餉，由同知通判掌之，五萬兩以上則由州同、州判任之，五萬兩以下則由佐貳雜職當之。如果同知以下到州判之官員無人可差委時，得由知州知縣代之。」入官物解京之解員品秩，雖不見明文規定，當係比照輸解京餉的委員品秩。也就是解物價值越高，解員品秩也隨之提高。陳輝祖入官物不止十萬兩，其解京解員是金華知府，其品秩在同知之上，符合「解餉事務的管理」所規定委員的品秩要求。（參見註二〇）

註六二　乾隆上諭檔四十七年冬下，十一月二十二日。

註六三　宮中檔乾隆朝奏摺第六十七輯四二三頁，乾隆五十三年二月二十七日福康安奏。又見第二十六輯七一九頁，乾隆三十年十一月二十八日江西巡撫明山奏，抄原任五台縣賴宏典家產時，銀兩即搭便解內務府。

註六四　宮中檔乾隆朝奏摺第二十八輯三〇頁，乾隆三十二年八月二十五日貴州巡撫鄂寶奏；又見乾隆軍機處檔第六四七八號，乾隆十六年二月初九日阿里袞奏查抄唐綏祖家產。

註六五　乾隆朝軍機處檔第六六一一號，乾隆十六年四月十二日阿里袞奏。

註六六　見〔故宮博物院刊〕一九八七年2期，萬依「供宮廷及稅官染指的『崇文門』」第二七頁。

註六七　清高宗實錄第七二四卷，乾隆二十九年十二月甲申諭。

註六八　崇文門大臣（監督）任期一年，都由皇帝親信擔任，期滿可延長。英廉、福隆安事分別見長本上諭乾隆三十三年十一月十日及清高宗實錄第九六三卷，乾隆三十九年七月壬申。和珅見清史稿列傳一〇六和珅傳。

註六九　見「明發上論」乾隆三十三年十一月十一日。按此三十三年一本，內容都爲八旗事，與「譯漢上論」同。據莊吉發教授告知，疑是「譯漢上論」誤作「明發上論」者，不過封面明寫爲「明發上論」四字。又「團多」之名因係滿文譯漢，在當時似乎並無統一之漢字，故實錄中採用的是「托恩多」。與金蘭參奏事並見「上論檔」乾隆四十七年冬上，四十七年十月二十四日上論。

註七〇　見「長本上論」乾隆三十三年十一月十日上論。

註七一　見乾隆四十五年十二月十九日崇文門監督和（珅）奏請增減現今徵稅則例，獲准後增改之〈崇文門商稅則例現行比例增減新例〉一書之「現行比例增減新例及免稅條款」中所引雍正七年四月初九日「戶部爲印發則例貳本咨內務府總管管理崇文門監督」一文。（按本〈崇文門商稅則例現行比例增減新例〉一書原缺封面、書名及出版時間。在此所用書名係作者爲行文方便起見，據光緒十年七月二十日戶部議定後所纂，內容類似之〈崇文門商稅則例現行比例增減新例〉一書之書名所權加，至其出版時間據和珅奏文只知是乾隆四十五年十二月以後。）又見乾隆朝軍機處檔第二〇二八號，乾隆十三年三月初九日奉硃批之大學士果毅公訥親、大學士高斌、浙江巡撫顧琮奏查封常安家產之文。

註七二　同註六六引，萬依「供宮廷及稅官染指的『崇文門』」一文，第二九頁。

註七三　本書及註七一所舉〈崇文門商稅則例現行比例增減新例〉等資料惠承斯波義信老師提供，謹籍此致謝。

註七四　乾隆軍機處檔第六六一一號，乾隆十六年四月十二日阿里衮奏，附件清單。

註七五　宮中檔乾隆朝奏摺第十八輯第四八八頁，乾隆二十八年七月十六日兩江總督尹繼善奏。

註七六　宮中檔乾隆朝奏摺第三十二輯第四〇四頁，乾隆三十三年十一月七日廣西巡撫錢度奏。

註七七　乾隆軍機處檔第一二六八八號，乾隆三十五年九月二十一日貴州巡撫宮兆麟奏。

註七八　宮中檔乾隆朝奏摺第五十三輯第四五八頁，乾隆四十七年十月二十一日伊齡阿、伊星阿奏。

註七九　宮中檔乾隆朝奏摺第五十三輯第四一二～四一五頁，乾隆四十七年十月十七日伊齡阿、伊星阿奏。

註八〇　宮中檔乾隆朝奏摺第五十輯第二二四頁，乾隆四十六年十二月十二日署理兩江總督薩載奏。

註八一　破舊物、粗重物內容瑣碎繁雜，例見宮中檔乾隆朝奏摺第十八輯第四八八頁，乾隆二十八年七月十六日兩江總督尹繼善奏，抄湖廣總督愛必達；第三十二輯第四〇四頁，乾隆三十三年十一月七日廣西巡撫錢度奏抄學政梅立本；第五十一輯第二六頁，乾隆四十七年二月二十二日江西巡撫郝碩奏；第五十四輯第一二三頁，乾隆四十七年十一月二十五日王進泰、富勒渾奏，抄陳輝祖任所貲財；第五十五輯第五七六頁，乾隆四十八年四月初四日署陝甘總督陝西巡撫畢沅奏；乾隆軍機處檔第一二六八八號，貴州巡撫宮兆麟奏抄革職巡撫良卿，布政使高積等。

註八二　宮中檔乾隆朝奏摺第十八輯第三四四～三四六頁，乾隆二十八年六月二十九日江南河道總督高晉奏。牙行估價，又見乾隆軍機處檔第二八八六一號，四十五年十一月二十一日浙江巡撫李質穎咨呈軍機處文。

註八三　宮中檔乾隆朝奏摺第五十一輯第二〇六頁，乾隆四十七年二月二十二日江西巡撫郝碩奏。

註八四　留變物以估價過高難以變售，至被罰賠補之例見乾隆三十七年貴州省查抄參革威寧州劉標任所貲財時。該案留變物由參劾威寧州知州王葆元估報，已經前任撫臣良卿具摺奏明。後良卿亦得罪革職，欽差湖廣總督吳達善查出劉標有隱匿金器等，開單具奏。並由布按兩司飭提查封各物解省逐一覆驗，確估。發現原估價值太浮，難以變售。於是新任巡撫宮兆麟認為原估之王葆元辦理不實，請旨著落王葆元賠補以示儆儆。乃飭新署威寧州崇士錦會同署貴筑縣吳光廷將留變物速行召變，倘變不足數，即著落原估之王葆元賠繳。（見乾隆朝軍機處檔第一三三〇三號乾隆三十五年十二月廿二日貴州巡撫宮兆麟奏）後來巡撫宮兆麟因案去職，不久新任巡撫李湖再經覆估，劉標入官物件較原估少銀一千一百八十九兩五錢一分，乃著落原估之王葆元名下按數勒限賠補，於乾隆三十七年二月初九日全數追繳解貴州藩司彈收貯庫，等候乘便解京。新任巡撫圖思德乃將結果咨明戶部、崇文門並具摺奏聞。（見軍機處檔第一六三四一號，乾隆三十七年二月十六日圖思德奏。）

註八五　軍機處檔乾隆朝奏摺第二一二三號，乾隆十三年三月二十七日大學士訥、高、浙江巡撫顧琮奏；第二四二四號，乾隆十三年五月十九日浙江巡撫方觀承奏；乾隆上諭檔五十二年秋，八月十五日上諭。

註八六　出結不實受罰之例見乾隆四十八年派遣握陞額、觀成出京查辦入官財物，結果卻任聽舒成將估變物件專主定價侵蝕漁利，留銀六百餘兩，以備部駁添補之用，隨同列名混行開報，保年於部駁飭令增價後，仍照原估價值率行出結，均屬咎無可諉，於是乾隆皇帝下諭云：握陞額，觀成，保年俱著照部議降二級調用。（見乾隆上諭檔四十八年冬，十一月十七日上諭。）

註八七　宮中檔乾隆朝奏摺第五十五輯第一〇四頁，乾隆四十八年二月初九日，安徽巡撫富躬奏，第五十輯第六三六頁，乾隆四十七年正月二十二日山西巡撫調補安徽巡撫譚尙忠奏。

註八八　乾隆朝軍機處檔第二五二一七號奏摺，乾隆四十四年十月十五日陝西巡撫畢沅奏並附「陝西省查獲玉犯家產貨物估變銀數總單。」

註八九　宮中檔乾隆朝奏摺第六十輯四二〇頁，乾隆四十九年五月十七日安徽巡撫富躬奏；乾隆軍機處檔第三八一四七號奏摺，乾隆五十三年十一月初六日浙江巡撫覺羅琅玕奏；宮中檔第五十九輯第四三八頁，乾隆四十九年三月一日山西巡撫農起奏。

註九〇　宮中檔乾隆朝奏摺第四十九輯六五三頁，乾隆四十六年十一月十六日江蘇巡撫閔鶚元奏。

註九一　宮中檔乾隆朝奏摺第五十輯第六三七頁，乾隆四十七年正月二十二日，山西巡撫調補安徽巡撫譚尙忠奏；第五十三輯第一〇七頁，乾隆四十七年九月二十一日山西巡撫農起奏。

註九二　抄物估變後所得之銀兩解廣儲司之例見乾隆四十三年查抄革職協領保住及多鼐入官衣物時。負責人英廉和永和奏云：「變價銀兩照例交送廣儲司」。見軍機處檔第一九七七六號，一九七七九號，乾隆四十三年五月二十八日英廉、永和奏。不過廣儲司爲內務府之附屬機構，因此可說解廣儲司，其實也就是解內務府。

註九三　宮中檔乾隆朝奏摺第五十四輯第七二六頁，乾隆四十八年正月十六日福建巡撫雅德奏。

註九四　宮中檔乾隆朝奏摺第五十五輯第六六一頁，河南巡撫李世傑奏；第五十八輯第七一九頁，乾隆四十八年十二月十六日直隸總督劉峩奏。

註九五　乾隆上諭五十一年夏季檔第二六五頁，五十一年五月初一日，戶部議駁江西巡撫何裕城查抄臨川縣西洋神甫艾球三之田房未按時價估變，至價值短少。帝乃命何裕城查照戶部指駁各條另行據實確估。

註九六　宮中檔乾隆朝奏摺第三十三輯第一八頁，乾隆三十三年十二月十七日直隸總督楊廷璋奏；第五十八輯第四四二頁，乾隆四十八年十一月二十八日直隸總督劉峩奏。

註　九七　宮中檔乾隆朝奏摺第五十九輯第三二三頁，乾隆四十九年二月十五日雲貴總督富綱奏；第六十七輯第四二六頁，乾隆五十三年二月二十七日雲南巡撫譚尙忠奏。

註　九八　宮中檔乾隆朝奏摺第七十三輯第四〇五頁，乾隆五十四年九月十一日雲貴總督富綱奏。

註　九九　宮中檔乾隆朝奏摺第五十三輯第一三五頁，乾隆四十七年九月二十四日雲貴總督富綱奏；又第五十八輯第七一九頁，乾隆四十八年十二月十六日直隸總督劉峩奏。

註一〇〇　同註九九，直隸總督劉峩奏，查抄原任大理寺卿尹嘉銓入官房中祁州莊園時，以此莊園係尹嘉銓買自親友，契價過重，且購後未曾修葺，又續有坍損，雖估價較原價不敷甚多，仍請照新估之數變價。

註一〇一　宮中檔乾隆朝奏摺第三十三輯第一九頁，乾隆三十三年十二月十七日直隸總督楊廷璋奏；第五十九輯第三二三頁，乾隆四十九年二月十五日雲貴總督富綱奏。

註一〇二　乾隆朝軍機處檔第一一二三三號乾隆三十四年十一月二十九日高晉奏。

註一〇三　乾隆軍機處檔第四〇一二〇號，及宮中檔第七十一輯第六八一頁，乾隆五十四年四月十七日直隸總督劉峩奏。

註一〇四　乾隆朝軍機處檔第三七二八一號，貴州巡撫永保奏。

註一〇五　乾隆軍機處檔第一二〇〇二號，三十五年五月二十二日，及一二一四六號，同年七月八日；一二四八六號，同年九月六日富明安諸奏。又見一一三三號，三十四年十一月二十九日高晉奏。

註一〇六　乾隆朝軍機處檔第一四四九六—一號。（三十六年七月十四日）有關盧見曾入官房之估價，詳見本書第六章查抄清冊之種類及其製造，第五節留變物清冊與估冊，並參見本章註一〇五引軍機處檔一一二〇〇二號、一二四八六號富明安諸奏。

註一〇七　宮中檔乾隆朝奏摺第六十五輯第一一頁，乾隆五十二年七月十一日廣東巡撫圖薩布奏。

註一〇八　見乾隆軍機處檔第二五一九一號，四十四年十月十五日，陝西巡撫畢沅「奏報查獲玉石案犯家產貨物估變銀數清單」中，市平、庫平銀兌換比率。按，「庫平」就是清代戶部所用的標準秤子的稱呼。（見加藤繁〔支那經濟史考證〕下卷，第四五一、四五六頁，一九五三，東洋文庫）「市平」就是市戥，也就是民間市面用的秤子。（見安部健夫〔清代史の研究〕第五五一、六六三頁，一九七一，東京創文社）「色銀」就是成色不足的低質銀；（見安部同書第五五一頁）「紋銀」意即最好的銀。（見加藤同書第四五一頁）不過各地市場市平銀與庫平銀折價並不一樣。例如前引畢沅所奏同一私玉案，在蘇州查出高樸家人李福等賣得玉石銀共市平銀十二萬八千八百五十九兩，以九四折算實銀十二萬一千一百二十七兩，（見乾隆上諭檔四十三年冬上，十月初八日）與陝西省的九二·一五折不同。

註一〇九　乾隆朝軍機處檔第三五八九一號。按本件係伊齡阿原奏，並非軍機處錄副。缺日期，從文中所提門人供辭等推斷當爲乾隆四十九年三月以後之事。

註一一〇　宮中檔乾隆朝奏摺第六十八輯第七〇〇頁，乾隆五十三年七月二十二日閩浙總督李侍堯奏。

註一一一　宮中檔乾隆朝奏摺第七十四輯第三八四頁，乾隆五十四年十二月九日河南巡撫梁肯堂奏。孟衍泗，尤永清二人見拙文「清代乾隆時期軍機處檔有關抄家檔案之史料及其價值」（故宮季刊第十五卷第一期）第四頁。王士澣房地處理遲延事見乾隆上諭檔五十年夏，六月三十日上諭。

註一一二　宮中檔乾隆朝奏摺第六輯第七八八頁，乾隆十八年十一月二十日直隸總督方觀承奏。

註一一三　見宮中檔乾隆朝奏摺第二輯第五〇四～五〇九頁，乾隆十七年三月二十四日雲貴總督碩色、雲南巡撫愛必達奏。此外有關吳尚賢抄產案並散見於宮中檔乾隆朝奏摺第一輯第八七〇～八八一頁，乾隆十六年十一月十一日；第二輯第七八五～七八六頁，十七年四月二十四日；第三輯第三〇一～三〇二頁，同年七月初四日；第九輯第六〇七～六一〇頁，十九年九月二十一日，第十一輯第五一八～五一九頁，二十年五月二十六日雲貴總督碩色、雲南巡撫愛必達合奏各摺。

註一一四　宮中檔乾隆朝奏摺第十一輯第五一八頁，二十年五月二十六日碩色、愛必達奏。

註一一五　宮中檔乾隆朝奏摺第二輯第五〇四頁，十七年三月二十四日碩色、愛必達奏。

註一一六　宮中檔乾隆朝奏摺第三輯第三〇一頁，十七年七月初四日碩色與愛必達奏。

註一一七　宮中檔乾隆朝奏摺第九輯第六〇七頁，十九年九月二十一日碩色、愛必達奏。

註一一八　宮中檔乾隆朝奏摺第四十八輯第五三三頁，乾隆四十六年八月二十一日直隸總督袁守侗奏；又見同輯第七〇六頁，同年九月七日湖南巡撫劉墉奏。

註一一九　宮中檔乾隆朝奏摺第五十一輯第二六頁，乾隆四十七年二月二十二日江西巡撫郝碩奏。

註一二〇　乾隆軍機處檔第二八八六一號，二八九九七號。典押產之處理並參見本書第四章第五節一之㈠典產。

註一二一　乾隆軍機處檔第二九八七〇號，薩載、閔鶚元奏。抄王燧原籍財產，缺具奏日，奉硃批日為四十六年二月二十五日。

註一二二　乾隆軍機處檔第一〇七八三號，楊廷璋奏。

註一二三　宮中檔乾隆朝奏摺第五十二輯第三七一頁，乾隆四十七年七月初五日江蘇巡撫閔鶚元奏，查抄王喆原籍家產。

註一二四　宮中檔乾隆朝奏摺第五十輯第一四六～一四七頁，乾隆四十六年十二月初七日山西巡撫雅德奏。

註一二五　乾隆軍機處檔第二六七七五號，四十五年四月初十日山西按察使袁守誠奏查辦裴宗錫原籍家產。

註一二六　乾隆四十六年甘省折捐冒賑案發生後初期決定將犯官入官產應當變價部分所得款項即用以賠抵官項，如宮中檔第四十九輯二四五頁，乾隆四十六年十月十五日署雲南巡撫劉秉恬奏辦理張履升、王鳳儀、楊瀛仙等人原籍家產及姜興周之子姜秀任所貲產時即用此法處理。不過到了乾隆四十七年乾隆皇帝即指示這些入官產變價所得留在各地方以爲當地工程及公用，見乾隆上諭檔四十七年秋季檔。

註一二七　宮中檔乾隆朝奏摺第四十九輯第二七、五八九頁，乾隆四十六年九月二十二日及十一月十二日湖廣總督舒常、湖北巡撫鄭大進奏。

註一二八　乾隆朝軍機處檔第四六四一八號，乾隆五十五年十一月廿八日兩江總督孫士毅奏，提及地方官不得在任所交結、置產。

註一二九　乾隆朝軍機處檔第一一〇三九號，第一一三六三號，乾隆三十四年十一月初八日及同年十二月十六日兩江總督高晉奏。

註一三〇　宮中檔乾隆朝奏摺第六十二輯四一一頁，乾隆五十一年十一月二十九日，直隸總督劉峩奏。入官旗地之出佃收入歸八旗公費，見〔清國行政法㈥〕第二四八頁。

註一三一　〔清國行政法㈥〕第二五七頁。

註一三二　宮中檔乾隆朝奏摺第五十六輯第八三四頁，乾隆四十八年七月二十六日湖廣總督舒常、湖南巡撫伊星阿奏。

註一三三　宮中檔乾隆朝奏摺第四十八輯四三一頁，乾隆四十六年八月初十日湖南巡撫劉墉奏。

註一三四　乾隆朝軍機處檔第一三三九四號乾隆三十六年二月初三日高晉奏。

註一三五　宮中檔乾隆朝奏摺第六輯第七八八頁，乾隆十八年十一月二十日直隸總督方觀承奏。

註一三六　乾隆朝軍機處檔第三五七五九號及宮中檔第五十九輯第二三八頁，乾隆四十九年正月三十日鄂寶、奇臣奏。

註一三七　乾隆朝軍機處檔第四四三八三號，乾隆五十五年四月廿六日閩浙總督伍拉那，福建巡撫徐嗣曾奏。

註一三八　宮中檔乾隆朝奏摺第五十八輯四四一頁，乾隆四十八年十一月二十八日直隸總督劉峩奏。

註一三九　宮中檔乾隆朝奏摺第七十一輯第六〇八頁，乾隆五十四年四月五日直隸總督劉峩奏。又見第四十八輯第八三八頁，四十六年九月十九日江蘇巡撫閔鶚元奏。

註一四〇　宮中檔第十八輯一三九頁，乾隆二十八年六月初十日護理河南巡撫印務布政使輔德奏。

註一四一　乾隆朝軍機處檔第一一三六三號，乾隆三十四年十二月十六日兩江總督高晉奏。

註一四二　宮中檔乾隆朝奏摺第七輯五七〇頁，乾隆十九年二月十二日李錫泰奏；第五十四輯第三七一頁，乾隆四十七年十二月初十日安徽巡撫富躬奏。

註一四三　宮中檔乾隆朝奏摺第七輯五三五頁，乾隆十九年二月初六日安徽巡撫衛哲治奏。

註一四四　清高宗實錄第一七八卷，乾隆七年十一月己巳。

註一四五　清高宗實錄第五四二卷，乾隆二十二年七月乙未上諭。

註一四六　宮中檔乾隆朝奏摺第二十五輯第一四七頁，乾隆三十年六月四日兩江總督尹繼善奏。

註一四七　宮中檔乾隆朝奏摺第二十九輯第三七六頁，乾隆三十三年正月十八日兩江總督高晉奏。

註一四八　宮中檔乾隆朝奏摺第七十一輯第六八一頁，乾隆五十四年四月十七日直隸總督劉峩奏。

註一四九　李侍堯入官房事見乾隆上諭檔四十五年夏，乾隆四十五年六月二十一日諭旨。

註一五〇　和珅入官房見清仁宗實錄卷四十三，嘉慶四年四月癸丑上諭。

註一五一　見乾隆上諭檔，二十二年六月初七日。

註一五二　宮中檔乾隆朝奏摺第十輯七四〇頁，乾隆二十年二月十五日廣州將軍錫特庫等奏。

註一五三　乾隆朝軍機處檔第一一七七八號及其附件；一三三九四號。

註一五四　宮中檔乾隆朝奏摺第十九輯三六、三七頁，乾隆二十八年九月初七日兩廣總督蘇昌奏。

註一五五　乾隆軍機處檔第一一三五〇號，乾隆三十四年十二月十五日，吳達善等奏。

註一五六　乾隆上諭四十七年冬上，十一月初四日。

註一五七　乾隆朝軍機處檔第三二八八〇號，順天府奏稿「底稿」。案本奏摺係原件，並非軍機處錄副奏摺，封面寫「底稿」二字，蓋有「順天府」字樣之官衙印信，缺年月日及提奏人，但從文中行文知爲乾隆四十六年九月到十月間之奏。

註一五八　乾隆朝宮中檔第四十八輯第八三三頁，乾隆四十六年九月十九日江蘇巡撫閔鶚元奏。

註一五九　乾隆朝上諭檔四十六年冬下，乾隆四十六年十二月初九日。

註一六〇　宮中檔乾隆朝奏摺第五十三輯第二七二頁，乾隆四十七年十月初六日徵瑞奏。

註一六一　宮中檔乾隆朝奏摺第三十一輯第五一八頁，乾隆三十三年八月六日山東巡撫富尼漢奏。

註一六二　宮中檔乾隆朝奏摺第五十三輯二二八～二三〇頁，乾隆四十七年十月初二日伊齡阿伊星阿奏，查抄陳輝祖託人經營之阜寧字號典鋪及東和典號。第五十輯第六五七頁，乾隆四十七年正月二十六日署兩江總督薩載奏。

註一六三　宮中檔乾隆朝奏摺第四十九輯三四頁，乾隆四十六年九月二十三日河南巡撫富勒渾奏。又見乾隆朝軍機處檔第三三二六三號奏摺錄副。

註一六四　宮中檔乾隆朝奏摺第四十九輯三七五頁，乾隆四十六年十月二十七日；第五十輯六五七頁，乾隆四十七年正月二十六日兩江總督薩載奏。

註一六五　宮中檔乾隆朝奏摺第五十二輯四七五頁，乾隆四十七年七月十六日山東巡撫明興奏。

註一六六　宮中檔乾隆朝奏摺第五十四輯三七一頁，乾隆四十七年十二月十日安徽巡撫富躬奏。

註一六七　宮中檔乾隆朝奏摺第三十八輯第五二三頁，乾隆四十二年五月四日湖南巡撫顏希深奏。

註一六八　宮中檔乾隆朝奏摺第十九輯一六六～一六七頁，乾隆二十八年九月二十六日輔德奏。

註一六九　乾隆朝軍機處檔第三五〇一一號，乾隆四十八年十二月二日，廣西巡撫孫士毅奏。又見宮中檔乾隆朝奏摺第五十八輯第四八八頁，及本書第四章第五節查抄標的物，一之(四)當出之物。

註一七〇　宮中檔乾隆朝奏摺第五十四輯第一〇一頁，乾隆四十七年十一月二十四日陝甘總督李侍堯奏。

註一七一　乾隆朝軍機處檔第七二二〇號，乾隆十六年九月初十日戶部侍郎兆惠奏。又乾隆四十五年查辦已故大學士于敏中妾張氏財物之清單上列有「元狐端罩一件」其下註云：「此係賞給應繳還」，但並未提及交那一機關。見軍機處檔第二七七四〇號附件，英廉奏。

註一七二　宮中檔乾隆朝奏摺第四十四輯第一二二頁，乾隆四十七年十一月二十五日王進泰、富勒渾奏。

註一七三　宮中檔乾隆朝奏摺第十八輯第一三八頁，乾隆二十八年六月十日輔德奏。

註一七四　乾隆朝軍機處檔第三四〇〇五號江南安徽等處承宣布政、提刑按察使司造清冊。

註一七五　宮中檔乾隆朝奏摺第四十四輯第四九五頁，乾隆四十三年八月十日；四十六輯第二一〇頁，同年十二月十八日阿彌達、楊魁等奏。

註一七六　宮中檔乾隆朝奏摺第十八輯第一三八頁，乾隆二十八年六月十日湖北巡撫輔德奏。

註一七七　清代行鹽有許多專門辭彙。清史稿卷一二九「食貨志四」云：「引商有專賣域，謂之引地。當始認時費不貲，故承爲世業，謂之引窩。後或售與承運者。買單謂之窩，單價謂之窩價。」引窩或稱根窩，是在一定的引地擁有販賣一定額引之鹽的權利。後來引窩漸爲豪商所獨占，由其子孫繼承。但是要販賣官鹽必有引窩以爲販賣證，因此販運官鹽的商人便須購買或租借引窩才能行得通。（見佐伯富著（清代鹽政の研究）八四頁，京大東洋史研會究發行）運商必先向有根窩之家買硃單，然後持赴鹽運司納課，取得鹽引。鹽引是鹽商持以向鹽場領取官鹽，以便販賣的證件。（佐伯前引書八五、二九〇～二九一頁）引是指曬鹽池產鹽的單位。即是以輾數定產鹽之額。以長八寸、寬四寸之甎三百個鋪成之面積爲一引。後以甎大小標準不一，乃改一丈四方爲一引。（佐伯前引書三七頁）至於買鹽引，必先向運司登記引數，數年核對一次，底冊有名並引數相符者塡寫硃單鈐印，由運司付與商人收執。憑此硃單得以請引辦理，可知有根窩才能取得鹽引，才能領取官鹽販賣。本商有將自執根窩請運者，亦有分撥他商根窩請運者。這種情況由來已久，可是到了清末，有窩之家，不必自己行運，而將根窩輾轉售賣。且根窩漸成奇貨，單價幾倍蓰於正課，遂至買單行運之商，成本加重，鹽引滯銷，而私鹽猖獗。（清鹽法志卷一一四道光十一年九月條）

註一七八　宮中檔乾隆朝奏摺第四十九輯五六～五八頁，乾隆四十六年九月二十五日圖明阿奏。

註一七九　宮中檔乾隆朝奏摺第十八輯一三八頁，乾隆二十八年六月初十日護理河南巡撫印務布政使輔德奏。

註一八〇　宮中檔乾隆朝奏摺第十八輯三四四頁，乾隆二十八年七月三日湖廣總督李侍堯奏。

註一八一　乾隆朝軍機處檔第七二一〇號奏摺附件；第七四四四號奏摺。

註一八二　宮中檔乾隆朝奏摺第六十二輯三三二頁，乾隆五十一年十一月二十二日湖南巡撫浦霖奏。

註一八三　宮中檔乾隆朝奏摺第六十二輯四一〇頁，乾隆五十一年十一月二十九日直隸總督劉峩奏。

註一八四　宮中檔乾隆朝奏摺第十八輯四八〇頁，乾隆二十八年七月十六日兩江總督尹繼善奏。

註一八五　宮中檔乾隆朝奏摺第三十輯第一〇八頁，乾隆三十三年三月十七日雲貴總督阿里袞、雲南巡撫鄂寧奏。

註一八六　宮中檔乾隆朝奏摺第三十一輯第二八九頁，乾隆三十三年七月九日廣西巡撫鄂寶奏。

註一八七　宮中檔乾隆朝奏摺第四十八輯五三五頁，乾隆四十六年八月二十一日直隸總督袁守侗奏，查抄王亶望之小廝與長隨共四名在旅店行李時之處理。

註一八八　見清高宗實錄第四四七卷一五頁，乾隆十八年九月甲戌；第四四八卷一六頁同年十月丁亥諭。

註一八九　宮中檔乾隆朝奏摺第五十一輯七一七頁，乾隆四十七年五月十五日福長安奏，抄索諾穆策凌及其家人。

註一九〇　乾隆軍機處檔第四六四七九號，乾隆五十五年十一月二三日浙江巡撫福崧奏。

第六章　查抄清冊

第一節　清代查抄物品清冊之種類及其製造

一個國家爲處理財政問題，首須掌握所有財產狀況，其基本步驟莫過於製造財產總冊，分別記錄收支實況。清代自是難免。以各省財政來說，造冊爲一省奏銷之所依據，必須確實以免舞弊，督撫須負責嚴格監督，如有舛錯遺漏，督撫以下各級地方官都難辭其咎。抄案之造冊亦不例外。然而清會典事例對一般奏銷事件之造冊規定雖然繁瑣仔細，（註一）卻未載有關查抄案件之造冊規定。就像福惠全書卷二十「籍沒家產」也僅載「其財產于盤查時先立印冊」，將抄物「各項件數點明登冊，所有櫃櫃箱匣之物，有鎖者，先將櫃櫥等數註冊。方開點某櫥，某某物件，某箱某某物件，仍于各櫥各箱內存一細單，須照冊比對明白，勿致遺錯，另加封鎖，聽候上行，或入官變賣，或告捕充賞，不得徜役輩暗攜私竊。」其實查抄清冊種類很多，製造手續繁瑣，並須動員督撫、藩臬、州縣等各級地方官謹愼且精確地製造。

軍機處檔案中保留部分有關查抄冊籍的較詳細資料，可以從中看到當時製造查抄冊籍之繁瑣，非會典事例對一般奏銷事件等之造冊規定內容所能比。本文主要是依據軍機處檔案中之有關查抄案之清冊、清單等資料，試圖將其製造實況予以復元。

一、查抄物品清冊之種類

處理查抄物品，必須依據查抄清冊。清冊記錄抄物內容，犯人財產總數。清冊是細冊，所有查抄物品巨細靡遺都須記錄在上，非日理萬機的皇帝所能從頭看到尾，因此細冊造好後，必須另外製造簡明清單一分奏聞，以供皇帝瞭解抄物內容。至於細冊則必另謄若干分，分別咨送相關各部及軍機處或其他省分，以便處理。因此清冊的製造很重要。

以乾隆時代爲例，每件查抄案從開始執行查抄到結案爲止，其間處理查抄物品的過程必須經過數個步驟，每一步驟都須製造一種清冊。這些清冊包含一、底冊：開始查抄時，即須隨抄隨將抄物登錄在冊，完成的便是底冊；二、總清冊：根據底冊按抄物內容分門別類謄造而成，也稱細冊；三、解冊：清冊製造之同時須將抄物加以分類，即分別解京之物與留變物。解京物又包含解內務府與崇文門，有時還包含軍機處與戶部等，均須分別製造清冊，將來這些清冊即附在解京物內一起解京，以爲解物內容與數目之憑籍；四、估價清冊：留變物係留在地方就地估變之物，必須在地方估價，每件抄物都須將估價詳載冊籍之上，稱爲估價清冊，簡稱估冊。這種清冊必須製造一式數分，以便咨送相關之戶部、工部、刑部及軍機處等；五、估變後之銀兩清冊：抄物在地方估變後所得銀兩，乾隆早期都解內務府，四十年代後也有解戶部或留爲地方公用的。不管如何都須另製銀兩清冊。如果銀兩解內務府或戶部，則清冊必隨銀兩一起解京，如果是解內務府仍須以同樣清冊一分咨送戶部；如果變賣所得銀兩是奉諭留做地方公事用，或解他省做爲賠抵虧項用，均須另造同樣清冊一分咨送戶部；六、清單：除上述各種清冊之外，每一處理過程都須另外製造簡明清單具奏呈給皇帝閱覽，叫清單。

二、清冊之製造

清冊之製造，由各級地方官分層負責。原則上州縣負責第一關的抄物登錄，製造底冊，留一分備考，以一分經道府審查後，轉呈藩臬二司之一。藩臬二司再據此製造分類細冊（有時由州縣製造）一式數分，留一分備考餘呈督撫轉交相關之戶工二部或軍機處等。督撫並據以另造簡明總清單，具摺奏聞。至於估冊，則道府、藩臬、督撫都須負核估審查之責。

清冊的製造人，其官階往往與被抄的犯官的官階成正比，一般小官吏犯法，由知縣執行即可，如果犯官是藩臬兩司以上乃至督撫等地方大員時，從事抄物登冊及分類工作的職官，其職位也相對提高。除非人手不足，仍由州縣先行登冊外，一般都是由道員以上乃至藩臬負責執行底冊之登錄及分類清冊之製造。至於造冊時限雖無硬性規定，負責執行查抄的官員都能盡量爭取時間，迅速製造。

例如乾隆四十六年查抄浙江巡撫王亶望時是由道員王站柱負責製造底冊。但是案情嚴重，皇帝特別關心，且犯官財物過多時，爲爭取時間，也有由多數人員按抄物類別分擔製造底冊的。例見乾隆四十七年查抄革職閩浙總督陳輝祖在浙江任所貲財時。陳輝祖以負責查抄王亶望貲財時，竟將王亶望入官物中之黃金以自己銀兩抵兌，復將入官玉器之佳者抽換以較差之玉器，並將字畫若干幅據爲已有，因而查抄。（註二）因爲案情特殊，乾隆皇帝急著要看陳輝祖抽換的究竟是何等玉器與字畫，另一方面陳輝祖的財物數量太多，非少數工作人員短時間可查抄完畢，因此負責執行查抄工作之杭州將軍王進泰乃在奏摺中表明，不敢假手他人，要親自執行查抄，並將抄出之入官物分項、分別派人負責查驗登記的工作，以免爲日過遲，易致弊混。他的辦法是一、金銀數目及金銀器皿首飾等項由布政使盛住秤驗登記；二、玉器、古玩、書畫等另貯一處由前署按察使德克進布查驗登記；三、皮棉單夾衣服由按察使王杲逐件查驗登記；四、綢緞、尺頭、絹布等派糧道王廷爕逐件查記；五、下剩各色皮張、皮箱以及粗重零星銅錫器皿、雜項等派湖州府知府善泰查驗登記。均責令親身帶員，一手經理。而王進泰則每日前往一體稽察照料，總期無遺漏。俟該員等俱各查明，令各造印冊一本，交布政使盛住核明彙造總冊送王進泰。等王進泰查對明白，一面繕寫黃冊呈覽，一面著手將各項物件分別出解京物與留變物，另行處理。（註三）由上知道王進泰處理陳輝祖入官物，是將抄物分爲五類，分別各派一人主持查驗登記，因此造成的底冊就有五種。主持人至少各留底冊一本，另造印冊一本，交布政使盛住核明彙造總冊。在此盛住彙造的總冊已經不是草冊，而是完整的清冊了。如此由地方高級官員分工合作，自然可以迅速完成。

造冊最須注意的是正確。必須謹愼小心，尤其查抄之銀兩數目記載不能有誤，少了固然要受處分，寫多了就得賠補以足其數，且還得自請議處。事見於乾隆四十六年時。兩淮鹽政圖明阿查辦已參革浙江巡撫王亶望家人卞樹、卞松家貲，實共銀一萬九千餘兩，然而在開報時，未能明晰，以致多開銀九千餘兩，因此上奏，請自行賠繳，并交內務府議處。對於此，乾隆皇帝降諭旨說：「該鹽政于造報細數，未能分晰清楚，以至多開銀數。今圖明阿既請分年賠繳，所有該鹽政自請議處之處，著加恩寬免，將此諭令知之。」（註四）當總管內務府大臣尚書福隆安與和珅將此諭旨傳達給圖明阿後，圖明阿立即上奏謝恩云：歲內應繳銀兩即當料理呈交。（註五）

不過雖然造冊所列數字有錯，將受處分，但多開或漏報實所難免，只要數字不是相差太多，且能儘速改正再上奏摺，仍可補救，不一定要自請罰賠。例見乾隆三十五年三月十六日兩江總督高晉查抄湖南巡撫方世儁原籍財產的奏摺上。其文說：「方世儁原籍桐城莊田六處，前據布政使兼署臬司范宜賓督同府縣查有額租二千四百十二石，今又嚴飭逐細確查，內有多開額租六升，漏報小租十二石，統計莊田六處，實共田塘五百六十畝零，隨田瓦草莊房三百二十間，額租二千二百五十三石九斗四升。」對此奏摺，乾隆皇帝並未有任何處罰當事人的諭旨。（註六）

估冊往往由州縣等先行發估製造，再經道府及藩臬二司核估。此時藩臬如認爲估價太輕或太重，須飭令重估。藩臬二司不該就估冊擅自增減估價後另造估冊；同時如果在飭令州縣重估後有補造估冊增減銀兩，致先後估冊內容有互異的情況，藩臬等官在加印申送時必須聲明，否則一旦查出，必受處罰。例見乾隆四十六年查抄浙江巡撫王亶望時，因估冊二分前後估價互異，欽差阿桂等乃審訊造冊之王士澣等，結果供稱上年初次造具估冊，本係按照底冊名色繕寫草冊發估，因藩司國棟嫌估價太輕，自行加添，未免過多。後來仁和等兩縣要求王士澣等回明新任藩司盛住減去銀四千餘兩，由知府王士澣、楊仁譽補造估冊，至先後估冊二分內容互異。盛住終以未將估冊刪減之事在奏摺中聲敘，結果乾隆皇帝令傳旨嚴行申飭，並令其切實另行議罪，明白回奏。盛住只好自請罰銀三萬兩，分限三年解繳

內務府。最後乾隆皇帝在其奏摺上硃批「再罰一萬亦足蔽辜矣」。(註七)
茲將各種查抄財產相關之冊籍、清單分項說明於後。

第二節　底冊、供單與甘結及府縣印結

一、底冊

底冊是查抄財產時的最根本冊籍。也是所有冊籍中最重要的一種。第一，抄物登冊時，每件設一個號碼，故編號可達百千以上，因是巨細靡遺，所以可由此瞭解犯官的整個財產內容，掌握其財產總數，以利處理。

第二，底冊只是草冊，在查抄工作完成後，還須根據底冊以分析歸類，整理清冊，並分別選擇解京物與留變物，以便憑以製造解京物之解冊與留變物之估冊。將來如果對解京物之內容有疑問，便可再調出底冊與解京冊兩相比對，從而可以發現執行查抄之官員是否有偷盜已抄入官物之行為。此情形在第五章第二節三之㈠「解京物之挑選及其實例」一項中已經提及。閩浙總督陳輝祖將查抄王亶望入官物中之好玉器及字畫偷換入己一事，其舞弊實情即是由王亶望查抄物之底冊與解京物之進呈冊兩相比對結果發現的。原來底冊內有「金葉一包重九十七兩，金錠八百九十兩，金條九百四十兩，又金葉九百四十兩，又金錠一千八百八十一兩，共四千七百四十八兩」，而解交內務府進呈冊內並無此項金兩，但多列銀七萬三千五百九十四兩，可見係將金易銀。又底冊內有「玉山子一件，玉瓶一件，玉壽

山一件」也不見於解內務府的進呈冊內，而進呈冊內則新加了「松兒朝珠一盤，蜜蠟朝珠一盤，玉筆架一件，玉筆洗一件，玉搘頭一件，玉花插一件，玉螭佩一件，小玉獸面一件，玉太平有象一件。」由此證實了陳輝祖對王亶望入官財物有抽換那掩情弊，奉命調查本案之杭州將軍王進泰與浙江布政使盛住認爲金玉朝珠既有易換之弊，其餘衣服綢緞并在外變價物件抽匿正恐不少，復就王站柱原抄底冊與咨送內務府、崇文門暨外變各冊悉心核對。發現尚有底冊開載之物而解京及外變各冊內並無造入者計一百宗，有底冊所無而解京及外變各冊內造入者八十九宗，名色不等者二宗。因此王進泰等認爲執行查抄王亶望貲財的各委員，顯然在當時即有心抽匿抵換，只因不及改造底冊以致破綻畢露。於是乾隆皇帝命令積極嚴訊，終於發現是總督陳輝祖以下到知府楊仁譽、王士瀚、高模等上下官員通同舞弊的結果，陳輝祖因而得罪賜死。（註八）凡此都是因有底冊備查才能辦到的事，可見其重要性。當然執行查抄官員如果有心偷盜，且有充裕的時間上下通同舞弊，連底冊也改造得失去原本面貌，最後或許也就無從查出眞相，那已經是屬於完整的預謀，使底冊可信度喪失殆盡，失去做爲根本查抄資料的功用與意義，則另當別論。

第三、底冊的另一個重要處是將來給還抄產時做爲唯一的憑籍。在查抄財產之後，如判定無罪，或罪不致抄產，或皇帝特別開恩免其抄產入官時，都須給還所抄之產。此時即須根據查封底冊爲準，一一點明交還。

例如乾隆四十三年浙江巡撫奉命將原任杭州織造福海查封任所貲財什物給還時，以福海原屬內務府之人，乃咨明內務府轉飭福海專遣家屬到浙具領。結果內務府給文令福海家人陳玉、保兒到浙領回。浙江省則由署布政使徐恕、按察使國棟將前封一應財物面同照冊逐件點交收領，並不假手胥吏，以免有絲毫抽換缺少等事。然後再由巡撫將結果咨明內務府並將遵旨給還緣由奏聞。（註九）另一個例子見於乾隆二十九年查封賴宏典江西省原籍家產時。依律，其罪應緣坐父及兄弟，並查封其父、弟之產。結果皇帝認爲罪在該犯，不必抄及父與弟之財產。於是負責執行本案抄產工作之江西巡撫輔德乃遵旨釋放其父與弟，並將賴宏典父親之產，依其子媳四房按俗例均分爲四股，只抄賴宏典該分之一股入官，其餘則敬宣恩旨發還賴宏典之父領回。仍遴員前往協同府縣照依查造之冊，逐一點還，以免胥役掯留侵漁滋弊。（註一〇）在此給還財產所依據的「查造之冊」即是底冊。

第四，底冊造好後，負責查抄之督撫還須令藩臬二司據此製造清冊，咨行犯官任所或原籍或來咨各省督撫查照，以便瞭解此外有無隱匿寄頓，以利徹底查清犯官財產。（註一一）也就是說，底冊是用以製造呈覽的清單以及咨行相關各部省清冊的根據，便於皇帝及相關各單位掌握內容，利於處理整個案件。（註一二）這是底冊另一個重要之處。

以上說明的是底冊的重要，也可說是底冊的功用。於後文則介紹底冊的製造。

第一節已經提及，執行製造查抄底冊的人，其身分往往與被查抄人的職位高低成正比。不過常見的是由各犯官財物所在地之府縣，在藩臬兩司或道員監督之下，率領佐雜公同登記，登記之前，須先將所有查抄之物集中一處，就查抄之地略作分類，隨手封記。也有將田房及笨重之物交所在之縣經管看守，把其餘一切物件整個提解至省城，由藩臬兩司逐細檢查，製造底冊的。（註一三）這種情形常見於犯官職位較高的抄案，或是截抄旅途上的犯人隨身物的處理時。初步登錄工作非常繁瑣，爲講究效率，並免抄物被挪移舞弊，督撫在查抄之時會先將箱匣固封，又將零散物件聚放一屋，將門固封後才逐箱開看，按件記冊。（註一四）記冊必須按件編號登記，巨細靡遺。例如乾隆四十六年南陽府通判李予申以管解甘餉被水沖失銀鞘，須要賠補，因而查封任所貲財，即將其貲財衣物編號交南陽縣照冊點收貯庫。（註一五）又乾隆五十二年查抄臺灣知府孫景燧家產時，於浙江省截拏其長子攜帶眷屬船隻，共抄出所有大小箱籠三十六號，將其內各物一一編號，秤重、計數註記。（註一六）除編號之外，還必須注意各種財物有不同的登記手續。例如金銀首飾必須註明重量，玉器珠寶也須註明觔量顆粒塊數，以憑查對。例見前引截抄孫景燧長子眷屬船隻時。據浙江巡撫琅玕的奏摺，其內容是「金葉、金條、金錠計重四百二十二兩；銀一千二百三十一兩；大小洋錢一百七十四圓，重一百零三兩；金首飾重一百零四兩，內金簪嵌珠一顆重五分七釐，珠串二掛二百一十六粒，連珊瑚金豆等共重一兩八錢六分；珠六十二粒，重一兩一錢六分，細珠重六兩二錢；銀首飾酒杯重四十五兩六錢五分；制錢二千二百文」等。本奏摺所列是總數，是由底冊所列每一件重量加成，雖然目前我們沒有底冊原件可以比對，至少可以想像這些金葉、金條、金錠等決不是只有單件，在此所列數字當是由複數的計量累加而成的。（註一七）衣服要註明衣料，新舊；布匹要註明長短；田地註明畝數；房屋註明間數；價買家人、僱工等俱須登注年貌。（註一八）不過抄產在無情中仍留一點人情。被抄之家人還須生活，因此敝敗衣服被褥及婦女鞋襪食物等件則不用錄記，仍給其家使用，（註一九）但必在奏摺中申明。

抄物的登錄，除講求正確外，還須迅速，以免日久滋弊。（註二〇）因此分類談不上精確，字蹟也未必能講求工整。這樣抄錄完成的初稿就是底冊，也稱草冊。將來督撫還須據此命藩臬二司製造清冊，以便咨行戶部及刑部等相關各部及軍機處，並另製簡明總清單呈上皇帝供御覽。因此底冊登錄完畢後，即須製造一式三分：製造人留一分備考，餘二分中一分詳送藩司，以便另造細冊，一分由藩司轉呈巡撫或總督以便查核。（註二一）

督撫查核時，還須對照實物，尤其是重要的抄物如金銀、玉玩珠寶等。因此有些抄物，特別是初步登錄時判斷可以解京之貴重物品都須先提解至省城。在此先說明底冊造成後的抄物處理。查封目的原有兩種情況，一是案情未定，爲恐定案之前隱匿財產，所以先行查封，這種情況在底冊造好後，大半就地封貯，由州縣派人看管，有時則移往縣庫封貯，以免挪移隱藏，將來視確定入官與否再進一步分別解京與留變的處理，如果無罪，仍須退還所抄之物。如果查抄之時已經確定財產要入官，則登冊之時即須同時做好分類，挑出堪以解京之物，在登冊之後，將決定留變之物移往縣庫封貯，其餘挑出堪解京城之較貴重之物均須與底冊等一併提解至省城，由藩臬二司（或其中之一）製造總細冊呈給督撫，督撫再查對底冊，確定總細冊的內容無誤，便可謄造總細冊，以便咨送戶部等相關各部及軍機處。底冊雖然由知縣製造，但解京物的挑選，往往是府道或藩臬參與決定，總細冊之製造則都由藩臬等執行。（註二二）

在較特殊的情況之下，底冊也有只製造兩件的。例見乾隆十三年查抄原湖廣總督塞楞額任所貲財時，由欽差鄂實與湖北巡撫彭樹葵執行。結果製造細冊兩份，一由鄂實齎帶返京，一存彭樹葵衙門備案。在此，細冊同時也是底冊。原是在欽差與巡撫親自監視之下製造，故地方只留一分在巡撫衙門備案即可。（註二三）

又有底冊依抄物內容分別製成數種分類底冊，再由專人彙編成總底冊的。例見前引王進泰於乾隆四十七年查抄閩浙總督陳輝祖任所貲財時所採的方法。共分爲五類，即一、金銀及金銀器皿首飾等項；二、玉器、古玩、書畫；三、皮棉單夾衣服；四、綢緞、尺頭、絹布；五、下剩各色皮張、皮箱以及粗重零星銅錫器皿、雜項。以上五類分由五人各造底冊一本，再由布政使一人核明彙造總冊送王進泰。（註二四）本例因爲一開始就分類分別製造底冊，所以經專人核明後彙造成的總冊，除了仍具底冊性質外，實際上已經是完整的清冊了。不過在登錄期間須隨時將進度奏聞。比如本案，王進泰在登冊之間先後六日曾上奏五摺，可見其次數之密，及重視的程度。

二、供單與甘結

在底冊製造期間，還須同時調查被抄之家有無隱匿財物，必須訊得鄰佑親屬人等口供，並各取得無隱匿寄頓等證明，如有願受處分的甘結後，再加具各該縣的印結，證明委無捏飾，連同底冊一起送交藩司（或臬司）轉呈督撫核辦。（註二五）一般口供不一定呈覽，但重要案情，經由督撫等審訊人犯的口供則須謄寫呈覽。至於鄰佑、親屬等甘結因不呈覽，軍機處檔及宮中檔中均無此資料，今只舉乾隆四十八年廣西巡撫孫士毅審訊永安州革職知州葉道和爲例，以介紹其口供之內容與書寫之大概格式。葉道和因受賄，主使幕友於科場代倩傳遞文字，事發抄家。他和他的家人有關無隱匿貲財之口供如後。

供單

問據葉道和供犯官永安州缺原屬清苦入不
敷出是以歷年將衣物典質添湊日用所有
資財物件除查封之外並無絲毫隱匿寄頓
已將當票拾貳張呈出共當本一千一百九
十八兩内中當票背面寫龍字的是向同鄉
周天佐借來的因他號叫龍甫故寫龍字作
爲記認女人向無値錢衣飾如果衣飾値錢
犯官這樣清苦連同鄉的衣服都借來當豈
有自己女人的衣飾反不當賣呢去年犯官
兩次借過典舖李德茂銀玖百兩原係相好
並無字約亦未講定利息今年夏間因從前
借欠同鄉横州方知州銀壹千壹百零玖兩
肆錢催迫緊急無從設措又向李德茂借銀
壹千壹百兩李德茂因前欠未還說定此次
續借銀兩不過暫那幾日即要歸還犯官借
後無從措還只得將周天佐託銷賣的銅器
肆件催生石朝珠壹掛滇玉朝珠壹掛催生

石佛頭壹副滇玉佛頭壹副玉杯壹隻條金貳拾捌兩捌錢原想全抵還李德茂的欠項李德茂嫌東西平常抵不得貳千銀子就把這些物件留在李德茂處暫抵銀壹千壹百兩那前借銀玖百兩約另措銀還他又今年五月間犯官陡發吐血病症急需參藥調理又無銀錢只得向廣西放債的山西人李榮宗借七扣銀玖百兩實得銀陸百參拾兩後因衙署缺用又將衣服綢綾並湊了眾長隨的皮衣幾件交長隨劉元赴橫州當舖押銀參百兩未經立票所有衣物件數記憶不清求問劉元就知道了七月間奉調來省承辦科場內供給只留了柒拾兩銀子家用今經四月想已用完那裡還有餘貲現在跟隨的都是長隨並無契買家人只有兩個婢女叫聯廣聯發是在南寧府買來使用的李榮宗的銀兩是六月初三日借的原訂九月間歸

還至期無銀還他十月間李榮宗就將利作本勒令犯官另寫壹千貳百兩借約訂期本年十二月如不歸還就要轉票那原立玖百兩借票掣銷了犯官若有餘貲藏匿那肯被李榮宗重利盤剝又借周天佐東西抵當呢求詳情

詰問查抄出各當票你於去年當過四票共銀玖百玖拾叁兩本年當過八票共銀貳百零伍兩又先後借李德茂銀貳千兩李榮宗七扣銀玖百兩又在橫州押銀叁百兩你做官承辦公事原有應得廉俸何必又當借這許多銀子究竟因何事花用了

據供犯官隨任家口本多衣服日食費用不少又任所離原籍不遠窮苦親友常來署內告求幫助犯官年輕臉薄不能謝絕俸廉只夠辦公所以就當借這些銀子實無別項花用

問據李德茂供商人開設德茂當鋪與葉知州

素來認識去年葉知州兩次來向商人借過
玖百銀子並未立約亦無利息今年夏間又
來借銀壹千壹百兩說要還橫州方知州的
也沒立約講利後來商人因前欠未還又來
借銀說定不過暫借幾日即要還的葉知州
因商人催討數次他就拏了銅器肆件催生
石朝珠壹掛滇玉朝珠壹掛催生石佛頭壹
副滇玉佛頭壹副玉杯壹隻條金貳拾捌兩
捌錢來商人處抵還借項商人看這些東西
都是平常的值不得貳千銀子不肯抵兌他
說暫抵還銀壹千壹百兩餘俟措銀再還如
今蒙抄出存單查起各物商人資本有限求
給還本銀就是恩典了

問據劉元供小的跟葉家主有六年了小的在
永安管宅門永安缺苦家主用度不敷實沒
餘剩銀錢今年六月二十邊因署中缺用還
拏衣服及蟒袍並家人男女衣服約貳拾餘

件尺頭約十四五疋是小的拏到橫州向西昌當信押銀叁百兩拏回家用並沒有寫立票子也無利錢家主於七月間上省辦理供給銀錢衣服湊帶來省故此衙内沒有多餘銀錢存貯實無寄頓隱匿情事至於主母衣物首飾那好些的已陸續當賣了此外只有兩個契買丫頭若有別物隱寄今蒙嚴訊還敢不供自討重刑麼又今年五月間家主陡發吐血病症急需參藥調理只得向山西放債的客人李榮宗借七扣銀玖百兩實得陸百叁拾兩約九月歸還至期無銀還他十月間李榮宗將利作本勒令家主另寫壹千貳百兩借票將原票掣銷訂期本年十二月如無銀歸還又要轉票家主若果有餘貲藏匿焉肯被李榮宗重利盤剝呢現有李榮宗可對質的求詳情

問據趙偉供家主缺分清苦歷年尚且欠債此

時尚有索債之人在署催逼不能清還所有
一切衣物等項除現在查封之外餘俱典押
各當此外實無寄頓隱匿如有情弊查出願
甘治罪

（乾隆朝軍機處檔第三五〇一二號附件二，廣西巡撫孫士毅奏，乾隆四十八年十二月初二日奏，十七日奉

硃批覽。）

三、府縣具「無隱匿寄頓」印結

鄰佑、親友等甘結因不呈覽，故軍機處及宮中檔中並無此資料可提供參考。至於府縣在造好底冊後所加具的「實無隱匿寄頓」印結，一般也是與底冊和藩臬兩司所造清冊或分類冊等一起呈給督撫查核即可，並不呈給皇帝，只有情況特殊的偶有由督撫咨送軍機處的。因此這種資料並不多，今舉一例以供參考。乾隆四十七年直隸查明通省驛站耗羨項下虧短銀三十五萬餘兩，奉旨令歷任直隸各上司按數分賠歸款。其中現任山東布政使于易簡前在直隸知州任內應賠銀一萬五千兩，軍機處乃奉命知照山東巡撫催令布政使于易簡照數限兩年內完繳，並令解交直隸藩庫以清款項。可是于易簡未及完繳旋即奉旨革任查抄。無論山東歷任之任所、住所及原籍江蘇省金壇縣資財既已查抄入官，實係家產盡絕，無力完直隸省此項銀兩，因此于易簡家屬請求豁免。清代規定，家產盡絕，無力完帑，只要有任所，原籍就近各府縣具結證明家產盡絕且無絲毫隱匿寄頓的話，均可免賠帑項虧空。不過在此情形之下，

此人所欠賠項將轉嫁給其餘相關官員攤賠。也許事關其他官員權益，必須格外愼重處理，所以府縣所出具有關家產盡絕之印結須呈給軍機處備案。今日軍機處檔中保存有當日山東省咨送軍機處的三件完整的印結。（註二六）

第一件是青州府的印結，其文字印結內容兩行，年月日和知府署名一行，共三行，府印蓋在年月上，紙張長四十九點五公分，寬三十一點二公分，寬對折，結文寫在右半邊，年月及知府署名在左半，其文如後：

青州府今於
與印結爲知照事依奉結得前任青州府于易簡任内並無隱寄資財情弊印結是實

乾隆肆拾捌年　　月　　日知府徐湘※

（乾隆軍機處檔第三二五九九號）

第二件是濟南府歷城縣的印結，證明于易簡在濟南府運司臬司藩司三任內均無隱匿資財。印結文字也是三行，縣印蓋在年月上，紙張長四十九點六公分，寬三十二公分，寬對折，結文寫在右半邊，年月及知縣署名在左半，其文如後：

濟南府歷城縣今於
與印結爲知照事依奉結得前任布政司于　歷過濟南府運司臬司藩司各任內委無隱匿寄頓

資財印結是實

乾隆肆拾捌年叁月　　日知縣張方理※

（乾隆朝軍機處檔第三二六〇〇號）

〔圖版一〕

第三件是濟南府在收到前述歷城縣印結後，另行加具的印結。文字共四行。府印蓋在年月上，紙張長四十八點四公分，寬三十二公分，寬對折，結文寫在右半邊，年月及知府署名在左半成一行，其文如後：

濟南府今於

與印結爲知照事依奉結據歷城縣結稱結得前任布政司于　歷過濟南府運司臬司藩司各任

內委無隱匿寄頓資財是實等情到府據此擬合加具印結是實

乾隆肆拾捌年　月　日知府莊鈞※

〔圖版一〕（乾隆朝軍機處檔第三二六〇一號）

以上三件印結的紙張背面，府縣均在其署名下方位置上（即各印結上所示符號※位置之背面）簽有花押。

第三節　總清冊與分類冊

查抄清冊可分廣義與狹義兩種。廣義包含所有清冊，連底冊在內。狹義指不含底冊的所有其他清冊而言。本節即就狹義的其他清冊作介紹。具體的說可以分總清冊與分類冊兩類。總清冊簡稱總冊，也稱細冊。有時也只稱清冊，如此則須從文意才能分辨究指何種清冊。查抄時必須將所有抄物內容造冊咨報戶刑諸部或內務府、軍機處及相關各省。這種冊籍係根據前文所提底冊製造而成。底冊又稱草冊，書寫未必工整，對抄物內容的分類亦未必精細，因此在製造清冊時還須稍加整理，甚至須核對實物後才謄造。至於分類冊則含解京冊與留變物冊，須將抄物先挑選出解京物，製造解京冊，又簡稱解冊；所餘之物須留在地方變賣，據此所造清冊就叫留變物清冊，或留變物冊。總清冊與分類冊之製造，一般須同時進行。不過可因案件或造冊人而有些微差別。今將其製造過程合併敘述於後。

一、總清冊及分類冊之製造

㈠**抄物總清冊**：根據底冊製造，內容與底冊幾乎完全一樣，只是前後排列順序或稍有不同而已。當知縣等將底冊造好後，必須謄寫一式三分，一分自己留做備考，一分呈藩臬兩司（或其中之一），一分經藩臬兩司轉呈督撫（一般是巡撫）用以核對抄物內容。此時比較重要的細軟等堪以解京之抄物也須一起提解到省城。其餘田房及笨重破舊抄物往往仍留在該縣看管。藩臬兩司（有時是道員）在收到知縣轉來的底冊及抄物後，即須將兩者加以對照，並分類整理後謄造總清冊，至少一式二分。一備查，一與底冊一分及由縣同時送來之犯人家屬等之口供，及親戚、鄰佑證明「除抄出之外別無隱匿，如有願受處罰」之甘結，及知縣證明內容「委無揑飾」之印結一併呈送督撫（一般是巡撫），一般稱此手續爲「造具冊結，取具確實供情，送巡撫。」（註二七）督撫收到後，即將清冊與底冊逐件核對，無誤，還須提驗留變物，查看有無堪解京之佳物遺漏，然後才令兩司謄造清冊一式數分咨送戶刑各部及內務府、軍機處等備查考。如果爲抵賠犯官虧項而查抄其原籍財產，則其原籍巡撫在抄出其財物之後，仍須多造查抄總清冊一分，咨行犯官原任有虧項待補之省，並在抄物估變後，將所得之銀兩移解該省抵項。（註二八）如果是鹽政、織造等專屬內務府之犯官，其抄物總清冊止造二分，一備考，一呈內務府即可。（註二九）

總清冊之內容，一般按解京物與留變物之順序排列。至於物品內容，仍須分項、按件詳列名稱，並註明尺寸、大小、重量、數目、完缺、新舊、顏色等具體狀況，一如底冊。如有底冊製造時尚未發現而在清冊製造之前發現之物亦必列入清冊，並由督撫於奏摺中另作申明。

㈡**先造分類冊、後造總清冊**：分類冊製造之先，須將抄物分成解京物與留變物兩類，然後才據以分別造冊。查抄之初，當底冊造好後，往往將細軟等値錢之物一併解省城，備解京用。其餘破舊粗重物留在該縣與田房一起估變，就是留變物。解省城之物，一般是與底冊一起解藩司，由藩臬二司查對底冊後認爲無誤，即可參照底冊製造解京物之解冊。有時督撫也一起參與挑選堪以解京之物，監督解冊之製造。解京物的挑選也很愼重，有些督撫將解京物整個解內務府，則只須製造解冊一種，叫「解內務府清冊」；有些則整個解崇文門，製造的解冊叫「解崇文門清冊」；但也有將解京物再分成解內務府專供呈覽用（或美其名叫「備皇帝賞賜臣工用」）及解崇文門，由崇文門估變的，此時則須分別製造「解內務府清冊」與「解崇文門清冊」兩種。有時抄物中如有御賜之物，則又須單獨另做一解冊，與解物一起解軍機處。留變物須先製造留變物清冊，然後再據此做一留變物草冊以便估價用。這些解冊與留變物清冊都是細冊，與前項所述總清冊一樣都須將入官物按件分別記載，並附註重量、數目、顆粒、尺寸、顏色等具體資料。但是分類冊造好之後仍須另謄總冊，即將分類冊內容依解京留變之順序合併，謄爲總冊，（也有不分解京，留變之序，混合登記的，不過仍須注明何者是留變物。）也叫細冊以便咨送戶、刑各部及軍機處等相關機構用。例如乾隆四十六年查抄革職浙江巡撫王亶望原籍山西財產時，即將房地交地方官經管看守，其餘一切物件提解到省城，由巡撫督同藩臬兩司逐細檢查，由兩司分立檔冊，在此就是將清冊分立爲解冊（解內務府）與留變物之清冊（據此另造估冊）。（註三〇）

例之二，見乾隆四十六年查抄私玉犯張鸞（鑾）山西家財時，由右玉縣將抄物分造兩種清冊。一冊內容是銀玉金珠皮張等，須解內務府，這是清冊也是解冊，這種清冊只要製造二分，一備考，一解內務府；另一冊即將解京物以外之什物與房屋一併造成留變物清冊。這種清冊還須另造一冊以備記載估價，成爲估冊。兩種清冊造好後又據以彙造總細冊用以咨送戶刑二部及軍機處。（註三一）

㈢**分類冊，共造三種後再造總冊**：例之一見乾隆四十六年山西省查抄康基淵原籍財產時，先分立檔冊為三種，即一、應解京之物；二、應留在地方變價之物；三、應追數目（如各處店業貲本、借貸出去之銀錢等）等，並由兩司另將三種分冊彙造成總清冊咨送軍機處暨戶刑二部查核。（註三二）在此有「應追數目」一種，將來追齊後所得之銀仍須解京，則還須另行製造解冊。留在地方變價之物在估變後所得之銀亦一樣須另造解冊解京。

例之二，見乾隆四十六年河南省查抄程棟原籍財產時，將衣飾等項提解至省，交藩司核明，分晰解京、留豫估變外，出借銀錢即行追繳，雜糧房地委員確估、變價，以上分別製造解冊、留變物冊與估價冊等，並另造細冊送部。其最後所提細冊即總清冊。（註三三）

㈣**只造分類冊，未造總清冊**：本來任何查抄案都須按抄物的處理過程製造底冊、總清冊、分類冊（含解冊、留變物冊、估價冊等）。但是乾隆四十六、四十七年間浙江省查抄革職巡撫王亶望任所與住所貲財時卻只造「底冊」、「解冊」（含解內務府之進呈冊及解崇文門之清冊）及留變物之「外估冊」，並未另造總清冊。（註三四）

㈤**依抄物內容分類造冊**：分類冊除前述按解京、留變，製造解京物清冊與留變物清冊以外，還有一種是依抄物內容分類造冊。例如金子、玉器類；銅器類；衣物類；房地類等清冊。實際上，依物分類造冊是製造抄物清冊的最基本條件。無論總清冊，解冊或留變物清冊，估價清冊等，在書寫內容時均須按抄物內容如房地類；玉器類；銅器類；衣物類等歸類順序編造。有時不另造總冊，只要依類製造分類清冊，標明清楚，照樣可以代替總冊咨送戶工各部及軍機處等機關。尤其查封案件等尚待御旨處理時，可以分類冊奏聞。

以上各種分類清册，含解册、留變物清册與估册，將於後節舉例說明，於此先介紹總清册及物品分類册。

二、總清册與物品分類册實例

㈠**總清册**：至少須造三分，一送戶部，一送內務府，一存查。偶有只造二册，即一呈覽，一留地方備考的。例如乾隆十三年查抄革職湖廣總督塞楞額任所貲財時。當時製造的總清册一由欽差鄂實齎帶返京，一存湖北巡撫彭樹葵衙門備案。此例並不另謄清册咨部，亦未提及製造分類册，屬特列。但仍須另謄清摺（簡明總清單）呈覽。（註二三）到了乾隆中期以後清册數目漸漸增加，除戶部、內務府外有時也解刑、工等部及軍機處，則共須造五到六册。都在督撫監督之下由兩司製造。其中解戶刑工各部及內務府的，今日已不得見，唯軍機處檔中尚保存少部分可供參考。今即舉乾隆四十八年廣西省查抄因科場舞弊而革職之永安州知州葉道和任所及省寓貲財之清册爲例。據巡撫孫士毅咨軍機處文，其總清册共造五册，一存查，一與解京物一起解內務府，餘三件咨送軍機處、刑部及戶部。見軍機處檔第三五五三二號。（註三五）

葉道和貲財清册現存有兩件，一是應解及留變各物合列清册，也就是總册；一是破爛不堪衣物等項存留變價搭解清册，也就是留變物清册。於此只舉總册。（註三五）總册封面貼簽脫落，封面尺寸約爲寬二十一公分×長二十五公分。計封面及內容共四十二張。每頁騎縫下方蓋「廣西等處提刑按察使司兼管驛傳事印」印寬八・七公分×長八・七公分。內容分爲一、省寓物件；一、州署物件；一、當票（內分別記載各當起出典當衣物名色）；一、信押無票當物；一、暫抵當鋪無票之物。底頁寫年月日及布按兩司署名，蓋「廣西等處承宣布政使司之印」及「廣西等處提刑按察使司兼管驛傳事印」兩印以年月日一行爲界並列，右爲布政使司印，左爲按察使司印。布政使司印寬十・一公分×長十・一公分。其內容先列衣服，依次爲用具，金銀玉器等飾品、銀兩、銅器、磁器（銅磁器只寫總重量與件數）、婢女（寫名字並記年歲）。其內容解京物與留變物混合記載，並未特別分類，而是在留變物之下註明「留變價搭解」五個字以示區別。今每項僅舉數件以供參考。

署廣西布政使司
署廣西按察使司　爲造報事今將抄
封參革永安州知州葉道和任所
省寓衣物等項查明應解及留
變價各物理合列冊造報施行須至冊者

計開

一省寓物件

醬色緞面狐狖袍壹件

醬色寧紬面猸皮袍壹件

醬色呢夾袍壹件

……………

尼邊秋帽壹頂　留變價搭解

四轎壹乘青布夾圍楊木桿寶藍紬靠墊壹付　留變價搭解

九五色銀伍錠拾肆件重拾肆兩庫平

錢壹千捌百伍拾文　留換銀搭解

一州署物件

天青棉紗馬褂壹件

藍綾夾襖壹件

……

涼帽纓三頭

青緞襪壹雙　留變價搭解

緞靴五雙　留變價搭解

青緞襪貳雙　留變價搭解

棉襪五雙　留變價搭解

淡金手鐲壹對　重二兩九錢

金手鐲壹隻　重六錢

……

點翠銀蝴蝶壹枝上帶小珍珠四十五粒又假珠石十八粒連銀蝴蝶共重七錢二分
銀掛串壹對　上帶小珍珠壹百伍拾六粒連銀掛串共重六錢三分
鍍金鐲貳對　重五兩
⋯⋯⋯⋯
銀貳拾玖兩　庫平內花錢貳拾壹個色銀拾玖件小錠壹隻
錢拾千零肆百文　留換銀搭解
錫器共重貳百壹拾貳觔　留變價搭解
銅器共重陸拾貳觔　留變價搭解
磁器大小共壹百柒拾伍件　留變價搭解
婢女貳口
壹名聯慶年壹拾叁歲　留變價搭解
壹名聯發年拾伍歲　留變價搭解
一當票拾貳張共典本銀壹千壹百玖拾捌兩　衣物開後
萃豐當衣物
佛青緞棉褂壹件
紅青縐紬棉褂壹件
⋯⋯⋯⋯

土繭拾疋

以上衣物伍拾陸件土繭拾疋當銀肆百兩　有票

青緞壹疋

紅青春紬褂料叁件

……

棕色春紬袍料叁件

以上袍褂料拾叁件當銀叁拾伍兩　有票

駝絨寧紬猢鼠袍壹件　虫蛀

……

佛青宮紬狐腿皮褂壹件　虫蛀

以上衣物拾伍件當銀叁百叁拾兩　有票

醬色緞顧繡蟒袍料壹件

……

駝絨紗袍料壹件

以上衣料肆拾玖件當銀貳百貳拾捌兩　有票

寶藍寧紬狐腿皮袍壹件

……

佛青緞灰脊馬褂壹件　虫蛀
駝絨宮紬黑羊皮袍壹件
以上衣物伍件當銀陸拾兩　有票
紅錦百子圖被面壹床
綠錦褥面壹床
……………
寶藍羽緞兩截夾袍壹件
以上衣料拾件當銀貳拾陸兩　有票

兩益當物件

玉獅子壹個
玉昭文帶壹件
以上玉器貳件當銀貳拾兩　有票
珍珠壹粒　重五分長形不圓
以上壹票當銀拾伍兩　有票
淡金壹條　重肆兩玖錢庫平
以上壹票當銀肆拾陸兩　有票

廣聚當衣物

葛紗袍壹件

……………

紡紬壹疋

以上衣料柒件當銀拾兩　有票

庫灰狀元羅袍壹件

……………

葛紗袍壹件

庫灰顧繡蟒袍壹件

以上衣物拾捌件當銀貳拾伍兩　有票

中和當衣物

駝絨紗袍料壹件

青紗褂料壹件

以上衣料貳件當銀叁兩　有票

一信押横州典内銀叁百兩衣物開後　無票

醬色寧紬灰鼠皮袍壹件

……………

天青緞混狄皮馬褂壹件該犯前忘記係何皮子只註大毛皮今提到登明

……………

駝絨素緞袍料壹件　長壹丈肆尺

一暫抵李德茂典内銀壹千壹百兩物件開後　無票

銅象格鼎壹件　蓋有玉鼎壹個

銅提梁卣壹件　上玉魚壹個

……………

滇玉朝珠壹盤　催生石佛頭碧璽根大小墜背雲上寶石三塊碧璽根二塊墨晶記念叁拾個

……………

淡金陸條重貳拾捌兩捌錢　庫平剪驗金色係伍成

乾隆肆拾捌年拾貳月　日署廣西布政使杜　琮

按察使周廷俊

〔圖版二〕（軍機處檔第三五七〇〇號）

㈡**物品分類冊**：實例見乾隆四十五年山西省查封原任雲南巡撫已故裴宗錫原籍家產之處理方式。先因雲貴總督李侍堯婪贓應行抄沒。乾隆皇帝乃命令查辦雲貴兩省各屬虧空，並以裴宗錫曾任巡撫，應行著落分賠，皇帝恐伊家屬將現有貲財隱匿花費，因而降旨將伊家產查明存記。皇帝之意原是將來該省虧空銀數查明後，裴宗錫名下應賠若干即將伊家貲抵補，如有餘剩仍應歸還。然而山西巡撫雅德未領會帝意，不行「查明存記」，而派按察使袁守誠從嚴逕行查封，並造查封清冊奏聞。（註三六）

或許因爲這批財物如何處理，還有待帝旨決定，所以此時所造的是依物品內容分類造冊，而非總清冊。所造共有四冊，尺寸各約爲二十一公分×二十三公分。四冊形式一致，封面左上方貼白色簽紙，上寫冊名。簽紙尺寸寬同爲九點二公分，長則從九點八公分到十點二公分不一。簽上各分兩行書寫。右行同爲「山西等處提刑按察使司造送」左行則爲各分類物之總稱，如後文分類冊名。各簽下均蓋「山西等處提刑按察使司之印」，印尺寸爲七、五公分×七．五公分（註三六）。各冊每頁均在騎縫下方蓋「山西等處提刑按察使司之印」。每冊末頁中央寫「乾隆四十五年四月　日按察使袁守誠」諸字。並於「乾隆」兩字之下蓋「山西等處提刑按察使司之印」，表示清冊係由按察使袁守誠負責製造。各冊內容與一般查抄清冊之記載方式相同。今每冊均舉數例，並其冊名介紹於後。

1.「山西等處提刑按察使司造送查封原任雲南巡撫裴宗錫房地銀錢清冊」（軍機處檔第二六九〇六號）（內容共五張）

房地銀錢

計開

絳州東街安元坊壹宅兩院

東院

大門壹間

東門房貳小間

……………

以上大小房連披間茅房共壹百柒間

計開

曲沃縣大里村地畝

大里村地柒拾壹畝零伍厘

小南庄地壹拾叁畝

……………

以上共實地壹百捌拾壹畝壹分肆厘與曲

沃縣糧簿核對裴宗錫名下地壹百捌拾

壹畝壹分肆厘糧壹拾肆石伍斗伍升零

銀壹拾玖兩貳錢肆分叁厘相符

……………

現存銀錢

紋銀叁千陸百貳拾伍兩

制錢貳百叁拾陸千柒百零

右　　具

冊

乾隆肆拾伍年肆月　日按察使袁守誠

2.「山西等處提刑按察使司造送查封原任雲南巡撫裴宗錫御書單條清冊」（軍機處檔第二一六九〇七號）（內容共二張）

御賜

御書單條

對聯

百忍

久任詩捲

福字柒個

純一堂

清　愼　貳軸

陸宣公文集壹部

綠玉如意壹枝

……………

共叁拾肆件

右　具

冊

乾隆肆拾伍年肆月　　日按察使袁守誠

3.「山西等處提刑按察使司造送查封原任雲南巡撫裴宗錫玩器銅盆手爐錫台鐘碟盤碗棹椅床匱藥料字畫書籍零星物件曲沃縣大里村房內存貯字畫插屏棹椅器具清冊」（軍機處檔第二六九〇八號）（內容共三十二張）

雜項玩器

八寶飄帶壹條　寶石柒塊　荷包刀子全

鍍金鑲帶壹條　大松叁塊　刀子荷包全

鍍金鑲帶壹條　大碧霞璽參塊　荷包刀子全

舊玉扣帶壹條　玉環壹對玉鈎壹全　荷包刀子全

……

共玖拾柒樣

銅盆手爐

大小銅手爐共拾玖個

大小銅盆拾陸個

大小銅鏡拾玖個

……………

共重壹百零叁斤陸兩

共壹百伍拾玖件

錫燭台

大小錫壺共貳拾個

大小錫瓶共叁拾陸個

大小錫盒共貳拾伍個

……………

共壹百叁拾陸件

共重陸拾柒斤半

鐘碟盤碗

粗細磁茶鐘玖拾叁個

磁大小酒鐘拾玖個

蓋碗拾叁個

……………

共肆百捌拾貳件

棹椅床櫃

琴棹壹張
靠椅陸把
大小木床肆枝
……………
共壹百壹拾叁件
各色藥料
象牙肆支
肉桂陸匣
三七壹匣
虎骨叁付
……………
共肆拾柒種
字畫
畫壹抽
筆壹封
冊頁壹個
法帖貳塊

唐宋名人畫冊

…………共捌拾陸樣

書籍

請

安摺柒拾壹封

佩文韻府壹百零叁本

唐類函共陸拾本

唐詩品現存貳拾伍本

…………共玖拾柒樣

零星使用物件

小硯台壹個

泥香茶壺壹把

…………共玖拾貳樣

計開

曲沃縣大理村房內存貯字畫插屏棹椅器具

琴貳張

象牙小插屏肆個並座

⋯⋯⋯⋯

共伍拾壹樣

右　　　　具

冊

乾隆肆拾伍年肆月　　日按察使袁守誠

4.「山西等處提刑按察使司造送查封原任雲南巡撫裴宗錫家玉器銅器磁器朝珠首飾蟒袍朝衣細緞帽衣服清冊」（乾隆朝軍機處檔第二六九〇九號）（內容共五十四張）

玉器

鑲玉如意拾伍枝　　計重壹百零柒兩玖錢

玉佛手壹件　重貳兩捌錢

⋯⋯⋯⋯

共柒拾壹件

銅器

青綠天雞提梁卣壹個

青綠虎頭匜壹件

青綠太極罇壹個

……………

共拾柒件

磁器

翡翠成窰蕉葉瓶壹對

歐窰洗壹匣

定窰七賢瓶壹個

……………

共貳拾貳件

朝珠

蜜蠟朝珠肆掛

青金朝珠壹掛

……………

共伍拾玖掛

首飾

大小金手鐲陸副　共重拾肆兩叁錢伍分

珍珠傘壹枝　貼金重伍錢伍分大珠叁顆小珠柒拾陸粒

金簪伍枝　重叁兩叁錢

……………

共伍拾陸樣

補褂蟒袍朝衣補子

天青顧繡朝衣壹件

又舊朝衣貳件

京醬顧繡蟒袍壹件

……………

共肆拾玖件

各色紬緞

綉紗蟒袍料貳件

綉緞蟒袍料陸件

……………

共壹百陸拾肆件

冬夏帽

貂皮帽陸頂

緯纓叁頭

……………

冬夏帽共陸拾陸頂

各色新舊皮綿衣服

布帳貳條

布褥壹床

……………

共壹仟伍百壹拾肆件

右　　　具

冊

乾隆肆拾伍年肆月　　　日按察使袁守誠

第四節　解冊

抄物處理的最重要工作就是分別出解京物與留變物，挑選重要，珍貴之物解內務府呈覽；次要值錢之物解崇文門估變；其笨重破舊之物及田房等不動產則留在當地估變，所得之款一般仍是要解內務府。如前文所述，當這些解京之物或是銀兩解京時，必須同時具備解物內容的清冊，與解物一起解京，以爲收件時之依據，這種清冊就是解冊。於下分別介紹解冊種類及實例。

一、解冊種類

解冊隨解往的目的地而有不同的內容與名稱，其種類大致如後：

(一)**解內務府之清冊**：又稱「進呈冊」。內容除包含金子與銀兩之外，就是抄物中最精緻貴重之物，爲供皇帝御覽，或留宮中賞玩或由皇帝決定做爲賞賜臣工之用。此外是留變物變賣所得銀兩，解內務府時亦須另造清冊。

(二)**解崇文門之清冊**：內容包含輕便搬運且值錢之物，但像紫檀家具等雖然搬運不易，以其值錢，仍須解崇文門。這些物品解崇文門目的在於此估變較值錢，利於入官。

(三)**解軍機處之清冊**：例如抄出有皇帝之御賜物，就須解軍機處接收處理。

(四)**解戶部之清冊**：如有抄出銀兩或估變所得之銀兩須用於賠補犯官之欠項時，有時會奉諭解戶部。

(五)**解其他省分之清冊**：如果留變物估變後所得銀兩，奉諭須解往犯官虧缺錢糧之省分以抵虧項時，便須另造解冊與銀兩一起解往。

除此之外，偶有注明解廣儲司或熱河行宮的，但不多見。以上五種解冊中以解內務府及崇文門的最普遍。因這些解冊都是細冊，不必呈覽，故今日國立故宮博物院的檔案中無法看到這些存在內務府及崇文門的資料。所幸偶爾有將副本送軍機處的，所以只能參考軍機處檔中現有資料。不過每一件查抄案在製造各種清冊後，督撫都須據以製造簡明清單具摺呈覽，而這些清單目前保存在軍機處檔中最多的就是解內務府與崇文門的抄物清單，雖然其內容只是簡明的，並非細冊，但是我們還是可以從中看到解物的大致內容，仍具相當參考價值。

解冊的製造，一般都是在督撫監督之下，由藩臬兩司製造。前文已經提到，入官物處理的第一個步驟就是分類，分類工作也是由藩臬二司負責執行，在分別解京與留變物後就要分別製造解京物清冊與留變物清冊。解京物都須提解省城暫時保管在藩庫等監守周密之處，由督撫親加檢點核對州縣製造的底冊與藩臬二司製造的分類冊，無誤，便據此先製造總清冊。不過當督撫在按冊點驗兩司所挑選解京物中如有不適解京的還須改爲留變物。例見乾隆三十二年貴州省查抄原任雲貴總督楊應琚寓所財物時。巡撫鄂寶點驗藩司所造細冊與選出之解京物後，認爲其中茶葉銅錫器皿等項皆係粗重之物，長途解送徒滋運費。一方面在查抄之初必已先行具清單奏聞，所以此時不能隨便更改藩司所造清冊，鄂寶乃奏請將這些茶葉銅錫器等酌留變價，其餘銀兩綢緞衣服首飾等物照依原奏解京。在這種情況之下，自必令兩司重造解冊，將來才能配合重新挑選的解物解京。（註三七）

如同前文所述，總清冊須要造一式數冊，以便解戶刑等相關各部及內務府、軍機處。在總清冊內往往須就各項抄物分別註明解京或留變，戶部等便據以會同查核，以確定是否依其分類核可解京與留變。只要戶部等機構同意便可奏請諭旨照所分類處理。此時督撫就可將藩臬二司所造的解京物清冊與須解京之物一起委員給咨牌分別解內務府或崇文門查收。（註三八）此時解京物清冊就是解冊。

解京物內容是依分類結果決定，但必須提解省城由督撫驗辦，再細分爲解內務府、崇文門或軍機處等。例如乾隆四十七年江寧抄出革職閩浙總督陳輝祖交河員張欽昊保管之各項物件，含玉羅漢、杉枋、銅器、木器、玻璃燈等項，便由總督薩載親加檢點，將應解京者詳愼封固，令分別造冊委員解內務府與崇文門查收，並將其餘粗重木器留外變價，令確估造冊咨部。（註三九）又同年湖南查抄陳嚴祖、姜興周等財物時也是將細軟解省驗辦。（註四〇）

解冊製造數目不一定，一般是除了解內務府或崇文門之外，須另謄三冊，一咨戶部，一咨軍機處，一備考。不過也有只咨戶部不咨軍機處的，似乎並不一定。

解冊是細冊，必須將解京各物分別登載，細心的藩臬在造冊時還會註明各物觔重，顆粒數目，顏色，大小尺寸形狀等，一如底冊與總細冊，以便解京後收件人可照冊按數查收。同時如有後來續行抄出而初時清冊未經詳載的，必須造入解冊後，再補加註明。（註四一）同時造冊必須小心，解冊內容數字等必與解物符合，如果所列數字等不正確將受議處。（註四二）解冊也有由府道製造的。

二、解冊與咨軍機處文實例

解冊之實物，以解內務府及崇文門來說，因已隨解物送往內務府或崇文門，今不得見。但解物解京之同時須製造同樣內容之清冊咨送戶刑各部及內務府或軍機處等查核。因此這種咨冊與解冊內容完全相同，可做爲解冊實例看。以下即介紹軍機處檔中收藏之汪圻抄產之解冊以供參考。汪折原任雲南臬司，於乾隆四十五年間因牽涉雲貴總督李侍堯貪縱營私，收受餽賂案而查抄。其原籍江蘇財產內有應行解內務府與崇文門兩類。江蘇巡撫閔鶚元除造解冊分解內務府與崇文門外，並造同樣清冊副本咨送軍機處。咨送解冊須具咨文，閔鶚元咨文與奏摺一樣採經摺式，其前面粘有數頁奏稿及汪圻與另一犯官候補同知方洛之入官物解京部分之呈覽用清單，清單後才粘接給軍機處之咨文。在此略去奏稿部分，只介紹咨文內容。咨文封面是「咨呈」二字，「呈」字及其下方蓋有江蘇巡撫關防。咨文的首行印有閔鶚元全銜及姓。其文如後：

咨呈

兵部侍郎兼都察院右副都御史總理糧儲提督軍務巡撫江寧等處地方閔　爲

咨呈事　切照查抄原任雲南按察使汪圻候補

同知方洛家產一案先經前院開單具

奏在案所有抄出各物分別解交

內務府崇文門查收又原任雲貴李督院存蘇物件銀

兩應一并解京現在恭摺

奏明除給咨分別解收外所有各項細冊相應咨

送爲此咨呈

軍機處大人請煩查照備核施行須至咨呈者

計粘抄奏一件　冊三本

右　咨　呈

軍　機　處　大　人

乾隆肆拾陸年肆月二十一日

年月日上蓋有江蘇巡撫關防。

（乾隆軍機處檔第二四三八四號）

於後介紹解內務府、崇文門及軍機處三種清冊：

㈠**解內務府清冊**：本例就是前件咨文中提到的冊三本中的一本。清冊封面寫「江南蘇州府　呈」六個字。「呈」字上蓋「蘇州府印」，封底寫「乾隆肆拾陸年　月　日知府胡觀瀾」一行共十三個字。蓋有兩個「蘇州府印」，一在「肆拾陸年」之上，一在其右上方之騎縫上。清冊內容共十三頁，每一騎縫皆在上端蓋有「蘇州府印」。汪圻家產共八頁，方洛家產共三頁，今止以汪圻部分爲例。內容分爲蘇州與高郵兩地抄出之家產。蘇州之家產分爲金珠、銀錢、玉器、朝珠、雜玩等五項；高郵之財產包含一典及三店查出之物，共止列銀錢一項。金珠項下註明觔重顆粒數，銀錢項下市平、庫平並列。以上均不標號，玉器除少數合計一號外，都按件標號，書寫器名，並註明觔重。朝珠項下註明顆粒，上不標號。雜玩項下寫各器物名稱，並在其下註明尺寸觔重及數目，上不標號。今爲節省篇幅，每項僅舉數件以供參考。

（冊尺寸：十七・二公分×二十六・五公分，府印尺寸：八公分×八公分）

江南蘇州府
呈今將查抄原任雲南臬司汪圻同知方洛家
產案内蘇州抄出應行起解并高郵銅山原抄
解蘇彙解各項物件遵奉檄飭代造歸解
内務府款冊呈候
察核須至冊者
計開
蘇州抄出汪圻家產内
金珠項下
金器玖件計重庫平玖兩伍錢
碎小珠子共貳百伍拾貳粒計重庫平壹兩玖分
銀錢項下
原起庫平紋銀叁百肆拾柒兩
顧蟾枝繳還定貨市平市色銀肆百
兩折實庫平紋銀叁百陸拾兩
鄭華南繳還借項市平色銀壹百兩
折實庫平紋銀玖拾兩

原起制錢壹千柒百文折實庫平紋
銀壹兩柒錢
呂豐貽繳還借項制錢壹百肆拾千
文折實庫平紋銀壹百肆拾兩
楊殿傳繳還借項制錢貳拾壹千文
折實庫平紋銀貳拾壹兩
以上銀錢兩項通共折實庫平
紋銀壹萬玖千叁拾捌兩玖
錢

玉器項下

壹號玉荷葉洗壹個重柒兩肆錢
貳號玉佛手花插壹件重拾兩伍錢
叁號玉竹段花插壹件重拾貳兩壹錢
肆號玉松段花插壹件重拾陸兩壹錢
伍號玉佛手花插壹件重拾貳兩叁錢

柒拾貳號玉鼻煙壺貳個有匣共重陸兩伍分

以上玉器大小共壹百零壹件

朝珠項下

碧霞璽朝珠壹掛翡翠玉佛頭記念背雲墜脚

青金石朝珠壹掛珊瑚佛頭記念松石背雲

黃碧霞璽大墜脚碧霞犀小墜脚大小珠肆粒

……

翡翠朝珠壹串碧霞璽佛頭記念紫碧霞璽

背雲大小墜脚

以上朝珠共拾貳掛

雜玩項下

玻璃插屏壹架紫檀邊連架高叁尺陸寸寬

壹尺玖寸

瑪瑙鼻煙壺壹個重貳兩柒錢

瑪瑙香盤壹件重肆兩柒錢

……

紅木匣内磁碗貳隻

以上雜玩共拾叁件

高郵抄出汪圻壹典叁店内

銀錢項下

正宜典吉祥衣店通大錢店叁共抄出現存市平市色銀伍百伍拾捌兩肆錢貳分貳厘共折實庫平紋銀伍百貳兩伍錢捌分

又抄出現存行串錢壹千陸百叁千肆百伍拾貳文折足錢壹千伍百肆拾捌千玖百叁拾伍文合庫平紋銀壹千伍百肆拾捌兩玖錢叁分伍厘

正宜典當存貨本柒伍折錢銀貳萬伍千叁百陸兩貳錢柒分伍匣折足錢壹萬捌千玖百柒拾玖千柒百陸文合庫平紋銀壹萬捌千玖

百柒拾玖兩柒錢陸厘
押出貨物貳宗共市平色銀叁百拾伍兩捌錢捌分折實庫平紋銀貳百捌拾肆兩貳錢玖分貳厘

……………

正宜典發祥銅錫店追回外欠會賬共市平市色銀陸百捌拾貳兩柒錢伍厘合庫平紋銀陸百肆兩肆錢叁分伍厘
壹典叁店追回外欠會賬行串錢壹千玖百叁拾玖千零貳文折足錢壹千捌百柒拾叁千柒拾陸文合庫平紋銀壹千捌百柒拾叁兩柒分陸厘
以上銀錢兩項通共折實庫平庫色紋銀貳萬叁千捌百肆拾貳兩柒錢壹分叁厘

銅山抄出方洛家產（略）

以上汪圻方洛兩案彙解

內務府金器共重庫平壹拾兩零壹錢貳分柒厘

小珠共貳百捌拾捌粒重庫平壹兩貳錢

零叁厘

各項銀錢折實庫平紋銀肆萬伍千

零玖拾壹兩柒錢叁分肆厘貳毫

玉器共壹百零壹件

朝珠共拾貳掛

雜玩共拾叁件

乾隆肆拾陸年　月　日知府胡觀瀾

（乾隆朝軍機處檔第三〇四七七號）（圖版三）

(二)**解崇文門清冊**：本例來源同前舉解內務府清冊，封面與前述解內務府冊一樣寫「江南蘇州府呈」，府印蓋在「呈」字上，封底亦同解內務府冊寫「乾隆肆拾陸年　月　日知府胡觀瀾」共十三個字。府印亦同樣蓋兩處，一在年月上，一在其右上方騎縫處。清冊內容共十七張，內汪圻財物有十三張，方洛占三張半，最後半張爲兩人財物之總計。今止列汪圻財物爲例。內容含蘇州與高郵兩地抄出之物。蘇州抄出之物分爲銀飾、皮衣、衣料等三項，上均不標號，高郵州抄出汪圻存放典鋪內之物含玉石、銅器、磁器等三項，每件之上均標號。以上衣物都寫有顏色質料，衣料並註明尺寸，玉石等器除寫名稱之外並註明附屬器座質料及器身完缺狀況。今每項亦僅舉數件以供參考。

江南蘇州府

呈今將查抄原任雲南臬司汪圻同知方洛案

內蘇州抄出應行起解并高郵銅山原抄解蘇

彙解各項物件遵奉檄飭代造歸解

崇文門款冊呈候察核須至冊者

計開

蘇州抄出汪圻家產內

銀飾項下

銀飾共重庫平肆拾伍兩伍錢

皮衣項下

舊紅青緞面灰鼠褂壹件

舊駝絨宮紬面灰鼠皮袍壹件　原蛀

……………

蠶紬羊皮袍壹件

以上皮衣共玖件

衣料項下

玫瑰紫通海緞壹疋長壹丈柒尺

駝絨色緞袍料壹疋長壹丈叁尺

…………

生絹壹疋長壹丈柒尺

羊皮套統壹件

以上衣料共叁拾柒件

以上各項應請委員解送

崇文門交收

高郵州抄出汪圻存放典鋪內

玉石項下

第壹號紫檀鑲玉如意壹枝壹匣嵌玉伍塊鬚全

第貳號紫檀鑲玉如意一枝嵌玉貳塊中原

缺壹號鬚全壹匣

第叁號紅木鑲玉如意壹枝壹匣嵌玉三塊鬚全

……

第拾捌號鑲藍玉小插牌壹個心係藍田石

第拾玖號小青玉瓶壹個

以上玉石如意雜玩共貳拾柒件

銅器項下

第壹號銅犀牛壹件紅木座

第貳號銅雙喜鼎壹件紅木座玉頂

第叁號銅雙耳扁鍋壹件內銅杓壹把紅木座

……

第肆拾號大香爐壹個銅座

又大銅香爐壹個無座

桃樣銅鼎壹件連銅座計壹件

小銅三喜鼎壹個

銅方瓶壹個無座破壞

假銅瓶壹個　錫做的

小銅瓶壹個無座　以上共貯壹匣

……
第肆拾叁號小銅瓶壹個
第肆拾肆號法瑯爐瓶叁事計叁件
以上銅器共計捌拾件

磁器項下
第壹號白磁罐壹件　紅木座
第貳號青花豆綠磁盤壹件　紅木座
……
第貳拾壹號鑲磁方筆筒壹件
紅木鑲玉小如意壹枝
新磁元爐壹個無頂
紅木几壹張　以上肆件共盛壹匣
……
第壹百貳拾捌號小磁貓壹個
第壹百貳拾玖號藍磁小圓瓶壹個
以上共壹百叁拾叁件
以上各項應請委員解送

崇文門交收

銅山抄出方洛家產（略）

以上汪圻方洛兩案彙解

崇文門銀飾共重庫平柒拾壹兩玖錢玖分玖厘

皮衣共拾叁件

單夾衣共拾柒件

衣料共陸拾柒件

紬綾緞絹共肆百肆拾玖疋

嵌玉石如意雜玩共貳拾柒件

銅器共捌拾件

磁器共壹百叁拾叁件

乾隆肆拾陸年　月　日知府胡觀瀾

（乾隆朝軍機處檔第三〇四七六號）（圖版三一）

㈢**解軍機處清冊**：今舉乾隆四十八年查抄革職安徽按察使陳淮任所貲財時發現有一批御賜物爲例。係由安徽巡撫富躬具咨文解送軍機處。（註四三）陳淮因牽涉革職閩浙總督陳輝祖抽換革職浙江巡撫王亶望之入官物而查抄。現存解冊共有三本，解物內容皆一樣，一件是署安徽藩臬二司劉墫與王懿德率領參與查抄工作之各府縣署名，餘二件僅有布按二司，署名爲奇豐額與袁鑒。（註四四）考諸宮中檔富躬與王懿德兩人的奏摺，知道奇豐額於乾隆四十八年二月初六日抵安徽布政使新任，袁鑒則於四十八年三月初三日正式接安徽按察使之任。（註四五）可見奇豐額等署名之兩件解冊也屬安徽省所造。但是以上三件解冊所用之印，其印款卻同爲「江南安徽等處承宣布政使司之印」與「江南安徽等處提刑按察使司兼管驛傳事印」。這可能是因爲順治年間於江南設左右布政使，到康熙初安徽設省後即由江南左布政使來駐安徽省，並另由江南再分一按察使來治安徽之提刑按察等事，直到乾隆時代，安徽省之布按兩司之事仍由江南布按兩司兼領之故。（註四六）

關於陳淮抄物解軍機處之三件解冊中，奇豐額等所造二冊文字大致一樣，劉墉等所造者則文字與前述二冊略有不同，今分述如後：

1.劉墉等所造之冊爲軍機處檔第三三〇八四號。其尺寸爲寬二十五・七公分×長二十六公分。連同封面，封底共三張。封面左上貼簽文字分寫兩行，簽之尺寸爲六公分×十三・五公分，右是「署江南安徽等處承宣布政／提刑按察使司等造送」，左是「查抄陳革司　御書扇墨刻解　軍機處冊」簽下並列蓋兩印，左印就在簽下，印文是「江南安徽等處提刑按察使司兼管驛傳事印」其印尺寸爲八・八公分×八・八公分。按察使司印之右蓋的是「江南安徽等處承宣布政使司之印」其印尺寸是十・二公分×十・二公分。第一頁於右下方騎縫處蓋「江南安徽等處提刑按察使司兼管驛傳事印」。文字內容如後：

署江南安徽等處承宣布政／提刑按察使司等遵將查抄革職安徽臬司陳

淮任所

御書扇墨刻理合開造應解清冊呈送

查核施行須至冊者

計　開

應繳項下

聖祖仁皇帝御書扇壹柄

御書墨刻壹軸

御製法帖肆本　係墨筆

第二頁也就是最後一頁。其文字是

乾隆肆拾捌年　月　日署安徽　布　政　使　劉　墫

按　察　使　王懿德

安慶府　知府　通　恩

徽州府　知府　黃　栻

署寧國府知府　蕭登生

太平府　知府　松　齡

廬州府陞任常鎮道王均

署和州知州　倪廷模

署懷寧縣知縣周兆蘭

署黟縣知縣　李長安
署宣城縣知縣秦　棉
署五河縣知縣呂占建
試用知縣　王　齎
試用知縣　胡念祖
試用知縣　嚴克任
試用知縣　張玉琪
試用知縣　劉立銓

〔圖版三〕

布按兩官印並列蓋在年月之上，以年月一行字爲中心，左蓋「江南安徽等處提刑按察使司兼管驛傳事印」，右蓋「江南安徽等處承宣布政使司之印」，右下騎縫蓋提刑按察使司印如前頁。

2.奇豐額等所造之解冊爲軍機處檔第三三〇八三號與第三四〇〇五號二件。第三三〇八三號尺寸是寬二十四・五公分×長二十七公分，第三四〇〇五號尺寸是寬二十四・二公分×長二十六・三公分。兩件都是封面、內容、封底共計三頁。封面同樣的在左上方貼簽，文字分兩行，右行是「江南安徽等處承宣布政/提刑按察使司造呈」左行是「查抄陳臯司任所字畫應解　軍機處清冊」，貼簽下都一樣的只蓋「江南安徽等處承宣布政使司印」一印。兩件第一頁內容也都一樣，右下方也一樣的蓋有「江南安徽等處承宣布政使司之印」。文字內容如後：

江南安徽等處承宣布政提刑按察使司今將查抄革職安徽臬司陳淮任所資財
案内應解
軍機處書帖等項造具解冊呈送
查核施行須至冊者
計開
應繳項下
第壹號
聖祖仁皇帝御書扇壹柄
御書墨刻壹軸
御製法帖肆本 係墨筆
第二頁就是最後一頁，其文字是：
乾隆肆拾捌年 月 日 布政使奇豐額 按察使袁 鑒
兩件都同樣的在年月之上，並列蓋布按兩司印，以年月一行字爲中心，左蓋「江南安徽等處提刑按察使司兼管驛傳事印」，右蓋「江南安徽等處承宣布政使司之印」；右下騎縫則蓋承宣布政使司印，此與前引安徽布按兩司所造解冊上蓋的是提刑按察使司之印不同。何以如此分別，待考。

關於抄物解軍機處的解冊數目，依本例看，至少須造五冊，即除現存軍機處檔所見三冊之外，前後任兩司所造均須各留一底冊（一般是保存在藩司）備考。

問題在於，據乾隆四十八年六月十五日安徽巡撫富躬給軍機處咨文（註四七）知，這一天陳淮抄物解軍機處所用解冊只有一本。此時安徽兩司已換爲奇豐額與袁鑒。手續上，當時所用解冊必須是現任兩司造冊署名以示負責，但實際上眞正參與查抄並造冊的人是前任兩司劉墫與王懿德，因此他們二人所造的才是正本解冊，須隨物解京，因此在這種情況下，前後任兩司署名之解冊都須隨物一起解京才對，然而富躬咨文只提到一本，不知究竟用的是那一本。可以確定的是新任兩司奇豐額等所造兩本中必有一本解軍機處，另一本爲隨摺奏聞。至於前任兩司劉墫等所造之解冊也應該是解軍機處的才是，只是何時解京，是否隨物解京待考。

第五節　留變物清冊與估冊

一、留變物清冊與估冊之製造

抄物分類後，留在地方變賣的入官物須要製造清冊，叫留變物清冊。留變物須經估價手續才能變賣。首須將留變物清冊發給知縣召商按物估價，將每件物品價格記在清冊上製成估價清冊，簡稱估冊。留變物清冊一般是由布按兩司根據查抄底冊先製造總清冊，並挑出重要抄物後，將所餘較差之物謄造而成。有時藩司會將其中較値錢之物解省城另找牙商估價。估冊造好後，由道府之一覆核出具「無以多估少」印結，又稱無短估切結，與總清冊一起賷送督撫核明。間有估冊後送的。督撫接到總清冊及估冊後，須立即查照原查封底冊，逐件比對無漏，並須提驗留變各物，確定俱係粗舊，無短估情弊，然後再將解京物與留變物重新謄造總細冊及留變物之估冊，分咨戶、刑、工三部及內務府軍機處查核。之外，督撫仍須具簡明估價清單奏聞請旨以便變價。當戶工等部都認爲所估允當，便可由戶工等部直接奏請准予照估變賣。皇帝便令軍機處傳諭督撫執行。（註四八）變賣後所得須換成庫平紋銀，然後請旨，依上諭處理。最常見的例子是解內務府。有時皇帝會降旨留作地方工程或救災等用，但也有地方水利或築城等工程正須用錢時，督撫會請求皇帝准予留在地方用的。（註四九）如果銀兩解戶部，則隨其他解銀一起造冊送去便可。如果銀兩留在地方公用或解他省抵項等用，都須另造清冊咨送戶部。且在上述各種清冊之製造外，每一處理過程都須隨時製造簡明清單具奏呈覽。

以上是留變物經估價到變賣後所得銀兩處理的一般過程。在這種情況下，除總清冊之外須另造留變物清冊與估價清冊兩種。總清冊內容原包含解京物與留變物在內，因此有些督撫就不另造留變物清冊。不管如何，每一種清冊至少須造三冊以上，一咨戶部，一送內務府或軍機處，一存查。資料顯示，除此之外還有咨送刑、工兩部的，則總共須造六冊。留變物清冊即使不造送戶部等各機關，也須造二冊，一存查，一發給當地知縣召牙商估價，製造估價草冊，然後據以謄造估價清冊。估價清冊仍須咨送戶、刑、工等部及內務府、軍機處等查核。（註五〇）乾隆初期的一、二十年代，估冊並不一定要送戶部等上述各機構，但自乾隆三十年代後，幾乎大半有關查抄奏摺都會提到估冊送戶部查核的事，可見乾隆初期和中期以後的抄物處理手續有些微的改變。例如乾隆十三年八月江南河道總督高斌查抄參革河道總督周學健任所、本籍及隨身衣物時，應於本地估變之物即逕行估變，然後奏明，並未有咨部或咨軍機處之文字。（註五一）又如乾隆十六年四月湖廣總督阿里衮查抄布政使嚴瑞龍貲財時，解崇文門以外之物即就地估變，事先並不咨戶、工等部，也不咨軍機處。（註五二）可是到了乾隆三十年代以後手續改變，除留變物清冊外，估冊也須咨送戶、工等部及軍機處審核。審核工作主要由戶、工二部執行。審核內容包括留變物中是否有應解京之物而未解的，則須令地方將之抽出解京，以防地方官將價高之物留在地方以低價估變，甚至有爲自己方便購買而動手腳的。對估價方面的審核又叫覆估或核估。主要在審核是否有以多估少的，以免影響入官物價值之數目。今舉一實例：

乾隆四十七年陳輝祖查抄王亶望貲財一案時，戶工二部即奏，王亶望貲財留浙估變物件底冊并房屋一項估報不實。請將石刻、書籍解京；其餘另行分別解京留變；房屋再加估報。結果皇帝准其依議行。上諭並云：「浙省估變物件多寡不符，應行解京者尚多；房屋一項籠統造報亦屬弊混。」因此命令傳諭欽差阿桂等即核對原冊將米帖石刻及應解之物，派員妥速解京，其房屋留變物件一併確估報部查核，並將戶工二部原摺發交阿桂等遵照辦理。因阿桂等不久奉命進京，此事乃由閩浙總督富勒渾接辦。

富勒渾督飭藩司盛住，糧道王廷爕將王亶望留浙估變物件逐一查驗，將應解京者均行提出，分別造冊，逐一封固。並奏云：內有烏雲豹等件，因王士澣等舞弊抽匿，於報部冊內將名色改易，今俱查照原物於冊內更正，分晰註明。現在委員同王士澣等物一併起解。……除繕造細冊送內務府查核外，

（並）開具簡明總單敬呈御覽。（註五三）

由上可知，經戶工二部就冊上核估後，還須令督撫重新就物核對處理。除應解京的解京之外，並須就冊內更正，分晰註明。解京物仍須另謄清冊送內務府。

戶工二部的審核相當嚴格，往往一再的飭令重估。可說留變物估價手續在此期間由簡趨繁，由散漫趨嚴密，制度漸趨完全。然而地方官因被迫一再重估，就得一再重造新估冊，負擔增加。

本來留變物的估價有一定的依據。即一般物品依當地時價，由知縣召各行牙商公同估價，並由牙商具無「以多估少」甘結，田地則根據契券，由各該縣履地確勘據實估報；（註五四）稻租則根據月報時價；特殊物品如有原賬即據原賬所開之價，如乾隆三十五年兩江總督高晉查抄原貴州按察使高積起獲水銀時，即憑高積親筆所開原賬再參考時價估價；至於房屋原本也可根據契買價格來估價，不過有些房屋年久失修坍塌，價格自然貶低，也有欠債準折之產，往往所抵之價超過房屋實值，又有祖遺之產並無契約可據的，則須由當地知縣或該司等親詣勘明，分析建材一一詳估，不能一概按契估價。（註四九）由此看來留變物在地方之估價原不至於去市價太多，何況估價手續規定繁瑣，以高價低估之事並不易發生。本來留變物必先經牙行確實估價具結，由知縣謄造清冊，轉呈道府核明。道府親往確查後出具承勘印結，同估冊一併呈藩臬兩司用印後核轉給督撫（一般是巡撫），由督撫覆加確核，其間層層覆估、嚴核，不容有多估少報之事。因此當估冊呈到兩司及督撫手上，常有飭令增估的，則知縣必須在加估以後，重造新估冊。依此看來以多估少之事，應當不多。（註五五）

不過事實上以高低估的現象卻是難免。首先，地方估價留變物是根據時價，但是時價有波動，且難免因地而異，所以給估價的人有高低其手的空間。其次估價由知縣執行，將來變賣也往往由同一知縣負責，爲了將來容易變賣起見，知縣當然希望估價越低越好，所以估價不可能比市價高，因此初估時，知縣希望牙商估低，一方面牙商也希望價格定得越低越好，將來由他們承購時便可以較低之價購入，可增加利潤。這就是所謂的「短估」或「以多估少」「高價低估」。道府及兩司、督撫等上司當然也都深知這種情弊，可是爲了易於變賣結案，他們在乾隆早期也許僅作形式上的飭令重估，而不苛求，只在具奏時寫上「臣逐加確核，各項家產並無短估」等字，便可請旨變賣，甚至逕行變賣後再奏聞而不必將估冊咨送戶部等審核。可是也許後來發現短估情弊嚴重，才有將估冊咨送戶、工等部審核的規定。且這種手續漸漸制度化，標準化。戶、工二部在審核估冊上大大的發揮專業權責，估價留變物的工作漸成爲地方的沉重負擔。

二、估價清冊、重估機構與估冊之重造

戶部是管轄全國物價的機構，對估冊所列價錢是否有以多估少最清楚，因此估價是否確實反應時價，由戶部審核最恰當。之外，留變物中如有房屋，則必須將房屋各項建材分項並分析價格製造細冊，除戶部外還須咨送工部。工部主管營造事宜，對房屋料價最清楚，因此房屋的估價必須由工部審核。工部要求嚴格，除基地、房屋間數、檁數須載明之外、材木大小、含木植長徑丈尺名色及磚瓦雜料都須逐一查丈明確，點驗清楚，逐項分析估價，製造細冊。（註五六）以上無論是一般留變物的估冊或房屋的估冊，在咨送戶工二部時，戶工二部爲表示負責起見，至少在形式上總會以所估過低爲由，來一

次駁飭增估。因此督撫等也要提防遭遇駁飭，所以在知縣估價時便令藩臬二司要注意核估，而藩臬二司則令道府先審明，並親自確查。道府在知縣所造估冊之外另具承勘印結連同估冊一起送藩臬二司轉呈督撫。順利的話督撫就可同意所估價格，另謄估冊數分咨送戶、工等部，請求照估准予變價。但事實上估價手續繁複，在估冊送到戶工等部以前，地方各層上司都要覆估，且免不了層層駁飭，令所屬增估不已。這種覆估的手續可先由藩司開始，藩司一關過了，到巡撫手上仍會再退還，著藩司令重行增估，藩司則指定府道等監官去查核，確實依市價增估後由府道具「無高價低估」印結後，另造新冊，並由兩司（或其一）加印申送督撫。（註五七）所以估冊在咨送戶工等部以前，往往就因一再的重估而須不斷的重造，直到督撫認可為止。這中間有時還會遇到獨斷的藩司，不經正規手續由州縣依市價增估，而逕自在估冊上加添價格，比起市價未免過多。這是所謂的「多估」，是不合理的作法，將來不利州縣估變，所以州縣必設法減去以求自保。例如乾隆四十六年查抄革職浙江巡撫王亶望貲財時，藩司國棟認為估價太輕，自行加添估價，因此仁和錢塘兩縣要求杭州知府就估冊減去四千餘兩。因為都是私自增減，未按正規手續處理，以致前後估冊估價不一致，新任浙江布政使不得不重新審核，上奏原由。（註五八）好在這種情況不多。

估冊在地方一再重估後，並不能就此定案。當督撫把估冊咨送戶、工兩部乃至軍機處等機關審核後，仍會遭到駁回重估。特別是工部對房屋的核估最為嚴格。原因無他，因為留變物中以田房價最高，土地有地契可據，價值不易變動，房屋則不然。尤其是舊屋，估價可高可低，然而房屋價格多有上千銀兩的，因此工部必須設計一套完整的估價制度，才能以較為公平的標準搖控地方的估價工作，增加政府收入，以免地方找籍口，比如腐朽、傾圮等問題低估，減少入官價值。因爲工部核估嚴格，甚至有一再遭遇駁飭，先後五次估價，五造估冊的記錄。如此一來連巡撫也感到工作繁重吃不消了。例見乾隆三十五年山東巡撫查抄兩淮鹽運使盧見曾德州原籍房屋時。今爲便於瞭解工部對入官房屋估價的要求，將盧見曾入官房五次估價中，前四次遭遇工部駁令增估的理由及德州地方官說明無法再增估的原因介紹於後。

1.盧見曾入官房第一次估價在乾隆三十五年四月以前，估値銀四千八百一兩，造冊咨工部。工部於四月初六日咨覆，令「將木植長徑丈尺名色並磚瓦雜料等項件數逐一開造細冊或由藩司或該撫親加查勘核明具奏辦理。」

2.第二次估價在乾隆三十五年五月。巡撫富明安因前述工部咨文，乃委布政使尹嘉銓前往查勘。結果尹嘉銓詳稱「遵即親詣德州勘明盧見曾房屋，原係建房帶基。照依時値一總估變，便民承買居住，以免拆卸耗損，與官建房屋，多餘拆卸零買者不同。是以木植長徑丈尺名色及磚瓦雜料等項件數本難逐細查丈。今遵部咨，親督德州知州石之珂飭令明白匠役將木植長徑名色逐一查丈明確，磚瓦雜料點驗清楚。惟土房柱木俱在牆內，難以分別丈尺，並核明該州估報銀四千八百一兩之數，委屬確實，隨飭該州另造細冊，由該管濟南府知府蔡應彪轉詳到司覆核相符，理合詳請奏明。」這是山東藩司親督德州知州飭令明白匠役重新估價，也就是第二次的估價。結果認爲第一次的估價數字「委屬確實」，因而並未增估，只是重新製造細冊，由巡撫送工部察核。結果工部議覆云：「廳樓花亭鋪面等房多屬大料，所估尙屬短少，飭令大加增估。」並經具題奉旨依議。

3.第三次估價：經前述工部第二次飭令增估後，巡撫富明安乃於乾隆三十五年九月復行藩司轉飭確查增估。結果布政使尹嘉銓詳據德州知州石之珂詳稱：盧見曾房屋前估銀四千八百一兩之數，實係照依時價估變，並無值多報少情事。今遵部駁將廳樓花亭鋪面等房再行細加增估，又增估銀二百零一兩一錢，共估銀五千零二兩一錢，另造細冊由該管濟南府詳司核實轉詳到巡撫。巡撫覆加確核無異，將冊咨送工部察核，並具奏。結果工部議覆以前項房屋係連房帶基變賣，非零星折賣除去顏料灰斤匠工者可比。廳樓花亭鋪面並住房等項房屋均係七檁、八檁、九檁，成造木料多屬大件，與尋常住房有別，所增價值仍屬短少。令富明安親勘，大加增估，另行奏咨。

4.第四次估價：乾隆三十六年二月間，巡撫富明安乃率同登萊青道王站柱、臨清州知州萬縣前將前項房屋親加確勘，又增估銀三百九十五兩零，連前共估值銀五千三百九十七兩零，造冊咨部。一面將增估緣由奏聞。結果又經部駁云「盧見曾入官房屋理應按照原估銀數逐款據實增估，今查檁子土柱項下共加增銀一千五十兩零，而于大樑、二樑項下轉較原估少銀六百五十兩，以致所增仍屬無多。且盧見曾直隸鄭家口入官土房每間估銀二十二兩，今德州土房每間僅估銀二、三兩不等，雖不皆鋪面房間，亦何至大相懸殊。至廳樓花亭并鋪面瓦房一切柱檁樑枋俱係松榆大件，今估銀數內竟有僅止十餘兩者，尤爲短少，應按原置價值分別定價。其鋪面房間應按每月一分五厘起息之例定價。今未將原置銀數及鋪面取租銀數分晰聲明，不便遽准行。令再秉公確勘，據實增估造冊奏、咨再辦。」並具奏，奉旨依議。

5.第五次估價：以上是第四次估價，經工部第四次駁令增估的經過。於是巡撫富明安又令原同勘估之王站柱、萬縣前再行細加確勘增估，這是第五次著手估價，尚未得到估報，富明安即陞任離開山東。周元理繼任巡撫後，又添派前任德州，時陞登州府知府石之珂前往會同據實勘估。結果大加增估造具清冊及並無短估切結，移送布政使海成覆核加結具詳送到巡撫處查核。這是第五次估價。周明理上奏其增估內容云：「盧見曾入官住房并鋪面房屋均係祖遺及自行修造之產，並非典買于人，有契可憑，所有原置價值無憑稽覈，祇可照依成規價值逐一勘實增估。今據估值銀六千六十七兩零。其契典房屋查有典契三紙，共價銀四百八十兩。鋪面并土房四十間，每間每月盧見曾止取租銀一錢五分，久經查實詳明。右案今連基地共估銀五百五十九兩零，按一分五厘起租之例定價，亦屬相當。以上通共估銀六千六百二十七兩零，較之前估銀五千三百九十七兩零之數，實又增估銀一千二百二十九兩零，逐款比算成規均屬符合。實係秉公確估，並無短少及估多報少情弊，似應准其照數變價，以清塵案。除將增估冊結并原冊分咨戶工二部查核外，臣謹恭摺具奏，伏乞皇上睿鑒勅部核發施行。」從巡撫周元理這一奏摺的遺辭，不難看出他的焦慮狀況。但乾隆皇帝仍硃批「該部議奏」，故最後還要工部核議才能決定是否就此通過。（註五九）

今就盧見曾案所見入官房之估價制度加以討論如後。

(一)入官房屋為便民承買居住，並賣得好價錢，不便拆卻，以免耗損，但估價時仍須分析建材，一一按時價估值。

(二)入官土房可以間數估價。

(三)契典房依典契價估算。

(四)鋪面房間須按每間每月一分五厘起租（息）之例定價。不過詳細算法目前尚無資料，待考。

(五)入官物重估時，無論增估與否，都須重造新估冊與印結。房屋重估時，每次至少須造新估冊三分，一存查，另二分與增估冊結并原冊（即舊估冊）分咨戶工二部查核。其中舊估冊係工部在審核後發還，或是巡撫據存查之原估冊謄造則不詳。不過房屋估價細冊也有只咨工部的，如此則止造二分，一咨工部，一存查即可。（註六〇）

(六)包括盧見曾入官房之估價在內，軍機處檔中尚未見有入官房屋之估價細冊。因爲入官房估價細冊並不咨軍機處核估，也不呈覽。

(七)本案盧見曾入官房已經第五次估價，但第五次工部如何議決，目前並無資料可考。不過從本案知道，雖然經五次重估，皇帝並不就此給予同情，准其照估變價，仍批「該部議奏」。可見皇帝不再以專制決定，而是尊重部議。皇帝之所以相信工部的議決，表示工部或戶部的專業能力受到肯定，由此可說估價制度已經相當健全。不過到了乾隆四十年，內務府奏准：「嗣後入官房舍，按檁估價，仍與原價校覈，以價多作準，註冊。」據此則可能是後房屋估價會簡單一些。（註六一）

以上提到的是工部對入官房的核估情形。除工部以外，戶部對入官房之估價也可以提出意見，令地方重估。例見乾隆五十一年江西省查抄臨川縣西洋神甫艾球三田房等項時，戶部即議駁，認爲無論田畝，房屋、什物估價均短少。因此皇帝命令巡撫何裕城查照戶部指駁各條逐一另行據實確估具奏。（註六二）可見戶部對入官房之估價亦很內行。

除上述戶、工二部對房屋等入官物之估價有審核駁估的事實外，軍機處大臣及皇帝對一般抄物之估價也有駁令增估之例。見乾隆四十五年楊景素案。以兩廣總督巴延三奏已故總督楊景素操守不謹，並發官兵得贓，縱盜狀。正好兩江總督薩載勘有河隄城垣工程，乃罰景素家屬承修。依罰修手續楊景素之子楊炤呈出家產。其家產清單內有在京城揚州會館存貯之木箱中物件，原單內開約值銀一萬餘兩。及和珅親往點驗，較原報所值價銀甚多。經軍機大臣以在本籍呈報者恐不實不盡，奏請交兩淮鹽政伊齡阿再行確查，分別辦理，毋得私行估變。不久伊齡阿奏到照依楊炤原報家貲逐一估計，所有原籍資產共值銀二十八萬八千八百餘兩。於是皇帝下諭旨云：「（楊景素）京城所存物件既據查出較原報數目多出數倍，則伊齡阿所估之數，亦必不止于此。著再傳諭尹齡阿仍照軍機大臣原奏，將應解京者派員解京，應估變者確實估變，毋得稍有隱飾減少。」（註六三）本案原非查抄財產之案，但其結果對楊景素家財的處理，卻採用與入官產處理同樣之方式，因此可視同一般查抄案之例。從本例知道軍機處大臣與皇帝同樣會注意入官產之估價，並駁飭增估。則遇到此種情況，地方仍須重行估價，並重新製造估冊。

這種反覆層層駁估的手續，目的不外在防止地方官將留變物以低於市價賣出，至影響入官財物之實質價值。

以上就查抄入官物處理時的留變物清冊及估價清冊之製造過程及可能製造之冊數做一介紹。這種留變物清冊及估冊都是細冊，並不奏聞。不過有時督撫會將房屋估價細冊以外的細冊咨送軍機處，今即據此舉例於後，以供參考。

三、留變物清冊實例

留變物有與解京物合併造成查抄總清冊的，也有獨立造成單冊的。今舉乾隆四十八年廣西永安州知州葉道和抄物清冊爲例。葉道和係因科場舞弊，主使幕友代倩傳遞文字，事發而遭查抄。除原籍湖北省財物另辦外，廣西省查抄範圍包含省寓衣物和任所永安州資財。省寓由巡撫孫士毅督同署按察使鹽法道周廷俊查封交貯司庫，任所永安州資財什物由署布政使臬司杜琮查封造冊解省一併整理製造清冊。當日所造清冊有二，一爲總清冊，內容含應解京之物與留變物；另一爲留變物清冊。後者內容係從前者總清冊中分析出來造成的。兩本清冊製造時間及製造人同爲「乾隆肆拾捌年拾貳月　日署廣西布政使杜琮，按察使周廷俊」其製造人署名並列，布政使在右，按察使在左。其中總清冊即於本章第三節介紹之軍機處檔第三五七〇〇號清冊。在此主要介紹留變物清冊，不過仍將於文末將總清冊與留變物二冊內容稍做比較，以便瞭解其製造方式。

本件留變物清冊，在軍機處檔中編號第三五六九九號。封面左上角有貼簽，簽之左右兩邊各寫一行字，右邊是「署廣西布政按察使司造報參革永安州知州葉道和任所」左邊是「抄出破爛不堪衣物等項存留變價搭解清冊」。簽寬八點二公分，長十點六公分。貼簽下蓋官印，印文是「廣西等處提刑按察使司兼管驛傳事印」。整個封面寬約二十二點四公分，長約二十七公分。除封面外，內容共五張，封底一張，上寫年月日及署布按兩司並列署名。每一頁騎縫下方蓋「廣西等處提刑按察使司兼管驛傳事印」。底頁在年月上之左右並列蓋兩司官印，右是「廣西等處承宣布政使司之印」左是「廣西等處提刑按察使司兼管驛傳事印」。其內容先列衣物，後列錫銅磁器，最後列婢女。今僅摘舉數項以供參考。

署廣西等處承宣布政提刑按察使司爲造報事合將參革
永安州知州葉道和任所省寓抄出破爛不堪
衣物粗重器皿存留變價搭解理合逐一列冊
造報施行須至冊者

計開

青緞護膝壹雙
羽紗雨帽壹個
朝帽壹頂　連頂
騷鼠皮帽壹頂　連頂
煖帽胎叁頂
緯帽叁頂　連鍍金水晶頂叁個
貂帽壹頂
呢邊秋帽壹頂
四轎壹乘青布夾圍楊木桿寶藍紬靠墊壹付
錢壹千捌百伍拾文

……………

錢拾千零肆百文

錫器共重貳百壹拾貳觔

銅器共重陸拾貳觔

磁器大小共壹百柒拾伍件

婢女貳口

壹名聯廣年壹拾叁歲

壹名聯發年拾伍歲

乾隆肆拾捌年貳月　日署廣西布政使杜琮
按察使周廷俊

（圖版二）

以上留變物清冊所列內容以每行爲一項計（其中婢女貳口併計爲一項）共六十六項。同案，見本章第三節二之㈠所引總清冊（軍機處檔編號三五七〇〇號）內容，查對其所列各項注明有「留變價搭解」的項目正好也是六十六項。表示兩者編列正確，同時也知道在總清冊中未注明「留變價搭解」的其餘項目應該都是要解京之物。（註六四）

四、估價清冊與知縣印結

㈠**知縣印結實例**：留變物清冊須發給當地知縣召牙商估價，製造估價草冊，草冊製好後牙商須具「無以多估少」甘結一併交給知縣。知縣亦須據此另造同樣無以多估少印結，以證明並無短估情弊，然後與新謄好的估價清冊一起呈兩司（牙行甘結則不一定呈送），兩司審核後照知縣送來清冊製造估價清冊具詳轉呈督撫奏聞並咨行相關各部及軍機處，等候核准照估變價。此時清冊數目視所須咨行機關之數製造，均須蓋兩司印，故當由兩司負責製造。這中間兩司或督撫也會駁令重估。重估工作仍由知縣執行。手續上兩司會飭令府道執行勘核之事。府道在實際查對抄物後再加以核估，認為可以，仍須具「無以多估少」印結，與新造估冊一併呈兩司轉呈督撫。因此估價清冊也有可能附帶有知縣或道府所具印結。目前所得資料只有知縣印結，今舉例於此，以供參考。

第一例是乾隆四十七年浙江省查抄寧紹台道蔣全迪寓所財產時，仁和、錢塘二縣所具無短估之甘結。蔣全迪係因乾隆四十六年間發生的甘省折捐冒賑案遭查抄。有關其查抄清冊，現只有解京物清冊，至於留變物估冊則尚未發現，有待今後續查。於此僅舉估價印結。其內容共為三行，第一行縣名，第二行印結正文共五十一字，第三行年月日與知縣姓名。兩顆縣印並列為一組，蓋在年月上及印結下方共兩組。仁和縣在右，錢塘縣在左。印文是「仁和縣印」「錢塘縣印」，仁和縣印尺寸寬七公分×長七公分，錢塘縣印寬六點八公分×長六點八公分。印結尺寸寬三十二公分×長四十七點五公分。其文字如後：

杭州府仁和錢塘縣　今　於

與印結爲遵札行知事結得卑縣等估報查抄參革寧紹台道蔣全迪寓所資財衣物悉係據實估計

並無短估情弊合具印結是實

乾隆肆拾柒年貳月　日知縣楊先儀鮑鳴鳳

（註六五）

第二例是乾隆四十六年山西省查抄私玉商人張鑾（又作鸞）家產時，陽曲縣就其抄出銀兩，以市平改估成庫平時所具無多估少報之印結。張鑾係因牽涉到乾隆四十三年發生之高樸私玉案（註六六）而遭抄產。目前所見印結係其抄物中之解京物清冊之附件。印結尺寸寬三十二・六公分×長三十二・六公分。寬對折，印結文字及印均在右半紙，左半紙空白。文字共爲四行，第一行爲縣名，第二、三行爲印結正文，第二行五個字，第三行三十一字；第四行年月日與知縣名及其畫押。縣印蓋在年月上，印文是「陽曲縣印」尺寸寬約七點一公分×長約六點七公分。其文字如後：

太原府陽曲縣今於

與印結爲遵

旨議奏事依奉結得卑縣確估過張鸞家內抄出銀兩並無多估少報印結是實

乾隆肆拾陸年柒月　　日知縣周鴻基※

〔註：※此符號之背面處有知縣畫押〕

（註六七）

㈡**估價清冊實例**：第一例爲張鸞（鑾）案中之留變物估冊，本例並未附有知縣印結，不過其內容包含有房屋估價在內，雖不如咨送工部之房屋估價細冊之分析詳盡，但仍值得參考，今即用以爲例。本冊在軍機處檔中編號三一五二八。清冊尺寸約寬二十四公分×長二十四公分。封面左上角貼簽，簽尺寸爲寬十點四公分×長十點三公分。簽左右兩邊各寫一行字，右邊是「山西等處承宣布政使司 山西等處提刑按察使司造送」，左邊是「右玉縣查抄張鸞家產房物等項估變銀兩數目清冊」。貼簽下蓋兩司印並列，右邊是「山西等處承宣布政使司之印」，左邊是「山西等處提刑按察使司兼管驛傳事印」。封面、封底不計，內容共三十頁。每一頁騎縫蓋「山西等處承宣布政使司之印」。底頁寫「乾隆肆拾陸年柒月　日布政使譚尚忠 按察使費　淳」一行。兩司官印並列蓋在年月上，右邊是「山西等處承宣布政使司之印」左邊是「山西等處提刑按察使司兼管驛傳事印」。布政使司印尺寸寬約九點九公分×長九點九公分；按察使司印寬八點四公分×長八點四公分。內容依先後次序分爲一、房屋；二、銀飾、錢、皮衣；三、緞紗紬綾衣料；四、緞綾紬紗衣服；五、布衣被褥毡氈零細等物；六、銅錫鐵磁器；七、木器零星物件馬騾等七類及各類之合計總估價，每一物件之下各寫估價，房屋則以廈、座、間、所，爲單位估價，在估冊之最後一行列有所有留變物之總估價。今除將清冊前文整個介紹之外，每一類並摘舉若干項連同其估價數字一併列後以供參考。

山西等處承宣布政/提刑按察使司爲遵

旨核議具奏事遵將右玉縣造送查抄張鷺家衣物房產估

變銀兩數目理合照造清冊呈送查核須至冊者

計開

張鷺住房壹所共參樓舊瓦貳拾參間計估銀壹百柒拾捌兩

過道貳個　計估銀捌兩

南廊壹廈　計估銀肆兩

門樓壹座　計估銀肆兩

破塌土馬棚草房伍間　計估銀伍兩

空地基叁分　計估銀壹兩

又典樊天相房壹所　計追典價銀壹百叁拾兩

又殺虎口西堡門內土房拾伍間大半坍塌　計估銀肆拾伍兩

以上房屋共計估銀叁百柒拾伍兩

低銀首飾折實銀叁拾伍兩捌錢叁分　計估銀叁拾伍兩捌錢叁分

錢拾叁千壹百文　計估銀拾叁兩壹錢

舊天青宮紬狐狄褂壹件　計估銀玖兩
舊棕色宮紬狐狄袍壹件　計估銀拾壹兩
……………
破爛藍紬羊皮女襖壹件　計估銀壹兩伍錢
破爛青紬狼皮馬褂壹件　計估銀叁兩
以上皮衣貳拾肆件首飾錢文共估銀壹百捌拾伍兩肆錢叁分
漳絨套料壹件　計估銀陸兩
漳絨袍料壹件　計估銀柒兩伍錢
……………
閩緞被面壹張　計估銀壹兩伍錢
零紬貳塊　計估銀壹兩
以上緞紗紬綾衣料零細共壹百壹拾陸件共計估銀壹百玖拾叁兩叁錢
天青宮紬棉褂壹件　計估銀貳兩伍錢
元青線緞單褂壹件　計估銀壹兩肆錢
……………
舊雜色孩衣拾柒件　估銀壹兩叁錢陸分
破爛紬夾襖壹件　估銀肆錢

以上緞綾紬紗衣服共壹百叁拾伍件共估銀壹百拾兩捌錢
色布柒疋　估銀壹兩肆錢
破毛褐衫壹件　估銀壹錢貳分
…………
帽緯伍匣　重貳拾兩　計估銀肆兩
舊緞桌圍椅披拾貳件　計估銀陸兩
…………
舊紬套袖叁付　估銀壹錢貳分
雲肩壹個　計估銀貳分
以上布衣被褥毡氈零紬等物共計估銀肆拾柒兩玖錢壹分
廢銅盆叁個　計估銀玖錢
廢銅手爐貳個　計估銀肆錢
…………
泥硯壹方　計估銀貳分
破小波瓈鏡叁面　計估銀玖錢
以上銅錫鐵磁器共計估銀貳拾叁兩壹錢伍分
舊佛龕壹個　計估銀壹錢

舊供桌壹張　計估銀壹錢

……

馬肆匹　估銀叁拾貳兩

騾叁頭　估銀叁拾兩

以上木器零星物件馬騾共計估銀柒拾捌兩肆錢捌分

通共估銀壹千零拾肆兩零柒分

乾隆肆拾陸年柒月　日　布政使譚尚忠　按察使費淳

〔圖版四〕

（註六八）

以上項目甚多，無法一一列舉。這種估價清冊內容遍及日常用品及家畜，乃至奴婢，巨細靡遺，可說是欲知當日物價及生活程度與價值觀的最佳參考資料。

第二例是乾隆十六年戶部侍郎兆惠奉命全權查抄山東巡撫準泰案。此案兆惠未造清冊，只作抄物清單，但詳列物件，與清冊無異，並以此發司估變。新任撫臣鄂容安即據所估開具估價清單奏聞。其實質亦同估冊。以本案抄物較少，且抄物清單與估價清單內容排列順序大致相同，故舉以爲例，（註六九）以便比較參考其製作方式。

此案抄物清單標名爲「準泰任所銀錢首飾衣物人口單」爲軍機處檔第七二一〇號之附件。估價清單標名爲「準泰貲財衣物估價清單」是軍機處檔第七四四四號。抄物清單首列紋銀、大制錢，其後依序爲金簪、銀簪、銀盃等。估價清單則將紋銀、大制錢置於最後，而首列金簪、銀簪、銀盃等。抄物清單中列有文契、當票及男婦大小家人等，這三項並不列於估價清單中，表示非地方估變物，尤其旗人家的男婦家人必須解旗處理，更不會列入。其餘則葡萄乾及線麵可能因筆誤，致數目有異，及兩件清單除少數項目順序略異外，大致相同。玆舉其留變物清單之部分內容於後，並另以圖版五排列兩件清單前後兩部分項目加以對比，以供參考。

清單

準泰任所銀錢首飾衣物人口單
紋色銀一百六十八兩八錢
大制錢九千七百八十八文
大小金簪十三枝金耳環三副金戒指二個金
錢四個連石共重六兩七錢六分
銀簪花戒指共一百六十一件連石共重二十
二兩五錢
……………

當票四宗共當本錢二百二十七千文
又當票七宗共當本銀八百兩
葡萄乾十七斤
線麵一百一十六斤
薏仁米四斤
男婦大小家人共三十五名口
馬四匹
騾一頭
乳牛一頭
（「準泰任所銀錢首飾衣物人口單」軍機處檔第七二一〇號附件）又見〔圖版五〕

第六節　清　單

一、清單之製造

清單又稱清摺，也稱簡明清單。或簡明總清單。大部分清單是根據詳細清冊所造，將清冊中所列查抄之物分類，只記總件數，金銀也只記總重量，如果是估價清單，則將抄物依類記總件數外，並記估價總數。這樣做的目的在於使日理萬機的皇帝節省閱覽時間，迅速的掌握抄物的大概內容。一般是由負責處理抄案的督撫製造。

前文提及當查抄時，隨著抄物處理的過程須製造各種不同的清冊。這些清冊包括由知縣製造的查抄底冊（抄督撫等大員，則多由道員或兩司製造）及由兩司負責製造的查抄總清冊或分類冊。分類冊又含解京物清冊與留變物清冊，而解京物清冊又有解內務府、解崇文門及解軍機處抄物清冊之別。此外在留變物付之估價後又須製造估價清冊。這些清冊除查抄底冊外，在造好後都會經由兩司呈督撫查核，督撫認爲沒有問題時便據以製造簡明清單，具摺呈覽。這些清單名義與清冊相似。比如據「解內務府抄物清冊」所造的便是「解內務府抄物清單」；據「估價清冊」所造的則是「估價清單」。兩者區別在於清冊是細冊，內容分項一一細列，清單則大半將同類之物併項合計總數而已。在遇到大案發生時，如所抄是督撫等大員，乾隆皇帝就會表現得相當關心其抄物內容。這個時候督撫就必須隨抄隨奏聞，不能等清冊造好才據以製造清單。如不能及時奏聞，乾隆皇帝也會問及。例如乾隆三十四年安徽巡撫富尼漢具奏查封原湖南巡撫方世儁家產一摺，於同年十二月二十四日奉到硃批覽，又於摺內富尼漢寫到現在查封方世儁家產緣由之旁，乾隆皇帝硃批「所查封何物何不奏明」。爲此，富尼漢只好再上奏說明何以前奏未將查封物品內容上奏的原因。富尼漢說：「臣查查封方世儁家產係乾隆三十四年十一月三十日，據湖南藩司申報，臣查方世儁原籍桐城，聞現在寄居江寧，當即密行江寧安徽兩藩司督同地方官嚴行搜查造冊詳報。適臣於十二月初二日交印前赴河南新任，當將查封方世儁家產緣由具摺奏明。至於查封是何物件，臣尚未接有報文，是以摺內未經奏及，惟是臣前摺內不將查封尚未冊報之處分晰聲明，致蒙聖明訓示，臣實惶悚無地，相應查明覆奏，伏乞皇上睿鑑。」（註七〇）因此爲了滿足皇帝特別的關心，在重要貲財都查封得差不多後，主其事的督撫就要迅速將查抄內容摘要並其總數先開具清單具奏恭呈御覽。這種清單就叫簡明清單，將來在各項細數逐一查明後，須另造細冊咨送軍機處查核。例如乾隆三十四年十二月湖廣總督吳達善等查抄原貴州參革糧道永泰在湖北武昌府寓所時，在所有貲財衣物逐一查封後，便將總數先開清單恭呈御覽。所謂的「總數」就是將查抄入官物分類後，按類記其合計數字。金銀、錢文、玉器、尺頭、衣類、田房契書、奴婢、馬匹等都不能省略。唯清冊必須詳細註明每項抄物之質料、狀況，如衣類必註明質料、新舊、顏色、好壞等，而在清單則這些小事可以省略。例如前述「查封永泰寓所貲財衣物單」的內容是：

「銀十二兩；錢十四千三百文，地契一張地四頃四十四畝、房地基五分六釐、土瓦房十五間，價銀四百三十六兩零，坐落霸州王家莊次梅舖煎茶舖等處。」

至其他衣料等則用整數如

「貂皮褂二件，大小毛皮衣共五十五件；綢緞紗棉夾單衣共一百九十一件，綢緞紗共三十三疋，小呢衣料六件；舊皮統二件；白羔兒皮一百張；黑羔兒皮三十九張…………。」

（註七一）清單雖然不必將抄物一件一件詳細列上，但分類則不妨詳細些。以乾隆三十七年七月湖南巡撫梁國治查抄原任湖南按察使法明任所貲財什物開列的清單爲例，共分金銀、錢文、玉器（附珊瑚瑪瑙琥珀、水晶、寶石等項）、朝珠、皮張、尺頭、皮衣、緞衣、綢綾衣、紗衣、布衣、雜項衣類（含帽、帶、荷包、鞋襪、被、帳、車簾等）、雜項什物（含鼻煙壺、鐘、鏡、桌席、文房用具、轎子等）、銅器、錫器、磁器、藥材（含燕窩、茶葉等）馬匹等十八類。如果是查抄原籍則往往還會加上田房數目，之外一般還會加上家人、奴婢之數。（註七二）除將抄物整個寫成一件總清單外，也有督撫一開始就依抄物分類處理的方式將清單分繕爲解京物、留變物與應追出借銀兩等三件清單呈覽的。至於留變物估價後，督撫據估價清冊製造估價清單時，必須將精確數字寫上，不可以約計數値呈覽。（註七三）

清單的製造雖然簡單，但必須注意有些抄物不可載入清單。因爲清單是專供皇帝閱覽的，有些事不宜煩瀆聖聽。最重要的是遇有忌諱之物不可錄在清單上，也不可寫入奏摺上。這時只能另開清單咨送軍機處備案。不過清冊上則須註明。例如乾隆四十五年八月江蘇巡撫吳壇在奉旨查辦于時和盜占其已故叔父大學士于敏中貲產案時，截獲于敏中之妾張氏裝載粗重傢伙物件，由北京回南的滿江紅船隻。結果將其中的玻璨屏及花梨等項木器解送崇文門，其粗重不堪解京的就留江估變，同時分列清單隨摺恭呈御覽，並抄錄清單等咨送軍機處備核。在送軍機處的咨呈中說：「再滿江紅舡內尚有素紬、白布袍及藥餌等物，時當八月，不便入摺上瀆天聰，現在另開清摺一件咨送貴處備案，爲此合咨軍機大人請煩查照施行。」（註七四）

又乾隆五十四年閏五月間，巡漕御史和琳奏，發現湖北幫及胡南幫運送糧米漕船行走羈延八、九日之久。調查結果原是湖北按察使李天培利用福康安託買木植之便，自己也大買木料，共買桅木達一千八百根，派令通幫洒帶。這件案子初由署吏部尚書常青等遵旨議處，當時所奉諭旨是李天培革職發往伊犁效力贖罪，木料查封入官。同一年六月初六日山東巡撫長麟等奏，查出李天培於湖廣漕船除洒帶木植外，另帶有磁炕屏二架，硯台二箱，穿衣鏡一架，壽木二付，奏交變價等語。結果軍機大臣乃致札工部尚書金簡云：「此項物件運到時，大人處驗明收貯，俟回鑾後，將炕屏、硯台、衣鏡三宗照例呈覽外，其壽木二付須改爲木板字樣，交工程處作木板備用，不必另摺具奏，現已札知劉倉場，囑其點明轉交也。」同日軍機處另致札倉場劉（即倉場督臣劉秉恬）云：「本日據山東巡撫長麟等奏，查出李天培於湖廣漕船洒帶木植外，另帶有磁炕屏二架，硯台二箱，穿衣鏡一架，木板二付，業將以上各物移咨大人處查明變價入官等語。此項物件俱毋庸變價，俟運到時，大人查明即交與金大空（即金簡）收存，專此奉達，不必繕摺具奏。」看來爲避忌諱，這些臣工們還得預先私下協調安排措辭，以免彼此惹禍。（註七五）

清單之記載雖力求簡明，但對解京物等較重要抄物如金銀、玉玩、書畫等往往須按件詳列單上。如果抄物中有御賜物，則須單獨謄寫「御賜物清單」

以清單內容甚爲簡單，因此爲彌補清單過於簡要，有些督撫會在細冊造好後咨送一分給軍機處，以備皇帝不時之訊問用，並提供軍機處資訊，備傳諭給督撫時擬稿之參考。有時督撫也會將相關之奏摺內容及清單內容以咨文形式咨送軍機處。因此在軍機處檔中，除正式清單外，還可看到少數錄有督撫所具粘連奏稿與清單在內的咨文。這時清單內容構成咨文的一部分，並非獨立成「單」。由上可知「清單」之數，實際上多於清冊。正式的清單都附在奏摺上呈覽。皇帝在閱覽後，都不退還，有的留在內廷，有的則與奏摺錄副一併保存在軍機處檔中。因此目前可看到的查抄資料，除奏摺及其錄副外，可說以清單最多。（註七六）

二、清單實例

於後即舉清單實例以供參考。

第一例：「張鑾（又作鸞）貲產變解銀兩物件各數清單。」張鸞因涉乾隆四十三年高樸盜賣玉石案抄家，見第五節四「估價清冊與知縣印結」。本例解京物與留變物估價合併於一清單。原係山西省巡撫雅德咨呈軍機處文中所粘附之奏稿與簡明清單之清單部分。其內容係根據解京物清冊與估價清冊造成。（註七七）可謂抄物清冊與清單都齊全的最佳例子。除可用為比較清冊與清單兩者內容之規模外，並可籍以一窺清單之製造方法。其中解京物清冊封面貼簽所寫全名是「山西等處承宣布政／提刑按察使司造送右玉縣解貯張鸞家內抄出金銀珠玉皮張等物應解清冊」（軍機處檔第三一五二九號），其內容共五頁，其中玉器每一種為一項，如青玉碗壹個，玉鼻煙壺貳個，共細列十三項，而在清單中將這些合計為一項；金首飾類、米珠類在清冊及清單中都同樣各寫成一項；骨種羊皮、紅狐腿皮褂甬等在清冊中細分為五項，但在清單中卻將此五項合併為一項；原抄銀兩及元寶在清冊中各依成色細列為數項，共計三十行，但在清單中這些銀兩與元寶卻簡明地寫成一行，只以庫平紋銀合計其總銀數。至於估價清冊，其封面貼簽寫的全名是「山西等處承宣布政使司／山西等處提刑按察使司造送右玉縣查抄張鸞家產房屋等項估變銀兩數目清冊」（軍機處檔三一五二八號——見圖版四），此清冊內容所列估價物共達三十頁，然而在清單中卻將此三十頁內容整個濃縮為一行。今將本件清單內容整個介紹於後。

本件清單錄自山西省咨呈軍機處之咨文上所粘連之「原奏清單」。整件採經摺式，其尺寸均同一般奏摺，封面寫「原奏清單」四字，於「奏」字下蓋「山西巡撫關防」之印。其內容先錄奏文內容，接下是「清單」內容，清單之後才粘連咨文。此咨文亦採封面形式，上寫「咨呈」二字，「呈」字上蓋「山西巡撫關防」一印。最後寫日期「乾隆肆拾陸年柒月三十日」，「山西巡撫關防」一印蓋在年月日之上。今爲方便瞭解「清單」奏呈之程式，即將「原奏」與「清單」並「咨呈」軍機處咨文一併錄於此以供參考。

原奏清單

奏爲
奏明事竊照前撫臣巴延三於乾隆肆拾叁年拾
月初玖日欽奉
諭旨查抄販買玉石案內張鑾家產貲財當經飭司
　查辦將抄存物件開列清單奏蒙
聖鑒並造具變解數目咨送軍機處暨
　刑部在案臣查冊內聲明房屋衣物騾馬等
項照估變價其金銀珠玉皮張提貯司庫搭解
內務府交收等因隨催令該司等分別辦理去
後茲據藩司譚尚忠臬司費淳等詳稱前項房
屋衣物騾馬共估値銀壹千壹拾肆兩零已飭
右玉縣照數變價又司庫提貯原抄市平色銀

折實庫平紋銀叁千貳百貳拾壹兩柒錢零傾
鎔元寶請同金飾珠玉皮張等物一併解送內
務府交納等情造具冊結呈送前來臣覆核無
異除冊結咨送軍機處及刑部並委員解交內
務府查收外所有抄存張鑾貲產變解銀兩物
件緣由理合恭摺奏
聞並繕簡明清單恭呈
御覽伏祈
皇上睿鑒謹
奏
謹將抄存張鑾貲產變解銀兩物件各數目開
具清單恭呈
御覽
一原抄市平色銀叁千伍百陸拾壹兩折實庫
平紋銀叁千貳百貳拾壹兩柒錢叁分
一房屋衣物騾馬等項共估變銀壹千壹拾肆

兩柒分

一青玉碗搬指等項共大小叁拾捌件

一金首飾柒件共重捌兩伍錢伍分

一米珠壹千伍百柒拾貳粒計重壹兩捌錢

一骨種羊皮肆百伍拾叁張袍褂甬貳件紅狐

褪褂甬馬褂甬各壹件

咨呈

巡撫山西兼管提督鹽政印務節制太原城守尉兵部侍郎兼都察院右副都御史雅　爲

咨明事竊照本部院將抄存張鑾貲産變解銀

兩物件緣由于乾隆肆拾陸年柒月初叁日恭

摺具

奏茲于本月貳拾貳日奉到

硃批覽欽此相應抄錄原奏咨呈爲此咨呈

軍機處大人請煩查照施行須至咨呈者

計抄送原奏壹摺清單壹紙

右　咨　呈

軍　機　處　大　人

乾隆肆拾陸年柒月　　三十日

（以上乾隆軍機處檔第三一五二七號）〔圖版四〕

第二例：乾隆四十九年查抄原任廣東運司秦鑛廣東寓所應解京貲財衣物清單。本案查抄時間與前舉山西省查抄張鑾差不多，但兩案所造奏聞用清單內容的記錄法簡繁迥異。張鑾案清單內容太過簡略，而秦鑛本件解京物清單內容卻甚爲詳細，幾與清冊造法無異。查抄時秦鑛因上年三月已先奉旨改補翰林，於五月間將眷口送回原籍無錫，所有任所貲財俱經帶回，寓所止有零星物件，且多爲隨身衣物。因運司也算是地方大員，可能其隨身物多佳品，所以所造清冊及清單便較爲詳細。其中較具價值的是朝珠，此外便是書畫。本查抄工作由福康安與署兩廣總督永德會同辦理，並製造清單。清單內容詳列每件抄物，並詳注朝珠組合材料，書畫亦一一列記作者與書畫名稱，今將每種抄物名摘錄數件以供參考。

查出秦鑛寓所應解京貲財衣物清單

紋銀九百五十三兩一錢三分八厘撥交藩庫

珊瑚朝珠一盤青金石佛頭翡翠記念碧霞玭背雲大小墜腳

雲南青玉朝珠一盤孔雀石佛頭記念碧霞玭背雲大小墜腳

沉香無患子手串二掛珊瑚佛頭記念小玉玩八件

沉香十八子手串一掛珊瑚間子

碎拼珊瑚頂一個

鑲玉紫檀如意四柄

玉梅花一件

……

沉香碎拼如意二柄有一柄斷

沉香八塊重三觔

東莞香六盒重一觔八兩

鑲帽架一對

帽緯五十四盒

鼻烟二十五觔

黑燕窩十觔八兩

廟堂碑一冊

多寶塔一冊

……

宋徽宗高士圖一卷
馬遠山水一卷
文同盤谷圖一卷
李伯時職貢圖一卷
嵇康自書琴賦草書一卷
黃庭堅書李太白歌一卷
趙孟頫十九帖一卷又一冊
趙孟頫字二卷
趙雍雙鈎墨竹一卷
沈周山水一卷
仇英赤壁圖一卷
仇英桃源圖一卷
文徵明輞川圖一卷
文徵明南園圖一卷
文徵明寫生一冊
祝允明字一卷
朱君碧羅漢一卷

董其昌字一卷
明人畫冊一盒
惲壽平平書畫一冊
惲壽平倣古畫一冊
惲壽平山水畫冊一盒
惲壽平題王翬山水畫冊一盒
勵宗萬字一卷
邵寶字冊一卷
郭林宗碑一冊
畫扇面一冊
文徵明落花圖一卷
俞棟畫冊一盒二件
畫人物一冊

（以上乾隆朝軍機處檔第三五六〇四號附件之二）（註七八）

本清單特別詳細抄錄各解京物的原因，一方面是秦鐄原任運使，算是地方官中官位較高者，故皇帝可能比較關心其財物內容，另一方面則是抄物中的朝珠材料必須詳錄以免有人掉包，至於書畫詳錄名稱及作者名字也是基於一樣的道理。這種詳錄朝珠、玉玩、書畫抄物的情形，可說普遍見於當時每一抄案的清單中。除了清單中詳錄這些藝術品的材料，數目，及書畫名稱與作者名字外，查抄物總細冊也一樣對這些物品作詳細記載。這種情況，至少在乾隆時代也可認爲是皇帝特別重視藝術品的結果。

以上所舉的是督撫處理入官物時呈覽的清單。此外，還有一種屬於總管內務府所作呈覽的清單。據〔乾隆朝懲辦貪污檔案選編1〕乾隆二十二年查抄革職雲貴總督恆文雲南任所財物，由欽差刑部尙書劉統勳與暫署雲貴總督印務貴州巡撫定長將查出金銀珠寶玉器古玩朝珠皮張衣物紬緞等項造冊送內務府。內務府照冊查收後，總管內務府即將送到物件另繕清單，一併呈覽。結果奉旨：「銀兩著交廣儲司，其餘俱留內」。可見地方將貴重入官物解內務府後，內務府須據解冊另膽清單，與入官物一起呈覽，請旨做最後處理。

看內務府所造清單，每件入官物含玉器、寶石、畫軸等，皆單獨成行詳列名稱，與同案劉統勳、定長呈覽之清單布局並不相同。劉統勳、定長所作呈覽清單係將類似之數件器物併做一項，記其總數並載估價銀數，冊頁畫軸亦是如此。於此即舉兩件清單相關之部分以供比較參考。

劉統勳定長奏附件，恆文入官產清單：（局部）（註七九）

應解

內務府金銀珠寶玉器古玩綢緞皮衣等項數目單

應行解送

内務府金銀珠寶玉器古玩綢緞皮衣等項數目開後

一金條金錠三百三十六兩二錢二分内有趙二金

四十五兩七錢七分

一金手爐四個重八十九兩四錢

A

一大紅寶石珊瑚帽頂九個碧霞璽佛頭一付約估

銀一百九十兩

B

一大紅寶石碧霞璽坯子四塊紅藍石碧霞璽大

小四十七塊約共估銀三百五十五兩六錢内有

趙二等寶石十四塊

一漢玉松鷺花插等項玩器五十一件約估銀一千

九百四十三兩

一周壺商罇等類古玩銅器十四件約估銀六百四

十八兩

一均窰瓶等類古窰磁器六件約估銀六十兩

C

一冊頁六副手卷二匣畫一軸石玉硯五塊約共估

銀一百五十六兩

總管內務府奏附件，恆文入官產清單：（局部）（註八〇）

恆文名下

金條金錠共重三百三十六兩二錢二分

A

大紅寶石帽頂二箇

珊瑚帽頂七箇

碧砸砿佛頭一副

B

大紅寶石坯子一塊重二兩

碧砸砿坯子三塊重二兩七錢

紅藍寶石碧砸砿大小四十七塊重三兩二錢六分

C

冊頁三副

繡冊頁二副

王原祁冊頁一副

趙千里仇十洲手卷二匣

唐寅畫一軸

玉硯一塊

硯四塊

以上為便於說明，各以A、B、C號標示二件清單之相當部分，可以看出內務府所奏清單中，A字群將大紅寶石帽頂、珊瑚帽頂、碧硒砒（碧霞璽）佛頭等三種分項、分行列出，同樣解物在劉統勳等人所造清單則合併成一項；內務府奏單的B字群是將大紅寶石坯子、碧硒砒坯子、紅藍寶石碧硒砒五種分三項三行列出，在劉統勳等人所造清單則合併成一項；內務府奏單的C字群共七種分列七項，同樣內容在劉統勳等人的清單則更簡單，略去名稱，只記各種數字，仍合併成一項。此正可看出，劉統勳等人的清單雖是據解冊所造，卻符合乾隆早期呈覽用的簡明形式，只要項目清楚，數字符合就可。至於內務府奏單是要連解物一起供皇帝親覽的，必須每種分項分行詳列。而劉統勳等人所造解內務府清冊，今日雖不得見，相信其布局詳細，形式當與內務府所造清單差不多。此外解內務府之物，一般並不估價，此例劉統勳、定長等所作清單卻是每數件並列，計其總估價在清單中，這是很特殊的例子。

【附註】

註一　見大清會典事例，卷一七七。

註二　陳輝祖偷換王亶望入官物之實情，詳見乾隆上諭檔四十七年冬下，四十七年十二月初一日審訊陳輝祖中，陳輝祖之口供。

註三　宮中檔乾隆朝奏摺第五十三輯第二三五～二三六頁，乾隆四十七年十月初三日王進泰奏。

註四　乾隆上諭檔四十六年秋季檔上，第七〇八頁，八月十一日。

註五　宮中檔乾隆朝奏摺第四十八輯 第六六三頁乾隆四十六年九月初四日圖明阿奏。

按，查抄清冊造冊不實之罰則並無明文規定，不過清會典對一般錢糧造冊不實之處罰有一定的規定，今轉錄於此，以供參考。據大清會典事例卷一七七「田賦奏銷」載：「康熙二十二年題准云：凡應完結錢糧，故留疑竇，並不分析，混行造冊題報，以致款項不符者，府州縣衛所官降職一級調用。轉報之司道等官，罰俸一年，督撫罰俸六月。若督撫查參者免議。至經管錢糧各官，將徵收起存原額及支銷總數目，詳加覈算明白，該督撫等覆加磨算，如造冊內數目，舛錯遺漏者，府州縣衛所官罰俸一年，督撫及轉報之司道等官，各罰俸六月。如督撫司道等官造冊舛錯遺漏者，止將督撫等議處。」這樣的規定大致只是對經常例行的錢糧奏銷而設。至於查抄案件是偶發事件，一個正常運行的機構之內，不能預期也不應該期待其必然發生，或許因爲如此，會典事例才看不到相關的規定與例子。

註　六　乾隆朝軍機處檔第一一七七八號奏摺及附件「方世儁高積估變田房什物清單」

註　七　宮中檔乾隆朝奏摺第五十三輯第八五一頁，乾隆四十七年十一月十七日浙江布政使兼管杭州織造盛住奏。

註　八　參見第五章第二節入官物之初步處理，三、入官物之分類及解京物之挑選，第一項解京物之挑選及其實例，又見宮中檔第五十三輯第七二五～七二七頁，乾隆四十七年十一月初九日阿桂、福長安奏；第五十二輯第七八五頁，同年八月二十八日浙江布政使兼杭州織造盛住奏；及同輯第六四〇頁，清單（缺年月日，具奏人。按，當爲盛住奏之附件），第五十三輯第七七頁，同年九月十七日安徽按察使陳淮奏；同輯第一一四頁，同月二十二日兩江總督薩載奏；同輯第一五一頁，同月二十六日王進泰、盛住奏。

註　九　宮中檔乾隆朝奏摺第四十四輯七四五頁，乾隆四十三年九月初十日浙江巡撫王亶望奏。

註一〇　宮中檔乾隆朝奏摺第二十三輯第六〇八頁，乾隆二十九年十二月二十九日江西巡撫輔德奏。

註一一　宮中檔乾隆朝奏摺第七十四輯第二六三頁，乾隆五十四年十一月二十六日琅玕奏，抄謝洪恩。

註一二　宮中檔乾隆朝奏摺第六輯第六六一頁，乾隆十八年十一月五日喀爾吉善奏。

註一三　宮中檔乾隆朝奏摺第四十八輯第八一九頁，乾隆四十六年九月十八日山西巡撫雅德奏，查抄王亶望。又見第五十四輯第五九六頁，乾隆四十七年十二月二十八日浙江巡撫福崧奏。

註一四　宮中檔乾隆朝奏摺第十八輯第二四五頁，乾隆二十八年六月二十一日署湖廣總督湖北巡撫陳弘謀奏查抄革職知府錫占住所。

註一五　宮中檔乾隆朝奏摺第四十八輯第六四六頁，乾隆四十六年九月一日河南巡撫富勒渾奏。

註一六　宮中檔乾隆朝奏摺第六十五輯第三七〇頁，乾隆五十二年八月二十四日浙江巡撫覺羅琅玕奏。截抄行李編號之例又見乾隆上諭檔四十九年冬載，四十九年十二月十一日浙江巡撫福崧奉諭提及查抄道員德克進布家屬行李，查出皮木竹箱包簍等件共二百六十六號。

註一七　除前註琅玕奏之外，又見宮中檔乾隆朝奏摺第六十二輯第二六四頁，乾隆五十一年十一月十五日湖南巡撫浦霖奏，查抄革職雲貴總督特成額家產時，即將玉器珠寶於各件下註明觔重顆粒塊數以憑查對。

註一八　乾隆朝軍機處檔第三八二〇號乾隆十三年十二月二十日山東巡撫準泰奏。

註一九　乾隆朝軍機處檔第二〇二八號乾隆十三年三月十九日奉批之大學士果毅公納親、大學士高斌、浙江巡撫顧琮等奏抄常安。

註二〇　宮中檔乾隆朝奏摺第五十四輯第四〇〇頁，乾隆四十七年十二月十二日浙江巡撫福崧奏附片。

註二一　乾隆四十六年查抄革職浙江巡撫王亶望時是由糧道王站柱造有三分底冊，一呈送總督，其餘兩分分存藩司、糧道衙門。見上諭檔四十七年秋，乾隆四十七年九月十七日。

註二二　乾隆上諭檔四十七年冬下上諭第一三九頁，乾隆四十七年十二月初一日審原浙江藩司國棟。

註二三　乾隆朝軍機處檔第三二一一號乾隆十三年八月二十八日鄂實、彭樹葵奏附件。

註二四　同註三，本章第一節所引。將抄物分類造報又見宮中檔乾隆朝奏摺第五十六輯第八三四頁，乾隆四十八年七月二十六日舒常，伊星阿奏。

註二五　宮中檔乾隆朝奏摺第五十二輯第三七一頁，乾隆四十七年七月初五日江蘇巡撫閔鶚元奏；第五十四輯第一〇二頁，同年十一月二十四日陝甘總督李侍堯奏。又見軍機處檔第二四三七號乾隆十三年六月初七日奉硃批之山東巡撫阿里袞奏抄長蘆鹽政伊拉齊。

註二六　乾隆朝軍機處檔第三二四八六號乾隆四十八年四月十九日山東巡撫明興咨呈軍機處咨文。

註二七　乾隆朝軍機處檔第二四三七號乾隆十三年六月初七日奉硃批，阿里袞奏（缺具奏日）。

註二八　見宮中檔乾隆朝奏摺第五十三輯第二三五頁，乾隆四十七年十月初三日王進泰奏抄陳輝祖，所有抄物一併造冊送部查考；第五十一輯第一三〇頁，乾隆四十七年三月初五日署雲南巡撫李世傑抄陳嚴祖、姜興周、張源曾湖南本籍財產細冊咨送內務府井戶刑二部查核，暨分咨陝甘雲南、浙江各省；第四十九輯第二四五～二四六頁，乾隆四十六年十月十五日署雲南巡撫劉秉恬奏抄張履升等咨部及陝甘總督暨湖北、湖南各省；第七十四輯第二六三頁，乾隆五十四年十一月二十六日浙江巡撫琅玕抄永北同知謝宏恩，將查封過田房衣飾等逐一造冊確估，移咨滇省備抵追項。細冊分送各部事，又見宮中檔乾隆朝奏摺第五十六輯第八三四頁，乾隆四十八年七月二十六日湖廣總督舒常湖北巡撫伊星阿奏抄陳繩祖、楊先儀貲物，其細冊送戶刑工三部及內務府。

註二九　乾隆朝軍機處檔第二一〇五號，乾隆十三年三月二十八日署長蘆鹽政長蘆運使麗柱奏，抄鹽政伊拉齊奉命查明財產呈報內務府；第二四三七號乾隆十三年六月初七日奉批之山東巡撫阿里衮奏，抄鹽政伊拉齊山東貲財，取具該縣冊結及確實供情後咨覆內務府查辦。

註三〇　宮中檔乾隆朝奏摺第四十八輯第八一九頁，乾隆四十六年九月十八日山西巡撫雅德奏。

註三一　乾隆朝軍機處檔第三一四二四號乾隆四十六年七月四日山西巡撫雅德咨呈軍機處文。

註三二　宮中檔乾隆朝奏摺第五十輯第一四六頁，乾隆四十六年十二月七日山西巡撫雅德奏。

註三三　宮中檔乾隆朝奏摺第四十八輯第五一〇頁，乾隆四十六年八月十七日韓鑅、富勒渾奏。

註三四　宮中檔乾隆朝奏摺第五十二輯第七八五頁，乾隆四十七年八月二十八日浙江布政使兼管杭州織造盛住奏；又見上諭檔四十七年秋冬上，四十七年九月十七日、十月初五日、十一月初十日。

註三五　乾隆朝軍機處檔第三五七〇〇號（總冊）；第三五六九九號（留變物清冊）乾隆四十八年廣西布按兩司造。並參見第三五〇一二號乾隆四十八年十二月初二日孫士毅奏；又第三五五三二號乾隆四十九年正月初十日孫士毅咨軍機處文，提及咨送冊二本，所指即此二件清冊。

註三六　見乾隆軍機處檔第二六七七五號乾隆四十五年四月初十日山西按察使袁守誠奏；第二六八六四號同月二十三日護理山西巡撫印務布政使譚尚忠奏。裴宗錫查封物品分類清冊之封面，見註七六引拙文「清代乾隆時期軍機處檔有關抄家檔案之史料及其價值」一文之附圖五之二。

註三七　宮中檔乾隆朝奏摺第二十八輯第三二頁，乾隆三十二年八月二十五日貴州巡撫鄂寶奏。

註三八　給咨牌例見宮中檔乾隆朝奏摺第三十五輯第三八八頁，乾隆三十九年四月二十四日兩江總督統理河務高晉奏查抄雲南藩司錢度原籍家產變價銀之解京。至於戶、刑等部收到清冊後必須會同查核決定准否照冊處理，見乾隆軍機處檔第三一八七六號。

註三九　宮中檔乾隆朝奏摺第五十四輯第三八五頁，乾隆四十七年十二月十日兩江總督薩載奏。

註四〇　宮中檔乾隆朝奏摺第五十一輯第一三三頁，乾隆四十七年三月初五日署湖南巡撫李世傑奏。

註四一　宮中檔乾隆朝奏摺第五十六輯第八三四頁，乾隆四十八年七月二十六日湖廣總督舒常、湖南巡撫伊星阿奏。

註四二　乾隆朝軍機處檔第二七〇四一號，乾隆四十五年四月二十一日額爾登布奏。

註四三　乾隆朝軍機處檔第三三〇六一號。乾隆四十八年六月十五日。本例屬御賜物之處理。參見第五章第四節特殊入官物之處理技術，五之(一)(二)。

註四四　劉墉、王懿德等所造解冊是乾隆軍機處檔第三三〇八四號，奇豐額、袁鑒所造爲軍機處檔第三三〇八三號及第三四〇〇五號。抄陳淮臬司任所貲財係由安徽巡撫富躬率同兩司及府縣等前往執行，見宮中檔乾隆朝奏摺第五十三輯第六四一頁，乾隆四十七年十一月初三日薩載富躬奏。

註四五　見宮中檔第五十五輯第二四〇頁，乾隆四十八年二月二十六日安徽巡撫富躬奏；同輯第二九〇頁，同年三月三日王懿德奏。

註四六　安徽省之布按兩使司事，由江南布按使司各分一使來駐，見清史稿地理志五「江蘇」及地理志六「安徽」「安慶」各條。

註四七　見乾隆軍機處檔第三三〇六一號，富躬咨文及宮中檔奏摺第五十六輯第四七三頁，乾隆四十八年六月十六日富躬奏，提及查抄陳淮解軍機處各物於六月十五日由陸路起程，但奏摺上未提及解冊事。

註四八　宮中檔乾隆朝奏摺第五十六輯第八三四頁，乾隆四十八年七月二十六日湖廣總督舒常、安徽巡撫尹星阿奏抄陳繩祖及楊先儀原籍財產。又見第四十九輯第五八八頁，乾隆四十六年十一月十二日湖廣總督舒常、湖北巡撫鄭大進奏。另見乾隆朝軍機處檔第三九三一號，乾隆十四年正月十九日山東巡撫準泰奏，抄四川汶川縣降調知縣劉士縉原籍。又見軍機處檔第一〇八三二號，乾隆三十四年十月十五日直隸總督楊廷璋奏。

註四九　乾隆朝軍機處檔第一一七七八號，高晉奏。

註五〇　宮中檔乾隆朝奏摺第五十三輯第八五〇頁，乾隆四十七年十一月十七日浙江布政使兼杭州織造盛住奏；軍機處檔第二八九九七號乾隆四十五年十一月十五日浙江巡撫李質穎奏。

註五一　乾隆朝軍機處檔第三一六二號，十三年八月。

註五二　乾隆朝軍機處檔第六六一一號。

註五三　宮中檔乾隆朝奏摺第五十四輯第一三四～一三五頁，乾隆四十七年十一月二十五日閩浙總督富勒渾奏。

註五四　宮中檔乾隆朝奏摺第五十九輯第六八六頁，乾隆四十九年閏三月初六日江西巡撫郝碩奏。

註五五　宮中檔乾隆朝奏摺第五十七輯第五六七頁，乾隆四十八年十月初二日安徽巡撫富躬奏；又見第五十九輯第七七九頁，乾隆四十九年閏三月十八日浙江巡撫福崧奏；又見第十六輯第六〇一頁，乾隆二十八年正月十八日社圖肯奏。

註五六　乾隆朝軍機處檔第一二〇〇二號，乾隆三十五年五月二十二日及第一二四八六號同年九月初六日山東巡撫富明安奏；第一四四九六之一乾隆三十六年七月十四日山東巡撫周元理奏；第四五七三〇號乾隆五十五年九月二十八日陝西巡撫秦承恩奏。

註五七　宮中檔乾隆朝奏摺第五十九輯第四三八頁，乾隆四十九年三月一日山西巡撫農起奏抄寧海知州劉清蓮。

註五八　宮中檔乾隆朝奏摺第五十三輯第八五〇頁，乾隆四十七年十一月十七日浙江布政使兼杭州織造盛柱奏。

註五九　盧見曾入官房屋估價之覆核詳情見軍機處檔第一二〇〇二號乾隆三十五年五月二十二日；第一二四八六號同年九月初六日；第一三三八二號乾隆三十六年二月初八日山東巡撫富明安奏及第一四四九六—一號乾隆三十六年七月十四日山東巡撫周元理奏。周元理奏全文見第五章第三節第二之㈢入官房之估變，註一〇六。

註六〇　宮中檔乾隆朝奏摺第五十八輯第四四一頁，乾隆四十八年十一月二十八日直隸總督劉峩奏，抄原任西安府同知趙杭林家產。

註六一　〔清會典事例〕卷千二百十九，第十一頁。

註六二　乾隆上諭檔五十一年夏。乾隆五十一年五月初一日。

註六三　上諭檔乾隆四十五年冬季第二一一頁，乾隆四十五年十一月初八日，清史稿列傳一百二十四楊景素傳。

註六四　在此所介紹有關葉道和入官物總清冊（軍機處檔第三五七〇〇號）與留變物清冊（第三五六九九號）同爲乾隆四十九年正月初十日廣西巡撫孫士毅咨送軍機處的清冊。見軍機處檔第三五五三二號咨文。

註六五　乾隆軍機處檔第三五二二〇號。

註六六　高樸私玉案詳見佐伯富「清代新疆における玉石問題」（〈史林〉五三之五，一九七〇年九月；東洋史研究會發行〈中國史研究〉第三收）及故宮季刊十三—三、四期傅樂治「清高樸盜賣官玉案考實」（上、下）。

註六七　乾隆朝軍機處檔第三一五二九號附件。又參見註七六引拙文「清代乾隆時期軍機處檔有關抄家檔案之史料及其價值」附圖四。並參見第三一五二七號，乾隆四十六年七月三十日山西巡撫雅德咨軍機處之「原奏清單」。

註六八　乾隆朝軍機處檔第三一五二八號。

註六九　乾隆軍機處檔第七二二〇及附件、七三三〇、七一六四、七四四四號。

註七〇　乾隆朝軍機處檔第一一四九三號。

註七一　乾隆朝軍機處檔第一一四四六號及其附件。

註七二　乾隆朝軍機處檔第一七九八五、一七九八六號。

註七三　宮中檔乾隆朝奏摺第四十八輯第八一九頁，乾隆四十六年九月十八日及第五十輯第一四六頁，同年十二月七日山西巡撫雅德奏。

註七四　乾隆朝軍機處檔第三一六九〇號；三一二四七號。

註七五　乾隆軍機處檔第四〇八五五、四一四六三、四一〇〇一、四二九七九號及乾隆上諭檔五十四年夏下，第三一七、三四一、三四三頁。

註七六　有關奏摺錄副、奏摺附件及軍機處檔案之由來，詳見莊吉發著〈清代奏摺制度〉（國立故宮博物院，民國六十八年九月初版故宮叢刊甲種之十五）第四章辦理軍機處與奏摺制度的演變，第七六～七七頁，又見拙稿「清代乾隆時期軍機處檔有關抄家檔案之史料及其價值」（故宮季刊）第十五卷第一期第三頁。

註七七　乾隆軍機處檔第三一五二七號。又見第五節四、「估價清冊與知縣印結」，及註六六、六七、六八。

註七八　乾隆軍機處檔第三五六〇四號，乾隆四十九年正月二十五日福康安、永德奏附件之二。並參見軍機處檔第三五二四二號，乾隆四十八年十二月廿七日薩載、閔鶚元奏查抄秦鑌無錫縣原籍家產清單。

註七九　（乾隆朝懲辦貪污檔案選編**1**）第二〇—二二頁，乾隆二十二年七月初七日劉統勳、定長奏附件。

註八〇　（乾隆朝懲辦貪污檔案選編**1**）第六〇—六六頁，乾隆二十二年十月十九日總管內務府奏附件。

結論

一

查抄案屬偶發事件，從發生到結束的過程中，最重要的工作就是查抄犯人財物入官。這些抄物屬意外之財，清朝對此意外之入官財物如何處理？對皇室及國家財政有何助益？這是本文研究的重點之一。其次，查抄案既是偶發事件，其處理往往隨個案而略有不同，因此無法完全以固定不變的條文來規範其方式。執行人員以不一定有先例可循，只好隨時請示皇帝。從研究可知，乾隆時代的查抄案處理，完全由乾隆皇帝所主導。當時雖然在處理方面也有與事務性有關的制度存在，不過這些有限的制度並不能解決所有處理的問題。所以皇帝的旨意在此就顯得很重要。本文即就乾隆時代查抄財物入官後的財政效益與乾隆皇帝在查抄案處理中所扮演的角色這兩點加以分析、說明以爲本書的結語。

二

一般認爲抄產都歸皇室所有，其實並不盡然。關於此必須從查封財物的處理原則加以討論。乾隆時代查封財物的處理分爲幾個步驟。入官物處理的第一個步驟是分類。分別挑出解京物與留變物。金銀、玉玩等貴重細軟及書畫等藝術品都屬「應解京之物」，這些都不變價，而是要優先解京，歸皇帝所有。即使查出犯官有虧項，而其他財物不足以彌補，這一部分「應解京之物」也不能用來彌補虧項。

解京物之外就是留變物，在變賣後要與抄出的現銀一起請旨處理。現銀的處理有一個原則，即歸還內帑借項及帑利為優先。這種情形見於鹽商借帑行鹽後，有過失，或犯法時。(註一一)一般犯官並無內帑借款，則抄出之銀要先抵虧項及完贓款。當一個犯官被參時，督撫須先查封財物，並查明有無經手公項，如有虧項，即使結果審明無罪，仍須以查封的財物彌補虧項，有餘則可退還。如果被參結果審明有罪，則其封產先用於彌補虧項及完贓款，其餘整個入官。以上歸還帑銀及虧項和完贓款，可說入官產以平衡財政為優先。

在此所謂的入官，在乾隆四十六年以前可以歸內務府，或崇文門，也可歸戶部，偶爾也留為地方公用。要如何處理，須請旨決定。例見乾隆十六年粵省查抄明福、楊國棟及劉山久等人任所衣物時。總督陳大受及巡撫蘇昌曾奏云：「除劉山久名下金銀應解交內務府外，其明福、楊國棟、胡恒順等名下銀兩應否解部或解交內務府之處，理合一并具奏請旨。伏乞皇上睿鑒訓示。」在此段引文之「解交內務府」之旁，乾隆皇帝硃批「是」。(註一二)可見當時皇室與國家財政似乎不分，因此入官物既可解部也可解交內務府，而究竟解交二者中之那一個，其最後決定權則是操在乾隆皇帝手上。由此也可想到乾隆皇帝在查抄財物的工作上所扮演角色的重要性。同時由此一例也可知道在乾隆初期查抄銀兩的處理辦法尚未制度化，因此臣工才會有「解部或解內務府」的疑問與請旨。

抄銀解戶部抵項之例見乾隆四十六年甘省折捐冒賑案發生初期。乾隆皇帝下諭旨云：「各員貲產除器皿衣飾等項，照舊解京分別辦理外，其餘查封、呈繳銀兩，俱著解交戶部，以抵官項」。（註三）

銀兩的處理在乾隆二十年代以前上諭偶會指示留爲地方公用，但後來則少見，直到乾隆四十六年後才又有了變化。乾隆皇帝頻頻指示將抄出之現銀及留變物估變後所得之銀兩留爲地方海塘工程、河工及其他公用。乾隆四十六年查抄已革浙江巡撫王亶望貲財時，負責查抄的閩浙總督兼浙江巡撫陳輝祖奏云：「臣於六月內查封王亶望寓所銀九萬八百五十一兩八錢，業經奏明解交崇文門。」依此知現銀也有解崇文門的。只是這筆銀兩，因乾隆皇帝在「奏明解交崇文門」諸字之旁硃批云：「何必解交亦留爲海塘之用」（註四）最後是留在浙江省未解京。王亶望係因甘省折捐冒賑案被查抄。對同案其他犯官的入官財物，皇帝也指示將抄出銀兩一律留在地方爲各直省應辦工程及公項費用。據乾隆四十六年兩廣總督覺羅巴延三及廣東巡撫李湖合奏云：「乾隆四十六年九月十七日奉上諭：甘省冒賑侵帑案內各員俱有分肥染指之事，是以將王亶望等家產查抄以抵官項。此等籍沒貲財自應遵照前旨解部，但各直省有應辦工程及公項費用須動撥庫項。莫若即將此項銀兩留爲工程及公項使費之用，將來造冊報部核銷以省撥解之煩。如該省並無工程需用，亦即存留藩庫不必再行解部。其應行解京物件仍遵前旨派委妥員解京。」（註五）這種將抄出入官銀兩及各案估變物所得銀兩留爲地方公用，也見於後來的查抄案，但都須經皇帝指示用途，地方官不得擅便。皇帝指示的用途還包括用爲御巡時修行宮、賑撫地方之需，及修老鹽倉工程等。（註六）

從以上可看出清代抄銀處理的優先順序是：

一、內務府：如欠內帑銀，含本利都須先還清；

二、戶部：如有欠項，須先以抄產抵項；

三、地方：可用於河工、塘工、賑恤及其他公用。

但是並非每件抄案都作如此三種分配。在乾隆四十六年以前，犯官如無虧項，所有抄出銀兩大半解內務府，偶爾才有解崇文門或戶部的，至於留爲地方公用的例子曾見於二十年代的上諭，但在此之後，到乾隆四十六年之間則罕見。（註七）

從入官財物對國家財政的意義來說，在乾隆早期，效益並不能說很大。首先，入官財物中值錢的有兩類，一是金銀飾品、玉器等貴重物品必解內務府呈覽；二是田、房等不動產，留在地方估變爲銀兩，所得款請旨處理。關於第一類，呈覽後留在宮中，不可能變銀，也不會做爲再生產之資本，談不上財政效益。至於第二類田產，時間久了不致變値，仍可依估價售出，所得銀兩當可活用，但是房產則不然，從資料看，雍正時代到乾隆初期對入官房之估變並不積極。例如雍正六年安徽省辦銅案之欠商汪尙埕入官房計四所三十一間，據當初冊報原估徽平徽色銀二千九百六十六兩九錢六釐，可是直到乾隆十四年七月都未執行估變，以上諭命令各省查辦入官房處理情形，只好從新估價以便出售。結果因事隔二十二年，「緊閉多年，風雨剝蝕，梁柱朽爛，瓦房毀壞，將有坍塌之虞，現止實値徽平徽色銀一千四百六十七兩五錢九分七釐，照原估應減銀一千四百九十九兩三錢九釐」，折價超過一半。同案汪右璵之房於雍正八年入官時冊報一所計十四間，原估徽平徽色銀一千一百八十六兩五錢九分四釐，亦因封鎖多年，房間多有滲漏，木料已漸朽爛，到乾隆十四年時止實値徽平徽色銀七百二兩八釐，照原

估應減銀四百八十四兩五錢八分六釐，折價約達五分之二。（註八）

以上的例子，在乾隆初期相當常見。抄產要有效處理，必須爭取時效。衣物拖久不變價，必至霉變腐敗，終至無法依原估價變賣，甚至賣不出去，結果只有糟蹋東西，根本無助於財政。像上文所舉之例，或因估變不易，或以地方官未認眞執行，至委棄多年，最後只能以當初估價的半價左右出售，對國家財政助益效果自然要打折。（註九）這種情形在乾隆中期以後漸有改善，留變物含房屋在內，都盡量迅速變賣，時間大致都不超過十年。所以中期以後抄銀對財政的幫助可能大些。

此外，抄銀的用途之一是彌補犯官虧項，這一點都是確實執行，對平衡地方財政自有一定效果。最後是抵賠欠項有餘之款可留爲地方公用。這一點對地方財政不無小補。不過乾隆四十六年以前，地方能夠分享抄銀的機會很少，抄銀要嘉惠地方財政主要還是乾隆四十六年以後的事。

至於抄銀對當時財政所貢獻的具體數目，則以資料不全，實無法列出數據。

三

乾隆皇帝在查抄案處理中所扮演的角色是絕對的決策角色，當時的抄產處理權完全掌握在皇帝手上，但抄出之入官物不一定都進入皇室財產中。一般查抄財產可說有兩個目的，一在懲罰；一在平衡財政。至其分配，依序是一、平衡財政：要先歸還內帑本息，其次抵補虧項與完贓款；二、抵項等有餘則入官，優先歸內務府，上諭另有旨意的依上諭，有時解戶部，有時留爲地方公用。然而實際上在乾隆四十六年甘省折捐冒賑案發生以前，只有乾隆二十年代，皇帝偶而會指示將抄產變賣所得銀兩留爲地方公用，此後到四十六年之間，地方難得分享到入官財物。因此可說入官產主要還是歸內務府，確實增加了皇室財富。但是清代查抄物並非一開始即歸皇室。

價值觀因時因人而異。雍正和乾隆皇帝父子二人對抄物處理的方式並不一樣。雍正時代入官產是要解戶部的。（註一〇）然而到了乾隆皇帝時代，卻把入官物視爲皇帝私產，漸漸改解內務府。或許乾隆皇帝擔心百姓會以他爲貪財而查抄臣民財產，因此，早期對抄物變價後所得之款有時並不直接了當的指定歸入內府，而是採迂迴方式，由織造解內務府而不經督撫。以乾隆十八年查抄革職山西臬使朱一蜚原籍財產爲例，浙江巡撫覺羅雅爾哈善在查抄工作告一段落後，曾就朱一蜚原籍田房衣飾什物等項估變銀兩如何處理一事請旨。結果乾隆皇帝在他的奏摺上硃批「交申祺請旨」。於是雅爾哈善在全數變竣後，將所有款項移解織造申祺解京歸入內務府。（註一一）可見當時乾隆皇帝要把這些查抄入官之銀公然收入內務府做爲皇室錢財，似乎有所顧慮，因而採取輾轉批示辦法，以避人耳目。此種情形只能解釋爲當時可能制度尚未確立所致。到了乾隆三、四十年代，這類地方估變款，督撫雖在形式上仍奏聞請旨處理，不過文中必先提及「依例解內務府」。可見抄物之處理到此已漸趨制度化。直到乾隆晚年，形式上各督撫仍要請旨後才執行。或因制度已具規模，乾隆皇帝已懶得詳批，對此種請旨的奏摺往往只批一個「覽」字。對這樣一個「覽」字，如果不是制度已有一定的辦法，具奏人將無所適從。例如乾隆四十六年甘省折捐冒賑案發生時兩淮鹽政伊齡阿抄出革職浙江巡撫王亶望，以別號王竹宅名義借給鹽商郭履元等銀共七千兩，現貯運庫。伊齡阿上奏請旨云：「應否解交何處奴才未敢擅便，理合將查辦緣由一并恭摺奏聞，伏乞聖主訓示遵行。」結果所得硃批是「覽」。看來伊齡阿是等於白問。因爲這筆入官銀不用問都應該解內務府。據資料，乾隆時代，凡私玉犯財物，含私玉、私金、及內務府、織造、鹽政屬下犯官之入官產，包含鹽商及與行鹽有關之財物，和所有抄出財物中之精細入官物都要解內務府。而伊齡阿本奏摺所抄之款正是鹽商借去行鹽用，皇帝雖然不做任何批示，伊齡阿應該知道這些銀兩必須解內務府。（註一二）

不過對乾隆皇帝來說，查抄目的與其說是爲了貪得財富，不如說是在維持皇帝權力結構的一環，以查抄做爲掌握君權利器之一。因而在抄案處理過程中，每每可看到皇帝始終居於絕對權威的地位。這種地位，首見於他動員執行查抄的人力方式上。他利用當時維持帝權結構中的兩個重要支柱——縱橫密布的公文網路與日行可達六百里的驛遞來動員全國的督撫與將軍負責查抄工作，並命這些負責查抄的督撫等隨時將查抄情況奏聞，以便皇帝隨時掌控全局。

其次，當時的查抄案處理工作是帝權與制度兩相配合執行的。清代抄產的處理方式到了乾隆時代已具有一定的制度規模，不過這種制度止限於臨場的查抄手續上，諸如抄物的分類，造冊與解送等屬於執行手續上的事務方面而已。相對的帝權卻是無邊的，隨時可干預事務方面的處理工作。很多決策方面的問題，例如抄不抄，抄及那些親戚、家人？這種查抄範圍的決定權，以及抄出財物如何處理？這些重要問題因案情輕重大小有別，自不能以統一的制度來解決，這就須要乾隆皇帝親自決定。即使有些問題，已有先例可循，但負責執行的督撫等在奏摺的遣辭上，總會以請旨方式預留空間給皇帝發揮他的權威。例如，墳園、祠堂、義田等原規定不抄，但是臣工總是以請旨然後處理的方式把這類抄物的處理大權還之於皇帝。而乾隆皇帝對這些請示之摺，大半會硃批：「應給還」或「不必查」等。

又如有些已分家兄弟之產原可不必抄，但督撫還是不厭其煩的要請旨，才敢決定，而皇帝也大致會批「莫波及」等字。此不外在表示恩惠來自皇帝。

以上是督撫等不顧成例，請旨處理，而得到較爲寬厚諭旨的例子。但是另有一種例子是皇帝不顧成例，採嚴苛手段對待犯官家屬的例子。事見乾隆三十三年。本來已出嫁女並不抄及，但是那一年雲南木邦之役，額勒登額爲猛密一路官兵統領，既不能克敵，更調取孫爾桂之兵，使棄要隘，保護額勒登額等。皇帝乃命抄其任所外，又傳諭將其弟家產一併查抄，並將其父子、其弟及已未嫁女全部交刑部監禁。已嫁女、令其離異，並查抄家產。（註一三）此案事關國防所以處罰特嚴，可見規定是一回事，決定查抄範圍的最後權力還是操在皇帝手上。

乾隆皇帝在查抄案處理中扮演的是積極主導的角色。那麼究竟他在做決策的時候，有無一定的原則或標準呢？

從資料看，每有抄案發生時，乾隆皇帝必會指示各查抄負責人「立即前往查抄，勿任隱匿寄頓」，而對抄物處理，他必提到「應當解京的即行解京，餘留變」。其中所指「應當解京之物」就是金珠、玉玩及書畫、藝術品等。有時他也會較具體的指示：「各員貲產除器皿衣飾等項，照舊解京分別辦理外，其餘查封呈繳銀兩俱著解交戶部以抵官項」（註一四）從這些指示，可以看出乾隆皇帝的愛好、價值觀，乃至他的理念。

乾隆皇帝每在主導處理抄案時，必有幾個因素做爲考慮的依據。這些依序是一、維持皇帝的尊嚴；二、重視輿論，國防與邊民的羈縻問題；三、金珠、玉玩、書畫等藝術品都要歸皇帝；四、其餘財物可歸內府、戶部或地方。本文即將這些影響乾隆皇帝個人用來做為決策的因素析出，以供瞭解乾隆皇帝在抄案處理過程中扮演主導角色時所依據的標準是什麼，並以爲本書的總結。

首先，乾隆皇帝很重視自己的權威，只許臣工忠於他，不許有巴結諸王之舉，或彼此勾結，朋比爲奸，因此查抄時，他特別重視抄出的文字，主要目的在看這些臣工平時往來有無勾結，不利皇室的事；此外他偶爾也會對犯官表示仁慈的一面，比如留一部分財物以爲家屬養贍之資，但只許恩惠出自皇帝，不許臣工越俎做人情。

例如乾隆二十八年普福與薩載同因爲果親王弘瞻短價製繡緞朝衣等事發奪官，查抄。皇帝同時宣布云：「一家受恩太重，固非善事，若不時時戒懼，斷不能永受太盛之福也，且此數人之獲罪有一人係朕特意治罪者耶。」但是本案處罰並不嚴格，帝命抄普福任所，變抵官欠，不足者加恩寬免。薩載雖免去蘇州織造之職，卻命令由其父薩哈岱繼子之職爲蘇州織造，尋又命薩載隨侍其父爲佐，逾年改授普福。薩載旋授松江知府。（註一五）

嚴查字跡之諭，見乾隆二十二年時。原任湖南布政使楊灝以侵肥剋扣穀價至三千餘兩，問擬斬候，而巡撫蔣炳等以楊灝限內完贓，擬入緩決。乾隆皇帝認爲蔣炳此舉非尋常朦混瞻徇可比，除革職交部嚴加治罪之外，又令尹繼善、普福前去「將伊本籍家產查抄具奏，如有隱匿寄頓，惟該督是問。看來蔣炳必慣作弊之人，字跡更宜嚴查，」「毋得稍有洩漏」。（註一六）又同年，山西巡撫塔永甯劾新任山東巡撫蔣洲於山西布政使任內虧帑至二萬餘金，陞任時勒派通省屬員彌補，尚有不敷又於壽陽縣方山木植，賣銀補項等語。於是乾隆皇帝命劉統勳將蔣洲革職拏問，並任所字蹟貲財，一併查明奏聞。

又諭「前任山西巡撫明德與蔣洲共事經年，蔣洲侵虧狼籍，明德豈毫無所知，今復據劉統勳奏到，晉省州縣中侵虧庫項，竟有至盈千累萬者，是該省風氣，視庫帑爲可任意侵用，已非一日，明德身爲巡撫，察吏是其專責，乃一任屬員侵帑營私，至於此極，實爲深負委任」。乃命將明德革職拏問，並查封任所貲財。不久劉統勳奏云，明德收受蔣洲及各屬古玩金銀等物。於是乾隆皇帝認爲明德甚屬貪污無恥，諭令解京治罪，並諭云：「山西一省巡撫藩臬朋比作奸，毫無顧忌，吏治之壞，至於此極，朕將何以信人，何以用人，外吏營私貪黷，自皇考整飭以來，久已肅清，乃不意年來如楊灝、恒文等案屢經發覺，而莫甚於蔣洲此案，若不大加懲罰，國法安在。」於是命令將蔣洲即行正法，蔣洲署中所藏字跡書冊則解京呈覽。（註一七）乾隆皇帝在查抄時嚴令查出字跡，其目的除在察看有無透漏金錢往來消息之外，實際上也在防備臣工有無朋比爲奸，或背叛皇帝的言辭。

例如乾隆四十三年發現徐述夔詩集語多憤激，而沈德潛以替徐述夔撰傳，惹怒皇帝。乾隆皇帝認爲徐述夔是逆犯，而沈竟爲之作傳，實屬負恩，因而一併查抄，命毀其御賜詩文碑刻，撤出祠堂內的生像及原入祀鄉賢祠的牌位。（註一八）

乾隆皇帝要臣工對他絕對的忠誠，在辦理查抄案時，要求臣工甚至要有大義滅親的表現。乾隆四十六年甘省折捐買賑案發生時，以閩浙總督陳輝祖及江蘇巡撫閔鶚元之弟都是犯官，都在查抄之列，乾隆皇帝認爲陳輝祖、閔鶚元對其弟必有書信提及王亶望舞弊事，竟不舉發，徇私廢公。乃令二人必須明白回奏與其弟書信有無及王亶望事。並云：臣民如有罪，父不能爲子隱，兄弟亦不可爲兄弟隱。而責陳輝祖與閔鶚元，其弟婪贓不法，竟不舉發，此是只知有手足之情，而不知有君臣之大義，顚倒瞀亂，莫此爲甚。認爲五倫以君父爲重，陳輝祖等隱瞞事實，只有加速其弟之死。因而要陳輝祖與閔鶚元就此事明白回奏。並要將此事傳諭中外咸知皇帝責備陳輝祖與閔鶚元的緣由。逼得閔鶚元等趕緊呈出財產目錄請罪。（註一九）

帝權是絕對的，不容臣工有不誠、不信、不忠、甚至有懷疑皇帝的態度。同時乾隆皇帝很重視個人形象。抄案發生時，他常會令軍機處大臣等傳諭，強調並非爲了利其財物，而是因爲這些人自找罪過，不得不抄，以爲懲罰，以警戒他人。

例如雍正十二年蘇州巡撫高其倬劾罷淮安關監督年希堯，苛刻商民，且縱容僕役，姿意妄行。結果，年希堯家人在京聞信，即到淮安藏匿寄頓。於是乾隆皇帝云：「始朕於年希堯此案猶有矜全之意今觀其先行藏匿資財，曲意防護，甚屬無恥，有虧臣節，乃辜負皇考任用之恩者也。」於是命趙宏恩，顧琮，「盡法處治，應追入官者，即絲毫亦不可假借，庶可處一警百。且朕即位以來抄沒諸臣家私乎，而年希堯如此防範，可惡之極。」（註二〇）

查抄時乾隆皇帝偶爾也會發揮一點仁慈心，指示留些財物給犯人家屬作爲生活費，或給犯人舊衣若干以遮體。但是恩惠必須出自皇帝，不容許臣工越俎代庖搶人情。

例如乾隆四十七年押解因甘省折捐冒賑案而革職的原浙江巡撫王亶望進京時，負責查抄的閩浙總督陳輝祖將抄出的皮衣十六件給王亶望家人領去。此事使乾隆皇帝感到駭異。皇帝認爲，查辦罪犯斷無令其裸身之理，自應酌給數件敝舊衣服遮體，何至將已經抄出皮衣聽情給與。是以衆所共棄之人，而猶瞻顧情面，公爲欺罔。外省官官相護惡習至於此極。皇帝又認爲陳輝祖既與王亶望交好，自應將自己家有皮衣給與，以盡私情，不得將已經查封之物擅自給發。並以陳輝祖這樣的行爲，居心有問題，這件事後來也就成了陳輝祖的罪狀之一。(二二)

乾隆皇帝對查抄犯表示仁慈的一面，主要是對著犯人的家屬而言。常在查抄時指示：「父子不相及」「對兄弟不必過嚴」「其叔應寬免」「其婿耳莫波及」等。有時也會指示將部分抄產加恩賞給犯人家屬做爲養贍用。其數目從百兩銀到二、三萬兩不等，後來也有到二十餘萬的，可能是依罪情輕重而定。

例如乾隆三十二年因滇省緬匪案戰事失利而查封李時升原藉貲財。發現李時升作官年久，從不顧養其母，亦不贈錢其兄，其母兄惟藉祖遺房地以棲身糊口。乾隆皇帝認爲若因子獲罪，致失自給之資，其情轉覺可憫，因此命令加恩，仍行賞其母兄毋庸一併查辦。(註二二)又乾隆二十二年查抄原藩司彭家屏家產時，云：「應入官者即行入官，其房地著加恩酌量留給養贍家口外，所餘田畝分賞該處貧民，交該撫胡寶瑔妥協辦理，並將此通行曉諭知之。」(註二三)此處「酌留部分房地」究竟多少，不得其詳。不過有幾個例子提到稍微具體的數字，或可參考。其一見乾隆四十五年時。已故大學士于敏中的孫子于德裕向官告發于敏中之姪于時和侵占于敏中財產，並請官方做主代爲追回。結果乾隆皇帝判定將于敏中所置義田一千餘畝仍留爲贍養貧族，其餘則分給于德裕二、三萬兩以爲生活費，至其他于時和所侵占銀物一律充公以爲地方用。(註二四)據此可見乾隆皇帝心目中認爲二、三萬兩銀足夠一家人生活費用。不過，此案于敏中家產之充公原非不法所引起的懲罰性抄案，因此皇帝從寬給予超過萬兩銀的數字。因爲另有一例所給就少很多。見乾隆二十年因文字獄抄胡中藻時。乾隆皇帝下諭旨云：

「胡中藻之母，年已八十，其孫亦在幼稚，及伊弟胡中藩等，著從寬免其緣坐。」「胡中藻薄有貲財，既已查出，可酌留百金之產，以贍伊老母殘年，餘應變價，不必充公，反任官役中飽，即於本地擇有益百姓之事用之可耳。」（註二五）此處「百金」以民間通用貨幣講，當作「百兩銀」解。就算百金是百兩黃金，以當時金銀之比率約一比十七（見乾隆上諭檔四十七年冬季檔上第二二四頁）言，也不過一千七百兩銀，與二、三萬兩比較，數目頗爲懸殊。乾隆帝自云，這是「法外施仁」。胡中藻以大逆凌遲處死，能給百兩銀，養贍其老母殘年，乾隆皇帝認爲已經夠了。可能乾隆皇帝認爲最起碼的生活費是百兩，二、三萬兩則算是寬裕了。又乾隆五十五年以四庫全書館任總校官後又升任副總裁的陸費墀，任職先後十七年，發生種種失誤，因而查抄。但乾隆皇帝諭旨，令將陸費墀原籍現有田房產業加恩酌留一千兩之數爲伊家屬養贍，如尚有餘貲即作爲添補三閣辦書之用。結果負責本案之浙江巡撫福崧即遵旨將衣物等件估值銀一千兩之數，賞給伊家作爲養贍外，其餘估變，作爲辦書用。（註二六）又乾隆五十三年因台灣林爽文案後，處罰及於久任水師提督之黃仕簡。乾隆皇帝罰令繳出四十萬兩抵補軍需。不久皇帝改口表示仁慈的一面云：「黃仕簡獲咎滋重，本應加倍罰賠，但其家產是否豐盈，亦當酌留些須以資家屬餬口之需。著傳諭李侍堯約計其現在家產，除交出應賠軍需外，酌留養贍家口，尚能罰繳若干，再行定數具奏。」對此閩浙總督李侍堯復奏云：「所有罰項四十萬兩，似尚能措繳，如果限滿（黃家要求展限一年）實形竭蹶，臣再確查據實奏聞。」最後皇帝下諭旨，免二十五萬兩以爲伊家屬養贍之資，以示格外加恩。（註二七）本案並非查抄，所以才可能爲家屬留下如此之多。

在重大查抄案發生時，乾隆皇帝會特別關心，即使派遣欽差前往辦理，他仍會隨時主導辦案，對每一奏摺，他都會仔細分析案情，並比對欽差大臣等審案過程。結果難免發現有不如帝意情況，於是他會一一駁斥，並指導督撫等審案方向。其最具代表性的是乾隆四十七年查辦革職閩浙總督陳輝祖抽換革職浙江巡撫王亶望入官產中的金玉書畫等案。陳輝祖在本案中所犯罪行包含一、以銀換王亶望入官之金子；二、偷取部分入官銀兩；三、竊取並抽換玉器；四、竊取字畫；五、將王亶望入官之皮衣十六件給王亶望家人領去；六、要求執行查抄之知府王士澣、楊仁譽等，在估變物件內要留幾件，隨將大呢雜錦等件送進督署，後又發還；執行查抄工作之知府王士澣、楊仁譽等各侵用烏雲豹袍褂各件等。

對於這些，欽差大臣阿桂與福長安等並不逐細詰問令其水落石出，僅以委員侵用估變衣物敷衍入奏，乾隆皇帝認爲是阿桂，福長安平日與陳輝祖交好，瞻徇情面，意存開脫，欲推在屬員身上，將來不過入于失查完案。因此令以六百里加緊傳旨嚴行申飭，並就陳輝祖等所犯各罪要求依下列方式加以根究：一、陳輝祖易換王亶望之金以十五換抵算，而現在金價大率須十七換，則陳輝祖等于此內業已私侵二換，伊復何所抵賴；同時金色必有高低，何以俱作十五換半定價，豈十五換半市價僅如此乎；又所稱易銀存貯司庫，亦遂歸入銀數內列單彙奏，應詢之盛柱（新任浙江布政使），伊接任盤查時曾否有此七萬餘兩存庫，如此徹底根究，則陳輝祖之抵換情弊，自難遁飾；二、王站住（原糧道，製造王亶望查抄物底冊）所供本有銀二、三萬兩，此項銀兩又係何人隱匿入橐；三、玉瓶、玉山子等件，陳輝祖覆奏摺內並無一語提及，則隱匿抵換已屬顯然，此等物件，現存何處，係何人藏匿，以上銀兩和玉器，務須逐一究問陳輝祖，必得實在下落；再盛住、王站住皆稱將珠玉、金子等物逐日分款送總督閱看，向來欲看查抄物件，自應往該處面同司道點驗，豈有送向總督私署閱看之理，豈非陳輝祖希圖染指乎。此節當問之高模（執行查抄工作人員之一）自可得其底裏；又王站住從五月查起，至六月初九日即已查清造冊呈送，何以遲至十二月始行解京，非抽換而何；四、王站住所供字畫等件又係何人換去？亦須究問；五、楊先儀供王亶望押解進京時，曾託蔣全迪轉求陳輝祖將抄出皮衣十六件給王亶望家人領去等語。王亶望骫法肆貪身獲重罪，蔣全迪亦係冒賑罪魁，且查辦罪犯斷無令其裸身之理，自應酌給麤舊衣服遮體，今據供是在起解時，乃陳輝祖猶聽其轉行囑求給與衣服，是以衆所共棄之人，而猶瞻顧情面，公爲欺罔，外省官官相護惡習至於此極。況查抄之人，其隨身衣服止應於查抄時酌給數件，何至將已經抄出皮衣聽情給與，此一節，應傳旨向陳輝祖嚴切根究；六、又據王士澣供稱，楊仁譽曾述及陳輝祖說，在估變物件內要留幾樣，隨將大呢雜錦等件送進督署後又發還，又王士澣、楊仁譽各侵用烏雲豹褂各件等語。此等查抄物件豈宜染指，必係總督先有侵換，屬員因而效尤。今陳輝祖曾將金子五百兩取進，又向楊先儀取進大呢雜錦等件，此明係有心侵用，後知事露，復行發還，何未一語問及。況向來查抄物件，原止應將粗重器皿及麤舊衣服留外估變，若細毛皮張及呢錦等件，俱應行解京呈覽，乃陳輝祖竟俱歸入估變項下，非係預爲存留侵用而何。且其解交內務府冊內此等皮張呢錦甚多，何以此內又有存留之件，豈非上下通同舞弊之一證，阿桂等何不向陳輝祖層層詰問乎。（註二八）

由上可知，乾隆皇帝對查抄案的處理手續瞭如指掌，遇有重大抄案發生，除派欽差前往外，對處理過程更是毫不鬆手的運用他的知識以及權威，緊迫盯人，指示辦案方法，不容負責處理的官員有絲毫的鬆懈或瞻徇情面，甚至偷盜的事，可說乾隆皇帝始終主導並掌控全案的處理。

還有一例，可以看出乾隆皇帝主導辦案的另一面。乾隆三十三年山東省查封原任兩淮運使盧見曾原籍德州貲財時，被首出盧家有隱匿衣飾玩物首飾等箱盒及寄放銀兩等。結果查出，查封之諭在六月二十五日，而寄放箱物卻在六月十一、十八日，表示部文未到之前已有洩密之人。乾隆皇帝乃在巡撫富尼漢奏摺硃批云：要先嚴審其得信並寄頓之故，「若必不說得信之故，即夾訊亦不妨，彼若供明則不必刑訊。」後來發現洩密人是盧見曾姻親學士紀昀及軍機處行走之郎中王昶等。乾隆皇帝諭劉統勳、托恩多、英簾等辦理。結果劉統勳等奏云：「此案漏洩通信情事已無疑義。臣等再加詳鞫，按其所犯罪名分別定擬具奏」，皇帝在此摺末硃批：「按例治罪不可姑息」。（註二九）

影響乾隆皇帝決策的另一個要素是輿論。

乾隆皇帝關心輿論，尤其關心與鹽商及有關地方大員的抄案時的輿論反應。這可能是因清室財政與鹽商關係密切，對有關鹽商抄案格外小心，以免人們誤解他因貪財而查抄，致影響鹽商對他的觀點。例如乾隆五十四年前河南藩司，也是鹽商的江蘭，因藩司任內於未經題估之工，擅行動款，並浮發銀至二萬兩之多。乃命鹽政全德密行查明江蘭家產，留心防察備抵。結果全德將江蘭家內一切貲財產業詳細搜查，一面委分司將江蘭押解赴豫，並將江蘭運本鹽地及田產衣物等項開單具奏，同時將江蘭之弟江蕃家產及堂弟江春旬附本銀兩一併查封。結果奉旨所辦過當。乾隆皇帝認爲江蘭罪不致查產，即使有贓私情弊，亦祗應查抵江蘭家產，與伊兄弟並無干涉。全德之舉無異辦理大案，輕重失宜，因而嚴行申飭。同時皇帝認爲江蘭曾任藩司大員，全德將伊解豫時，自應將此案大概情形訊供，先行具奏，今摺內並無一語提及，並要全德將其餘鹽商對此案有何議論一併奏聞，同時令全德將江蕃，江春旬名下運本鹽窩田產等項全行給還，以免拖累，且令衆商知之。（註三十）由皇帝特別要求將鹽商對本案的議論奏聞，及叮嚀將給還江蕃等人貲產事「令衆商知之」，可知皇帝非常關心鹽商對江蘭抄案的看法。結果全德奏云：「遵即傳集各商並江蕃、江春旬到來，面宣諭旨，將伊二人貲產全行給還。」

另有一例，皇帝一樣直截了當的表示關心在處理大員抄案時的輿論。那就是乾隆四十七年查辦革職閩浙總督陳輝祖家產時。負責查辦本案的兩淮鹽政伊齡阿與蘇州布政使伊星阿發現陳輝祖的兒女姻親吳以鎮有隱藏其女奩田之嫌，吳以鎮是寄籍編修，當時正行淮北引鹽。於是伊齡阿等請旨欲革去吳以鎮編修之職以便辦理。對於此奏，乾隆皇帝並未答應伊齡阿的要求。乾隆皇帝有顧慮，他認爲蘇州人好妄生議論，如果有意從嚴，怕人們會以爲皇帝爲利其財產刻意搜求。因此傳諭伊齡阿等「陳輝祖在蘇財產，官民等敢爲隱匿，自應究問，若吳以鎮與陳輝祖誼涉姻親，未將奩贈之物呈出，尙非有心欺隱，伊齡阿等祇須查追原物入官，所請將吳以鎮革職之處可以不必。」（註三一）

可見乾隆皇帝在考慮要不要查抄某人時，輿論反應也是他用來衡量的因素之一。

影響乾隆皇帝決定是否查抄某人的因素還有國防的安危及邊民的羈縻問題。國防方面，只要戰事失利就要查抄相關失職人員。至於邊民羈縻問題見於乾隆四十八年廣西省鄉試時。因第一名舉人岑照、闈藝與平日文理不符，查訊結果供認賄囑永安州知州葉道和密令其幕友代倩傳遞，抄襲得以中式。於是巡撫孫士毅請旨革去葉道和知州之職與岑照舉人身分，並抄及葉道和之父四川敘州府知府葉體仁之產，也要查辦岑照之父土司岑宜棟。關於岑宜棟，乾隆皇帝在孫士毅十一月十三日的奏摺上批示：「此人不可仍留彼處，以其究係土司也，其世襲自當與其族人或兄弟。」可見乾隆皇帝此時對土司岑宜棟的處罰是相當嚴厲的。到了十二月十七日，乾隆皇帝諭令大學士阿桂等字寄孫士毅云：此案土知州岑宜棟於伊子岑照囑託代倩傳遞私許銀兩之處，雖不知情，將來部議時自應革職。但岑宜棟係該處土司，伊子因科場舞弊寘之典刑，其革職之後，是否尚知畏懼，比前更加謹飭守法，留於彼處不致滋事之處，自應留心體察。著傳諭孫士毅，即飭所屬須不動聲色，密加查訪，據實具奏。其土知州世襲，自當於岑宜棟族人及兄弟中選擇誠妥者承襲，並著孫士毅酌議具奏。此諭以四百里傳諭令知之」。廣西距京驛遞里程四千六百五十四里（註三二），以日行三百里計，需時十五天半，若以日行四百里計，約需十一天半。孫士毅最早奏聞岑照等鄉試舞弊事在十一月十一日，如果奏摺係以日行三百里計，皇帝獲得這件消息約在十一月二十六日或二十七日，如果是以日行四百里寄出，則到京時間約在十一月二十二日或二十三日。現在假定皇帝是在十一月二十六日接到本案的消息，則直到十二月十七日經由阿桂等傳諭孫士毅的這道上諭發出之間，前後約二十一天，乾隆皇帝所想的始終都是要更改土司岑宜棟，並要將其土知州世襲轉給其族人或兄弟。但中間難免有一絲憂慮，擔心岑宜棟萬一被革職，是否會比前更加謹飭守法，是否會滋事，因此要孫士毅留心體察。可是兩天後的十二月十九日，或許經過長考，乾隆皇帝趕緊又傳諭孫士毅云：「岑照於科場大典，交通賄囑，傳遞舞弊，法無可寬，自應置之重典。至伊父岑宜棟，既經訊明並不知情，自屬與伊無關。若因伊子岑照之故，而罪及其父，將土知州另行更換，轉恐伊管轄之人，心懷疑懼。……著傳諭孫士毅差妥人，明諭以不加伊罪，即將岑宜棟檄調赴省親自宣諭，以子罪不連及其父，令其較前加倍謹飭，照舊供職。如岑宜棟感激朕恩，心殷報效，不拘常格，有自行議罪之請，亦無不可加恩俯准，但不必強其從事，以示懷柔。即著該撫據實具奏，俟朕定奪。將此由五百里傳諭知之。」這兩道上諭一在十二月十七日以四百里發出，一在十二月十九日以五百里發出，五百里需時約九天，因此雖然先後相差二天寄出，但到達孫士毅手上，很可能是在同一天的十二月二十八或二十九日（當然這是以正常驛遞程速計算，京師到廣西之間難免有崎嶇險路，加上天候變化，速度可能受影響。）不過在這兩道上諭還未到廣西的同年十二月十八日孫士毅奏，正在查取岑宜棟家族宗圖何人可以承襲土司之職，並先令其來省後，即令遷移、解其職。在此奏摺「令遷移」諸字之旁，乾隆皇帝硃批云：「亦可不必矣」。接著孫士毅接到了前述兩道上諭，於是奏云：土田州一缺，於廣西諸土司中所轄之地較廣，岑宜棟自乾隆十一年襲職，服官最久，伊管轄土民尚皆貼服，見數十年熟習之長官不至更換，亦必感誦皇仁傾心悅服。結果岑宜棟感恩之餘，自議罰銀十萬兩，而硃批免其一半。（註三三）

在此可以看到，經過二十數天的考慮，乾隆皇帝由當初決定要革去土知州岑宜棟的職務轉而改變態度，要孫士毅明諭岑宜棟以子罪不連及其父，令其較前加倍謹飭，照舊供職，爲的就是表示懷柔。可見是否處罰岑宜棟已不重要，皇帝關心的是會不會因而衍生出邊地問題，影響邊民的羈縻政策。本案，因不處罰岑宜棟的表面理由是「子罪不連及其父」結果另一要犯葉道和的父親葉體仁也一起蒙恩，以同樣的理由，免遭查抄，只是將其財產以他有兩個兒子，乃均分爲兩股，僅抄其中屬於葉道和的一股。（註三四）

影響乾隆皇帝決策的又一個重要因素是他的愛好。

在處理抄出之財物時，乾隆皇帝最關心的是古玩、玉器及書畫等藝術品。因此他要求優先把這些藝術品中的佳物解京呈覽。至於佳物與否則委由負責查抄之督撫憑他們各自的觀點決定。爲了要讓地方將藝術品能夠確實地解京（有時是行在），他採取了幾個步驟。第一、抄物處理的首要工作就是分類。要將抄物分別解京與留變兩類。解京物是抄物中的精華，含金玉及各種書畫、銅磁器等藝術品在內。同時乾隆皇帝必在有關抄物處理的奏摺中，不忘加上硃批，要求「所抄之物應解京者即行解京，其餘留變」。可以想像，皇帝等著要看這些解京物。（註三五）第二、查抄時必須隨手製造清冊底冊，但這種清冊內容巨細靡遺，只能咨送戶部，內務府、軍機處等機關，不能呈覽。每一抄案的抄物內容，皇帝都很關心，但是皇帝日理萬機，無暇細讀瑣碎的清冊，因此必須根據清冊另造簡明清單，專供呈覽用。清單應該是簡略的，但事實上對一般物品只是合併同類，記其總數而已，可是對重要藝術品，大部分清單都會細載其內容，例如玉器必每件詳記顏色，甚至重量，並依其造形給器物名稱，一一載在清單上；繪畫則必記作者及畫的名稱，幾乎與清冊相同。可見乾隆皇帝對清單製作的要求並不馬虎，對藝術品他每件都想知道，也想擁有。第三、他平時就關心臣工家的收藏，萬一查抄對象是收藏家或高層官員，他一定掩不住好奇心，他會忍不住問「所查封何物，何不奏明。」（註三六）偶而得知某人有特別的藝術品，他會牢牢記在心中。當他發覺被抄財物內，沒有他期待的藝術品時，他會下諭旨尋找下落。例如乾隆四十六年查抄王亶望時，他降旨說：王亶望平日收藏古玩字畫等最爲留心，從前呈進各件，未經賞收的尚較他人爲優，而今，他的入官物內竟多係不堪入目之物；且王亶望刻有米帖墨榻一種，曾送高樸，在高樸查抄物內見到，此種墨榻必有刻石留存，並不見於此次王亶望抄物內。

於是乾隆皇帝命以六百里傳諭欽差大臣阿桂等查訊實情，迅速覆奏。此案，最後終於找到了米帖石刻，迅速解京。（註三七）第四、抄物中，乾隆皇帝的最愛可能是玉器。乾隆四十五年查抄革職雲貴總督李侍堯財物時，即命將抄出原備貢之玉器如意等件交行在軍機處呈覽。另有備貢銀五一四兩及所辦備貢用龍袍九套則送內務府。在此玉器、如意等解往行在軍機處，而不解內務府，當是皇帝不在京，而他又特別關心玉器，急著想看之故。（註三八）

其實只要是佳物，乾隆皇帝都想看。無論內務府大臣或地方大員，大概也都瞭解皇帝的愛好，因此都能從抄物中挑選出並迅速解內務府，而內務府大臣也不會耽誤時間會立刻呈上。至於呈上後，皇帝都會把它留在大內，自然變成皇帝私有。例如乾隆三十七年十月初五日，總管內務府奏：浙撫差人解到錢度幕友葉士元并伊弟葉士俊二人名下查出財物，內務府乃繕清單奏上。結果奉旨：金飾、琥珀桃、冊頁、銅手爐等項俱著留內，其銀兩交內務府知道。（註三九）

又如前引四十五年李侍堯案，於九月二十六、二十八日，英廉、金簡等奏將李侍堯任所金如意、金器、玉器、衣物、字畫等第一、二次解到物中揀選堪可備賞物件呈覽，奉旨：著留內。（註四十）

在平時，乾隆皇帝就認爲最好的藝術品應該歸皇帝，如果臣工把佳物留藏家內，止貢獻平凡之物給皇帝，皇帝便會認爲這個人喪盡天良。例見乾隆四十三年派阿桂爲欽差前往查抄高樸家財時。在阿桂的奏摺內提到現在查點物件，並搜出高樸家信事。乾隆皇帝乃就其事降旨云：「今高樸家內既查得金珠玉碗等物，與色提巴爾弟所開之單約略相仿，其斷非虛妄。閱單內開載玉碗甚多，且其家信并云：係極好者。高樸每次所進玉器不過九件，又俱甚平常。今乃以佳者留藏家內，即此一端亦可見其天良盡

喪矣。著阿桂等逐一點明嚴密封識，俟回鑾呈覽。」（註四一）

由此可知查抄的文物是經由何種方式入宮的。同時也可以知道抄物中最好的藝術品都要入宮，其餘則一律估變。這些入宮物更加充實了皇室的收藏。

總之，乾隆皇帝在查抄案處理中所扮演的是積極主導的角色。他操縱查抄與否的決定權，查抄範圍的決定權與抄物給不給還，或給還多少，要不要留部分財物給被抄之家做爲生活費等的決定權。他主導辦案的方向，甚至分析案情，指導負責查抄工作的臣工審訊犯人的方式。至於影響乾隆皇帝決定如何處理抄案的因素，則包含是否能維持皇帝的尊嚴及輿論、國防、邊民的羈縻政策等。之外，他的愛好也影響了他的決策。他對玉器、古玩、書畫等藝術品特別喜愛，查抄物處理時，這些都須優先解京，稱爲「應當解京之物」。而當時抄物處理手續也以重要藝術品必須解京爲設計的重心，其次才是銀兩的處理。

清宮文物收藏途徑很多，包含繼承前明及其以前傳下來之宮中文物；臣工呈獻；外國進貢；皇帝親自購買；內務府造辦處如意館等製造；皇帝以借看名目強行借自臣下而不歸還；戰勝敵人後搜刮而來；以及查抄犯人家產後得來的。（註四二）從本文的研究，可以知道其中的查抄入官之物是如何進宮的。同時也可以知道，這些查抄進宮之物品絕不在少數。它們都是抄物中的精華，必然豐富了清宮的收藏，其中必有很多保存在國立故宮博物院現藏國寶中，提供我們共賞。雖然以資料有限，我們不能確知那些是查抄得來的，但故宮博物院的文物都是精品，這是大家有目共睹的事實。

不過，平心而論，乾隆皇帝之查抄臣民，不管其原因如何，其目的主要並不在財產。財產的沒入是不得已的手段，眞正的目的大半是在懲貪。雍正皇帝爲整頓吏治，認爲須培養官吏廉潔不貪污之心，因而對地方官除薪俸之外，另又設計養廉銀，以補救地方官因薪俸微薄不敷生活費之窘境，以便安心注力於地方政治。雖然養廉銀之數，因省，因官職而異，但少則達地方官薪俸的二、三倍，多者甚至可達數十倍乃至百倍之數。於是，自此法實施後，雍正皇帝在晚年也認爲確實做到「吏治稍得澄清，閭閻咸免擾累。」（大清世宗憲皇帝實錄卷一五七，雍正十三年六月乙亥）然而官場惡習依舊存在，只是潛伏未顯而已。無論大小官吏，只要有機會照樣會貪污。到了乾隆初期，因爲放鬆了對官吏的約束，致綱紀漸弛，加上此時養廉銀制度漸漸固定成一般的加薪，官吏並未對此養廉銀存有初時那種感激之心，而物價又越來越高，即使有了養廉銀仍不敷應用，無法順利遂行公務，於是復向人民加派，至要求陋規，更不擇手段以求增加收入。（註四三）從本書使用資料可以看到乾隆朝貪贓官吏實在不少。

這些貪污之輩，或因政府懲治不嚴，或因漏網而逍遙法外者衆，於是難免心存僥倖，以身試法者乃有增無已。或許乾隆皇帝也覺悟到不能放任下去，只有嚴行執法。既然不可能在既有的養廉銀之外，再增加官吏的收入，那麼只有以懲罰來遏止官吏的貪污。因此查抄的執行，雖非絕對有效的方法，但對官吏自有其警戒作用，於當時整頓吏治實不無裨益。對乾隆皇帝來說，這才是執行查抄的主要目的，至於財產的沒入，可說是做爲懲罰的手段而已。

【附註】

註　一　查抄鹽商銀兩處理順序，見宮中檔乾隆朝奏摺第二十輯第一六二二頁，乾隆二十八年十二月二十四日高誠奏，查抄朱立基欠內帑生息銀及引課事，先歸內府生息並所欠引課等銀，此外才賠所虧帑課。又見同輯第八〇六頁，二十九年三月十五日高誠奏。

註　二　乾隆軍機處檔第六七九七號，陳大受、蘇昌奏、硃批時間，乾隆十六年閏五月二十二日。

註　三　見乾隆上諭檔四十六年秋季檔下，第三九六頁，四十六年九月十四日上諭。

註　四　宮中檔乾隆朝奏摺第四十八輯四〇六頁，乾隆四十六年八月九日陳輝祖奏。

註　五　宮中檔乾隆朝奏摺第四十九輯三四七頁，乾隆四十六年十月二十四日兩廣總督覺羅巴延三，廣東巡撫李湖奏。

註　六　乾隆上諭檔四十七年冬上，四十七年十月二十八日；四十八年冬，十二月十二日；四十六年秋季檔上，七月初三日諭。粘修行宮例見四十七年冬下，第二〇一頁及清高宗實錄第一一七〇卷，四十七年十二月辛未條。

註　七　乾隆四十六年以前所見抄銀留為地方公用的例子有：

乾隆二十年上諭：「將胡中藻抄出貲財變價，不必充公，即於本地擇有益百姓之事用之。」見清高宗實錄卷四八六，二十年四月乙卯。又同年同月癸酉，查辦宮爾勸家產後，上諭：「經審明宮爾勸追賠之項，俱已扣清歸款，此外所餘若無可惡情罪，自應給還本人，即使情罪可惡，不應給還，亦當留充地方公用。」見清高宗實錄卷四八七。

註　八　乾隆軍機處檔第四七四三號，十四年七月二十九日兩江總督黃廷桂，安徽巡撫衛哲治奏。

註　九　參見清高宗實錄卷三三五，乾隆十四年三月己酉朔；卷三四一，同年五月乙亥上諭。入官房拖久後，以傾圮等因素，至折價估變之例又見宮中檔乾隆朝奏摺第六輯，第七八八頁，乾隆十八年十一月二十日直隸總督方觀承奏，雍正四年原任山西大同府知府欒廷芳虧空案抵項房屋原估價銀一萬一千一百七十兩，到乾隆十八年爲要結案，以事隔二十七年房宇多損壞，價昂難以召變，只好減估。結果以較原估短少銀七千四百一十一兩零之價處理。

註一〇　宮中檔雍正朝奏摺第九輯八八二頁，雍正六年二月二十五日巡視長蘆等處鹽課監察御史仍兼內務府郎中鄭禪寶奏。

註一一　中祺當時任杭州織造兼管南北新關稅務。（見清高宗實錄卷二六三，乾隆十一年閏三月辛酉條）本案見宮中檔乾隆朝奏摺第四輯七一一～七二二頁，乾隆十七年十月三日及第五輯四一五頁，乾隆十八年五月二十日浙江巡撫覺羅雅爾哈善奏。入官財產對國家來說是意外之財，乾隆皇帝把這種意外之財歸入內府，卻採用輾轉奏聞方式，以避人耳目，方便做爲私房錢。這類例子又見於織造養廉餘剩銀。乾隆十九年四月二十六日江南安徽布政使兼管江寧織造高晉曾以織造養廉餘剩銀如何處理之處請旨，乾隆皇帝即批「交海望」。（見乾隆宮中檔第八輯一一四頁。）海望時爲內大臣兼管內務府事，並兼崇文門監督及戶部尙書。

註一二　宮中檔乾隆朝奏摺第四十八輯，乾隆四十六年九月初十日伊齡阿奏。

註一三　清高宗實錄卷八〇四，乾隆二十三年一月癸酉；同月丙寅；卷八〇八，同年四月甲子條。

註一四　乾隆上諭檔四十六年秋季檔下，第三九六頁，四十六年九月十四日上諭。

註一五　宮中檔乾隆朝奏摺第十八輯第二三四頁，乾隆二十八年六月二十日江南河道總督高晉奏；同輯第二五八頁同月二十二日原河東鹽政，新任蘇州織造薩哈岱奏；同輯第二七九頁同月二十四日兩淮鹽政署蘇州織造高恒奏；清史稿卷一一二薩載傳。

註一六　清高宗實錄卷五四六，乾隆二十二年九月戊戌上諭。

註一七　清高宗實錄卷五四八，乾隆二十二年十月甲子，卷五四九同月丙戌；卷五五〇，同年十一月癸巳；卷五八二，乾隆二十四年三月辛巳各條。

註一八　見本書第五章第四節五「御賜物之處理」。

註一九　宮中檔乾隆朝奏摺第五十輯第二三四頁，乾隆四十六年十二月十三日；第七一九～七二一頁乾隆四十七年正月二十九日江蘇巡撫閔鶚元奏；又見本書第三章第二節三「防匿措施」之㈣。

註二〇　清高宗實錄卷十，乾隆元年正月壬寅；卷十三，同年二月條。

註二一　乾隆上諭檔四十七年冬上，乾隆四十七年十月二十四日上諭；宮中檔乾隆朝奏摺第五十三輯第七二六頁，乾隆四十七年十一月初九日阿桂福長安奏。

註二二　清高宗實錄卷七八五，乾隆三十二年五月乙酉上諭。

註二三　彭家屏案見清高宗實錄卷五四〇，乾隆二十二年六月丁卯諭。

註二四　乾隆朝上諭，乾隆四十五年秋，乾隆四十五年七月十二日；同月二十三日。

註二五　清高宗實錄卷四八六，乾隆二十年四月乙卯諭。

註二六　乾隆朝軍機處檔第四六四七九號，乾隆五十五年十一月二十三日浙江巡撫福崧奏。

註二七　宮中檔乾隆朝奏摺第六十八輯第七〇〇頁，乾隆五十三年七月二十二日閩浙總督李侍堯奏；第七十四輯第三〇七頁，乾隆五十四年十二月一日閩浙總督覺羅伍拉納、福建巡撫徐嗣增奏。

註二八　乾隆上諭檔四十七年秋季檔，乾隆四十七年九月二十二日；四十七年冬季檔上，同年十月二十四日上諭。

註二九　見本書第三章第二節二項「隱匿入官產實例及其處理」註二十三、二十七。

註三〇　宮中檔乾隆朝奏摺第七十四輯第四〇二頁乾隆五十四年十二月十一日；同輯第五一一頁，同月二十七日全德奏。

註三一　宮中檔乾隆朝奏摺第五十三輯第四一一頁～四一五頁，乾隆四十七年十月十七日伊齡阿、伊星阿奏。又見本書第三章第二節第三項。

註三二　見清國行政法第三卷，第三三七頁。

註三三　見宮中檔乾隆朝奏摺第五十八輯第一九〇頁乾隆四十八年十一月十一日；第二三〇頁同月十三日；第七三五頁同年十二月十八日；第八六一頁乾隆四十九年正月三日廣西巡撫孫士毅諸奏及清高宗實錄卷一一九五，乾隆四十八年十二月戊寅（二十一日）條；宮中檔乾隆朝奏摺第六十輯六一頁乾隆四十九年四月十二日廣西巡撫吳垣奏。

註三四　宮中檔乾隆朝奏摺第五十九輯二三九～二四〇頁，乾隆四十九年二月初二日；三六〇～三六一頁，同月十九日湖北巡撫姚成烈奏；清高宗實錄第一一九七卷，乾隆四十九年正月甲寅諭軍機大臣。本案參見本書第四章第三節二—㈢。

註三五　乾隆朝軍機處檔第二一二三號，乾隆十三年三月二十七日大學士訥親、高斌、浙江巡撫顧琮奏，查抄革職浙江巡撫常安。第二四二四號，乾隆十三年五月十九日浙撫方觀承奏。

註三六　乾隆三十四年安徽巡撫富尼漢奏查抄已革湖南巡撫方世儁家產，於同年十二月二十四日奉硃批「覽」，又於摺內富尼漢寫道現在查抄方世儁家產緣由之旁，乾隆帝硃批：「所查封何物何不奏明」。因此如果說皇帝不關心抄物內容，那是假的。不過可以確定的是乾隆皇帝關心抄物中的藝術品甚於銀兩，畢竟他是頗具好奇心的藝術品愛好者。（參見本書第六章第六節「清單」一，及乾隆朝軍機處檔第一一四九三號）

註三七　乾隆上諭檔四十七年秋季檔第六七四～六七五頁，四十七年九月十六日上諭；宮中檔乾隆朝奏摺第五十四輯一三四～一三五頁，閩浙總督富勒渾奏。又見本書第二章第四節最後一段。

註三八　乾隆上諭四十五年春季檔，四十五年三月二十二日諭欽差尚書和、侍郎喀、署雲貴總督舒。

註三九　〔乾隆朝懲辦貪污檔案選編1〕第三六九頁。

註四〇　〔乾隆朝懲辦貪污檔案選編1〕第一一二七頁。

註四一　乾隆上諭秋季檔五二九頁，四十三年九月二十日諭；清高宗實錄卷一〇六七，乾隆四十三年九月丙午條。

註四二　參見張臨生「國立故宮博物院收藏源流史略」，見〔故宮學術季刊〕第十三卷第三期，民國八十五年四月；王耀庭「十八世紀宮廷繪畫」見〔故宮文物月刊〕第一卷第十一期，民國七十三年二月。

註四三　關於養廉銀制度參見佐伯富「清代雍正朝における養廉銀の研究——地方財政の成立をめぐって——」（〔中國史研究第三〕收，東洋史研究叢刊二十一之三，同朋舍、一九七七及東洋史研究二九之一、二・三；三十之四，一九七〇年六月、十二月；一九七二年三月。並見鄭樑生譯〔清代雍正朝的養廉銀研究〕臺灣商務印書館，人人文庫，民國六十五年。）

【參考書目】

㈠檔案及官書部分

〔宮中檔雍正朝奏摺〕全三十二輯，國立故宮博物院出版，民國六十六年—六十九年。

〔宮中檔乾隆朝奏摺〕全七十五輯，國立故宮博物院出版，民國七十一年—七十七年。

〔乾隆朝軍機處檔〕國立故宮博物院收藏。

〔大清世宗憲皇帝實錄〕華聯出版社，民國五十三年。

〔大清高宗純皇帝實錄〕華聯出版社，民國五十三年。

〔大清仁宗睿皇帝實錄〕華聯出版社，民國五十三年。

〔乾隆上諭檔〕國立故宮博物院收藏。

〔欽定大清會典事例〕臺灣中文書局據光緒二十五年刻本影印。

〔清國行政法〕全七卷，汲古書院發行，一九七二年，東京。

〔史料旬刊〕國風出版社，民國五十二年。

〔崇文門商稅則例現行比例增減新例〕出版時間不詳，㈠書末附有乾隆四十五年十二月十九日崇文門監督和珅奏請准予彙定增減則例五則之文。㈡書前有據光緒十年七月戶部議准等字。

〔清史稿〕見『清代史料彙編』香港益漢書樓影印版，民國六十六年。

〔清史列傳〕蔡冠洛編纂，啓明書局，民國五十四年初版。

〔國朝耆獻類徵初編〕清・李桓輯錄，文友書店印行，民國五十五年台初版。
〔舊滿洲檔譯註・清太宗㈠㈡〕國立故宮博物院印行，民國六十六，六十九年出版。
〔文獻叢編〕台聯國風出版社，民國五十三年。
〔乾隆朝懲辦貪污檔案選編〕：全四冊，中國第一歷史檔案館編，北京中華書局出版，一九九四年八月第一版。
〔史料叢刊〕羅振玉輯，藝文印書館印行，民國十三年。
〔關於江寧織造曹家檔案史料〕故宮明清檔案部編，一九七五年北京中華書局出版，民國六十六年台一版。
〔掌故叢編〕國風出版社，民國五十三年。
〔國史列傳〕又稱〔滿漢大臣列傳〕，周駿富輯，東方學會編，明文書局，民國七十四年。

㈡著作部分

〔福惠全書〕清黃六鴻撰，日本小畑行簡訓點，汲古書院發行，一九七三年，東京。
〔天水冰山錄〕撰人不詳，筆記小說大觀第六編，第六冊收。
〔鈐山堂書畫記〕文嘉著，筆記小說大觀第十編，第四冊收。
〔庸盦筆記〕薛福成著，筆記小說大觀正編第五冊收。
〔樞垣記略〕梁章鉅纂輯朱智增補，近代中國史料叢刊第一二一冊，文海出版社，民國五十九年。
〔樞曹追憶〕呂允甫著，『清代掌故綴錄』收，三人行出版社，民國六十三年。

〔骨董瑣記〕鄧之誠著，中國書堂，民國五十九年。
〔石渠餘記〕王慶雲著，近代中國史料叢刊第七十五冊，文海出版社，民國五十五年。
〔嘯亭雜錄〕昭槤著，近代中國史料叢刊第七輯，文海出版社。
〔清史述聞〕朱師轍著，清代史料彙編下冊，香港益漢書樓，民國六十六年。
〔文獻特刊論叢專刊合集〕台聯國風出版社，民國五十六年。
〔讀例存疑重刊本〕清薛允升著述、黃靜嘉編校，見中文研究資料中心研究資料叢書，民國五十九年，臺北。
〔清代契約文書・書簡文類集〕原名〔契字及書簡文類集〕，一九一六年臨時臺灣舊慣調查會發行，一九七三年汲古書院影印發行。
〔簷曝雜記〕趙翼撰，近代中國史料叢刊第八八六—七冊，文海出版社，民國六十七年。
〔曹寅奏摺之研究〕周鎭邦撰，香港大學碩士論文，一九七九據香港大學圖書館藏微捲影印。
〔清代通史〕蕭一山著，商務印書館，民國五十一年。
〔山堂清話〕莊嚴著，國立故宮博物院出版，民國六十九年。
〔清代軍機處組織及職掌之研究〕傅宗懋著，嘉新水泥公司文化基金會出版，民國五十六年。
〔故宮檔案述要〕莊吉發著，國立故宮博物院出版，民國七十二年。
〔清代奏摺制度〕莊吉發著，國立故宮博物院出版，民國六十八年。
〔清高宗十全武功研究〕莊吉發著，國立故宮博物院出版，民國七十一年。

〔順治康熙年間的財政平衡問題〕劉翠溶著，嘉新水泥文化基金會，民國五十八年。
〔宗譜の研究（資料篇）〕多賀秋五郎著，東洋文庫發行，一九六〇年，東京。
〔支那經濟史考證〕上、下卷，加藤繁，東洋文庫，一九五三年，東京。
〔清代史の研究〕安部健夫，東京創文社，一九七一年。
〔アジア史論考〕下卷，近世編，宮崎市定，朝日新聞社，一九七六年，東京、名古屋、大阪、北九州。
〔アジア史概說〕宮崎市定，學生社刊，一九七三年，東京。
〔アジア史研究〕第一—四冊，宮崎市定，京都大學東洋史研究會發行，一九五七—一九六四年。
〔雍正帝〕宮崎市定，岩波書店「岩波新書」，一九五〇年，又見〔アジア史論考〕下卷，朝日新聞社一九七六年。
〔清代鹽政の研究〕佐伯富，京都大學東洋史研究會發行，一九六二年二版。
〔中國史研究〕第一—三冊，佐伯富，京都大學東洋史研究會、同朋舍發行，一九六九—一九七七年。
〔中國近代工業史の研究〕波多野善大，京都大學東洋史研究會刊，一九六一年。
〔補訂　中國法制史研究〕（『土地法、取引法』『奴隸農奴法、家族村落法』）仁井田陞，東京大學出版會，一九八〇年補訂版第一刷。
〔中國の農村家族〕仁井田陞，東京大學出版會，一九六六年三版。
〔雍正時代の研究〕東洋史研究會編，同朋舍，一九八六年，京都。

〔中國族產制度攷〕清水盛光，岩波書店，一九四九年初版。
〔支那家族の構造〕清水盛光，岩波書店，一九四二年。
〔中國家族法の原理〕滋賀秀三，創文社，一九六七年第一刷，東京。
〔宋代商業史研究〕斯波義信，風間書房，一九六八年。
〔大運河—中國の漕運〕星斌夫，近藤出版社，一九七一年，東京。
〔山西商人の研究〕寺田隆信，京都大學東洋史研究會，一九七二年初版。
〔傳統中國の完成　明、清〕岩見宏，谷口規矩雄，講談社現代新書，中國の歷史4，一九七七年第一刷，一九九〇年六月第十刷。
Ping-ti Ho: The Ladder of Success in Imperial China, Aspects of Social Mobility, 1368-1911. Columbia University Press, 1962.
〔康雍乾內務府攷〕
Preston M. Torbert: The Ch'ing Imperial Household Depertment, A Study of its Organization and Principal Functions, 1662-1796. Distributed by Harvard University Press, Cambridge, Massachusetts and London, England. 1977.

㈢論文部分

「庫書樓記」王國維，見〔史料叢刊　初編1〕（明清史料第一冊），藝文印書館印行。
「內閣檔案之由來及其整理」徐中舒，中央研究院歷史語言研究所編〔明清史料〕第一冊，維新書局，民國六十一年再版。

「軍機處及其檔案」張德澤，見〈文獻特刊論叢專刊合集〉，台聯國風出版社，民國五十六年。

「清代專案檔的史料價値」莊吉發，見〈故宮季刊〉十三卷二期。

「清高樸盜賣官玉案考實」（上、下）傅樂治，見〈故宮季刊〉十三卷・四期。

「供宮廷及稅官染指的『崇文門』」萬依，見〈故宮博物院院刊〉一九八七年2期。

「清代乾隆時期軍機處檔有關抄家檔案之史料及其價値」魏美月，見〈故宮季刊〉第十五卷第一期，民國六十九年秋季號。

「國立故宮博物院收藏源流史略」張臨生，見〈故宮學術季刊〉第十三卷第三期，民國八十五年。

「十八世紀宮廷繪畫」王耀庭，見〈故宮文物月刊〉第一卷第十一期，民國七十三年二月。

「清代に於ける典當業の趨勢」安倍健夫，見〈羽田博士頌壽記念東洋史論叢〉，一九五〇年；又見〈清代史の研究〉東京創文社，一九七一。

「康熙・乾隆の盛世」安倍健夫，見〈清代史の研究〉；又見〈世界文化史大系〉中國四，角川書店，一九六〇年。

「明清時代の蘇州と輕工業の發達」宮崎市定，〈東方學二〉一九五一年；又見〈アジア史研究〉第四，東洋史研究會，一九六四年。

「雍正硃批諭旨解題——その史料的價値」宮崎市定，見〈東洋史研究〉第十五卷第四號，一九五七年三月；又見〈アジア史論考〉下卷，朝日新聞社，一九七六年。

「清代の胥吏と幕友——特に雍正朝を中心として」宮崎市定，見〔東洋史研究〕第十六卷第四號，一九五八年，又見〔アジア史論考〕下卷。
「清代新疆における玉石問題」佐伯富，見〔史林〕五三—五，一九七〇年；又見〔中國史研究〕第二，東洋史研究會，一九七一年。
「清朝の興起と山西商人」佐伯富，見〔社會文化史學〕一，一九六六年；又見〔中國史研究〕第二。
「清代における鹽の專賣制度」佐伯富，見〔歷史教育〕五—一一・一二，一九五七年十一月、十二月；又見〔中國史研究〕第一，東洋史研究會，一九六九年。
「清代における鹽業資本について」佐伯富，見〔東洋史研究〕一一—一、二，一九五〇年九月、一九五一年三月；又見〔中國史研究〕第一。
「清代における山西商人」佐伯富，見〔史林〕六〇—一，一九七七年一月；又見〔中國史研究〕第三，同朋社，一九七七年，京都；又見邱添生譯，〔清代之山西商人〕，國立臺灣師範大學，歷史學報五，民國六十六年四月。
「清代雍正朝における養廉銀の研究——地方財政の成立をめぐって」佐伯富，見〔東洋史研究〕二九—一、二、三；三〇—四，一九七〇年六月、十二月，一九七二年三月；又見〔中國史研究〕第三；又見鄭樑生譯〔清代雍正朝的養廉銀研究〕，臺灣商務印書館，人人文庫，民國六十五年。
「清代官僚の貨殖に就いて」佐佐木正哉，見〔史學雜誌〕六三—二。